Heinz Bellen
Grundzüge der römischen Geschichte

Erster Teil

Heinz Bellen

Grundzüge
der römischen Geschichte

Erster Teil

Von der Königszeit
bis zum Übergang der Republik
in den Prinzipat

Wissenschaftliche Buchgesellschaft
Darmstadt

Einbandgestaltung: Neil McBeath, Stuttgart.

Einbandbild: Die römische Wölfin mit den Zwillingen Romulus und Remus.
Im Abschnitt: ROMANO. Didrachme (Silber), geprägt in Rom ca. 269 v. Chr.
(s. S. 52). Exemplar der Münzsammlung des Instituts für Alte Geschichte der
Universität Mainz.

1. Auflage 1994

Die Deutsche Bibliothek – CIP-Einheitsaufnahme

Bellen, Heinz:
Grundzüge der römischen Geschichte /
Heinz Bellen. – Darmstadt: Wiss. Buchges.
Teil 1. Von der Königszeit bis zum Übergang der
Republik in den Prinzipat. – 2., durchges. Aufl. –
1995
ISBN 3-534-02726-4

Bestellnummer 02726-4

Das Werk ist in allen seinen Teilen urheberrechtlich geschützt.
Jede Verwertung ist ohne Zustimmung des Verlages unzulässig.
Das gilt insbesondere für Vervielfältigungen,
Übersetzungen, Mikroverfilmungen und die Einspeicherung in
und Verarbeitung durch elektronische Systeme.

2., durchgesehene Auflage 1995
© 1994 by Wissenschaftliche Buchgesellschaft, Darmstadt
Gedruckt auf säurefreiem und alterungsbeständigem Werkdruckpapier
Gesamtherstellung: Wissenschaftliche Buchgesellschaft, Darmstadt
Printed in Germany
Schrift: Times, 9.5/11

ISBN 3-534-02726-4

INHALT

Vorwort VII

Einleitung: Der mythische Beginn der römischen Geschichte . 1

1. Rom, die Stadt am Tiber – das Werk der Könige (um 600 v. Chr.) 5

2. Die Republik – der Staat der Patrizier (um 500 v. Chr.) . 15

3. Das Dezemvirat – der Kampf der Plebejer um die Teilhabe am Staat (um 450 v. Chr.) 25

4. Gallier in Rom (387 v. Chr.) 32

5. Die Entstehung des patrizisch-plebejischen Staates und seine Leistung: Unterwerfung und Romanisierung Italiens (387–264 v. Chr.) 35

6. Der Kampf mit Karthago um die Vorherrschaft im Westen (264–201 v. Chr.) 53

7. Die Eroberung und Neuordnung des hellenistischen Ostens (200–133 v. Chr.) 68

8. Die Rückwirkungen des Aufstiegs zur Weltmacht auf die gesellschaftlichen Grundlagen des Staates 83

9. Krise und Reform des Staates: Von den Gracchen zu Sulla (133–79 v. Chr.) 91

10. Der Untergang des republikanischen Staates (78–44 v. Chr.) 117

11. Das Triumvirat zur Erneuerung des Staates und der Kampf zwischen Antonius und Octavian (43–30 v. Chr.) . . . 149

12. Die Entstehung des Augusteischen Prinzipats (30 v. Chr.–
    14 n. Chr.) 162

Anhang

Zeittafel 189

Auflösung der abgekürzten Quellenzitate 203

Bemerkungen zur Quellenlage 207

Literaturhinweise 213

Register 225
  Personen 225
  Sachen 231
  Völker, Länder, Orte 237

VORWORT

Die Römische Geschichte, deren ersten Teil ich jetzt vorlege, geht von der Erkenntnis aus, daß die Vergangenheit 'erlebt' werden muß, bevor man sich mit ihr – wie auch immer – weiter beschäftigt. Aus dieser in jahrzehntelanger Lehrtätigkeit gewonnenen Einsicht ergaben sich Lebendigkeit, Anschaulichkeit und Einprägsamkeit als Darstellungsprinzipien. Es war mein Bestreben, die Vielfalt des historischen Geschehens in seiner Dynamik einzufangen, die jeweils wirkenden Personen und Kräfte ins Licht zu rücken und die bleibenden Ergebnisse deutlich zu markieren – dies alles ohne gelehrtes Beiwerk, aber – selbstverständlich – auf dem Fundament der althistorischen Forschung. Besonderen Wert habe ich auf die Überschaubarkeit gelegt, d. h. auf eine Gliederung, deren Kapitel einen nicht zu großen und möglichst geschlossenen Zeitraum umfassen.

Die Kennzeichnung als „Grundzüge" hat ihre Vorgeschichte: Nachdem die ›Grundzüge der römischen Geschichte‹ meines Lehrers Hans Volkmann in den Jahren 1965 bis 1982 achtmal aufgelegt worden waren, sollten sie auf Wunsch der Wissenschaftlichen Buchgesellschaft durch eine Neufassung ersetzt werden. Ich übernahm diese Aufgabe nicht nur aus Pietätsgründen, sondern auch, weil sie mir die Möglichkeit bot, meine Vorstellungen von einer Römischen Geschichte zu verwirklichen, bei der die Entwicklungen in Recht und Wirtschaft, Religion und Kultur stärker als sonst üblich mit dem politisch-militärischen Geschehen in Verbindung gebracht würden und hinsichtlich der Quellenbenutzung die monumentale Überlieferung mehr hervorträte. Hinzu kam die Überzeugung, daß in einer Zeit größter Spezialisierung der Studien zur römischen Geschichte eine Besinnung auf die Grundzüge eben dieser Geschichte geradezu notwendig ist.

Die Erprobung der vorstehend skizzierten Konzeption fand im Hörsaal und im Seminar statt. Bereichert wurden die dort gesammelten Erfahrungen durch Reisen nach Rom und Italien sowie in die ehemaligen Provinzen des Imperium Romanum. Die Idee, den Stoff in zwei Bänden darzubieten, stammt von Peter Heitmann, dem zuständigen Lektor der Wissenschaftlichen Buchgesellschaft. Um das Manuskript hat sich Hannelore Caps, Sekretärin des Instituts für Alte Geschichte der Universität Mainz, verdient gemacht.

Vorwort

Ich widme das Buch meiner Frau, der ich auf diese Weise für ihre stille Teilhaberschaft an allen meinen wissenschaftlichen Bemühungen danken möchte.

Mainz, im Oktober 1993 Heinz Bellen

Einleitung

DER MYTHISCHE BEGINN
DER RÖMISCHEN GESCHICHTE

Als um 200 v. Chr. ein Römer, Q. Fabius Pictor, daranging, die erste
Darstellung der römischen Geschichte zu verfassen, begann er sie mit
der Flucht des Aeneas aus Troja und erzählte dann, wie der trojanische
Heros mit den Penaten (Götterbildern) seiner Vaterstadt nach Latium
kam und Lavinium gründete. Sein Sohn Ascanius (Iulus) erbaute die
Stadt Alba Longa und herrschte als König über sie. Ihm folgte eine
ganze Reihe albanischer Könige bis auf Numitor, der von seinem
Bruder Amulius der Herrschaft beraubt wurde. Die Tochter des Numitor, Rea Silvia, machte der Gott Mars zur Mutter von Zwillingen:
Romulus und Remus. Es folgte bei Fabius Pictor die Gründungsgeschichte Roms: Amulius ließ die Zwillinge am Tiber aussetzen. Der
über die Ufer getretene Fluß trieb das Behältnis, in dem die Kinder
lagen, fort, bis es durch einen im Überschwemmungsgebiet stehenden
Feigenbaum aufgehalten wurde. Durch das Wimmern der Kinder angelockt, nahm eine Wölfin sich ihrer an, trug sie in eine nahe gelegene
Höhle und säugte sie. Nach einiger Zeit fand ein Hirt namens Faustulus die Zwillinge und brachte sie seiner Frau Acca Larentia, die sie
aufzog. Herangewachsen, wurden Romulus und Remus von Numitor
als seine Enkel erkannt. Sie halfen ihm, die Herrschaft über Alba
Longa zurückzugewinnen. Aus Dank erlaubte er ihnen, eine eigene
Stadt zu gründen, und zwar dort, wo sie aufgewachsen waren. Sie entstand als Freistatt für alle, die anderswo ausgestoßen worden waren.
Ihren Namen erhielt sie von Romulus, dem ein Götterzeichen (Erscheinung von 12 Geiern) die Herrschaft verkündete. Remus wurde
von ihm erschlagen, weil er sich über den Bau der Stadtmauer lustig
machte. Gegen den Frauenmangel unternahm Romulus den Raub der
Sabinerinnen. Darüber aber kam es zum Krieg mit dem Sabinerkönig
Titus Tatius, der zur Folge hatte, daß Romulus und Titus Tatius gemeinsam über Rom herrschten. Der letztere starb jedoch schon bald,
so daß Romulus wieder allein die Herrschaft ausübte, bis er zu den
Göttern entrückt wurde.

Was der römische Historiker Fabius Pictor, der sich übrigens der
griechischen Sprache bediente (vgl. unten S. 85), über Romulus und
Remus berichtete, hatte er bei einem griechischen Mythographen,

2   Einleitung: Der mythische Beginn

Diocles von Peparethos, in dessen ›Gründungsgeschichte Roms‹ vorgeformt gefunden (Plut. Rom. 3, 1). Die Sage selbst aber enthielt eine Reihe latinischer Elemente, und zwar neben dem Zwillingspaar vor allem die Wölfin. Sie wurde schon im 5. Jahrhundert v. Chr. als Kunstwerk in Bronze gestaltet und ist bis heute das Wahrzeichen Roms geblieben (sog. kapitolinische Wölfin). Nicht mehr erhalten ist jene eherne Wölfin mit Romulus und Remus unter den Zitzen, die im Jahre 296 v. Chr. einen Ehrenplatz auf dem Comitium erhielt (Liv. 10, 23, 12), wo der legendäre Feigenbaum (*ficus Ruminalis*) bereits Denkmalcharakter angenommen hatte – wie die Wolfshöhle (*lupercal*) am Südwestabhang des Palatins. Fabius Pictor konnte also davon ausgehen, daß der Mythos der Stadtgründung, mit dem er seine Römische Geschichte begann, schon mindestens ein Jahrhundert in Rom bekannt war. Das gleiche durfte er für die Aeneas-Sage voraussetzen. Denn seit Ende des 4. Jahrhunderts v. Chr. ʿpilgertenʾ die Römer nach Lavinium, um den von Aeneas mitgebrachten Penaten als Schützern des römischen Staates ihre Reverenz zu erweisen (unten S. 43).

Außer der säugenden Wölfin am Fuß des Palatins gab es zur Zeit des Fabius Pictor noch ein anderes Denkmal in Rom, das dem Mythos der Stadtgründung Gestalt verlieh: die Statue des Romulus vor dem Tempel des Iupiter Optimus Maximus auf dem Kapitol. Der Beschreibung bei Plinius (nat. hist. 33, 9; 34, 23) nach zu urteilen war sie wohl etwas älter als die Wölfin beim *ficus Ruminalis*, also um 300 v. Chr. bereits vorhanden. Neben der Statue des Romulus hatte, aus der gleichen Zeit stammend, die des Titus Tatius Aufstellung gefunden. Aber die beiden Könige standen nicht lange allein. Fünf weitere Königsstatuen traten hinzu: Numa Pompilius, Tullus Hostilius, Ancus Marcius, Tarquinius Priscus, Servius Tullius und mit ihnen die Statue des Königsstürzers der Sage: L. Iunius Brutus. Die Statuengruppe vor dem Jupitertempel verdankte ihre Entstehung wohl dem Ehrgeiz der großen römischen Familien, ihr Alter und ihre Bedeutung zu dokumentieren. So ist bekannt, daß allein fünf Familien ihre Abkunft auf den König Numa Pompilius zurückführten (Plut. Num. 8, 18–19; 21, 2–3). Wie für die Stadtgründung hatte Fabius Pictor demnach auch für die Königszeit Monumente vor Augen, die ihm das Gefühl vermitteln konnten, der Mythos sei zur Geschichte geworden. Durch ihn nun erhielten die einzelnen Könige literarisches Kolorit, und die nachfolgenden Geschichtsschreiber wetteiferten in der Zuweisung immer neuer Leistungen an sie. So entstand ein geschlossenes Bild der Königszeit (Cic. de re publ. 2, 4–52).

Einleitung: Der mythische Beginn

Nach der 'Berechnung' des Fabius Pictor fand die Gründung Roms im 1. Jahr der 8. Olympiade = 748 v. Chr. statt. Spätere 'Berechnungen' korrigierten dieses Datum, und es setzte sich schließlich das von M. Terentius Varro ermittelte Jahr 753 v. Chr. durch. Die Dauer der Königszeit betrug bei Fabius Pictor 240 Jahre (bis zur Weihe des kapitolinischen Tempels, 508 v. Chr.), die auf sieben Könige verteilt wurden. Die Zahl sieben ergab sich, wenn man den Sabinerkönig Titus Tatius, der ja nur eine Zeitlang neben Romulus regiert hatte, beiseite ließ, so daß Numa Pompilius die zweite Stelle einnahm und Tarquinius Superbus als siebter König erschien.

Tarquinius Superbus, der letzte römische König, fehlte in der Statuengruppe vor dem kapitolinischen Jupitertempel. Sozusagen an seine Stelle war die Statue des Brutus getreten. Das Schwert in seiner Hand (Plut. Brut. 1, 1) kennzeichnete ihn als den Mann, von dem die *gens Iunia* behauptete, er habe den letzten König vertrieben. Seine zum Mythos stilisierte Gestalt wurde wie keine andere zur Symbolfigur der Republik mit ihren Signaturen: Freiheit und Konsulat (Tac. ann. 1,1,1). Als die Republik durch Caesar aufs höchste bedroht war, erschien der Kopf des Brutus mahnend auf den Münzen eines seiner Nachfahren, des späteren Caesar-Mörders. Eine gewisse Ähnlichkeit mit diesem Münzporträt führte dazu, daß man den aus dem 3. Jahrhundert v. Chr. stammenden Bronzekopf eines Römers, der, wie die Wölfin, in den kapitolinischen Museen Roms aufbewahrt wird, als „Brutus" bezeichnete. Er kündet auch heute noch von der Macht des Mythos, mit dem die Römer die Anfänge ihrer Existenz umgaben.

Für die Römer des 1. Jahrhunderts v. Chr. war der Mythos fester Bestandteil ihrer Wirklichkeit. Rund 50 Familien führten ihre Abkunft auf Trojaner, Begleiter des Aeneas, zurück (Dion. Hal. 1, 85, 3), die Julier gar auf Aeneas selbst (über seinen Sohn Iulus) und damit auf dessen göttliche Mutter Venus. Caesar berief sich daher in der Leichenrede für seine Tante Iulia, die Gattin des Marius, auf „die unsterblichen Götter" als Ahnen seiner Familie (Suet. Caes. 6, 1). Am deutlichsten stellte Augustus, der Adoptivsohn Caesars, seine Verwurzelung im Mythos heraus. Das von ihm erbaute Forum mit dem Mars Ultor-Tempel propagierte in großartiger Weise seine Herkunft von dem Marssohn Romulus und dem Venussproß Aeneas. Es ließ mit den Statuen berühmter Römer den Mythos in die Geschichte einmünden und mit der Triumphalquadriga des Augustus diesen als ihren Vollender erscheinen.

Dem Forum Augustum als monumentaler Heimstatt des Mythos trat die ›Aeneis‹ Vergils als epische Gestaltung des gleichen Themas zur Seite. Auch der Dichter sah in Augustus den Höhepunkt der im Mythos angelegten Entwicklung Roms zur Herrin der Welt. Diese Entwicklung führte er auf eine Verheißung Jupiters an seine Tochter Venus zurück. Sie besagte, daß er den Römern als Nachkommen des Aeneas ein Reich geben werde ohne Grenzen in Raum und Zeit (Verg. Aen. 1,278/9). Als Aufgabe der Römer ließ Vergil durch Anchises, den Vater des Aeneas, verkünden, ihnen komme es zu, die Völker der Erde gebieterisch zu lenken, eine Friedensordnung zu errichten und über sie mit Milde und Strenge zu wachen (Verg. Aen. 6,851–853).

Daß der Mythos Göttliches und Menschliches vermischte und daß er dazu diente, die Ursprünge eines Volkes zu verklären, war den Römern natürlich sehr wohl bewußt (Liv. praef. 7). Sie entnahmen dem Mythos aber auch die Kraft, ein Reich zu schaffen, das bis an die Grenzen der damals bekannten Welt reichte und staunenswert lang Bestand hatte. Noch heute gilt die Stadt, von der alles seinen Anfang nahm, als die „Ewige Stadt", als *Roma aeterna*.

1. ROM, DIE STADT AM TIBER –
DAS WERK DER KÖNIGE

(um 600 v. Chr.)

Die Römer blieben sich immer bewußt, daß sie dem Tiber und den Anhöhen, die an einer bestimmten Stelle seines Unterlaufs (etwa 20 km vor der Mündung) nahe an sein linkes Ufer herantreten, einen maßgeblichen Anteil an der Entstehung ihrer Stadt verdankten. Wir wissen heute, daß schon in der mittleren Bronzezeit (etwa 13. Jh. v. Chr.) Menschen von der Tiberfurt (später: *pons Sublicius*) angelockt wurden, in deren Nähe zu wohnen. Jedenfalls reichen so weit die Spuren zurück, die man bei Ausgrabungen auf dem Forum Boarium (bei der Kirche Sant'Omobono) gefunden hat. Sie führen zu einer Siedlung im Velabrum (am Südabhang des Kapitols), deren Bewohner einer Kultur mit Hirtencharakter angehörten, die sich damals über fast die ganze Apenninhalbinsel erstreckte („Apenninkultur"). Der Siedlung im Velabrum, welche kontinuierlich fortbestand, trat am Ende der Bronzezeit (etwa 10. Jh.) eine solche im Bereich des Forum Romanum an die Seite. Diese Menschen verbrannten ihre Toten und setzten sie in Hüttenurnen bei. Den Begräbnisplatz hat man beim Tempel der Faustina sowie beim Augustusbogen und an der Regia gefunden. Auch die Siedlung am Forum Romanum ließ sich über mehrere Jahrhunderte verfolgen, und zwar nicht nur mit Hilfe von Gräbern, sondern auch von Hütten (an der Regia). Dabei ergab sich, daß auf die Brandbestattung eine Phase folgte, in der die Körperbestattung neben jene trat, also beide Formen praktiziert wurden.

Von den Anhöhen scheinen Palatin und Quirinal zuerst Menschen angezogen zu haben, nämlich nach der Mitte des 9. Jahrhunderts. Auf dem Palatin ist es das unter der Domus Liviae gefundene Brandgrab, welches in diese Periode der frühen Eisenzeit zurückreicht (die Hüttenreste beim Tempel der Magna Mater sind ein Jahrhundert jünger); für die Besiedlung des Quirinals zu jener Zeit spricht besonders die Datierung eines der beiden auf dem Augustusforum (am Fuß des Quirinals) gefundenen Brandgräber. Einen neuen Charakter trug anscheinend der Siedlungsvorgang auf dem Esquilin im 8. Jahrhundert, wie der archäologische Befund nahelegt. Vielleicht fand darin eine der vielen Bevölkerungsbewegungen ihren Ausdruck, welche das komplexe und langwierige Geschehen der 'Indogermanisierung' Italiens zur Voraussetzung hat.

Die Einbeziehung der Apenninhalbinsel in den indogermanischen Sprachraum erfolgte durch Einwanderer, die wahrscheinlich aus dem Balkangebiet über die Ostalpen bzw. über das Adriatische Meer kamen. Die Wander- und Eroberungszüge waren zu Beginn des 1. Jahrtausends in vollem Gange. Sie führten zur Herausbildung mehrerer Zweige des indogermanischen Sprachstammes und zu deren Fixierung auf bestimmte Landschaften. Die Stätte des künftigen Rom fiel dabei den Latinern zu, die sich in der Landschaft Latium verbreiteten, welche an der tyrrhenischen Küste von der Tibermündung nach Süden bis zum Mons Circeius reichte und im Hinterland das Aniogebiet sowie die Albanerberge umfaßte. Viel größer war das Verbreitungsgebiet des umbrisch-oskischen Sprachzweiges mit seinen zahlreichen Dialekten. Es erstreckte sich von Umbrien beiderseits des Apennin bis in den Süden der Halbinsel. Zu Latium stellten die umbrischen Sabiner eine wichtige Verbindung her. Weitere indogermanische Sprachzweige entfalteten sich im Norden und Süden der adriatischen Küste: der venetische und der messapische.

Ausgenommen von der indogermanischen Besitzergreifung blieb das Gebiet nördlich des Tibers bis zum Arno (Arnus), das im Osten vom Apennin begrenzt wird. Nur die kleine Enklave der mit den Latinern verwandten Falisker (zwischen Tiber und Mons Ciminius) repräsentierte hier das indogermanische Element gegenüber einer Kultur, in deren Ausformung sich offenbar ein Volkwerdungsprozeß manifestierte. Gemeint ist die Villanova-Kultur (benannt nach dem Dorf Villanova bei Bologna, wo sie in ihrer Grundform entdeckt wurde). Sie erlebte im 9. und 8. Jahrhundert ihre Blüte. Das Volk, dessen Entstehung sie anzeigte, war das der Etrusker. An diesem Vorgang hatten neben den 'einheimischen' Bewohnern dieses Landstrichs allem Anschein nach auch Menschen aus dem Osten des Mittelmeerraumes ihren Anteil.

Dem Hervortreten der Etrusker im Norden entsprach die Anlage von 'Kolonien' durch Griechen im Süden. Cumae, um die Mitte des 8. Jahrhunderts begründet, bildete den Anfang einer Serie von Niederlassungen an der Küste: Rhegium, Croton, Sybaris, Metapont, Tarent (alle noch im 8. Jh.). Ihre Zahl wuchs weiter, so daß sie schließlich eine eigene Region bildeten, die man als Magna Graecia bezeichnete oder auch Italia nannte nach einer kleinen Landschaft im Absatz des Stiefels.

Mit den Griechen und Etruskern trat in den Gebieten, die sie für sich beanspruchten, die Stadt als neue Lebensform auf den Plan, und sie breitete sich überall dort aus, wohin der Einfluß der beiden Mächte gelangte. Dadurch erhielten neben Magna Graecia und Etrurien zwei weitere Landschaften ihr 'historisches' Profil: Kampanien und Latium. Das Übergreifen der Etrusker nach Kampanien ließ dort im 7. Jahrhundert Capua entstehen, während die Griechen von Cumae aus Parthenope, das nachmalige Neapel, gründeten. In Latium blühte im Laufe des 7. Jahrhunderts Praeneste auf – im Besitz etruskischer Herren, die sich des günstig gelegenen Platzes bemächtigt hatten. Die gleiche Voraussetzung – günstige Lage – führte auch im Falle Roms unter etruskischem Einfluß zur Stadterhebung.

Bei der Tiberfurt scheint schon um die Mitte des 8. Jahrhunderts ein Hafen bestanden zu haben, wie Bruchstücke griechischer Keramik (aus Euböa) vermuten lassen, die auf dem Forum Boarium (bei Sant' Omobono) ans Licht gekommen sind. Von gleicher Stelle stammen zwei an das Ende des 7. bzw. den Anfang des 6. Jahrhunderts gehörende etruskische Inschriften (Studi Etruschi 33, 1965, 505–507 bzw. 47, 1979, 319–325). Sie lenken den Blick auf das Gebiet jenseits des Flusses (*trans Tiberim*), wo zu dieser Zeit die Etruskerstadt Veji ihren Aufschwung nahm. Ihr gehörten die ergiebigen Salinen am rechten Ufer der Tibermündung, deren Salz sie reich machte. Es wurde auf einer Straße, die an der Tiberfurt vom rechten auf das linke Flußufer wechselte, zu den Sabinern transportiert (Via Salaria). Die Tiberfurt war aber auch für die Verbindung zwischen Etrurien und Kampanien wichtig; eine Straße, die vom etruskischen Caere herkam, überwand den Fluß an dieser Stelle und verlief dann an der Küste Latiums entlang nach Süden. So war es geradezu selbstverständlich, daß die Etrusker zur Sicherung ihrer Verkehrswege dem Siedlungskomplex an der Tiberfurt ihre Aufmerksamkeit zuwandten.

Die Ansiedlungen im Bereich der Höhen hatten inzwischen die Form eines zweiteiligen Gebildes angenommen. Der eine Teil umfaßte sieben „Berge" (*montes*) mit dem Palatin als Haupt (Palatium, Cermalus, Velia, Sucusa, Fagutal, Oppius, Cispius); Septimontium hieß das Areal wie das Fest, welches die Bewohner der einzelnen Berge (*montani*) feierten. Der andere Teil hatte im Collis Quirinalis sein Zentrum; „Hügelbewohner" (*collini*) nannten sich dementsprechend die Leute vom Quirinal (und dem benachbarten Viminal). An die Selbständigkeit der beiden Siedlungsverbände erinnerten in späterer Zeit noch die Priesterschaften der Salii: Palatini und Collini. Die Etrusker brachten es nun fertig, die Berg- und Hügelbewohner ihrem Willen zu unterwerfen und dem gesamten Siedlungsgebiet einen Charakter zu geben, der den Anschein einer „etruskischen Stadt" (Thyrrhenis Polis: Dion. Hal. 1,29,2) erwecken konnte. Als Namen wählten sie den des an diesem Vorgang hauptsächlich beteiligten Adelsgeschlechts: Ruma (lateinisch: Roma).

Die neue politische Dimension des Siedlungskomplexes am Tiberhafen fand ihren Ausdruck in der Herrichtung (Pflasterung) eines Platzes für Versammlungen. Comitium nannte man die Stätte am Forum und Curia das Gebäude, das ihr im Norden das Gepräge gab. Zeitlich gehört die Anlage in die Jahrzehnte um 600. Zu eben dieser Zeit wurde im Ostteil des Forums mit den Arbeiten an der Regia begonnen, deren Namen auf diejenige Institution hinweist, welche der Stadtentwicklung Roms ihren Stempel aufgedrückt hat: das Königtum.

„König" hieß auf Etruskisch *lucumo* (Serv. ad Aen. 2,278). Ebenso nannte sich der römischen Überlieferung zufolge der erste etruskische Herrscher Roms (Liv. 1,34). Die lateinische Bezeichnung für den König aber war *rex*, und diese setzte sich durch, wie insgesamt die lateinische Sprache im etruskisch beherrschten Rom sich behauptete, mehr noch: sie erlangte durch Übernahme des Alphabets von den Etruskern Schriftcharakter. Zwei ans Ende des 6. Jahrhunderts zu datierende inschriftliche Zeugnisse enthalten das Wort *rex*: ein Vasengraffito, das bei der Regia gefunden wurde und die Inschrift vom Cippus unter dem Lapis Niger beim Comitium (hier im Dativ: *recei* = *regi*). Auch der römische Kalender hat einen Hinweis auf den *rex* aufbewahrt (Formel: *quando rex comitiavit*). Andererseits stellte sich der römische König, nach Tracht und Insignien beurteilt, eindeutig als Etrusker dar: Er trug eine Purpurtoga und einen goldenen Kranz, erschien zu seinen Amtshandlungen auf einem „Wagenstuhl" (*sella curulis*) sitzend und demonstrierte seine Macht durch ihn begleitende Liktoren, welche Rutenbündel (*fasces*) trugen, aus denen ein Beil herausragte.

Die Zahl der etruskischen Könige, die in Rom regierten, wurde von den Römern selbst mit zwei angegeben; beide hätten den Namen Lucius Tarquinius geführt (mit der Unterscheidung Priscus bzw. Superbus). Zwischen beide setzten sie Servius Tullius an, über dessen Herkunft sie nicht recht Bescheid wußten. Die Etrusker aber kannten ihn als Mastarna, der mit einem etruskischen Heer Rom in Besitz genommen hatte (Corp. Inscr. Lat. XIII 1668 col. I 16–24). So befand Rom sich denn seit dem ersten Tarquinier wohl ununterbrochen mehr als ein Jahrhundert lang (618–510 nach späterer Berechnung) in der

Rom – das Werk der Könige

Gewalt etruskischer Könige. Wie viele es ihrer in Wirklichkeit gab, läßt sich nicht sagen, jedenfalls aber mehr als die drei genannten. Hinzuzurechnen ist ihnen etwa der in der Tomba François in Vulci abgebildete Cneve Tarchunies Rumach (Gnaeus Tarquinius Romanus). Eine eigenartige Bedeutung schrieb die Überlieferung der Frau des Tarquinius Priscus, Tanaquil, zu.

Auf den ersten etruskischen König Roms muß die Abgrenzung der neuen Stadt zurückgehen. Die Etrusker kannten dafür ein Ritual, bei dem mit einem Pflug eine Furche gezogen und von dieser aus nach innen und außen ein Streifen Land abgesteckt wurde, der die heilige Grenze (*pomerium*) darstellte (Liv. 1, 44, 4–5). Das vom Pomerium umgrenzte Stadtgebiet erhielt eine Einteilung in vier Regionen (Sucusana, Esquilina, Collina, Palatina). Wahrscheinlich wurde später auch eine Mauer errichtet, welche der Linienführung des Pomeriums folgte, aber im Nordosten und Süden die Vierregionenstadt erweiterte. Jedenfalls ist in der Überlieferung der Agger zwischen Quirinal und Esquilin besonders eng mit dem König Servius Tullius verknüpft, und bei der Kirche Santa Sabina auf dem Aventin hat man im Verlauf der Grotta-Oscura-Mauer des 4. Jahrhunderts Reste einer Cappellaccio-Mauer gefunden, die einen älteren Zustand repräsentieren.

Die „Servianische Mauer" gehört in eine Reihe königlicher Baumaßnahmen, die Rom das Gepräge einer aufstrebenden Stadt gaben. So schuf ein gut funktionierendes Entwässerungssystem (*cloacae*) die Voraussetzung, daß die Senke zwischen Kapitol und Palatin sich zum Forum entwickeln konnte und daß im Tal zwischen Palatin und Aventin (*vallis Murcia*) der Bau eines Circus (später: Circus Maximus) möglich wurde. Als Bauherr erscheint in den römischen Geschichtsquellen Tarquinius Priscus, dessen fiktive Regierungszeit (616–578) in so auffälliger Übereinstimmung mit dem archäologisch gesicherten Baubeginn für Regia und Curia auf dem Forum steht, daß ihm auch jene Bauaktivitäten (oben S. 8) zugeschrieben werden müssen.

Das Stadtbild Roms erhielt seine besondere Note durch die Tempel, welche die etruskischen Könige errichten ließen. Solche Wohnstätten der Götter waren den Römern neu; an Altären pflegten sie zu opfern und zu beten. Ebenso neu war ihnen, die Götter bildlich darzustellen; sie verehrten sie als gestaltlose Wesen. Mit den Etruskern kam beides nach Rom: Tempel und Götterbilder. Vielleicht leitete die Aufstellung der Statue des Vertumnus, des Hauptgottes der Etrusker, diese Entwicklung ein. Das Standbild des Gottes bekam seinen Platz am Vicus Tuscus, dem Etruskerviertel zwischen Forum und Circus Maximus. Von Servius Tullius wird sodann berichtet, daß er am Forum Boarium der Fortuna und der Mater Matuta Tempel gebaut habe. Die Ausgrabungen bei Sant'Omobono haben bestätigt, daß die beiden Tempel in die Mitte des 6. Jahrhunderts gehören, also in die Jahre, welche die römische Chronologie der Regierungszeit des Servius Tullius zuwies (578–534). Dieser König unternahm noch einen weiteren großen Tempelbau: Auf dem Aventin weihte er der Diana ein Heiligtum, das, wie eine noch nach einem halben Jahrtausend sichtbare Bronzeinschrift am Tempel (Dion. Hal. 4, 26) verkündete, die Stadt Rom mit anderen Städten Latiums zu einer Kultgemeinschaft zusammenschloß. Das Standbild der Diana entsprach dem der Artemis in Ephesus (und Massalia).

Der großartigste Tempel aber wurde auf dem Kapitol errichtet. Er sollte Jupiter gehören sowie Juno und Minerva. Etruskische Seher (*haruspices*) prophezeiten dem Bauwerk eine zukunftsträchtige Bedeutung. Es war von riesigen Ausmaßen, und riesig war auch die Kultstatue des Gottes im Innern. Auf dem Dachfirst stand eine tönerne Quadriga mit dem blitzeschleudernden Jupiter. Sie war in Veji angefertigt worden. Desgleichen stammte das Kultbild von einem vejentischen Künstler (Vulca). Überhaupt hatten Bauhandwerker „aus ganz Etrurien" (Liv. 1, 56, 1) maßgeblichen Anteil an der Gestaltung des Tempels. Tarquinius Superbus (534–510) gab den Bau in Auftrag, die Einweihung aber konnte er nicht mehr vornehmen.

In den Tempelgründungen der etruskischen Könige Roms spiegelt sich der Formationsprozeß der römischen Religion, bei dem latinische, etruskische und griechische Göttervorstellungen zusammenwirkten. Eine andere Möglichkeit, in die frührömische Religion einzudringen, bietet der Festkalender der Königszeit, der sich fast vollständig rekonstruieren läßt (Grundstock: Fast. Ant. mai., Inscr. It. XIII 2, S. 2–27). In ihm trat besonders Mars hervor, nach dem ja auch der erste Monat des Jahres benannt war (Martius/März). Die Feste dieses Gottes hatten mit Krieg und Waffen zu tun. Ihnen stand eine Vielzahl von Tagen gegenüber, welche Gottheiten galten, deren Segen für Haus und Hof, für Feld und Vieh erfleht wurde (Vesta, Saturnus, Ceres, Tellus, Faunus u. a.). Auf Bauern und Krieger war also die Form der Götterverehrung zugeschnitten, welche der Kalender festschrieb. Dieser basierte übrigens auf einem Jahr von 355 Tagen, d. h. einem Zeitraum, in dem sich 12 Mondumläufe vollzogen. Das jeweilige Erscheinen der zunehmenden Mondsichel und die sich aus ihrer Größe ergebende Dauer des betreffenden Monats wurde öffentlich „ausgerufen" (danach: Kalendae für den Monatsanfang).

Bestimmte Feste des Kalenders, z. B. die Fordicidia zu Ehren der

Rom – das Werk der Könige 11

Tellus, wurden in den Kurien (*curiae*) gefeiert. Nachrichten dieser Art (Varro, de ling. Lat. 6, 15) wirken wie ein Aufriß der frührömischen Gesellschaftsordnung. Denn deren konstitutive Elemente waren eben die *curiae*, und zwar so sehr, daß ihre Zusammenkünfte auf dem Comitum (*comitia curiata*) geradezu als 'Volksversammlungen' verstanden wurden. 30 solcher Verbände gab es; je 10 Kurien bildeten eine Tribus. Da die Namen der drei Tribus (Ramnes, Tities, Luceres) etruskischen Ursprungs sind, liegt es nahe anzunehmen, daß das gesamte Ordnungsschema auf die Etrusker zurückgeht, d. h. zu den ersten Akten der Stadtorganisation gehört.

Jede Kurie bestand aus mehreren Geschlechtern (*gentes*), die ihrerseits jeweils Familien gemeinsamer Abstammung umfaßten. Als Zeichen der Zusammengehörigkeit trugen die Mitglieder dieser Familien den Namen des betreffenden Geschlechts (*nomen gentile* in männlicher bzw. weiblicher Form). Auf die *gens* als Großverband ging das Eigentum der einzelnen Familien an dem in der Feldmark Roms (s. u.) gelegenen Grund und Boden zurück. Dieser wieder setzte sie in den Stand, Leute, die nicht begütert waren (*tenuiores*), als Klienten (*clientes*) an sich zu ziehen, so daß die *gens* auch sie umschloß.

Die Familie (*familia*) befand sich insgesamt, d. h. mit Menschen, Tieren und Sachen, in der „Hand" (*manus*) des *pater familias*, der diese Allgewalt in eigener Verantwortung ausübte. Die *manus* erstreckte sich auch auf die in die Familie eintretende Ehefrau des *pater familias* und auf die Ehefrauen seiner Söhne und Enkel. Ihren stärksten Ausdruck fand die Stellung des *pater familias* in der Macht über Leben und Tod der Familienmitglieder, die noch am Ende der Republik ein spektakuläres Exempel hervorbrachte (Sall. Cat. 39, 5). Im Gegensatz zur Gewalt (*potestas*) des Familienvorstandes beruhte das Ansehen seiner Gattin, der *mater familias*, auf ihrer moralischen Ausstrahlung. Sie nahm im Haus den ersten Platz ein und war hochgeachtet auch außerhalb desselben. Sogar die öffentliche Gewalt respektierte ihren Rang: Einem Liktor brauchte sie nicht auszuweichen (Val. Max. 2, 1, 5). Die Legende hat der römischen *mater familias* in der Gestalt der Lucretia ein Denkmal errichtet.

Die vorstehend skizzierte Gesellschaftsordnung der Frühzeit Roms bildete die Grundlage der 'Verfassung' des neuen Machtzentrums am Tiber. Wie schon erwähnt, gab es Versammlungen der Kurien, die als solche des 'Volkes' galten. Offenbar bestätigte ein in diesen *comitia curiata* gefaßter Beschluß den König in seiner Machtfülle (*lex curiata de imperio*). Jedenfalls bedurften später die republikanischen Imperiumsträger dieser Zeremonie zur Ausübung ihrer Befehlsgewalt. Ansonsten wurden von den Kurien-Versammlungen Akte sanktioniert, welche die Familien und Geschlechter betrafen, wie die Annahme an Sohnes Statt (*adrogatio*).

„Nach Kurien" (*curiatim*) war auch der Senat zusammengesetzt. In ihm hatten die „Alten" (*senes*), d.h. die Oberhäupter der mächtigen Familien, ihren Platz. *Patres* hießen sie hier wie zu Hause. Ihre Zahl soll auf 300 normiert gewesen sein, wobei jeder Kurie 10 Sitze zugefallen wären. Als Aufgabe des Senats muß die Beratung des Königs angenommen werden, denn Ratsfunktion übte das Gremium auch später (in der Republik) aus. Große Bedeutung fiel dem Senat beim Tode eines Königs zu, indem dann aus den Reihen der *patres* ein „Zwischenkönig" (*interrex*) für fünf Tage bestellt wurde. Die Prozedur wiederholte sich so lange, bis ein neuer König die Macht übernahm.

Die Kurienorganisation der frührömischen Gesellschaft bot nicht zuletzt die Handhabe, sie für den Aufbau des Militärwesens zu nutzen. Dies scheint in der Weise geschehen zu sein, daß von den 'Dachorganisationen' der Kurien, den drei Tribus, je zwei Hundertschaften Reiter gestellt wurden, insgesamt also sechs. Sie trugen die Namen der Tribus – Ramnes, Tities, Luceres – jeweils mit dem Zusatz *priores* und *posteriores*. In einer Zeit, in der die Reiterei das Kampfgeschehen bestimmte, bildeten die 600 Reiter den Hauptbestandteil des römischen Heeres. Das Fußvolk hatte ihnen gegenüber nur zweitrangige Bedeutung, auch wenn es zahlenmäßig stärker war. Es gibt Hinweise darauf, daß jede Kurie 100, jede Tribus also 1000 Mann aufbieten mußte, so daß insgesamt 3000 Mann zu Fuß ins Feld ziehen konnten. Kommandiert wurden die Tribusaufgebote von je einem *tribunus militum*.

In der zweiten Hälfte des 6. Jahrhunderts erfuhr die Frühform des römischen Heeres eine wesentliche Umgestaltung: Durch Änderung der Kampftaktik erhielt das Fußvolk gegenüber der Reiterei den Vorrang. Von den Etruskern übernahmen die Römer die Phalanx als Schlachtordnung schwerbewaffneter Krieger. Damit aber wurde die Beschaffung der Rüstung (Schild, Panzer, Beinschienen, Helm, Lanze, Schwert) zum Problem. Denn dieser kostspielige Vorgang konnte nicht jedem zugemutet werden. Um festzustellen, wer dazu in der Lage war, soll Servius Tullius eine Schatzung veranstaltet und die Begüterten von den übrigen gesondert haben. Eine solche Scheidung läßt sich in der Tat durch den Gegensatz von *classis* und *infra classem* nachweisen (Gell. 6,13,1–2). In die *classis* wurden diejenigen aufgenommen, welche sich so ausrüsten konnten, wie es der Kampf in der Phalanx erforderte. Die Einteilung erfolgte nach *centuriae*. 40 solcher

Rom – das Werk der Könige

Einheiten, d.h. 4000 Mann, bildeten die Grundlage für die Heeresbildung neuen Stils. Kommandierende Offiziere blieben die *tribuni
militum*.

Die *classici*, auf denen fortan die Hauptlast des Kriegsdienstes
ruhte, waren Leute, die in einem gewissen Gegensatz zu den in
den großen *gentes* zusammengeschlossenen Familien und ihrem Anhang standen. Sie hatten, auch wenn sie bei der ursprünglichen Bo-
denteilung nur mittelmäßig bedacht worden waren, ihre Unabhängigkeit bewahrt. Ihre Zahl war durch solche gewachsen, denen es im
Zuge des Aufschwungs, den Rom nahm, gelang, eine bäuerliche oder
auf Handel und Gewerbe beruhende Existenz aufzubauen ohne dem
Sog des Klientelwesens zu erliegen. Die 'servianische' Vermögens-
schatzung verlieh dieser Schicht kompakten Charakter, die Phalanx
ließ ihr Prestige enorm wachsen. In der neuen, auf dem Marsfeld
außerhalb des Pomeriums zusammentretenden Heeresversammlung,
den *comitia centuriata*, repräsentierten ihre 40 Zenturien den *populus*
im engeren Sinne gegenüber den 6 Zenturien der *equites*, in denen
die Abkömmlinge der *gentes*, die *patricii* (von *patres*), zusammengefaßt waren.

Daß die etruskischen Könige Roms soviel Sorgfalt auf das Heerwesen verwandten, hatte seinen Grund in dem Bemühen, der Stadt
am Tiber Anteil an der etruskischen Herrschaft über Latium zu verschaffen. Der Erfolg bestand in der Erlangung der Kontrolle über die
Städte an der Küste des Tyrrhenischen Meeres: Lavinium, Ardea, Antium, Circei, Tarracina (Polyb. 3,22,11). Natürlich diente das Heer
auch zur Verteidigung des römischen Territoriums, das sich links des
Tibers in einem Halbkreis, dessen Radius 5–6 Meilen (7,5–9,0 km) betrug, um das eigentliche Stadtgebiet erstreckte. Wie dieses durch das
Pomerium, so war auch der *ager Romanus* durch eine sakrale Grenze
markiert; an ihr beherrschte Mars die Szene.

Stadt (*urbs*) und Land (*ager*) waren gewissermaßen getrennte Bestandteile des römischen Hoheitsgebietes. Man unterschied sie als zivilen und militärischen Bereich (*domi et militiae*); die Grenze bildete
das Pomerium. Trotzdem gehörten beide Teile zusammen. Ihre Ver-
klammerung soll Servius Tullius vorgenommen haben, indem er die
Regioneneinteilung der Stadt (oben S.9) auch auf das Land an-
wandte. Fünf solcher Distrikte lassen sich für diese frühe Zeit nachweisen (Pollia, Pupinia, Camilia, Lemonia, Voltinia). Tribus wurden
sie genannt; die gleiche Bezeichnung erhielten die vier städtischen Regionen. Mit der Tribusordnung wurde der Weg vorgezeichnet, wie
Zugewinne an Boden dem Territorium Roms angegliedert werden

konnten. Zugleich bot sie die Möglichkeit, die auf römischem Boden ansässige Bevölkerung nach dem Wohnsitz zu erfassen.

Rom präsentierte sich gegen Ende des 6. Jahrhunderts als eine wohlgeordnete Stadt etruskischen Zuschnitts, deren machtvolle Stellung nach Latium ausstrahlte. Die etruskischen Könige hatten Kräfte geweckt, die sozusagen darauf warteten, eine eigene Dynamik zu entfalten. Von Ferne war ein Signal ertönt: Die Etrusker hatten 524 im Kampf gegen Cumae in Kampanien eine schwere Niederlage hinnehmen müssen (Dion. Hal. 7,3,1). Die Zeit des etruskischen Königtums in Rom ging ihrem Ende entgegen.

2. DIE REPUBLIK – DER STAAT DER PATRIZIER

(um 500 v. Chr.)

Das Jahr, in dem nach römischer Tradition der König Tarquinius Superbus aus Rom vertrieben wurde (510), steht in einem eigenartigen Synchronismus zu der Zerstörung von Sybaris durch Croton, einem Ereignis, welches die Magna Graecia erschütterte. Die beiden Fakten gehören zwar verschiedenen Ebenen an, ihre Folgen aber waren die gleichen, nämlich weitgehende Veränderungen der politischen Szene im Süden und in der Mitte der Apenninhalbinsel.

Das letzte Jahrzehnt des 6. Jahrhunderts war für Rom eine turbulente Zeit, Tarquinius Superbus verlor seine Herrschaft an Lars Porsenna, den König der etruskischen Stadt Clusium, der Rom eroberte und hier ein kurzes, aber drückendes Regiment ausübte. Eine Änderung der Situation trat 504 mit der Niederlage des Porsenna-Sohnes Arruns bei Aricia (26 km südlich von Rom) gegen die Latiner und ein Heer aus Cumae ein (Dion. Hal. 7,5,1). Die Römer konnten sich nun der Etruskerherrschaft mehr und mehr entziehen und stärker ihr eigenes Wesen entfalten. Nicht dieses Datum (504) aber galt ihnen später als Beginn einer neuen Zeit, sondern das der Einweihung des Jupitertempels auf dem Kapitol. Als solches sahen sie das Jahr 510 an, eine andere Rechnung aber führte ins Jahr 508 (Polyb. 3,22,1–2). Dieses letztere Datum ließ sich angeblich noch nach 200 Jahren auf Grund der in die Cellawand eingeschlagenen Jahresnägel ermitteln (Plin. nat. hist. 33,19).* Eine Inschrift am Tempel enthielt die Aufforderung, daß alljährlich an den Iden des Septembers (13.9.) der *praetor maximus* die Nageleinschlagung vornehmen solle (Liv. 7,3,5).

Mit dem *praetor maximus* muß der Höchstmagistrat gemeint sein, der in Nachfolge des Königs handelte. Sein Titel weist auf die „Anführer" (*praetores*) des Heeres hin, deren einer offenbar ausersehen

---

* Wie diese Daten (510 bzw. 508), so sind auch die weiteren im Text genannten Jahreszahlen nicht als gesichert anzusehen. Als ungefähre Kennzeichnung des chronologischen Rahmens kann aber auf die von der römischen Überlieferung gebotenen Zeitangaben (in Jahre v. Chr. umgesetzt) nicht verzichtet werden.

16 Die Republik – der Staat der Patrizier

wurde, die wichtigsten Kompetenzen des Königs auf begrenzte Zeit (ein Jahr) wahrzunehmen. Als Oberbefehlshaber des Heeres nannte man ihn auch den *magister populi*, dem der Befehlshaber der Reiterei (*magister equitum*) zur Seite stand. Für beide Ämter galt ein besonderes Ernennungsritual. Die jährliche Einsetzung eines obersten Beamten ermöglichte potentiell allen Patriziern den Zugang zur höchsten Gewalt. Denn daß vom Sturz des Königtums zunächst ausschließlich die Mitglieder der großen Geschlechter profitierten, ist allein schon deshalb einsichtig, weil sie ein Organ besaßen, das die Initiative bei der Neukonstituierung des Staatswesens übernehmen konnte. Dieses Organ war der Senat, in dem die Oberhäupter der älteren und jüngeren Geschlechter (*gentes maiores et minores*) ihre Interessen vertraten.

Die Patrizier im Senat hüteten als kostbaren Schatz die *auspicia*, d. h. das Recht, den Götterwillen durch Vogelbeobachtung zu erkunden und für den Staat nutzbar zu machen. Sie delegierten dieses Recht an die mit dem Imperium versehene Magistratur. Wurde deren Besetzung aber durch besondere Umstände unterbrochen, so kehrten die *auspicia* an die *patres* zurück, die dann (wie in der Königszeit, oben S. 12) einen *interrex* bestellten, der für die Wiederbesetzung sorgte.

Wie der *interrex*, so erinnerte auch der *rex sacrorum* an die Königszeit. Er übernahm lebenslang die sakralen Verpflichtungen, die der König ausgeübt hatte, durfte aber kein profanes Staatsamt bekleiden. Seiner Ehefrau, die ihm in der den Patriziern vorbehaltenen Form der Opferung von Speltbrot (*confarreatio*) angetraut sein mußte, oblagen als *regina sacrorum* ebenfalls bestimmte heilige Handlungen. Rang und Würde des „Opferkönigs" fanden ihren Ausdruck in seiner Residenz, der Regia, die ihm gewissermaßen als Erbschaft zufiel. In die Regia hielten aber auch die *pontifices* ihren Einzug, und ihr Vorsteher, der *pontifex maximus*, war darauf aus, das gesamte Sakralwesen unter seine Leitung zu stellen. Das führte letztlich zur Abhängigkeit des *rex sacrorum* von der Amtsgewalt des *pontifex maximus*.

Die *pontifices* – wahrscheinlich gab es ihrer 5 – spielten beim Aufbau des patrizischen Staates eine maßgebende Rolle. Sie waren die Kenner des göttlichen und menschlichen Rechts und setzten diese Kenntnisse zum Vorteil ihres Standes ein. Dadurch, daß ihnen – im Gegensatz zum *rex sacrorum* – erlaubt war, Priestertum und Magistratur zu vereinigen, bewirkten sie eine Verflechtung von Religion und Staat, die sich als dauerhaft erwies (Cic. de dom. 1,1). Zeichen dieser Verflechtung war der Staatskalender, den der *pontifex maximus* führte. In ihn trug er Jahr für Jahr ein, wer die Magistratur bekleidete

Die Republik – der Staat der Patrizier 17

und was sich Erwähnenswertes ereignete. Die betreffende Tafel stand an der Regia (Serv. ad Aen. 1,373). Dem *pontifex maximus* war der Kalender überhaupt anheimgegeben, vor allem die Sorge um die Angleichung des 355tägigen Mondjahres (oben S. 10) an das Sonnenjahr durch Schaltung (alle zwei Jahre abwechselnd 22 und 23 Tage nach dem 23. bzw. 24. Februar).

Eine besondere Verantwortung gegenüber dem Staat übernahm der *pontifex maximus* mit der Aufsicht über das Atrium Vestae, den südlich der Regia entstandenen Baukomplex. Zu diesem gehörte der Vesta-Tempel mit dem Staatsherd und das Haus der Vestalinnen. Die sechs jungfräulichen Priesterinnen der Vesta, die hier wohnten, wachten über das Herdfeuer, daß es nicht zum Erlöschen kam, denn man sah in dem brennenden Feuer eine Garantie für die Ewigkeit des Staates. Aus patrizischen Familien vom *pontifex maximus* ausgewählt, waren die Vestalinnen hoch angesehen und mit Vorrechten reichlich ausgestattet. Sie repräsentierten das weibliche Element im Kreis der großen römischen Priesterschaften. Zu diesen zählten außer dem Pontifikalkollegium mit den Vestalinnen die *augures* (3), die *duumviri sacris faciundis* und die *fetiales* (20) – selbstverständlich alle mit Patriziern besetzt, denen ebenso wie den *pontifices* auch die Magistratur offenstand. Die *augures* waren als Zeichendeuter bei allen magistratischen Akten der Erforschung des Götterwillens unentbehrlich. In der Obhut der „Zweimänner für die Darbringung von Opfern" befanden sich die aus Cumae nach Rom gekommenen, griechisch abgefaßten Sibyllinischen Bücher, die sie bei Eintritt von „Vorzeichen" (*prodigia*) im Auftrag des Senats nach Sühnemaßnahmen befragten. Die *fetiales* schließlich waren für die rechtsgültige Einleitung von Kriegszügen (Rückforderung geraubten Besitzes) und für den ordnungsgemäßen Abschluß von Verträgen zuständig.

Die Patrizier, die nach dem Sturz des Königtums alle Schlüsselpositionen des Staates besetzten, erhielten eben zu dieser Zeit Zuzug durch eine *gens* aus dem Gebiet der Sabiner: Attus Clausus (Appius Claudius) trat mit einer großen Klientenschar (angeblich 5000) auf römisches Gebiet über und erhielt den Status eines Patriziers. Politisch erweiterte die Aufnahme der *gens Claudia* den Kreis der den Staat tragenden Familien, ethnisch bedeutete sie eine Verstärkung des durch frühere Infiltrationen bereits vorhandenen sabinischen Bevölkerungsanteils.

Zu der königlichen 'Erbmasse' aus der die Patrizier 'ihren' Staat gestalteten, gehörten auch die Beziehungen Roms zu Latium. Diese waren dadurch belastet, daß der von Porsenna vertriebene Tarquinius

18 Die Republik – der Staat der Patrizier

(Superbus) in Tusculum Zuflucht gefunden hatte und von dort seine Rückkehr nach Rom betrieb. Die latinischen Städte hatten sich unter maßgeblicher Beteiligung Tusculums zur Unterstützung des Tarquinius zusammengeschlossen. Nach ihrem Sieg über Arruns Porsenna bei Aricia (oben S. 15) war ein Angriff der Latiner auf Rom zu befürchten. Gegen diese Bedrohung zogen die Römer ins Feld und siegten am See Regillus bei Tusculum (496). Die Schlacht wurde von der römischen Phalanx (oben S. 12) entschieden; die Latiner kämpften hauptsächlich als Berittene. Der römische Feldherr (*magister populi*) A. Postumius gelobte während der Schlacht den Dioskuren (Castor und Pollux), den Schutzgöttern der gegnerischen Reiterei, einen Tempel, wenn sie den Römern ihre Hilfe gewährten. Der Tempel wurde dann auf dem Forum in der Nähe der Regia errichtet (Dedikation: 484).

Die kriegerische Auseinandersetzung zwischen Rom und Latium fand ihren Abschluß durch einen Vertrag, den die römische Überlieferung mit dem Namen des Sp. Cassius verbunden hat: *foedus Cassianum* (493). Den Text des Vertrages konnte man noch vier Jahrhunderte später auf dem Forum studieren, wo er in eine Bronzesäule eingraviert war (Cic. pro Balb. 53). In dem Vertrag trat Rom den latinischen Städten in ihrer Gesamtheit gegenüber und paktierte mit ihnen zu gleichem Recht (*foedus aequum*). Hauptgegenstand der Abmachungen war die gegenseitige Beistandspflicht bei Angriffen und der Wechsel im Oberbefehl. Das *foedus Cassianum* eröffnete eine Phase enger Verbindung zwischen Rom und Latium, die sich abgesehen von der militärischen Zusammenarbeit in der römischen Beteiligung am Latinerfest (*feriae Latinae*) auf dem Mons Albanus offenbarte; die Straße, die von Rom dorthin führte, erhielt den Namen Via Latina.

Als Rom und Latium sich nach der Schlacht am See Regillus zu einem Bündnis bereitfanden, geschah dies vor dem Hintergrund einer beide Vertragspartner gleicherweise bedrohenden Aktivität von Sabinern, Aequern und Volskern. Die Beutezüge dieser umbrisch-oskischen Bergvölker erforderten ständig militärische Abwehrmaßnahmen. Indem aber die patrizische Regierung Roms solche Einsätze Jahr für Jahr der römischen Streitmacht zumutete, überspannte sie den Bogen ihrer Handlungsfreiheit. Denn sie bürdete diese Last einer Bevölkerungsschicht auf, der sie keinerlei Beteiligung an der Staatsleitung einräumte. Gemeint sind die relativ wohlhabenden Bürger, die in der *classis* dienten (oben S. 12 f.). Sie trugen ohnehin schwer an der ihnen auferlegten Verpflichtung, die Kosten für ihre Hoplitenrü-

Die Republik – der Staat der Patrizier   19

stung selbst aufzubringen. Dauernder Kriegsdienst aber gefährdete
ernsthaft ihre Existenz; Schulden waren unausweichlich.

Die Unzufriedenheit der Soldaten hatte ihre Entsprechung in der
Not desjenigen Teils der Bevölkerung, der unterhalb der Grenze jener
Wohlhabenheit lebte, die zum Dienst in der Phalanx verpflichtete
(*infra classem*). Diese Leute litten in besonderem Maße unter den
wirtschaftlichen Schwierigkeiten, die im Zusammenhang mit den
Wirren beim Ende der Etruskerherrschaft auftraten. Sie waren daher
auch am stärksten der Plage ausgesetzt, Schulden machen zu müssen.
Als Folge der Misere, in der die *classici* und die Leute *infra classem*
sich befanden, trat eine Solidarisierung der beiden Gruppen ein, und
es bildete sich ein die sozialen und wirtschaftlichen Unterschiede ver-
deckendes 'Standesgefühl' heraus. Auch ein Name stellte sich ein:
Plebs, „Menge“, nannte sich die Opposition gegen den patrizischen
Staat, Plebejer hieß das einzelne Mitglied. Im Jahre 494 holte die
Plebs zu einem Schlag gegen die Patrizier aus: Sie zog in militärischer
Formation auf den Aventin und verschanzte sich dort durch Wall und
Graben, trennte sich also von der patrizisch beherrschten Stadt (*secessio*). Der Aventin war wohl deshalb Ziel des Auszugs, weil zu dieser
Zeit an seinem Fuß der Schutzgöttin der Plebs ein Tempel gebaut
wurde: Ceres (zusammen mit Liber und Libera). Eine Hungersnot
und eine Auskunft der Sibyllinischen Bücher hatten zu dem Baube-
schluß geführt.

Mit der Abwanderung auf den Aventin bezweckte die Plebs, sich
eine politische Organisation zu geben, die als Gegengewicht gegen die
Herrschaft der Patrizier dienen könnte. Sie wählte daher zwei Männer
aus ihrer Mitte als ihre Vorsteher (*tribuni plebis*) und schwor einen
Eid, deren Unverletzlichkeit zu garantieren (*lex sacrata*). Wer sich an
ihnen vergreife, solle der Ceres verfallen sein. In Verhandlungen mit
den Patriziern erreichten die Plebejer die Anerkennung ihres religiös
abgesicherten Beschlusses, so daß nun jährlich zwei Beamte der Plebs
den Schutz der Belange des größten Teils der Bevölkerung gegen patrizische Willkür übernahmen. Die Waffe der *tribuni plebis* war das
Veto gegen magistratische Akte.

Die Rückkehr der Plebs in die Stadt erfolgte in dem Bewußtsein,
den Patriziern ein Zugeständnis abgetrotzt zu haben, das sich als Anerkennung des Vorhandenseins einer neuen politischen Kraft verstehen
ließ. Spätere Jahrhunderte werteten den Entschluß der Plebs, die *secessio* zu beenden, als Einsicht in das Wesen des Staates als Orga-
nismus (Fabel des Menenius Agrippa vom Aufstand der Körperteile
gegen den Magen, Liv. 2,32,9–12). Auf jeden Fall war die Überein-

20 Die Republik – der Staat der Patrizier

kunft zwischen Patriziern und Plebejern ein wichtiger Schritt in Richtung auf eine Staatskonzeption, deren Hauptgegenstand das Gesamtvolk bildete (*res publica = res populi*, Cic. de re publ. 1,39). Nicht alle Patrizier billigten die Entscheidung, welche der Plebs eigene Beamte zugestand. Zum Wortführer dieser einem Konfrontationskurs zugeneigten Gruppe machte die spätere römische Geschichtsschreibung (vgl. Fabius Pictor bei Liv. 2,40,10) den Cn. Marcius Coriolanus. Er habe der Plebs ihre Errungenschaft durch Manipulation des Getreidepreises entreißen wollen und sei, als das mißlang, nicht davor zurückgeschreckt, mit Hilfe der Volsker den Umsturz in Rom zu versuchen. Nur durch das Eingreifen seiner Mutter (Veturia) und seiner Gattin (Volumnia) habe er von seinem Vorhaben abgelassen, Rom an der Spitze eines volskischen Heeres zu erobern.

Was die Coriolan-Legende in prägnanter Weise festhielt, war ein für die weitere Auseinandersetzung zwischen Patriziern und Plebejern symptomatisches Faktum: die Verquickung von Spannungen im Innern mit Gefahren von außen. Daß Kämpfe mit den Sabinern, Aequern und Volskern in der ersten Hälfte des 5. Jahrhunderts Jahr für Jahr stattfanden, haben die Pontifices anscheinend sorgfältig in ihre Tafeln (oben S. 16f.) eingetragen und Siegesfeiern (Triumphe) besonders vermerkt. Von letzteren wußte man später zu berichten, daß ihr 'Gepränge' in der Vorführung des erbeuteten Viehs der Volsker und Sabiner bestanden habe (Flor. 1,13,27).

Mit dem Triumph griff der patrizische Staat auf ein Ritual des Königtums zurück. Der Feldherr, unter dessen Auspizien der Sieg errungen worden war, fuhr im Königsornat (oben S. 8) mit einer Quadriga zum Kapitol und brachte Iupiter Optimus Maximus ein Opfer dar. Der höchste Gott hatte – so stellte man sich sein Wirken vor – in der Person des Feldherrn die Feinde geschlagen. Diese Identifikation fand darin ihren Ausdruck, daß der Triumphator sein Gesicht mit Mennig rot färbte, um so auszusehen wie die Tonstatue des Gottes im kapitolinischen Tempel.

Die Triumphe über Sabiner, Aequer und Volsker in der ersten Hälfte des 5. Jahrhunderts betrafen zumeist Siege, die auf römischem Territorium, „innerhalb des siebten Meilensteines" (Val. Max. 4,1,10), erfochten wurden. Das heißt, daß es Verteidigungskriege waren, die Rom zu führen hatte, und erklärt, wie sich die Überzeugung bilden konnte, alle Kriege der Römer seien „gerechte Kriege" (*bella iusta*). Gebietsgewinne gab es nicht zu verzeichnen, im Gegenteil: die römische Mark war öfters Verwüstungen ausgesetzt. In besonders schlimmer Erinnerung blieb das Jahr 463. Da mußte die gesamte

Die Republik – der Staat der Patrizier   21

Landbevölkerung mit ihrem Vieh in die Stadt evakuiert werden. Hier aber brach eine Seuche aus. Männer, Frauen und Kinder baten in den Heiligtümern die Götter um ein Ende der Pest.

In diesen Zeiten der Gefährdung von außen war das Bündnis mit den Latinern (493) ein unverächtlicher Rückhalt für die Römer. Das gleiche hat für das 486 geschlossene Bündnis mit den Hernikern zu gelten, deren Gebiet zwischen dem der Aequer und Volsker lag. Die in diesen Verträgen beschworene gegenseitige Hilfeleistung kam in einem spektakulären Fall der Stadt Rom selbst zugute. 460 glückte es dem Sabiner Appius Herdonius mit einem Trupp seiner Landsleute, unterstützt von römischen Verbannten und flüchtigen Sklaven, das Kapitol zu besetzen. Hilfe war dringend erforderlich. Sie kam von den Latinern. L. Mamilius aus Tusculum führte den Römern Verstärkung zu und beteiligte sich tatkräftig an der Rückeroberung des Kapitols.

Die Sklaven im Gefolge des Appius Herdonius lassen es geraten erscheinen, die Sklaverei als festen Bestandteil der frührömischen Gesellschaft in Rechnung zu stellen. In die Sklaverei konnte ein römischer Bürger geraten, wenn er unfähig war, ein ihm gewährtes Darlehen zurückzuzahlen. Dann mußte er die eingegangene Haftung (*nexum*) mit seiner Arbeitskraft erfüllen. Des weiteren war es möglich, daß Söhne von ihren Vätern in die Sklaverei verkauft wurden. Auch diese Fälle spiegelten die Not der betreffenden Familien wider. Zu den 'römischen' Sklaven traten fremde, und zwar mehr und mehr solche, die als Kriegsgefangene in Privatbesitz gelangten. Offenbar war es das Problem der Beschaffung von Arbeitskräften, welches den Sklaven ihren Platz in der römischen Sozialordnung verschaffte. In dieser rangierten sie an unterster Stelle, abgesetzt von den Klienten (oben S. 11), die zwar abhängig waren, aber nicht rechtlos wie die Sklaven.

Der Hinzutritt von Sklaven zum Gentilverband gab diesem eine neue Dimension, indem der *pater familias* zu seiner Schutzfunktion (*patronatus*) gegenüber dem Klienten die in jeder Hinsicht unbeschränkte Stellung des Herrn (*dominus*) gegenüber dem Sklaven erlangte. Diese Stellung gab ihm auch eine neue Möglichkeit, seinen politischen Einfluß zu verstärken: Er konnte die Sklaven gegebenenfalls freilassen und ihnen das Bürgerrecht verleihen. Durch die Gehorsamspflicht (*obsequium*) der Freigelassenen ihm gegenüber vermehrte er seine Klientel, die sich politisch einsetzen ließ.

Als Musterbeispiel der Einflußnahme einer einzelnen *gens* auf die Entscheidungen des Staates hat die römische Geschichtsschreibung das Angebot der *gens Fabia* herausgestellt, den Krieg gegen die Etrus-

Die Republik – der Staat der Patrizier

kerstadt Veji alleine zu übernehmen. 306 Mitglieder des Geschlechts und mehrere tausend Klienten seien gegen Veji gezogen, hätten aber am Flusse Cremera eine vernichtende Niederlage erlitten. Als Zeitpunkt wurde das Jahr 477 angegeben und als Folge konstatiert, daß die Vejenter das römische Gebiet heimsuchten. 474 sei dann ein Waffenstillstand vereinbart worden. Dieser hing offenbar mit der Seeschlacht von Cumae (474) zusammen, in der die Etrusker von den Cumäern und den Griechen Siziliens unter Hieron I. von Syrakus so schwer geschlagen wurden, daß sie die bisher ausgeübte Seeherrschaft im Tyrrhenischen Meer sowie ihren Einfluß in Kampanien verloren und überhaupt an Prestige gewaltig einbüßten.

Die Katastrophe der Fabier an der Cremera beraubte Rom des damals mächtigsten Geschlechts. Zugleich zeigte sie, daß ein Krieg ohne die *classis* nicht mehr geführt werden konnte. Diese Erkenntnis steigerte natürlich das Selbstbewußtsein der *classici* und der Plebs insgesamt. Ihre Vorsteher, die *tribuni plebis*, nutzten die Gelegenheit, ihre eigene Position zu stärken. 471 erreichten sie die Verdoppelung ihrer Zahl auf vier und vor allem die Institutionalisierung ihrer Wahl in einer nach Tribus geordneten Versammlung der Plebs (*comitia tributa*). In dieser wurden auch die beiden Ädilen (*aediles*) gewählt, die, als Aufsichtsbeamte des Ceres-Tempels am Aventin ins Leben getreten, ihre Aktivität den Marktgeschäften, insbesondere der Getreideversorgung, zuwandten.

Entsprach den vier *tribuni plebis* nun wirklich nur der eine patrizische Höchstmagistrat, dessen Titel die Inschrift am kapitolinischen Jupitertempel (oben S. 15) aufbewahrt hat? Wahrscheinlich nicht. Der *praetor maximus* – dies war der Titel – hatte spätestens am Ende der ersten Hälfte des 5. Jahrhunderts einen gleichrangigen Kollegen neben sich, der den Superlativ verschwinden ließ: *praetores* war zu dieser Zeit die offizielle Bezeichnung der beiden Oberbeamten (Zonaras 7, 19 aus Cass. Dio 5). Es wäre nicht verwunderlich, wenn die Einführung des zweistelligen Oberamtes schon vor 471 erfolgt wäre und die Verdoppelung der Tribunenstellen nach sich gezogen hätte.

Der Übergang vom ein- zum zweistelligen Oberamt veränderte dieses qualitativ im Sinne einer Machtminderung des einzelnen Amtsträgers, da dieser gewärtig sein mußte, daß sein Kollege ihn an einer Amtshandlung hinderte (*intercessio*). Nur zusammen besaßen die *praetores* die Fülle der Macht, die der *praetor maximus* allein besessen hatte. Nichtsdestoweniger konnte man auch in ihnen die Nachfolger des Königs sehen, zumal sie dessen wichtigste Insignien (*lictores, sella curulis*) weiterführten.

Beim Aufbau der römischen Verfassung machte sich schon früh der Grundsatz geltend, herausgenommene Bausteine wiederzuverwenden. So war es beim Sturz des Königtums geschehen, so geschah es auch bei der Ablösung des *praetor maximus*. Seine umfassende Gewalt sollte immer dann wiederaufleben, wenn eine äußere Notlage schnelles Handeln erforderlich machte. Aber längstens sechs Monate durfte der Betreffende im Amt bleiben; bei früherer Erledigung seiner Aufgabe mußte er früher abdizieren. Magister populi hieß er weiterhin (vergl. oben S. 16), daneben kam der Titel *dictator* auf; sein Gehilfe trug die alte Bezeichnung *magister equitum*. Die römische Legende hat in L. Quinctius Cincinnatus das Musterbild eines Diktators geschaffen. Vom Pfluge weg zur Heerführung berufen, habe er die Aequer geschlagen und schon am 16. Tag die Diktatur niedergelegt (Liv. 3, 26, 7 – 29, 7).

Das römische Oberamt bestand also seit seiner Reform aus zwei als *praetores* bezeichneten Trägern. Auf niederer Ebene amtierten zwei *quaestores*. Diese verwalteten den Staatsschatz (*aerarium*), der im Saturntempel auf dem Forum untergebracht war. Der Tempel existierte seit 497, aber es ist fraglich, seit wann es einen aus Metall (*aes*) bestehenden Staatsschatz gab, da sich erst im Laufe der ersten Hälfte des 5. Jahrhunderts das Kupfer gegenüber dem Vieh (*pecus*) als Zahlungsmittel – weiterhin *pecunia* genannt – durchsetzte. 454 wurde die Relation 1 Ochse = 100, 1 Schaf = 10 Pfund Kupfer amtlich festgesetzt (Gell. 11, 1, 2). Spätestens zu diesem Zeitpunkt muß ein *aerarium* benannter Staatsschatz vorhanden gewesen sein, der die Tätigkeit zweier Verwalter erforderlich machte.

Rohkupfer (*aes rude*) als 'Geld' benutzt, machte eine Waage (*libra*) erforderlich. „Mit Kupfer und Waage" (*per aes et libram*) konnten nun Erwerbsakte vollzogen werden, die auf dem Tauschwege nur schwer möglich waren. Die *mancipatio* kam auf als Rechtsgeschäft, bei dem in Gegenwart von fünf Zeugen die zu erwerbende Sache vom Käufer „mit der Hand ergriffen" (*manu capitur*), dem Verkäufer dagegen die entsprechende Menge Kupfer zugewogen wurde. Aber auch abgesehen vom beginnenden Geldverkehr entstand eine ganze Reihe von Rechtsakten, die dem zunehmenden Güterverkehr Rechnung trugen und die Grundlagen für ein Verkehrsrecht schufen. Darüber hinaus hatte sich schon längst die Notwendigkeit ergeben, die nach Verübung gemeiner Verbrechen eintretende Privatrache staatlich zu lenken, d. h. ein Deliktsrecht zu entwickeln. All dies lag in den Händen der *pontifices* einerseits – sie waren die 'Juristen' –, der *praetores*, die auch *iudices*, „Richter", hießen (Liv. 3, 55, 12), andererseits. Vieles schien ihrer Willkür anheimgegeben – patrizischer Willkür.

Gegen diesen Mißstand unternahmen die Vertreter der Plebs – die Überlieferung schob den *tribunus plebis* C. Terentilius Harsa in den Vordergrund – 462 einen Vorstoß, der die Aufzeichnung der praktizierten Rechtsbräuche und wohl auch die Beschränkung der Rechte des Oberamtes verlangte. Es soll zehn Jahre gedauert haben, bis eine entsprechende Reaktion erfolgte. Inzwischen versuchten die Patrizier, das Begehren der Plebs zu unterlaufen: 457 gestanden sie den Plebejern die Erhöhung der Zahl ihrer Tribune auf zehn zu, und 456 gaben sie ihnen den Aventin zur Bebauung frei. Unter dem Eindruck der 453 über Rom hereingebrochenen Seuche, die von einer Hungersnot begleitet war, traten sie dann aber doch dem Vorschlag einer Rechtskodifikation näher. Eine Änderung des obersten Staatsamtes wurde ins Auge gefaßt: Zehn Magistrate sollten an die Stelle der beiden *praetores* treten mit dem vornehmlichen Auftrag, Gesetze aufzuzeichnen.

3. DAS DEZEMVIRAT – DER KAMPF DER PLEBEJER UM DIE TEILHABE AM STAAT

(um 450 v. Chr.)

Zwölf Tafeln boten den Römern das Ergebnis der Arbeit jener Zehnmänner (*decemviri*) dar, denen für das Jahr 451 zum Zwecke der Gesetzgebung (*legibus scribundis*) die höchste Gewalt übertragen worden war. Die Tafeln aus Holz wurden öffentlich ausgestellt und später durch bronzene ersetzt. Sie bildeten „die Quelle des gesamten öffentlichen und privaten Rechts" (Liv. 3, 34, 6); ihre einzelnen Bestimmungen wurden jahrhundertelang auswendig gelernt (Cic. de leg. 2, 4, 9). Durch ein Übereinkommen zwischen Patriziern und Plebejern waren für das Jahr 451 weder *praetores* noch *tribuni plebis* bestellt worden; die Dezemvirn hatten also einen Auftrag beider 'Stände' zu erfüllen. Daß das Kollegium nur aus Patriziern bestand, ließ sich mit deren alleiniger Rechtskenntnis begründen.

Die Einsetzung des Dezemvirats war eine so außergewöhnliche Maßnahme, daß sie später mit Legenden umwoben wurde. Nur ein Jahr lang habe das Kollegium amtiert, dann (450) sei ein zweites an seine Stelle getreten, von dem die beiden letzten Tafeln stammten. Die zweiten Dezemvirn hätten ein Schreckensregiment geführt und ihr Amt über die Jahresfrist hinaus behalten. Erst der massive Protest der Plebs durch Besetzung des Aventins (*secessio*) habe zur Beseitigung der Ausnahmemagistratur und zur Wiederherstellung der sistierten patrizischen und plebejischen Ämter geführt. Die Oberbeamten des Jahres 449, L. Valerius Potitus und M. Horatius, schließlich hätten der Plebs nach deren Rückkehr in die Stadt weitgehende Zugeständnisse gemacht (*leges Valeriae Horatiae*).

Auch das Zwölftafelgesetz – so nannte man die Kodifikation – war Gegenstand der Legendenbildung. Eine dreiköpfige Gesandtschaft sei nach Griechenland geschickt worden, um in Athen die Gesetze Solons abzuschreiben und sich auch über die Rechtssatzungen anderer Städte zu informieren. Die Dezemvirn hätten das griechische Gesetzesgut bei ihrer Arbeit verwertet, wobei ein in Rom lebender Verbannter aus Ephesus (Hermodorus) ihnen behilflich gewesen sei.

Das Beiwerk, mit dem die Überlieferung das Dezemvirat umgeben hat, fällt ab, wenn man sich die Bedeutung vergegenwärtigt, welche dem Produkt dieses Gremiums, dem Zwölftafelgesetz, zukommt. Es war auf den *civis Romanus* als Glied des *res publica* ausgerichtet. Leib und Leben des Bürgers wurden daher ausdrücklich der Gemeinde in ihrer Gesamtheit, der „größten Versammlung" (*comitiatus maximus = comitia centuriata*), anheimgegeben. Schädigte ein Bürger die Gemeinde, indem er den Feind ins Land rief, so verfiel er der Todesstrafe (Tafel IX).

Die Zwölftafelsätze griffen mit ihren Regelungen überall dort ein, wo im Zusammenleben der Bürger selbstverständliche Gewohnheiten mißachtet worden waren und sich Schwierigkeiten oder Unsicherheiten eingestellt hatten. So wurde eine Vielzahl nachbarrechtlicher Grundsätze fixiert, die vom Verfahren gegen den, der durch Ableitung des Regenwassers Schaden anrichtete, bis zum Streit um den Grenzverlauf aneinanderstoßender Grundstücke reichten (Tafel VII). Vom Nachbarrecht führte ein direkter Weg zum Deliktsrecht, das für Tatbestände wie die Abweidung eines fremden Feldes oder die Abholzung fremder Bäume Wiedergutmachung des Schadens (*damnum*) vorschrieb und in schwereren Fällen wie Diebstahl oder Wucher, d. h. Überschreitung des Zinsmaximums von 8 %, eine Buße (*poena*) in Höhe des doppelten (*duplum*) bzw. vierfachen (*quadruplum*) Wertes festsetzte. Am schwersten galten nach Zwölftafelrecht der nächtliche Erntediebstahl, die Brandstiftung, der Mord und das falsche Zeugnis, Verbrechen, auf denen die Todesstrafe stand (Tafel VIII).

Ausführlich beschäftigte sich das Zwölftafelgesetz mit den Rechten, die einem Schuldner zustanden, wenn er zahlungsunfähig wurde (Tafel III): Die Schuld mußte gerichtlich anerkannt werden: Dann erhielt der Schuldner eine Frist von 30 Tagen. Verstrich sie, ohne daß er zahlte oder einen Bürgen stellte, so wurde er vom Gerichtsmagistrat dem Gläubiger zugesprochen, jedoch nur für 60 Tage, in deren Verlauf er an drei Markttagen zur Auslösung öffentlich vorgeführt werden mußte. Fand sich auch jetzt niemand, der für den Schuldner eintrat, so durfte der Gläubiger ihn ins Ausland (das Gesetz sagte: „über den Tiber", *trans Tiberim*) verkaufen. Das Verfahren, das die Handanlegung des Gläubigers an den Schuldner regelte, hieß *legis actio per manus iniectionem*. Wie für diesen Fall schuf das Zwölftafelgesetz für eine ganze Anzahl von *legis actiones* die rechtlichen Grundlagen. Mit der Einleitung eines solchen Prozesses begann die Tafel I: *Si in ius vocat.*

Bahnbrechend wirkte das Zwölftafelgesetz im Hinblick auf die Entstehung der Testierfreiheit (Tafel V). Es verschaffte dem *testamentum per aes et libram* Geltung, mit dem ein Erblasser Teile seines Vermögens an Personen seiner Wahl vermachen konnte. Später wurde das ganze Vermögen Gegenstand eines solchen Testaments und die Einsetzung eines oder mehrerer (beliebiger) Erben zum Haupterfordernis seiner Gültigkeit. Die alte Form blieb erhalten: Eine Waage (*libra*) war nötig und ein Mann, der sie hielt (*libripens*). Mit einem Stück Kupfer (*aes*) erwarb ein Treuhänder (*familiae emptor*) vor fünf Zeugen das Vermögen des Erblassers. Dieser wies ihn an, den im Testament genannten Personen zu gegebener Zeit ihr Erbteil zukommen zu lassen.

Ein heißes Eisen faßten die Dezemvirn mit der schriftlichen Fixierung des Eheverbots zwischen Patriziern und Plebejern an (Tafel XI). Es sollte die Exklusivität des Patriziats und dessen Führungsanspruch festschreiben. Auf die Integrität dieses Standes zielten so unterschiedliche Bestimmungen wie die Ächtung des Patrons, der die Pflichten gegenüber seinem Klienten verletzte (Tafel VIII), und die Aufwandsbeschränkungen bei Leichenbegängnissen (Tafel X).

Die Bewältigung der den Dezemvirn gestellten Aufgabe der Rechtskodifikation war eine bedeutende Leistung des patrizischen Staates. Dieser erhielt nun (449) hinsichtlich des Oberamtes seine frühere Form zurück, freilich mit der leichten Veränderung, daß die beiden *praetores* jetzt *consules* genannt wurden. Vielleicht wurde auch ihre Wahl durch die *comitia centuriata* erst zu diesem Zeitpunkt fester Bestandteil der Verfassung. Für die *quaestores* scheint 447 die Wahl in den *comitia tributa* eingeführt worden zu sein, die damit auch den Patriziern geöffnet wurden (vgl. oben S. 22). Eine neue Magistratur wurde 443 ins Leben gerufen: die Zensur. Sie übernahm die immer wichtiger werdende Aufgabe, die römischen Bürger zu 'klassifizieren', d. h. diejenigen zu registrieren, die nach Alter und Vermögen zum Dienst in der *classis* herangezogen werden konnten. Zwei patrizische *censores* führten in bestimmten Zeitabständen (später: alle 4 Jahre) diese Schatzung der Bürger durch. Ihre Amtszeit dauerte anderthalb Jahre und wurde durch ein Reinigungsopfer (*lustrum*) abgeschlossen.

Nach der Abdikation der Dezemvirn übernahmen auch die *tribuni plebis* wieder ihre Funktionen. Sie hatten allen Grund, das Zwölftafelgesetz als Erfolg ihrer Agitation zu betrachten, und der größte Teil der Plebs dürfte mit dem Fortschritt, den die Zwölftafeln brachten, zufrieden gewesen sein, nicht aber diejenige Schicht innerhalb der Plebs, die dem Vermögen nach an das Patriziat heranreichte, durch Kriegsdienst dem Staat wertvolle Dienste leistete und durch politische Aktivität nach Teilhabe an der Macht strebte. Diese hochstehenden

Plebejer fühlten sich durch das im Zwölftafelgesetz enthaltene Verbot der Ehegemeinschaft mit dem Patriziat diskriminiert. Ihren politischen Ambitionen genügte auch nicht das Tribunenamt; sie hatten sich vom Dezemvirat wohl die Öffnung des höchsten Staatsamtes für die Plebejer erhofft. Aus ihrer Sicht bedurfte es weiterer Auseinandersetzungen mit den Patriziern.

Der 'Ständekampf' nahm also seinen Fortgang. 445 schon trat der *tribunus plebis* C. Canuleius mit einem Gesetzesvorschlag auf, der die Herstellung der Ehegemeinschaft (*conubium*) zwischen Plebs und Patriziat zum Gegenstand hatte. Die Patrizier gingen darauf ein, wohl in der Hoffnung, die andere Forderung der Plebejer, die Zulassung zum Konsulat, hintanhalten zu können (Liv. 4, 6, 3–4). Tatsächlich dauerte es bis zum Jahre 400, ehe ein Plebejer das höchste Staatsamt, zwar nicht in Form des Konsulats, aber eben doch das höchste Staatsamt erreichte: das Konsulartribunat, das inzwischen aufgekommen und zeitweise an die Stelle des Konsulats getreten war. Voraufgegangen war das Eindringen der Plebejer in die Quästur: 409.

Das Konsulartribunat soll der römischen Überlieferung zufolge bereits 444 geschaffen worden sein, doch trat es zunächst nur sporadisch in Erscheinung, erst seit 426 drängte es das Konsulat so stark zurück, daß es als reguläres Oberamt gelten konnte. Sein Wesen bestand darin, „daß das konsularische Imperium auf mehr (als zwei) Träger verteilt wurde" (Corp. Inscr. Lat. XIII 1668, Spalte 1, Zeile 34). Zunächst waren es drei, dann (ab 426) vier, schließlich (ab 405) sechs *tribuni militum consulari potestate*. Es gab freilich immer wieder auch Jahre, in denen Konsuln statt Konsulartribunen gewählt wurden.

Als plausibelste Erklärung für die Vermehrung der Oberamtsstellen galt den Römern in späterer Zeit der Bedarf an Heerführern zum Einsatz auf verschiedenen Kriegsschauplätzen (Liv. 4, 7, 1). Daß dieser Bedarf vorhanden war, und zwar in zunehmendem Maße, steht außer Zweifel. Ihm entspräche dann die steigende Zahl der Konsulartribunen. Aber auch ihre Titulatur erhielte so ihren vollen Sinn: *Tribuni militum* gab es schon im Heer der Königszeit, zunächst als Führer der Tribusaufgebote, dann als Kommandeure von Teilen der *classis* (oben S. 12f.). Der konsularische Rang machte sie jetzt zu selbständigen Heerführern und gab ihnen die 'zivilen' Rechte der Konsuln dazu. Mit der Einführung des Konsulartribunats paßte Roms Regierung sich den Erfordernissen der Zeit an. Verbunden war damit die Erhöhung der Quästorenzahl von zwei auf vier im Jahre 421. Die beiden neuen *quaestores* wurden den Feldherren als Verwaltungsbeamte zugeteilt.

Die militärische Lage Roms war um die Jahrhundertmitte vor allem dadurch gekennzeichnet, daß es den Volskern gelang, den Süden Latiums in Besitz zu nehmen und bis zum Thyrrhenischen Meer (Antium, Circei, Tarracina) vorzustoßen. Auch Ardea geriet in Gefahr, volskisch zu werden. Im Zusammenwirken mit den Latinern sicherten die Römer daher 442 diesen Zugang zum Innern Latiums durch eine Kolonie: Latinische und römische Siedler (*coloni*) erhielten Landzuweisungen auf dem Territorium Ardeas und machten die Stadt zu einem Bollwerk gegen die Volsker. Ihr Status war der einer latinischen Stadt, d. h. die römischen *coloni* wurden Latiner.

In das Jahr 439 setzten die römischen Geschichtsschreiber eine Episode, die als Musterbeispiel für das Verhalten eines vaterlandsliebenden Römers ein großes Echo fand: Der *magister equitum* C. Servilius Ahala erschlug den reichen Plebejer Sp. Maelius, der durch Kornverteilung an die Plebs die Macht in Rom an sich zu reißen versuchte. Wie immer es um die Historizität dieser Geschichte stehen mag, ihr Hintergrund dürfte der Wirklichkeit dieses Jahrzehnts entsprechen, das von Hungersnöten und Seuchen geprägt war. Entstand in den Jahren 433–431 doch der Tempel für Apollo medicus am Südrand des Marsfeldes (beim Marcellustheater) als sichtbares Zeichen der Not jener Zeit (Liv. 4, 29, 7)!

In den Kämpfen gegen die Volsker und Aequer brachte das Jahr 431 den Römern einen beachtlichen Erfolg. Der Diktator A. Postumius Tubertus schlug die vereinigte Streitmacht der beiden Völker unter dem Volsker Vettius Messius am Algidus-Paß in den Albanerbergen. Der Sieg gebot dem volskisch-aequischen Ansturm auf dieses Einfallstor nach Latium für einige Jahre Einhalt. Ebenso wichtig war für Rom die Eroberung der Stadt Fidenae am linken Tiberufer (nördlich der Einmündung des Anio) im Jahre 426. Fidenae stand mit Veji im Bunde, dessen Salztransporte auf der Via Salaria es sicherte. So bildete der Kampf mit Fidenae einen Teil der Auseinandersetzung mit Veji (vgl. oben S. 21 f.), die 437 in eine neue Phase getreten war und 428 in der Tötung des vejentischen Königs Lars Tolumnius durch den römischen Konsul A. Cornelius Cossus einen spektakulären Höhepunkt hatte. Cossus weihte die Rüstung des Königs als „fette Beute" (*spolia opima*) dem Iupiter Feretrius. Mit der Einnahme von Fidenae schob Rom in dieser Gegend sein Staatsgebiet ein gutes Stück vor, denn auf dem Territorium von Fidenae wurde die Tribus Claudia eingerichtet.

Der Tribus Claudia war die Gründung der Tribus Romilia voraufgegangen. Sie lag auf dem rechten Tiberufer und umfaßte den *ager Vaticanus* – die erste Eroberung Roms auf dem Veji gehörenden Gebiet. Beide Tribus wurden nach patrizischen Geschlechtern benannt. Acht weitere, ebenso benannte Tribus folgten diesen beiden bis zum Ende des Jahrhunderts nach (Fabia, Horatia, Papiria, Aemilia, Menenia, Voturia, Sergia, Cornelia). Sie legten sich um die links des Tibers bestehenden Tribus herum und vergrößerten den Radius dieses Halbkreises (oben S. 13) auf ca. 10 Meilen (15 km). Die Erweiterung des römischen Territoriums kam, wie die Tribusnamen bezeugen, in der Hauptsache den *gentes* der Patrizier zugute, die ihren Grundbesitz in dieser Zeit also beträchtlich vermehrten. Die Plebejer versuchten zwar an dem Wachstum der Feldmark zu partizipieren, Erfolg aber hatten ihre in diesen Jahren immer wieder erhobenen Landforderungen nicht, es sei denn, sie begaben sich in die Klientel eines der an der Expansion beteiligten patrizischen Geschlechtes.

Mit den neuen Tribus wuchs Rom hauptsächlich nach Latium hinein – ein neuer Anreiz, der nach wie vor bestehenden Bedrohung durch Aequer und Volsker gemeinsam mit den latinischen Bundesgenossen energisch entgegenzutreten. Im Zuge dieser Bemühungen wurde gegen die Aequer 418 die latinische Kolonie Labici im Gebiet der Albanerberge eingerichtet, die von Rom aus auf der Via Labicana zu erreichen war. Gegen die Volsker ergriffen die Römer gar die Offensive. 406 drangen sie bis nach Tarracina (volsk. Anxur) vor, verlagerten also den Kriegsschauplatz weit nach Süden.

In Anbetracht der starken militärischen Belastung Roms bedurfte die Aufnahme des entscheidenden Kampfes mit Veji im Jahre 406 einer besonderen Motivation. Als solche dürfte das außerordentlich große Territorium Vejis gewirkt haben, das Rom die Möglichkeit bot, sich rechts des Tibers ebenso auszudehnen wie auf der linken Seite. Innere Schwierigkeiten Vejis mögen den Anlaß zur Wahl gerade dieses Zeitpunktes gegeben haben. Der Kriegsentschluß wog deshalb besonders schwer, weil er die Bereitschaft zur Belagerung der gut zu verteidigenden Stadt implizierte. Aus späterer Sicht erschien den Römern der Krieg mit Veji wie eine Parallele zum Kampf der Griechen um Troja. Wie dieser zehn Jahre dauerte, so schrieb man auch dem Ringen mit Veji eine zehnjährige Dauer zu (406–396).

Außergewöhnliche Anstrengungen waren erforderlich, um Veji niederzuringen. Vor allem mußte ständig ein Heer unter Waffen stehen. Der Überlieferung nach hätte dies dazu geführt, daß den Soldaten Sold (*stipendium*) gezahlt worden sei (Liv. 4, 59, 11). In irgendeiner Form dürfte der Staat tatsächlich für den Unterhalt dieses Heeres aufgekommen sein, zumal sehr wahrscheinlich auch Leute zum Heeresdienst herangezogen wurden, die vom Vermögen her nicht zum Dienst in der *classis* verpflichtet waren. Die höheren Staatsausgaben aber führten dazu, daß öfter als bisher von dem Mittel der Steuererhebung (*tributum*) Gebrauch gemacht wurde. Die Plebs klagte daher über Aushebungen und Steuern (z. B. im Jahre 401: Liv. 5, 10, 10). Auch unter den Naturgewalten hatten die Römer zu leiden. Im Jahre 399 erflehten sie die Hilfe der Götter gegen eine verheerende Seuche durch einen neuen, den Sibyllinischen Büchern (oben S. 17) entnommenen Ritus: Drei Götterpaare, an der Spitze der Heilgott Apollo und seine Mutter Latona, wurden mehrere Tage lang öffentlich bewirtet (*lectisternium*).

Die Eroberung Vejis im Jahre 396 war das Werk des M. Furius Camillus, der als Diktator „über die Vejenter" (*de Veientibus*) triumphierte. Dankbar errichtete er der Iuno Regina auf dem Aventin einen Tempel, der 392 eingeweiht wurde. Die Göttin, Schutzpatronin der Vejenter, war vor der Einnahme der Stadt „herausgerufen" worden (*evocatio*) und fand nun in Rom eine neue Heimstatt. Seinen besonderen Dank stattete Camillus dem Gott Apollo ab. Er ließ einen goldenen Mischkrug als Weihgeschenk nach Delphi schaffen und dort im Schatzhaus der Massalioten aufstellen.

Das gesamte Landgebiet Vejis fiel Rom zu. Sofort begann die Diskussion darüber, wie dieser ungeheure Zuwachs an Staatsland aufgeteilt werden sollte. Sozusagen im Vorgriff auf die endgültige Entscheidung wurde auf dem an die Tribus Romilia (oben S. 29) anstoßenden Teil des *ager Veientanus* die Tribus Galeria geschaffen. Zusammen mit der nördlich von Fidenae nach Unterwerfung von Crustumerium entstandenen Tribus Crustumina bestand die römische Feldmark jetzt aus 17 Tribus. Rechnete man die 4 städtischen Tribus hinzu, so zählte das römische Staatsgebiet insgesamt 21 Tribus. In ihm lebten im Jahre 393, wenn die überlieferte Zensuszahl stimmt, 152000 römische Bürger (Plin. nat. hist. 33, 16).

4. GALLIER IN ROM

(387 v. Chr.)

Mit der Eroberung von Veji hatte Rom den entscheidenden Schritt zur Ausweitung seines Territoriums nach Norden getan. Der *ager Veientanus*, groß und fruchtbar, erschien vielen Plebejern als das 'gelobte Land'; es herrschte Aufbruchstimmung in Rom. Die Freude an der Landnahme wich jedoch schon bald einem Gefühl der Furcht: Gallier (Kelten) hatten die Alpen überstiegen und zogen als beutegierige Heerhaufen nach Süden. Aus Clusium, der 150 km von Rom entfernten Etruskerstadt, war die schlimme Kunde gekommen. Soldaten wurden nun gebraucht, keine Siedler.

Das römische Heer trat den auf der Via Salaria anrückenden Galliern etwa 15 km nördlich von Rom, dort, wo die Allia in den Tiber mündet, entgegen, vermochte aber ihrem Angriff nicht standzuhalten. Die Gallier siegten auf der ganzen Linie. Wer von den Römern nicht im Kampfe fiel oder im Tiber ertrank, suchte sein Heil in der Flucht. Diese führte die meisten nach Veji. Rom war dem Zugriff der Nordmänner ausgeliefert; nur das Kapitol (eine der beiden Hügelkuppen hieß *arx*, „Burg") konnte verteidigt werden.

Die Gallier blieben einige Zeit (angeblich sieben Monate) in der Stadt, dann zerstörten sie sie und zogen ab, teils nach Norden, teils nach Süden. Es war zu einer vertraglichen Abmachung gekommen, welche die Römer verpflichtete, eine große Menge Gold an die Gallier zu übergeben. Für diese dürfte es aber auch an der Zeit gewesen sein, Rom zu verlassen: Eine Seuche forderte ihren Tribut. Die Gegend, in der die Leichen verbrannt wurden (auf dem Forum Boarium bei der Porta Trigemina), hieß noch im 1. Jh. v. Chr. „Gallische Brandstätten" (*Busta Gallica*).

Die Katastrophe, welche über Rom hereingebrochen war, erregte Aufsehen bis hin nach Griechenland. Dadurch wurde ihr Jahresdatum mit Ereignissen der griechischen Geschichte verbunden und exakt fixiert: 387 v. Chr. (Polyb. 1, 6, 2). Die Römer errechneten später fälschlich das Jahr 390 v. Chr. und verwendeten es in ihren Geschichtswerken (Liv. 5, 36, 11). Als Tag der Schlacht an der Allia trugen sie den

18. Quintilis (Juli) in den Kalender ein und versahen ihn mit der Kennzeichnung „unheilvoll", *ater* (Gell. 5, 17, 2).

Die Niederlage an der Allia und die Eroberung Roms durch die Krieger von jenseits der Alpen sind tief in Bewußtsein und Erinnerung der Römer eingedrungen; sie haben die Gallier zu Erzfeinden und Angstgegnern gemacht, dies um so mehr, als sie in den folgenden Jahrzehnten in großen Scharen über die Alpen kamen und die Poebene in Besitz nahmen. Es gab jetzt ein Gallien diesseits der Alpen (Gallia Cisalpina), von dem aus Kriegszüge nach Süden zur Gewohnheit wurden. Führte ein solcher in die Nähe Roms, so rief der Senat den 'Staatsnotstand' aus, den *tumultus*, wie die Römer sagten, wobei sie das Wort als *timor multus*, „große Furcht", verstanden. Alle wurden dann zu den Waffen gerufen, auch die Priester und die über 46 Jahre alten Bürger, die sonst vom Kriegsdienst befreit waren. Selbst als es den Römern im Laufe des 3. Jahrhunderts v. Chr. gelang, die Gallier in großen Schlachten zu besiegen und Gallia Cisalpina zu erobern, blieb die Gallierfurcht (*metus Gallicus*) bestehen. Erst Caesar befreite mit der Unterwerfung ganz Galliens jenseits der Alpen (58–50 v. Chr.) die Römer von diesem mehr als 300 Jahre wirksamen Trauma (App. bell. civ. 2, 146).

Eine direkte Folge der Einnahme Roms durch die Gallier war der Bau einer neuen Mauer zum Schutze der Stadt (Liv. 6, 32, 1). Von ihr sind bis heute Reste erhalten geblieben, z. B. links vom Eingang zur Stazione Termini. Die graugelben Tuffsteinblöcke sind sichere Zeichen, daß diese Mauer tatsächlich nach 387 errichtet wurde, denn sie stammen aus Steinbrüchen des *ager Veientanus* (Grotta Oscura), über den Rom ja erst seit kurzem verfügen konnte. Die Bezeichnung „Servianische Mauer" rührt wohl daher, daß Teile ihrer Streckenführung sich mit alten, von König Servius Tullius angelegten Befestigungen wie denen zwischen Quirinal und Esquilin deckten (s. oben S. 9). Die neue Mauer war 11 km lang und umschloß ein Areal von 426 ha.

Mit dem Mauerbau ging der Wiederaufbau der Stadt Hand in Hand. Er erfolgte rasch und ohne festen Plan – ein Makel, der Rom bis zum Neronischen Brand im Jahre 64 n. Chr. anhaftete (Tac. ann. 15, 43, 11). Schnelles Handeln war besonders in bezug auf die Grundgesetze des Staates und die Aufzeichnungen über seine Vergangenheit angezeigt. So wurde das Zwölftafelgesetz sichergestellt und die Chronik der *pontifices* soweit möglich rekonstruiert. Jedenfalls fand man in den später vom *pontifex maximus* P. Mucius Scaevola (cos. 133) veröffentlichten Pontifikalannalen (*annales maximi*) die Sonnenfinsternis vom Jahre 400 v. Chr. vermerkt (Cic. de re publ. 1, 25).

Daß Rom nach dem Abzug der Gallier überhaupt wieder von seinen Bewohnern, die sich zum großen Teil aufs Land oder in benachbarte Städte geflüchtet hatten, in Besitz genommen wurde, war nicht selbstverständlich. Es kam der Plan auf, nach Veji überzusiedeln, doch siegte die Anziehungskraft der Vaterstadt, deren Symbol, der Jupitertempel auf dem Kapitol, unversehrt dastand. Auch die im Vestatempel aufbewahrten heiligen Gegenstände waren gerettet worden; die Vestalinnen hatten sie nach Caere (in Etrurien) gebracht und kehrten nun mit ihnen nach Rom zurück. In der späteren Überlieferung wurde das Verdienst, die Übersiedlung nach Veji verhindert und Rom ein zweites Mal gegründet zu haben, M. Furius Camillus, dem Eroberer Vejis, zugeschrieben. Darüber hinaus rankte sich um ihn die Legende, er habe den Galliern die Aushändigung des Goldes verweigert und sie auf dem Boden der zerstörten Stadt besiegt. Es war den Römern eben unerträglich, einmal das Wort vernommen zu haben: *Vae victis*, „Wehe den Besiegten" (Liv. 5, 48, 9). So machten sie es zur Maxime ihres eigenen Handelns. Der Marstempel, den sie gelobt hatten und nun vor der Porta Capena errichteten, wurde zum Garanten dieses Wahlspruchs.

5. DIE ENTSTEHUNG
DES PATRIZISCH-PLEBEJISCHEN STAATES
UND SEINE LEISTUNG

Unterwerfung und Romanisierung Italiens

(387–264 v. Chr.)

Es waren die Tribunen der Plebs, welche angesichts der von den Galliern zerstörten Stadt den Plan verfochten, Rom aufzugeben und in Veji neu zu beginnen. Ihre Agitation kam einer Bankrotterklärung des patrizischen Staates gleich. Daran änderte auch nichts die schließlich doch erfolgte Wiederaufrichtung der *res publica* an ihrem angestammten Platz und die Durchführung der bereits beschlossenen Ansiedlung von Plebejern auf dem *ager Veientanus* in vier Tribus (Stellatina, Tromentina, Sabatina, Arnensis). Unzufriedenheit mit der Gesamtstruktur des Staates kennzeichnete das politische Klima nach 387. In den Nachrichten über diese Zeit finden sich zahlreiche Hinweise auf Unruhen, Aufstände und anarchische Zustände in Rom. Der 'Ständekampf' trat in eine neue Phase.

Die Forderungen, welche die Plebejer erhoben, entsprachen den unterschiedlichen Interessen ihres keineswegs homogenen 'Standes': Die Oberschicht, dem Vermögen nach den Patriziern angenähert und durch Heirat mit ihnen verbunden, verlangte die feste Beteiligung an der Leitung des Staates; die breite Masse der Plebejer, welche ihr Anrecht auf den *ager Veientanus* durch maßlose Okkupationen der Reichen gefährdet sah, drang auf Fixierung und Begrenzung des Okkupationsrechts; für die unterste Schicht der Plebs aber, die von Schulden gedrückt wurde und die Schuldknechtschaft vor Augen sah, war ein Schuldenerlaß Ziel ihres Sinnens und Trachtens. C. Licinius Stolo und L. Sextius Lateranus brachten als Tribunen die Plebs in ihrer Gesamtheit dazu, alle drei Forderungen als untrennbare Teile eines Reformprogramms sich zu eigen zu machen und mit ihm den Kampf gegen den patrizischen Staat aufzunehmen. Zehn Jahre, von 376 bis 367*,

---

* Es handelt sich hier und im folgenden um die in Jahre v. Chr. umgesetzten traditionellen Daten der römischen Jahreszählung, die auch für das

36 Der patrizisch-plebejische Staat

soll der Kampf gedauert haben (Liv. 6, 42, 2), dann waren die Patrizier zu den Zugeständnissen bereit, welche als *leges Liciniae Sextiae* in den Grundbestand des römischen Gesetzesgutes eingegangen sind.

Die wichtigste Konzession der Patrizier betraf das höchste Staatsamt: Künftig sollte es nur noch das zweistellige Konsulat geben, nicht mehr das Konsulartribunat mit seinen zuletzt sechs Stellen; einer der beiden Konsuln aber sollte Plebejer sein. Die Patrizier verknüpften ihre Bereitschaft, das Konsulat für die Plebejer zu öffnen, allerdings mit der Auflage, daß zwei neue Magistraturen eingerichtet würden, welche nur Patriziern offenstehen sollten, Prätur und kurulische Ädilität. Der Kampf um den „plebejischen Konsul" führte also zu einem echten Kompromiß, dessen Nutznießer der Staat als solcher war. Denn es muß als Gewinn bezeichnet werden, daß es fortan einen eigenen Beamten für die Rechtsstreitigkeiten zwischen römischen Bürgern gab: den Prätor. Er besaß wie die Konsuln das Imperium (die Vollgewalt des Oberamtes), stand ihnen aber in dessen Ausübung und daher im Range nach. Auch kam es dem Staat zugute, daß neben die zwei plebejischen Ädilen zwei kurulische traten und ihnen insgesamt die Aufsicht über Tempel, Straßen und Plätze der Stadt, speziell über die Märkte, zugewiesen wurde, womit eine allgemeine Polizeigewalt (Verhängung von Bußen, *multae*) verbunden war. Den kurulischen Ädilen wurde darüber hinaus die Marktgerichtsbarkeit und die Ausrichtung der „Römischen Spiele" (*ludi Romani*) im Circus Maximus übertragen. Schließlich profitierten die *comitia centuriata* von der Neuordnung des Staates insofern, als ihnen zu der Wahl der drei Oberbeamten vom Jahre 362 an noch die Wahl von sechs Militärtribunen für das Heer übertragen wurde (Liv. 7, 5, 9).

Führte der politische Teil der Reform von 367 zu einem Neubeginn mit weitreichenden Folgen, so kann dies von dem wirtschaftlichen und sozialen Teil nicht gesagt werden. Zwar legte die zweite der *leges Liciniae Sextiae* fest, daß jemand höchstens 500 *iugera* (= 125 ha) des Staatslandes okkupieren dürfe, doch änderte dieser weite Erwerbsrahmen wenig an der bisherigen Okkupationspraxis. Und der Schuldenerlaß, den das dritte Reformgesetz verfügte, brachte den Schuldnern keine wirklich spürbare Erleichterung: Nur die aufgelaufenen

4. Jh. v. Chr. noch (s. oben S. 15) als nicht korrekt anzusehen ist (Mitzählung von 4 sog. Diktatorenjahren). Erst vom Jahr 300 ab darf die römische Chronologie als zuverlässig gelten.

Zinsen wurden erlassen, das Kapital mußte voll, wenn auch in drei Jahresraten, zurückgezahlt werden.

Während also 366 v. Chr. mit dem ersten plebejischen Konsul (L. Sextius Lateranus) ein Prozeß begann, in dessen Verlauf sich eine neue, aus Patriziern und Plebejern bestehende politische Führungsschicht formierte, blieben die wirtschaftlichen und sozialen Probleme der Plebs, d. h. des Großteils der römischen Bürger, im wesentlichen bestehen, so daß es des weiteren Kampfes der *tribuni plebis* bedurfte, um Forderungen und Beschwerden Nachdruck zu verleihen. Diese betrafen einmal den gebührenden Anteil landloser Plebejer bei der Aufteilung neuen Staatslandes und zum anderen die zunehmende Verschuldung der kleinen und mittleren Landbesitzer infolge ihrer zu dieser Zeit einsetzenden Heranziehung zum Heeresdienst. Das Landproblem fand im Jahre 358 mit der Ansiedlung zahlreicher Plebejer auf dem *ager Pomptinus* (s. unten S. 39) eine einstweilen befriedigende Lösung. Das Schuldenproblem dagegen blieb virulent, obwohl viele Anläufe unternommen wurden, dem Zins- und Darlehenswesen auf gesetzlichem Wege beizukommen (u. a. durch Halbierung des Zinsmaximums der Zwölftafeln von 8 auf 4 %). Ihren Höhepunkt erreichten diese Versuche in der *lex Genucia* (342), welche das Zinsnehmen überhaupt verbot, und der *lex Poetelia Papiria* (326), welche die Schuldknechtschaft entscheidend milderte.

Die *lex Poetelia Papiria* war ein Markstein auf dem Wege der Eingliederung der Plebs in die nach der Gallierkatastrophe neu konstituierte *res publica*. Sie garantierte in bestimmtem Maße auch den minderbemittelten Plebejern ihre persönliche Freiheit (Liv. 8, 28, 1) und schuf damit die Voraussetzung für die Erlangung politischer Rechte. Diese wiederum waren der Preis, den der Staat für die Erstreckung der Wehrpflicht auf die bisher vom Vermögen her dafür nicht qualifizierten Schichten der Plebs bezahlen mußte, und sie bestanden in der Aufnahme dieser Plebejer in die Heeres- und Volksversammlung (*comitia centuriata*) als stimmberechtigte Mitglieder.

Die neuerliche Reform vollzog sich technisch als Aufteilung der bisher „unterhalb des Aufgebots" (*infra classem*) figurierenden weniger reichen Plebejer in vier, dem Vermögen und der Bewaffnung nach unterschiedene „Klassen" (*classes*). Diese traten neben das bisher einzige, aus begüterten Plebejern bestehende „Aufgebot" (*classis*), so daß die Gesamtheit der Wehrpflichtigen nunmehr fünf „Klassen" umfaßte.

Das für die einzelnen Klassen festgesetzte Mindestvermögen (*census*) war in Land- oder Viehbesitz ausgedrückt und wurde, nachdem die Geldwirtschaft sich durchgesetzt hatte, in Währungseinheiten (Asse) umgerechnet (unten S. 64 f.). Die Bewaffnung der neuen Klassen unterschied sich von der des alten Aufgebots (der jetzigen 1. Klasse) zunächst durch den Schild: Die Klassen 2 bis 4 wurden mit dem Langschild (*scutum*) ausgerüstet, während die 1. Klasse den Rundschild (*clipeus*) hatte; die 5. Klasse blieb ohne dieses Ausrüstungsstück und war überhaupt anders (leicht) bewaffnet. Des weiteren wurden den Klassen 2 bis 4 gegenüber der kompletten Rüstung der 1. Klasse (oben S. 12) bestimmte Teile (Panzer, Beinschienen, Helm) erlassen, und zwar in der Reihenfolge der Klassen je ein Teil mehr.

Der Zuwachs, den die Heeres- und Volksversammlung durch die Klasseneinteilung der neuen wehrpflichtigen Plebejer erfuhr, läßt sich an der Zahl der neugebildeten Zenturien ablesen: Die Klassen 2 bis 4 umfaßten je 20, die 5. Klasse 30 Zenturien, so daß insgesamt 90 Zenturien zu den 80 der 1. Klasse (oben S. 12 f.) hinzukamen. Jeweils die eine Hälfte der Zenturien entfiel auf die Wehrpflichtigen im eigentlichen Sinne (*iuniores* = 18- bis 46jährige), die andere Hälfte auf die älteren Jahrgänge (*seniores*).

Die Aufnahme der großen Masse der Plebejer in die Heeres- und Volksversammlung war der Anlaß, dieser Institution auch im Hinblick auf die Abstimmungen eine Form zu geben, die den Interessen der patrizisch-plebejischen Führungsschicht entsprach. Zu diesem Zweck wurden den bestehenden 6 patrizischen Ritterzenturien (oben S. 13) 12 neue, Plebejern zugängliche, hinzugefügt, so daß es jetzt insgesamt 18 Ritterzenturien gab. Gingen diese bei der Abstimmung mit den 80 Zenturien der 1. Klasse zusammen, so war, da jede Zenturie 1 Stimme hatte, die Mehrheit erreicht. Denn den so zusammengekommenen 98 Stimmen standen 90 Stimmen der Klassen 2–5 sowie 5 Stimmen der „Unbewaffneten", die in 5 Zenturien den Zensusklassen „angefügt" wurden (*accensi velati*), also zusammen 95, gegenüber.

In dieser Form hat die Heeres- und Volksversammlung an die hundert Jahre (2. Hälfte des 4. bis 2. Hälfte des 3. Jahrhunderts) das Rückgrat der *res publica* gebildet. Ihre Bedeutung für das Staatsbewußtsein der Römer ergibt sich aus der späteren Zuschreibung der Klasseneinteilung an den König Servius Tullius, welcher als der Mann mit dem weitesten Blick in Staatsangelegenheiten galt (Cic. de re publ. 2, 37).

Der Zugriff auf das Menschenreservoir der Plebs und dessen Organisierung wurden erforderlich, weil der römische Staat in den auf die Einnahme Roms durch die Gallier folgenden Jahrzehnten sich in permanentem Kriegszustand befand. Latiner und Herniker, die alten

Der patrizisch-plebejische Staat

Bundesgenossen (oben S. 18. 21), fielen ab, die Volsker, bisher mühsam in Schach gehalten (oben S. 29 f.), erhoben sich. Kaum war die Lage im Süden und Osten nach vielen Kämpfen einigermaßen gefestigt (358), als von Norden her die Gallier wieder vordrangen und neue militärische Anstrengungen verlangten. Dazu kamen Kämpfe mit den Etruskern. Schließlich stellte der Krieg mit den Latinern (340–338), vor allem aber der mit den Samniten (326–304) höchste Anforderungen an die römische Wehrkraft und deren Führung. Ein beredtes Zeugnis dafür sind die häufigen Diktaturen, von denen die der Jahre 363 und 331 auffallen, weil sie der rituellen Nageleinschlagung (*clavi figendi causa*) am Jupitertempel zur Abwendung von Seuchen dienten.

Die Gefährdung des römischen Staates von außen als Folge seiner Schwäche nach dem Debakel des Jahres 387 hat in der Überlieferung Spuren hinterlassen, die auf eine ebenso starke Nachwirkung hindeuten, wie sie für die Gallierfurcht zu konstatieren war (oben S. 33). Es hat sich nämlich daran der Leitsatz entwickelt, „Rom sei vom Neid und Haß der Nachbarn umgeben" (Liv. 6, 6, 11). Die Erfahrung der Jahrzehnte nach 387 wurde zum Modellfall für die Einschätzung schwieriger außenpolitischer Situationen und hat als solcher die römische Politik der Folgezeit nicht unerheblich beeinflußt.

In der Auseinandersetzung mit den Latinern bedeutete das Jahr 358 insofern eine Etappe, als das alte Bündnis (oben S. 18) erneuert wurde. Nur Tibur und Praeneste, die beiden größten Latiner-Städte, waren noch nicht bereit, wieder mit Rom zu paktieren; sie gaben erst einige Jahre später den Kampf auf. Von den politischen Entscheidungen, welche die Römer zu dieser Zeit in Latium trafen, wies die Behandlung Tusculums (381) in die Zukunft: Die Bürger der Stadt erhielten zu ihrem eigenen das römische Bürgerrecht, das an die Zugehörigkeit zur Tribus Papiria gebunden wurde, die dem *ager Tusculanus* benachbart war. Sie mußten von nun an im römischen Heer dienen, ihren führenden Männern aber eröffnete sich die Möglichkeit zu einer Karriere in Rom. Schon 40 Jahre später schaffte einer die Wahl zum Konsul (L. Fulvius Curvus 322).

Wie die Latiner kehrten auch die Herniker im Jahre 358 in das Bündnis mit Rom zurück. Sie waren entscheidend geschlagen worden und verloren einen Teil ihres Gebietes. Auf ihm wurde die Tribus Publilia eingerichtet und mit römischen Bürgern besiedelt. Mit der gleichen Maßnahme gingen die Römer gegen die Volsker vor. Das ihnen entrissene Gebiet, der *ager Pomptinus*, wurde in eben diesem Jahr (358) als Tribus Pomptina organisiert.

Die Gallier traten etwa 30 Jahre nach ihrem Abzug aus Rom wieder

40 Der patrizisch-plebejische Staat

ins Blickfeld der Römer. Sie hatten inzwischen die Poebene den Etrus-
kern entrissen und besiedelten mit den Stämmen der Insubrer und
Cenomanen das Gebiet nördlich des Flusses, während die Bojer und
Lingonen den südlichen Teil der Padana bis zur Adria einnahmen.
Am weitesten stießen die Senonen nach Süden vor; Senigallia (Sena
Gallica) an der Adria erinnert im Namen noch heute an die einstigen
Besitzer.

Zwei große Einfälle der Gallier im Abstand von 12 Jahren brachten
den Römern die Gefahr aus dem Norden zu Bewußtsein. Erst den
zweiten konnten sie mit Heeresmacht abwehren. Die Festigung der
Position Roms in Latium ließ es dann (nach weiteren 13 Jahren) zu
einem Vertragsabschluß kommen, der die Gallier bis zum Ende des
Jahrhunderts vom römischen Gebiet fernhielt. Zum Heros dieser
Phase der Auseinandersetzung mit den Galliern hat die römische Tradition T. Manlius Torquatus erhoben. Er soll einen riesenhaften Gallier auf der Brücke über den Anio im Zweikampf besiegt und sich
dessen goldene Halskette (*torques*) als Siegesbeute angeeignet haben.

Die Beziehungen zu den Etruskern waren durch die Tatsache belastet, daß Rom in der Königszeit unter etruskischer Herrschaft gestanden hatte. Nachdem zunächst Veji die aufgestauten Aggressionen
der Römer zu spüren bekommen hatte, richtete sich jetzt (358) der
Stoß gegen Tarquinii. Greueltaten auf beiden Seiten waren die Folge
(Liv. 7, 15, 10 bzw. 7, 19, 2). Bis 351 dauerten die Kampfhandlungen,
dann wurde ein 40jähriger Waffenstillstand vereinbart. Zwei Jahre
vorher (353) war mit Caere ein solcher auf 100 Jahre abgeschlossen
worden. Die Caeriten hatten gleich nach Abzug der Gallier aus Rom
als Dankesbezeugung für die gewährte Hilfe das römische Bürgerrecht erhalten, allerdings ohne Anbindung an eine Tribus und daher
ohne Stimmberechtigung (*civitas sine suffragio*). Trotz dieser engen
Verbindung hatte sich die Stadt am Kampf gegen Rom beteiligt und
büßte nun die Hälfte ihres Territoriums ein.

Ein Spiegelbild der Stellung Roms um die Mitte des 4. Jahrhunderts
v. Chr. bietet der Vertrag mit Karthago, den die römischen Annalen in
das Jahr 348 setzen und dessen Text Polybius ohne Datumsangabe
überliefert (3, 24, 1–13). Rom erscheint darin als federführende Macht
eines Kreises von Bundesgenossen und Vertragspartnern unterschiedlichen Rechts und unterschiedlicher Interessen, von denen die mari-
timen (der Küstenstädte) so viel Gewicht hatten, daß die führende
Handelsmacht des westlichen Mittelmeers, Karthago, ihre Eingren-
zung für notwendig hielt.

Den unbestreitbaren Erfolg der Römer beim Neuaufbau ihrer

Der patrizisch-plebejische Staat   41

Machtposition nach der Katastrophe des Jahres 387 steht die ebenso unabweisbare Tatsache gegenüber, daß es ihnen nicht gelang, ihre Beziehungen zu den Latinern in einer diese zufriedenstellenden Weise zu regeln. Offenbar hatten die Latiner eine engere politische Zusammenarbeit erwartet, etwa durch Aufnahme von Latinern in den Senat und Beteiligung am Konsulat (Liv. 8,5,5); sie hatten wohl auch gehofft, Rom werde ihnen stärkeren Schutz gegen die Samniten gewähren. Statt dessen war nur die sakrale Gemeinschaft intensiviert worden, wie die bei Lavinium (Pratica di Mare) gefundenen 13 Altäre zu beweisen scheinen.

Die Unzufriedenheit der Latiner erhielt neue Nahrung, als Rom 341 das südlich an Latium sich anschließende Gebiet Kampaniens teils den Samniten zugestand (Sidikiner), teils für sich in Anspruch nahm (Aurunker). Schon im nächsten Jahr befand sich ganz Latium, unterstützt von den Sidikinern, Aurunkern und Kampanern, im Aufstand gegen Rom, auf dessen Seite sich die Samniten stellten.

Der große Latinerkrieg war die Prüfung, die Rom bestehen mußte, um sich als Führungsmacht nicht nur seiner bisherigen, sondern mehr noch seiner zukünftigen Verbündeten zu qualifizieren. Dabei kam es ebenso auf den militärischen wie auf den politischen Erfolg an. Auf beiden Gebieten hat Rom sich ausgezeichnet und damit ein Exempel geradezu für alle Zeiten statuiert.

In der entscheidenden Schlacht am Vesuv in Kampanien (340) weihte der Konsul P. Decius Mus sich selbst und das feindliche Heer den unterirdischen Göttern (Liv. 8,9,1–8). Seinen Tod im Kampf verstanden die Römer als Annahme der *devotio*, den Sieg als die erbetene Gegenleistung. Gekämpft wurde noch bis ins Jahr 338, dann beendete der Triumph des Konsuls C. Maenius über Antium den Krieg. Die Schnäbel der erbeuteten Schiffe wurden an der Rednerbühne auf dem Comitium (beim Forum) angebracht, die seitdem Rostra hieß.

Bei der Neuordnung der Verhältnisse in Latium und Kampanien zeigten die Römer erstmals in großem Stil das politische Geschick, mit dem sie sich in den nächsten Jahrzehnten die Wehrkraft ganz Italiens dienstbar machten und eine 'Konföderation' zustande brachten, die das politische Gewicht Roms vervielfachte. Sie selbst sahen in ihren Maßnahmen das Prinzip wirksam, jeden nach seinem Verdienst zu behandeln, das zu freudigem Gehorsam führe (Liv. 8,13,16. 14,1). Moderne Betrachter meinten, darin die klassische Ausprägung der Maxime Ludwigs XI. von Frankreich «Diviser pour régner» (*divide et impera*) zu erkennen, was vom Ergebnis her nicht gerechtfertigt erscheint; denn dieses bestand in einem Gebilde, das keineswegs auf

Der patrizisch-plebejische Staat

Trennung beruhte, sondern als „Bund", „Genossenschaft", „System" bezeichnet werden kann.

Die engste Verbindung ging Rom mit denjenigen Latinerstädten ein, deren Bürger die *civitas Romana* erhielten und deren Territorien an die jeweils nächstgelegene Tribus angeschlossen wurden. Zu diesen Städten, die wie früher schon Tusculum behandelt wurden, gehörten vor allen Aricia und Lanuvium. Der *ager Lanuvinus* ging 332 in der neugegründeten Tribus Maecia auf. Gleichzeitig wurde auf dem von Velitrae abgetretenen Gebiet die Tribus Scaptia eingerichtet. Beide Tribus stellten die Verbindung zu der bisher abgesprengten Pomptina her.

Den Latinerstädten, die dem *ager Romanus* zugeschlagen und mit der *civitas Romana* bedacht wurden, traten Antium (338) und Tarracina (329) als von Rom neubegründete und mit römischen Bürgern versehene Gemeinwesen (*coloniae civium Romanorum*) zur Seite. Politisch waren diese Kolonien Abbilder Roms im Kleinen (Gell. 16,13,9), militärisch bildeten sie Wachtposten am Tyrrhenischen Meer. In der Anlage folgten sie Ostia, das um 350 als *colonia maritima* reorganisiert worden war.

Einen Sonderstatus gewährte Rom Städten wie Fundi und Formiae im südlichen Latium sowie Capua und Cumae im anschließenden Teil Kampaniens. Sie erhielten das römische Bürgerrecht, wurden aber nicht in die Tribusordnung einbezogen. Sie waren also „leistungspflichtig" (*municipia*), aber nicht stimmberechtigt (*sine suffragio*). Diese Form der Romanisierung hatte bereits Caere erfahren. Für die Betroffenen stand den erwähnten Nachteilen der Vorteil gegenüber, daß sie ihre Gemeinwesen weiter selbst verwalten konnten.

Die folgenreichste Entscheidung trafen die Römer in bezug auf die beiden größten latinischen Städte, Tibur und Praeneste: Sie behielten nach Abtretung von Teilen ihrer Territorien die bisherige Selbständigkeit, wurden aber durch Verträge mit Rom verbunden. Diese Bündnisse (*foedera*) legten ihnen den Verzicht auf eigene Außenpolitik und die Verpflichtung zur Truppengestellung auf. Wie Tibur und Praeneste wurden auch die latinischen Kolonien (z. B. Setia, Circei) behandelt. Die Gesamtheit dieser selbständigen latinischen Städte bildete den Kern des römischen Bundesgenossensystems und erfuhr fortlaufend Verstärkung durch Neuanlage von *coloniae Latinae* (schon 334: Cales) seitens Roms als der Vormacht von Latium. In diese Kolonien konnten auch Römer unter Aufgabe ihres Bürgerrechts sich einschreiben. Sie erhielten dann Land zugewiesen und wurden Latiner; als solche stärkten sie die Wehrkraft des „latinischen Stammes" (*nominis Latini*).

Der patrizisch-plebejische Staat

Abgerundet wurden die Maßnahmen der Römer in Latium durch die Aufhebung der zwischen den latinischen Städten bestehenden Rechtsgemeinschaft in bezug auf Eheschließungen und Handelsgeschäfte (*conubium et commercium*) sowie durch das Verbot politischer Zusammenschlüsse (*concilia*). Erhalten blieb dagegen das Fest der Latiner auf dem Albanerberg mit dem Opfer für Iupiter Latiaris; die Durchführung der *feriae Latinae* wurde von Rom übernommen. Das gleiche geschah mit dem Kult des Iupiter Indiges und der Penaten in Lavinium. Künftig hatten die Konsuln zu Beginn ihres Amtsjahres nach den Gelübden auf dem Kapitol die Riten auf dem *mons Albanus* und in Lavinium zu vollziehen. Mit den *sacra Lavinii* hatte es insofern eine besondere Bewandtnis, als sie den „Ursprüngen des römischen Volkes und des latinischen Stammes" galten. Die Römer übernahmen mit ihnen den Anspruch, Nachkommen des Trojaners Aeneas zu sein, der, wie man glaubte, in Lavinium gelandet war und dort sein Grab hatte. Er war es, der hier als Iupiter Indiges verehrt wurde und nun ein monumentales Heroon erhielt (in Pratica di Mare ausgegraben). Römer und Latiner hatten jetzt einen gemeinsamen Stammvater.

Ging es bei der Auseinandersetzung mit den Latinern um den Anspruch Roms, das „Haupt Latiums" zu sein (Liv. 8,4,5), so war der Kampfpreis im Krieg mit den Samniten, der 326 ausbrach, ein weitaus höherer, nämlich die Herrschaft über Italien (Liv. 8,23,9) im späteren, umfassenden Sinne des geographischen Begriffs. In den Samniten traten den Römern (und Latinern) die oskisch sprechenden und als Gebirgsbewohner (Apennin) anders gearteten Stämme der Italiker geballt entgegen. Ihr Ziel war mehr die wirtschaftliche als die politische Macht. Jedenfalls führten wirtschaftliche Interessen zum Zusammenstoß mit Rom am Liris, wo fruchtbares Ackerland zur Verfügung stand. Die Samniten befanden sich in stetigem Vordringen auf dieses Gebiet; die Römer waren mit der Tribus Publilia (358) in seine Nähe gelangt. 354 soll es zu einem Vertrag, 343–341 zu einer ersten kriegerischen Auseinandersetzung gekommen sein. 330 führte dann der Hilferuf zweier volskischer Städte an Rom zur großen Konfrontation.

Die Römer gründeten 328 an zentraler Stelle des umstrittenen Gebiets, und zwar auf dem linken, von den Samniten beanspruchten Ufer des Liris, als „Bollwerk ihrer Herrschaft" (vgl. Cic. de leg. agrar. 2,73) die latinische Kolonie Fregellae. Die Samniten werteten dies als Provokation und rüsteten zum Krieg. In den nun folgenden Verhandlungen verknüpften die Römer diesen Streitfall mit dem Vorgehen der Samniten gegen Neapel (327), wo ebenfalls römische und samnitische

44   Der patrizisch-plebejische Staat

Interessen aufeinandertrafen. Sie verlangten außer dem Verzicht auf eine Kriegshandlung gegen Fregellae den Abzug der samnitischen Truppen aus Neapel. Die Ablehnung dieser Forderungen führte zur römischen Kriegserklärung. Die erste Phase des Krieges war durch jahrelange Kämpfe am Liris gekennzeichnet. Da sie zu keinem handgreiflichen Ergebnis führten, versuchten die Konsuln des Jahres 321 von Kampanien her nach Samnium zu gelangen, gerieten aber bei Caudium in einen Hinterhalt und mußten den Abzug mit der „Schmach" erkaufen, daß die Truppen „durch's Joch" getrieben wurden. Als weitere Bedingungen wurden ihnen die Räumung des samnitischen Gebiets, die Aufgabe der dieses bedrohenden Kolonien (Cales, Fregellae) und die Gestellung von 600 vornehmen Geiseln auferlegt. Der „kaudinische Frieden" währte fünf Jahre, dann (315) begannen die Kampfhandlungen erneut.

Die römische Geschichtsschreibung hat die schreckliche Erinnerung an Caudium dadurch zu mildern versucht, daß sie die Gültigkeit des Friedens bestritt (Auslieferung der Konsuln an die Samniten) und den Krieg als nicht unterbrochen behandelte. Diese Fiktion enthält insofern ein Körnchen Wahrheit, als die Römer größte Anstrengungen unternahmen, ihr Militärwesen auf den weiteren Kampf mit den Samniten einzustellen. Die Phalanx wurde aufgegeben und durch die Drei-Treffen-Ordnung (*hastati, principes, triarii*) ersetzt, die seit dem Hinzutritt der Klassen 2 bis 4 zur Phalanx der 1. Klasse als Alternative bestand. Der Langschild (*scutum*) war allen drei Treffen gemeinsam; die beiden ersten übernahmen den samnitischen Wurfspeer (*pilum*) als neue Angriffswaffe. Taktische Einheit wurde der Manipel (= 2 Zenturien zu je 60–80 Mann). 30 Manipel (3 x 10) bildeten eine Legion. Roms normale Streitmacht zählte künftig vier Legionen.

Der Krieg mit den Samniten kam wieder in Gang, als die Römer im Zuge ihrer Aktivitäten in Apulien (318 Anschluß von Teanum und Canusium) darangingen, Luceria als latinische Kolonie einzurichten (315). Die Stadt beherrschte die Zugänge nach Samnium von Osten. Der Gegenschlag der Samniten erfolgte an ganz anderer Stelle und zielte auf Rom selbst. Sie schlugen ein römisches Heer bei Lautulae (östlich von Tarracina) und drangen bis nach Ardea in Latium vor (Entfernung von Rom: 36 km). Die Römer vermochten jedoch in den folgenden Jahren (314–312) die Lage zu ihren Gunsten zu verändern und wertvolles Terrain am Liris und in Kampanien zu gewinnen, auf dem Fregellae und Cales wiederbesiedelt, Interamna, Suessa Aurunca und Saticula als neue latinische Kolonien angelegt wurden.

Im Jahre 311 kam zu den bisherigen Kriegsschauplätzen Etrurien

Der patrizisch-plebejische Staat   45

hinzu: Sutrium wurde von den Etruskern angegriffen. Die Römer
mußten zur Sicherung der alten Latinerkolonie große Anstrengungen
unternehmen, so daß „nach Sutrium gehen" (*ire Sutrium*) sprichwörtliche Bedeutung erlangte (Plaut. Cas. 524). Mit der Durchquerung
des *Saltus Ciminius* (in der Nähe von Sutrium) vollbrachte der Konsul
Q. Fabius Rullianus (310) eine bahnbrechende Leistung, und sein Sieg
am Vadimonischen See (heute Lago di Bassano) „brach zum ersten
Mal die bedeutende Macht der Etrusker" (Liv. 9, 39, 11). 308 beendete
ein Waffenstillstand (wiederum auf 40 Jahre befristet, vgl. oben S. 40)
die Kämpfe in Etrurien.

Am Liris und in Kampanien hatten mal die Römer, mal die Samniten Erfolge zu verzeichnen. 309 triumphierte C. Papirius Cursor
über die Samniten (zum dritten Mal), 306 drangen diese an beiden
Fronten vor. 305 gelang dann aber den Römern ein entscheidender
Schlag. Die beiden Konsuln führten ihre Heere von Osten (am Trifernus entlang) und von Süden (aus Kampanien) nach Bovianum und
siegten hier über den samnitischen Feldherrn Statius Gellius, der in
Gefangenschaft geriet. Daraufhin wurde 304 der Friede geschlossen.

Territoriale Regelungen sind nicht überliefert. Sie müssen darin bestanden haben, daß die Samniten die römischen Eroberungen in den
Grenzgebieten anerkannten. Formal galt der Friede als Wiederherstellung des Bündnisses von 354. War aber jenes von zwei gleich
starken und daher gleichberechtigten Partnern geschlossen worden
(*foedus aequum*), so hatte der Krieg die praktischen Voraussetzungen
für diese Klassifizierung geändert. Samnium war von drei Seiten
durch Rom und seine Verbündeten umklammert: Im Jahre 304 traten
die Marser, Paeligner, Marrukiner und Frentaner in ein Bündnis mit
Rom. Zusammen mit den Apulern riegelten sie Samnium im Norden
und Osten ab. Im Westen reichte die Kette latinischer Kolonien von
Sora (seit 303) über Fregellae, Interamna, Suessa Aurunca, Cales bis
Saticula. Arpinum erhielt 303 die *civitas sine suffragio*; mit Nola und
Nuceria waren 313 bzw. 308 Bündnisverträge abgeschlossen worden.

In den Samnitenkrieg eingebettet war die Auseinandersetzung
Roms mit den Hernikern und Aequern. Erstere wurden im Jahre 306
teils als *civitates sine suffragio* an Rom angeschlossen (Anagnia u. a.),
teils als selbständige Gemeinwesen ins Bundesgenossenverhältnis
überführt (Aletrium, Ferentium, Verulae). Härter wurden 304 die Aequer behandelt. Sie mußten einen Großteil ihres Gebiets abtreten.
Auf ihm wurden römische Bürger angesiedelt und die Tribus Aniensis
(am Anio) eingerichtet (299). Weiter entstanden hier die latinischen
Kolonien Alba Fucens und Carsioli (303/2). Einzig in bezug auf Tre-

46 Der patrizisch-plebejische Staat

bula Sufenas wird berichtet, daß die *civitas sine suffragio* vergeben wurde.

Der Ausdehnung des römischen Staatsgebietes am Anio entsprach eine solche am Trerus (rechtem Nebenfluß des Liris) im Lande der Aurunker, die 314 als Verbündete der Samniten besiegt worden waren. 299 wurde hier die Tribus Teretina gegründet. Nimmt man die beiden 318 nach Süden vorgeschobenen Tribus Oufentina und Falerna hinzu, so ergibt sich ein Zuwachs von 8 Tribus seit 358. Im gleichen Zeitraum stieg die Zahl der waffenfähigen römischen Bürger um 100000 (340: 165000, 294: 262000).

Der Machtanstieg Roms war das Ergebnis der 367 in Gang gesetzten Erweiterung des Kreises der regierenden patrizischen Geschlechter um solche plebejischer Herkunft. Anfangs stieß das Recht der Plebejer auf die zweite Konsulstelle noch auf Widerstand (bis 343 war in sieben Fällen auch der zweite Konsul Patrizier), dann brachte im Jahre 342 eine erneute gesetzliche Einschärfung sowie das Verbot der Wiederwahl vor Ablauf von 10 Jahren den endgültigen Durchbruch der plebejischen Elite zu konsularischen Ehren und ihren Eintritt in die Nobilität als neuen (Amts-)Adel. Bis 337 waren vornehme Plebejer in alle wichtigen Staatsämter eingedrungen (364 kurulische Ädilität, 356 Diktatur, 351 Zensur, 337 Prätur), und im Jahre 300 wurden ihnen durch die *lex Ogulnia* auch die Priesterkollegien der *pontifices* und *augures* aufgetan (367 bereits das der *decemviri sacris faciundis*). Über die Bekleidung der hohen (kurulischen) Ämter gelangten sie in den Senat und bildeten in ihm (als *conscripti* gegenüber den *patres*) eine allmählich wachsende Minderheit. Die *lex Ovinia* (vor 312) schrieb den Zensoren ausdrücklich die Formierung des Senats aus den Besten beider Stände vor. Dem patrizischen Teil verblieben zwar bestimmte Privilegien (Staatsleitung bei Vakanz des Konsulats durch einen *interrex*, Sanktionierung der Gesetze durch die *patrum auctoritas*), doch beeinträchtigten diese nicht die Transformation des Senats zum Organ der neuen patrizisch-plebejischen Führungsschicht.

Die den Patriziern in den Plebejern erwachsene Konkurrenz führte zwangsläufig zu einem Leistungsdruck bei beiden Komponenten der Nobilität. Er entlud sich in den Kriegen der zweiten Hälfte des 4. Jahrhunderts. Sie waren das Feld, auf dem die Kardinaltugend der Tüchtigkeit (*virtus*) sich als Kennzeichen des neuen Adels entfaltete und dessen Ruhm (*gloria*) begründete. Die Triumphe (15 allein zwischen 324 und 302) führten die Leistungen der einzelnen *nobiles* dem *populus Romanus* vor Augen, Tempel, wie der für die Göttin des Staatswohls (Salus) auf dem Quirinal (306 v. Chr. von C. Iunius Bubulcus gelobt),

Der patrizisch-plebejische Staat

und Ehrenstatuen, wie die des Q. Marcius Tremulus vor dem Castor-tempel auf dem Forum (306), kündeten der Nachwelt von den Män-nern, die Roms Herrschaft mehrten (vgl. Cic. Phil. 5,48).

Die fortschreitende Etablierung der Nobilität verlagerte den Schwerpunkt des Ständekampfes von der politischen auf die wirt-schaftliche und soziale Seite. Zwar brauchten die Tribunen nicht mehr um Landzuteilungen an die Plebs zu kämpfen – solche lagen bei dem reichlichen Zugewinn im Staatsinteresse –, desto massiver trat jetzt an sie die Frage der Verschuldung eben dieser Schicht von kleinen und mittleren Landbesitzern heran, die durch die fortwährenden Kriege in den Teufelskreis von Kreditbedarf und Schuldenlast getrieben worden war. Da die Tribunen den Widerstand des Senats gegen eine umfas-sende gesetzliche Regelung nicht zu brechen vermochten, kam es 287 zum Auszug der Plebs aus der Stadt (*secessio*). Erst das Zugeständnis, daß die von der Plebs in ihren Versammlungen (*concilia plebis*) ge-faßten Beschlüsse (*plebiscita*), also auch solche zur Schuldentilgung, für alle Bürger (Patrizier eingeschlossen) gelten sollten (*lex Hortensia*), führte zu ihrer Rückkehr.

Mit der Erhebung der *plebiscita* zu *leges* (Gell. 15,27,4) avancierten auch die *tribuni plebis*. Sie erhielten Zutritt zum Senat und konnten in den Sitzungen referieren. Die sich daraus ergebende Zusammenarbeit mit dem Senat, vor allem bei der Gesetzgebung, veränderte den Cha-rakter ihres Amtes. Dieser Wandel hatte seinen Grund in der von den Tribunen erreichten politischen Gleichstellung zwischen Plebejern und Patriziern. Schon zum Jahre 310 hatte Livius (9,33,3) konstatiert, daß es seit langem keine Kämpfe zwischen patrizischen Magistraten und den Tribunen der Plebs mehr gegeben habe.

Die Plebs war durch die neuen Tribusgründungen räumlich expan-diert. Andererseits ballte sich in den vier städtischen Tribus die Masse der landlosen Plebejer zusammen. Sie vermehrte sich vor allem durch Sklavenfreilassungen, deren 5%ige Besteuerung (seit 358) ihre rela-tive Häufigkeit anzeigt. Ap. Claudius Caecus versuchte in seiner Zensur (312), die Überfüllung der städtischen Tribus zu beseitigen, indem er landlose Plebejer auch in die ländlichen Tribus einschrieb. Das eröffnete diesen die Möglichkeit, sich dort anzusiedeln, und räumte ihnen Einfluß auf die Stimmen dieser Tribus in den Tribut-komitien ein. Die Maßnahme erregte jedoch Anstoß bei der Nobilität, so daß die Zensoren des Jahres 304 sie „im Interesse der Eintracht" (Liv. 9,46,14) rückgängig machten. Die vier städtischen Tribus wurden nunmehr zur klassischen Heimstatt des niedrigen Volkes, insbesondere der Freigelassenen.

48   Der patrizisch-plebejische Staat

Für den Rechtsalltag der Plebejer bedeutete es eine Erleichterung, daß der Ädil Cn. Flavius im Jahre 304 den Kalender, aus dem die Gerichtstage zu ersehen waren, auf dem Forum aufstellen ließ und eine Formelsammlung veröffentlichte, welche die gesetzlichen Verfahrensarten (*legis actiones*) des Zivilprozesses enthielt (*ius civile Flavianum*). Im Hinblick auf die Rechtsstellung aller Bürger war die Sanktionierung der *provocatio ad populum*, des Schutzes gegen Beamtenwillkür, von besonderer Wichtigkeit. Eine *lex Valeria* des Jahres 300 qualifizierte das Vorgehen eines Magistrats gegen Leib und Leben eines Bürgers ohne Gerichtsverfahren als „Unrechtshandlung" (Liv. 10,9,5), so daß er dafür gerichtlich belangt werden konnte. Zum Schutz der Bürger vor Dieben und anderem Gesindel wurde um 290 die Institution der *tresviri capitales*, eine Art Polizeigericht, geschaffen. 286 stellte die *lex Aquilia de damno* die Ahndung des häufig begangenen Delikts der Sachbeschädigung auf eine feste Grundlage.

Mit einer neuen Serie von Kriegen begann im Jahre 298 der beschleunigte Prozeß der römischen Ausbreitung in Italien. Anlaß für den Wiederausbruch des Krieges gegen die Samniten war ein Hilferuf der Lukaner. Der Konsul L. Cornelius Scipio Barbatus schlug die Samniten und unterwarf ganz Lukanien, wie die Inschrift seines Sarkophags (in den Musei Vaticani) verkündet (Corp. Inscr. Lat. I² 6/7). 296 nahm der Krieg für Rom bedrohliche Ausmaße an. Denn die Samniten zogen die Etrusker, Umbrer und Gallier in ihre Auseinandersetzung mit den Römern hinein. Ihr Feldherr Gellius Egnatius übernahm in Etrurien den Oberbefehl über die vereinigte Streitmacht. Die Römer boten für das Jahr 295 stärkste eigene und bundesgenössische Kräfte auf und suchten in Umbrien die Schlachtentscheidung. Sie fiel bei Sentinum zu ihren Gunsten. Der Konsul P. Decius Mus vollzog, wie sein Vater 340 (oben S. 41), die *devotio* und fand den Tod im Kampf. Der andere Konsul, Q. Fabius Rullianus, von Livius (10,21,15) als „bester Feldherr der damaligen Zeit" apostrophiert, führte die Römer zu einem glänzenden Sieg; sein Gegner Gellius Egnatius fiel. Die Schlacht fand auch in der griechischen Welt Beachtung (Duris von Samos bei Diod. 21,6,1), ihre Bedeutung für den Gang der italischen Geschichte ist kaum zu überschätzen. Die unmittelbare Folge des römischen Sieges bestand in der Einbeziehung Umbriens, wo schon 299 Narnia als latinische Kolonie eingerichtet worden war, und Etruriens in den römischen Herrschaftsbereich.

In Samnium siegten die Römer 293 in der Schlacht von Aquilonia über das letzte Aufgebot des Stammes, dessen Kern die nach besonderem Ritual formierte *legio linteata* bildete. 291 fiel Venusia in Apu-

Der patrizisch-plebejische Staat

lien und wurde zur stärksten Latinerkolonie (20 000 Siedler) erhoben. 290 brachte M'. Curius Dentatus die Unterwerfung der Sabiner (zwischen Umbrern und Aequern) zum Abschluß. Der große Krieg, der als 3. Samnitenkrieg gezählt wird, war damit zu Ende, Samnium figurierte fortan als heerespflichtiger Bundesgenosse Roms.

Das Symbol des Sieges war die bis zum Mons Albanus sichtbare riesige Jupiterstatue auf dem Kapitol, die der Konsul von 293, Sp. Carvilius Maximus, aus Beuterüstungen der Samniten anfertigen ließ. Auf dem Marsfeld wurde der Kriegsgöttin Bellona ein Tempel erbaut, den Ap. Claudius Caecus 296 gelobt hatte. Überschattet wurde der Sieg allerdings durch die große Pest, welche im Jahre 293 zur Befragung der Sibyllinischen Bücher und auf deren Weisung 291 zur Einholung des Heilgottes Asklepios aus Epidaurus führte, dem als Aesculapius auf der Tiberinsel in Rom ein Tempel errichtet wurde.

Bei den Galliern, die in der Schlacht von Sentinum geschlagen worden waren (vgl. die Ortsbezeichnung *Busta Gallorum*, „Brandstätten der Gallier"), handelte es sich um Senonen. Dieser Stamm brachte zehn Jahre nach der Schlacht einen neuen Krieg in Gang, indem er in Etrurien einfiel und das mit Rom verbündete Arretium angriff. Ein römisches Entsatzheer wurde 284 geschlagen. Dann aber siegte 283 M'. Curius Dentatus über die Senonen und eroberte ihr ganzes Gebiet an der Adriaküste, das zum Staatsland erklärt wurde (*ager Gallicus*). Sena Gallica wurde als Kolonie römischer Bürger (*colonia maritima*) eingerichtet.

Das Schicksal der Senonen veranlaßte die Bojer zum Krieg gegen Rom. Mit ihnen verbanden sich etruskische Städte, die eine letzte Chance witterten, sich dem römischen Zugriff zu entziehen. Die Kämpfe der Jahre 282/281 (Schlacht am Vadimonischen See) belehrten die Etrusker allerdings, daß die römische Herrschaft nicht mehr abzuwenden war. Die betreffenden Städte (Vulci, Volsinii u. a.) schlossen daher Bündnisse mit Rom ab. Auch die Bojer sahen ein, daß ein Bündnis mit Rom ihrer derzeitigen Lage entsprach.

Die letzte Phase der römischen Expansion auf der Apenninhalbinsel betraf den stark griechisch geprägten Süden. In diesen Raum waren die Römer mit der Eroberung Lukaniens (298) vorgestoßen. Die vom Einfluß und Ansehen Roms ausgehende Sogwirkung erfaßte bald die Griechenstädte an der Küste. 282 bat Thurii um römische Hilfe gegen Samniten, Lukaner und Bruttier. Der Konsul C. Fabricius Luscinus befreite die Stadt von ihren Gegnern und wurde dafür von ihr mit einem Standbild in Rom geehrt. Wie Thurii erhielten jetzt Locri und Rhegium eine römische Besatzung.

Die Hilfe Roms für Thurii rief Tarent auf den Plan. Mit Thurii ver-
feindet, griffen die Tarentiner römische Schiffe an, die, anscheinend
unter Verletzung eines alten Vertrages, über das lacinische Vorgebirge
hinaus in den Golf von Tarent gefahren waren. Sie gingen auch gegen
Thurii vor und zwangen die römische Besatzung zur Kapitulation. Römische Gesandte wurden in Tarent schimpflich behandelt. Rom war
herausgefordert.

Der Krieg mit Tarent erhielt überdimensionalen Charakter durch
das Eingreifen des Königs Pyrrhus von Epirus, den die Tarentiner um
Hilfe gebeten hatten (wie früher andere griechische Feldherren). Bei
Heraclea am Siris schlug er 280 die Römer, die durch den Einsatz von
Kriegselefanten überrascht wurden. Sein Sieg hatte den Abfall der
Samniten, Lukaner und Bruttier zur Folge. Pyrrhus trat als Sachwalter der Griechen Unteritaliens auf. Durch seinen Gesandten Cineas verlangte er von den Römern die Freiheit für seine griechischen
und italischen Bundesgenossen. Zur Unterstützung seiner Forderung
rückte er gegen Rom vor und näherte sich der Stadt auf 60 km, bezog
dann aber Winterquartiere. Der Senat lehnte die von Pyrrhus gestellten Bedingungen nach einer großen Rede des Ap. Claudius Caecus ab und bot alle Kräfte zu einem neuen Waffengang auf. Dieser
fand 279 bei Ausculum in Apulien statt. Pyrrhus siegte erneut, aber
wie schon bei Heraclea mit großen Verlusten („Pyrrhussieg").

Die Lage änderte sich zu Roms Gunsten, als Pyrrhus 278 einem
Hilferuf der Griechen Siziliens folgte und zum Kampf gegen die Karthager auf die Insel übersetzte. Rom schloß mit Karthago einen Bei-
standspakt gegen Pyrrhus und ging daran, Samniten, Lukaner und
Bruttier erneut zu unterwerfen (Triumphe der Jahre 278–276). Als
Pyrrhus 275 nach Unteritalien zurückkehrte, kam es zur Schlacht von
Beneventum in Samnium, die der Konsul M'. Curius Dentatus so
gestalten konnte, daß sie einem Sieg gleichkam. Der Triumph, den er
feierte, war der prächtigste, den Rom bis dahin gesehen hatte. Gefangene von weither (Molosser, Thessaler, Makedonen), kostbare Beute-
stücke (Gold, Purpur, Statuen, Gemälde), vor allem aber die mitge-
führten Elefanten machten ihn zu einer Sensation. Pyrrhus kehrte in
seine Heimat zurück. Nach seinem Tode (272) übergab der von ihm
eingesetzte epirotische Kommandant von Tarent die Stadt an die
Römer.

Mit Tarent wurde die Magna Graecia in das römische Herrschaftssystem eingegliedert. Selbst der für den Süden der Halbinsel ge-
bräuchliche Name Italia (oben S. 6) fiel den Römern zu. Sie er-
streckten ihn auf das ganze von ihnen beherrschte Gebiet, also bis

Der patrizisch-plebejische Staat 51

weit in den Norden. Die einzelnen Griechenstädte wurden als *socii navales* zur Gestellung und Bemannung von Schiffen verpflichtet. Einen Sonderstatus unter ihnen erhielt Paestum (Posidonia) als latinische Kolonie. Rhegium mußte erst den Mamertinern („Marssöhnen"), kampanischen Söldnern, die hier eine eigene Herrschaft errichtet hatten, entrissen werden (270).

Gelangte Rom mit der Einnahme von Rhegium an die Spitze des Stiefels, den die italische Halbinsel darstellt, so führten Siege über Sallentiner und Messapier 267/266 auch zur Festsetzung im Absatz des Stiefels (Kalabrien). Mit Brundisium kam der wichtigste Hafen der Ostküste Italiens in den Besitz der Römer. Schon vorher (268) war Picenum unterworfen worden, so daß jetzt die ganze Adriaküste sich in römischer Hand befand. Zu den bereits früher gegründeten latinischen Kolonien Hadria (289) und Castrum Novum (283) traten nun noch Ariminum (268) und Firmum (264) hinzu. In Samnium sicherte Beneventum seit 268 die römische Herrschaft.

Rom war vom „Haupt Latiums" (oben S. 43) zum „Haupt Italiens" (Flor. 1, 18, 2) aufgestiegen. Das Ausmaß seines Herrschaftsraumes veranschaulichte eine Karte Italiens, die der Konsul P. Sempronius Sophus in dem von ihm nach 268 erbauten Tellustempel auf dem Esquilin an die Wand malen ließ. Eine genaue Vorstellung von den Entfernungen, die römische Heere bewältigt hatten, vermittelte die Via Appia: Von Ap. Claudius 312 begonnen, führte sie über Tarracina nach Formiae, dann (nach Gründung der Bürgerkolonien Minturnae und Sinuessa 296) weiter nach Capua, schließlich über Beneventum und Venusia nach Tarent, von dort nach Brundisium. Die militärische Stärke Roms und seiner Bundesgenossen ließ sich den Listen entnehmen, die alle vier Jahre aufgestellt wurden (*formula togatorum*). 558000 Mann zu Fuß und zu Pferde wiesen sie für das Jahr 225 aus.

Das kunstvolle Bündnissystem, mit dem Rom seit 338 Italien überzogen hatte, besaß in der Treuepflicht (*fides*) der Vormacht gegenüber den Bündnern und umgekehrt eine wirksame Klammer, in den Kolonien strategische Machtbasen und im Heer eine Zentrifugalkraft der Romanisierung. Schöpfer dieses Gebildes und Nutznießer ihres Funktionierens war die römische Nobilität, die sich als Inbegriff der *res publica Romana* verstand. Sie regierte Italien mit einem Minimum an administrativem Aufwand. Lediglich die Zahl der Quästoren wurde 267 um vier (auf acht) erhöht; sie erhielten das Flottenwesen als Aufgabenbereich (daher *quaestores classici*).

In wirtschaftlicher Hinsicht führte das Ausgreifen Roms in den italischen Raum zur Entstehung eines Währungssystems und damit zur

52 Der patrizisch-plebejische Staat

Geldwirtschaft im eigentlichen Sinne des Wortes (vgl. oben S. 23). In den Jahrzehnten nach 300 wurden in Rom (wie in anderen Landschaften Italiens) neben den inzwischen aufgekommenen Bronzebarren (*aes signatum*) schwere, gegossene Bronzemünzen (*aes grave*) in Umlauf gebracht, deren Einheitsstück, der As, das Gewicht eines Pfundes (ca. 325 g) hatte. Teilstücke erleichterten die Verwendbarkeit. Verantwortlich für das Münzwesen Roms waren seit etwa 290 die *tresviri monetales* (benannt nach der Münzstätte in der Nähe des Tempels der Iuno Moneta auf dem Kapitol). Während des Pyrrhus-Krieges vollzog Rom dann auch den Anschluß an das auf Silber basierende Münzwesen der Griechenstädte Unteritaliens. Didrachmen (Doppeldrachmen) wurden zunächst in unteritalischen Münzstätten im Auftrag Roms (Kennzeichen: Romano = Romanorum), seit 269 (Plin. nat. hist. 33,34) in Rom selbst geprägt. Die letzteren im Gewicht von ca. 7 g zeigten auf der Vorderseite den Kopf des Hercules, auf der Rückseite die Wölfin mit Romulus und Remus (s. Einbandbild).

Es entsprach der ganzen Entwicklung, daß die Stadt Rom den Glanz einfing, den die großen Kriegstaten verbreiteten. Vor allem die zahlreichen Tempelgründungen, die auf Feldherrengelübde zurückgingen, prägten das Stadtbild. Dazu kamen Nutzbauten wie die beiden großen Wasserleitungen, Aqua Appia (Ap. Claudius 312) und Anio Vetus (M'. Curius Dentatus 272). Das Forum erhielt eine neue Note durch die Geschäftslokale der Geldwechsler (*tabernae argentariae*). An ihnen wurden 310 die vergoldeten Schilde der Samniten angebracht, die L. Papirius Cursor erbeutet hatte. Seit 296 stand auf dem Comitium beim Ficus Ruminalis die Bronzestatue der Wölfin mit den Zwillingen Romulus und Remus (vgl. oben S. 2). Und den First des Jupitertempels auf dem Kapitol schmückte seit eben jenem Jahr eine Bronzequadriga. Sie übernahm die Funktion der 200 Jahre alten tönernen, welche zum „Unterpfand der Herrschaft" Roms (*pignus imperii*) geworden war. Schließlich ist noch die Ara Maxima an der Porta Trigemina zu erwähnen, wo 312 ein staatlicher Kult für Hercules eingerichtet wurde.

6. DER KAMPF MIT KARTHAGO
UM DIE VORHERRSCHAFT IM WESTEN

(264–201 v. Chr.)

Karthago hatte vor Rom die Bühne der Weltgeschichte betreten. Als Rom sich von der Herrschaft der etruskischen Könige befreite (oben S. 15), war Karthago längst das Haupt der phönizischen Kolonien im westlichen Mittelmeer, nämlich in Nordafrika, auf Sizilien, Sardinien, Korsika und in Südspanien. Der Handel hatte die Stadt reich gemacht (Thuc. 6, 34, 2); er war ihr Lebenselixier. Eifersüchtig wachte sie darüber, daß Konkurrenten ihr nicht gefährlich wurden. Verträge mit diesen errichteten Sperrzonen, um die Monopolstellung Karthagos zu wahren. Auch mit Rom schloß Karthago – wie vorher mit den Etruskern – solche Verträge. Diese sperrten für die Römer zunächst (508) die nordafrikanische Küste vom „Schönen Vorgebirge" (Kap Farina) bis zu den „Säulen des Herkules" (Straße von Gibraltar), dann (348) auch die südspanische Küste von Mastia (bei Cartagena) wiederum bis zu den „Säulen des Herkules". Der dritte Vertrag – 306 abgeschlossen – signalisierte einen Wandel im Verhältnis der beiden Vertragsmächte. Es ging darin nicht mehr vorrangig um den Handelsverkehr, sondern um die Sicherung von Herrschaftsgebieten: Die Römer verpflichteten sich, nicht nach Sizilien hinüberzugreifen, die Karthager versprachen, sich von Italien fernzuhalten. Als König Pyrrhus von Epirus Italien und Sizilien gleicherweise bedrohte, schlossen Rom und Karthago einen weiteren Vertrag (278), in dem sie sich gegenseitig Hilfe zusicherten.

Auf Sizilien hatten die Karthager in langen Kämpfen mit den Griechen, deren Städte hier seit dem 8. Jahrhundert v. Chr. wie Pilze aus dem Boden geschossen waren (Thuc. 6, 3–5), versucht, die Insel unter ihre Herrschaft zu bringen, waren aber immer wieder auf den Westteil zurückgeworfen worden. Der Himerasfluß bildete die Grenze ihrer Epikratie; zu ihr gehörten seit 289 (Tod des Agathocles von Syrakus) auch die Liparischen Inseln. Der Konflikt mit Rom erwuchs aus der Hilfeleistung der Karthager für die Mamertiner („Marssöhne"), ehemalige Söldner des Agathocles kampanischer Herkunft. Sie hatten die Herrschaft über die Stadt Messana an sich gerissen und lagen im

54 Der Kampf mit Karthago

Kampf mit Hieron von Syrakus. Das Eingreifen der Karthager (von Lipara aus) rettete sie vor dem Untergang; eine karthagische Besatzung sicherte die weitere Herrschaft der Mamertiner über die Stadt. 264 aber wandten diese sich unter Berufung auf ihre Stammesverwandtschaft an Rom und boten die Unterwerfung (*deditio*) zur Erlangung des römischen Schutzes an. Die Römer akzeptierten die *deditio*, d. h., sie verfuhren mit Messana ebenso, wie sie bisher mit so mancher Stadt Italiens verfahren waren. Dabei mochte es sie locken, im reichen Sizilien Fuß zu fassen. Sie waren sich nach der Unterwerfung Italiens wohl auch ihrer militärischen Stärke voll bewußt. Jedenfalls nahmen sie mit der Ablösung Karthagos als Schutzmacht Messanas das Risiko einer kriegerischen Verwicklung durchaus in Kauf.

Mit römischer Rückendeckung vertrieben die Mamertiner die karthagische Besatzung aus Messana. Das führte zum Bündnis der Karthager mit Hieron von Syrakus und zur gemeinsamen Belagerung von Messana. Die Römer entschieden sich daraufhin zur Entsendung eines Heeres nach Sizilien und verlangten unter Hinweis auf ihre Treuepflicht gegenüber Messana, daß die Belagerung der Stadt aufgegeben werde. Die Ablehnung dieser Forderung führte zum Krieg. Er begann 263 mit dem Sieg des Konsuls M'. Valerius Maximus über die Karthager und Hieron bei Messana (daher der Beiname „Messalla") und der Ausnutzung des Sieges zum Vormarsch auf Syrakus. Nachdem an die 50 Städte im Osten Siziliens zu den Römern übergetreten waren, suchte Hieron um Frieden nach. Sein syrakusanisches Königreich wurde auf den Südostteil der Insel beschränkt. Die Römer hatten an ihm in der Folge einen treuen und für die Versorgung der Truppen auf Sizilien wertvollen Bundesgenossen.

Die Erfolge der Römer in der Auseinandersetzung mit Hieron veranlaßten die Karthager, ihr auf dem Einsatz von Söldnern beruhendes Kriegswesen durch Werbung von Ligurern, Galliern und Spaniern auf den sich abzeichnenden Kampf um Sizilien einzustellen. Agrigent (an der Südwestküste) wählten sie als Operationsbasis. Ihre Flotte erhielt Order zu Unternehmungen gegen die Küsten Siziliens und Italiens. Die Römer beantworteten diese Anstrengungen mit dem Entschluß, die Karthager sowohl zu Lande als auch zur See niederzuringen. Agrigent wurde 261 erobert, und der karthagischen Flotte stellte sich 260 eine in kürzester Zeit gebaute römische zum Kampf. Dank der Enterbrücken (*corvi*, „Raben"), welche den Einsatz von Landtruppen ermöglichten, erfocht der Konsul C. Duilius bei Mylae (westl. von Messana) den ersten römischen Sieg zur See, der in Rom durch einen besonderen Triumph und die Errichtung einer mit Schiffsschnäbeln

Der Kampf mit Karthago

geschmückten Säule (*columna rostrata* auf dem Forum) gefeiert wurde.

Sich aufs Meer zu wagen war die kriegsentscheidende Tat der Römer. Hatten die Karthager zu Beginn des Krieges geglaubt, gegen ihren Willen könnten die Römer nicht einmal die Hände im Meer waschen (Diod. 23,2,1), so mußten sie 260 erkennen, daß eben diese Römer sich anschickten, ihnen die Seeherrschaft streitig zu machen. 256 konnten sie nicht verhindern, daß eine römische Flotte unter den Konsuln L. Manlius Vulso und C. Atilius Regulus sich in der Schlacht am Vorgebirge Ecnomus (an der Südspitze Siziliens) den Weg frei-kämpfte zu einer Invasion Afrikas, und 241 unterlagen sie bei den Aegatischen Inseln (an der Westküste Siziliens) in einer letzten großen Seeschlacht dem Prokonsul C. Lutatius Catulus. Die Römer machten mit dem Seekrieg allerdings auch bittere Erfahrungen. Dreimal (255, 253 und 249) wurde eine ganze Flotte durch Unwetter vernichtet. Ins-gesamt verloren sie 700 Kriegsschiffe. Trotzdem setzten sie 242 buch-stäblich alles auf diese Karte, denn der Flottenbau wurde aus privaten Mitteln finanziert; die Staatskasse war leer.

Im Hinblick auf den Krieg zu Lande hofften die Römer, in Afrika die Entscheidung herbeiführen zu können. Aber das von Regulus ge-leitete Unternehmen scheiterte im Jahre 255. Nun konzentrierten sie sich auf Sizilien, eroberten 254 Panormus (an der Nordwestküste) und erwehrten sich hier 250 unter L. Caecilius Metellus eines mit Großeinsatz von Elefanten unternommenen Angriffs der Karthager. 247 besetzte der neue karthagische Oberbefehlshaber Hamilkar Barkas den nahe gelegenen Berg Heirkte und verwickelte die Römer in einen Kleinkrieg, der sich 244 an den Berg Eryx (bei Drepanum an der Westküste) verlagerte. 242 gelang es dann C. Lutatius Catulus, durch die Einnahme von Drepanum und die Belagerung von Lily-baeum Hamilkar den Nachschub abzuschneiden. Dieser mit der See-schlacht bei den Aegatischen Inseln (241) gekrönte Erfolg führte zum Frieden.

Die Römer legten den Karthagern die Abtretung ihres sizilischen Herrschaftsgebietes sowie der Liparischen und Aegatischen Inseln auf, setzten die Kriegsentschädigung auf 3200 Talente Silber (83,9 t), zahlbar in 10 Jahresraten, fest und verlangten die Kriegsgefangenen ohne Lösegeld zurück.

Im Jahre 237 entschloß Rom sich zu einem erneuten Vorgehen gegen Karthago. Es drohte mit Kriegserklärung, falls Karthago die Rüstungen zur Wiedergewinnung Sardiniens, das im Verlaufe des Kampfes gegen die aufständischen Söldner (241–238) verlorenge-

56 Der Kampf mit Karthago

gangen war, nicht einstelle. Da Karthago sich zu einem neuen Waffengang mit Rom außerstande sah, verzichtete es in einem Zusatzvertrag zum Frieden von 241 auf die Insel und verpflichtete sich, nochmals 1200 Talente (31,4 t) zu zahlen. Die Inbesitznahme Sardiniens (und Korsikas) machte die Römer zu Herren des Tyrrhenischen Meeres, zog ihnen aber auch den Haß der gedemütigten Karthager zu.

In Rom hatte man in den letzten acht Kriegsjahren keinen Triumph mehr gesehen – eine ungewöhnlich lange Zeit. Der Freude über die mehr als 100 von L. Caecilius Metellus erbeuteten Elefanten, die 250 durch Rom stampften, war 249 tiefe Niedergeschlagenheit über die Katastrophen zur See unter den Konsuln P. Claudius Pulcher und L. Iunius Pullus gefolgt. Nach Befragung der Sibyllinischen Bücher wurden für die Unterweltsgötter Dis pater und Proserpina die *ludi Tarentini* (= *ludi saeculares*) ausgerichtet. 247 ergaben die Zensuszahlen nur 241 000 römische Bürger gegenüber 292 000 bei Kriegsbeginn (264). Die Zerrüttung der Staatsfinanzen war auch durch die Gewichtsreduktion des Aes grave (auf ca. 270 g) und der Didrachmen (auf ca. 6,5 g) nicht aufgehalten worden.

Jetzt, im Jahre 241, gab es in Rom gleich vier Triumphe zu bestaunen: zwei für den Seesieg über Karthago und zwei weitere für die Niederschlagung der aufständischen Falisker. Die Erinnerung an dieses glanzvolle Jahr hielten die nun ausgegebenen Münzen fest: Der As mit dem bärtigen Januskopf auf der Vorderseite zeigte auf der Rückseite einen Schiffsbug (*prora*), die neue Silberdidrachme mit dem unbärtigen Januskopf eine Triumphalquadriga (daher: Quadrigatus). In Erinnerung blieb auch die (kurzfristige) Schließung des Janusbogens am Forum zum Zeichen des allseits herrschenden Friedens.

Der Sieg über Karthago war letzten Endes dem Vermögenseinsatz der römischen Führungsschicht zu verdanken, der Nobilität und ihrem Umkreis, der Senatorenschaft. Denn sie hatten den Bau der 200 Penteren finanziert, die bei den Aegatischen Inseln die Entscheidung herbeiführten. Schon die Leistung als solche, vor allem aber deren Erfolg brachte den führenden Männern einen Prestigezuwachs, der ihre Stellung im Staate festigte. Diese beruhte auf der Summe der von den Vorfahren (*maiores*) und ihnen selbst erbrachten Leistungen. Deshalb waren sie auch bemüht, daß der Ruhm ihrer Familien nicht in Vergessenheit geriet. Das vorzüglichste Mittel dazu bildeten die Leichenbegängnisse, an denen sozusagen das ganze Volk teilnahm. Im Jahre 221 fand ein solches für L. Caecilius Metellus, den Sieger von Panormus (250), statt. Sein Sohn pries ihn in der Leichenrede (*laudatio funebris*)

Der Kampf mit Karthago

glücklich, daß er nach den zehn größten und besten Dingen gestrebt und sie alle erlangt habe. Die Aufzählung seiner Leistungen im öffentlichen und privaten Bereich gipfelte in der Feststellung, er sei der berühmteste Mann im Staate gewesen (Plin. nat. hist. 7, 139–140). Bei diesen Trauerfeiern auf dem Forum waren auch die Ahnen des Verstorbenen zugegen, wozu man Personen ähnlicher Statur mit Maske und Amtstracht der Toten ausstattete. Ihrer Taten wurde vom Redner genauso gedacht wie derer des gerade Verstorbenen – ein eindrucksvoller Anschauungsunterricht über die Bedeutung der *maiores* und eine eindringliche Empfehlung für deren Nachkommen (Polyb. 6, 53–54). Für zusätzliches Aufsehen sorgten die mit den Leichenfeiern verbundenen Gladiatorenspiele, bei denen die Anzahl der auftretenden Paare im Laufe der Jahre zunahm (264:3; 216:22).

In der großen Auseinandersetzung mit Karthago konnte Rom erstmals auf das gesamte Potential Italiens zurückgreifen. Der Krieg war die Feuertaufe für das System, mit dem Rom Italien beherrschte. Daß sie ohne Schwierigkeiten bestanden wurde, rechtfertigte die bisherige Politik und ermutigte zu ihrer Fortsetzung. Ein wichtiger Schritt in diese Richtung war die Schaffung einer neuen (zweiten) Prätorenstelle, die dem Rechtsverkehr zwischen Bürgern und Fremden bzw. Fremden untereinander dienen sollte (242). Der *praetor peregrinus*, wie er zur Unterscheidung vom *praetor urbanus* genannt wurde, entwickelte in seiner Praxis Rechts- und Verfahrensgrundsätze (Formularprozeß), die geeignet waren, Rom ganz allgemein zum Hort des Rechts zu machen. Die Kolonisation, die anderthalb Jahrzehnte geruht hatte (262–248: Vell. 1, 14, 8), wurde mit der Gründung der Bürgerkolonien Alsium (247) und Fregenae (245) sowie der latinischen Kolonien Brundisium (244) und Spoletium (241) fortgeführt. Die seit langem anstehende Einrichtung von Tribus auf dem *ager Sabinus* (bei Reate) und *Praetuttianus* (bei Interamna in Picenum) wurde im Jahre 241 vorgenommen. Die Tribus Quirina und Velina schlossen die Organisation des *ager Romanus* ab. Es blieb in Zukunft bei den 4 städtischen und 31 ländlichen Tribus. Als z. B. im Jahre 232 der *ager Gallicus* an römische Bürger aufgeteilt wurde, erhielten diese ihr Stimmrecht in der Tribus Pollia, deren Gebiet ganz woanders (in der Umgebung der Stadt Rom) lag. Zu dieser Zeit (234) war die Zahl der waffenfähigen römischen Bürger wieder auf 270000 angestiegen.

Die Abkehr von der Gründung neuer Tribus war eine hochpolitische Entscheidung. Denn sie war gekoppelt mit einer Reform der Zenturienordnung (vgl. oben S. 38) auf der Grundlage des Bestandes von 35 Tribus. Die 'reformierten' Zenturien wurden von den der betreffenden Klasse zugehörigen Mitgliedern der 35 Tribus gebildet. Das ergab bei der Unterteilung in *seniores* und *iuniores* 70 Zenturien für jede der fünf Klassen, also insgesamt 350 Zenturien. Unberührt von der Reform blieben die 18 Ritterzenturien und die 5 Zenturien der *accensi velati*. Durch die Reform gab es jetzt 373 Zenturien. An der Abstimmung aber sollten nach dem Willen der 'Reformer' weiterhin nur 193 Zenturien teilnehmen und die 70 Stimmen der 1. Klasse unangetastet bleiben. Es wurden deshalb zum Zwecke der Abstimmung die 4 mal 70 Zenturien der Klassen 2 bis 5 = 280 durch Losung so zusammengelegt, daß 100 übrigblieben (20 bzw. 30 je Klasse). Der Abstimmungsmodus wurde noch dadurch kompliziert, daß die 6 patrizischen Ritterzenturien gesondert stimmten und 1 Zenturie der *accensi velati* nach den Zenturien der 1. Klasse aufgerufen wurde. Die Mehrheit (97 Stimmen) konnte erlangt werden, wenn 8 Stimmen der Klassen 2 bis 5 zu denen der Ritter (6 + 12), der 1. Klasse (70) und der von den accensi velati abgespaltenen Zenturie hinzukamen (Cic. de re publ. 2, 39).

Die Reform der Zenturienordnung, die vermutlich kurz nach Kriegsende durchgeführt wurde – 215 war die neue Abstimmungsform längst in Geltung, Liv. 24, 7, 12 –, schrieb einen für die Nobilität günstigen Zustand der politischen Entwicklung fest: Die führenden Familien hatten die im Zuge der italischen Expansion gegründeten Tribus mit einem Netz von Abhängigkeitsverhältnissen überzogen. Dieses Klientelsystem sollte nun als Stabilisierungsfaktor der Nobilitätsherrschaft genutzt, d. h. bei den Wahlen die Rolle der *plebs urbana* durch die Mobilisierung der *tribus rusticae* zurückgedrängt werden.

Der 1. Punische Krieg hatte Rom in den Besitz Siziliens (mit Ausnahme des Königreichs Syrakus), Sardiniens und Korsikas gebracht. Die beiden letzteren Inseln mußten allerdings noch der Herrschaft Roms gefügig gemacht werden. Die Triumphalfasten verzeichnen Triumphe „über die Sarden" für die Jahre 235–233 und einen solchen „über die Korsen" (auf dem Albanerberg) für das Jahr 231. Erst nachdem Sardinien und Korsika 'befriedet' waren, wurden sie und Sizilien 227 als feste „Aufgabenbereiche" (*provinciae*) je einem Prätor zugewiesen. Die Schaffung der beiden neuen Prätorenstellen war ein Akt von weitreichender Bedeutung. Denn ihre Inhaber erhielten auf ein Jahr die von Kollegialität, Interzession und Provokation befreite Macht des Oberamtes (Imperium) für die ihnen zugewiesene „Provinz". Es war die Frage, wie diejenigen, die eine solche Machtfülle besessen hatten, sich dem politischen Kräftespiel in Rom einfügen würden.

Der Kampf mit Karthago 59

Von der Einbeziehung Siziliens in das römische Herrschaftsgebiet profitierte natürlich der italische Seehandel. Die gleiche Wirkung hatte die Etablierung Roms an der Adria (Brundisium). Mit der Ausweitung des Aktionsbereichs der italischen Kaufmannschaft aber waren Schwierigkeiten für die Staatsgewalt verbunden. Während des Söldnerkrieges (241–238) ergaben sich Spannungen mit Karthago, weil italische Händler die Aufständischen mit Lebensmitteln belieferten. Rom mußte sich um die Freigabe der von den Karthagern gekaperten Schiffe und ihrer Mannschaften bemühen (Polyb. 1,83, 5–10). Im Jahre 229 führte die Beeinträchtigung des italischen Adriahandels durch Seeräuberei gar zum Krieg mit dem Illyrischen Reich der Königin Teuta: Klagen über schwere Übergriffe der Illyrer gegen italische Kaufleute bei einem Piratenakt gegen Phoenice (Epirus) veranlaßten den Senat zu Wiedergutmachungsforderungen an Teuta. Deren Ablehnung und die Ermordung eines römischen Gesandten hatten den Kriegsbeschluß zur Folge.

Der Krieg gegen die Illyrer wurde mit großem Aufgebot (beide Konsuln, 200 Schiffe, 22000 Mann Landungstruppen) unternommen und schnell zu Ende geführt. Corcyra, Apollonia, Epidamnus/Dyrrhachium und Issa unterwarfen sich den Römern. Die Stämme des Binnenlandes wurden teils bezwungen, teils unterwarfen auch sie sich. Vor Einbruch des Winters konnte der größte Teil der Streitkräfte nach Italien zurückgeführt werden. Der im nächsten Jahr (228) abgeschlossene Friede entzog Teuta die Herrschaft über weite Teile Illyriens. Sie wurde Demetrius von Pharus übertragen als Lohn für die Hilfe, die er den Römern im Krieg geleistet hatte. Die oben erwähnten Griechenstädte traten zu Rom in ein Schutzverhältnis. Illyrische Schiffe durften künftig nur unbewaffnet und in beschränkter Anzahl (nicht mehr als zwei) über Lissus (heute: Lezha in Albanien) hinaus nach Süden fahren.

Die Römer benutzten den Schlag gegen die illyrische Piraterie, um sich den Griechen gewissermaßen vorzustellen. Gesandte gingen zu den Ätolern und Achäern, nach Athen und Korinth. Sie legten die Gründe für Roms Eingreifen im Gebiet östlich der Adria dar, berichteten von den Erfolgen und brachten den Text des Friedensvertrages zur Kenntnis. Der Erfolg der diplomatischen Aktion bestand nicht nur in Sympathiebekundungen und Dankesbezeugungen, sondern auch in der handfesten Ehrung, daß die Römer zu den Isthmischen Spielen zugelassen wurden, also Eingang in die griechische Kulturwelt fanden.

Als 228 in Rom der Triumph „über die Illyrer" gefeiert wurde

(Cn. Fulvius Centumalus), kündigte sich schon der nächste Krieg an. Ein Blitzprodigium wurde von den Hütern der Sibyllinischen Bücher, den *decemviri sacris faciundis*, als Warnung vor den Galliern gedeutet. Von diesen drohte Gefahr schon seit der Ansiedlung römischer Bürger auf dem *ager Gallicus* im Jahre 232. Wie groß die Gefahr eingeschätzt wurde, zeigte das Menschenopfer auf dem Forum Boarium, mit dem die Priester das Prodigium zu sühnen suchten. 225 war es dann soweit: Auf die Nachricht, daß die Gallier in der Cisalpina Zuzug von jenseits der Alpen erhalten hatten, verkündete der Senat den *tumultus* (vgl. oben S. 33) und ordnete die Aufstellung eines riesigen Heeres an: 148000 Mann zu Fuß und zu Pferde rückten ins Feld. Bei Telamon in Etrurien siegte der Konsul L. Aemilius Papus über die Gallier, von denen 40000 Mann fielen und 10000 in Gefangenschaft gerieten. Nach seinem Triumph ließ der Konsul das Kapitol mit den erbeuteten goldenen Feldzeichen und Halsringen (*torques*) der Gallier schmücken.

Der große Sieg über die Gallier öffnete den Römern den Weg in deren Gebiet diesseits und jenseits des Padus (Po), das in den Jahren 224–222 erobert wurde (Bojer, Insubrer). Das herausragende Ereignis war die Schlacht bei Clastidium (222), in welcher der Konsul M. Claudius Marcellus den Anführer der Gallier, Virdumarus, mit eigener Hand tötete und sich dadurch das Recht erwarb, dessen Rüstung dem Iupiter Feretrius als „herrliche Beute" (*spolia opima*) zu weihen.

An den Kämpfen gegen die Gallier nach Telamon war auch der Konsul des Jahres 223, C. Flaminius, maßgeblich beteiligt. In den Fasten ist er als Triumphator verzeichnet, aber die Überlieferung weiß von Schwierigkeiten bei der Zuerkennung des Triumphes: Das Volk wollte ihn, nicht der Senat. Flaminius war ein „Neuling" (*homo novus*) in der Staatsführung, d. h., er erreichte als erster seiner Familie das Konsulat. Er hatte als Volkstribun 232 die Aufteilung des *ager Gallicus* an arme Bürger gegen den Willen des Senats durchgesetzt. 227 brachte ihm seine Tätigkeit als erster Prätor Siziliens die Klientelverbindung zu dieser Provinz ein. Nach der Bewährung als Heerführer in seinem Konsulat wurde er für 220 zum Zensor gewählt. Die Via Flaminia von Rom nach Ariminum und der Circus Flaminius auf dem Marsfeld reihten ihn unter die großen römischen Bauherren ein. Die Einschreibung der Freigelassenen in die vier städtischen Tribus, auch wenn sie auf dem Lande lebten, war ein Gegenzug zu der nobilitätsfreundlichen Verquickung der Tribusordnung mit der Zenturienverfassung, wobei daran zu denken ist, daß seit der *lex Hortensia* des Jahres 287 (oben S. 47) die für die Gesetzgebung kompetenten Versammlungen der Plebs (*concilia plebis*) mit den Tribusversammlungen (*comitia tributa*) verschmolzen. 218 unterstützte Flaminius, wiederum im Gegensatz zum Senat, den Gesetzesvorschlag des Volkstribunen Q. Claudius, der die Senatoren von allen Handelsgeschäften ausschloß (*lex Claudia*), d. h. die Verquickung von Politik und Profitstreben unterband. Das zweite Konsulat (217) war der Lohn für seinen rastlosen Einsatz im Dienste des Staates.

Roms Kampf gegen die Gallier (225–222) hatte u. a. die Folge, daß Demetrius von Pharus sich aus der römischen Klientel löste und Anschluß an Makedonien suchte. In Erwartung neuer Schwierigkeiten der Römer – von seiten der Karthager – ging er daran, die unter Roms Schutz stehenden illyrischen Städte an sich zu bringen. Auch mißachtete er bei einem Piratenunternehmen gegen die Kykladeninseln die 228 festgelegte Fahrtgrenze (Lissus). Rom griff 219 ein, um freie Hand gegen Karthago zu haben, wenn es zum Kriege käme. Demetrius wurde besiegt, seine Hauptstadt Pharus zerstört; er selbst floh nach Makedonien. Die illyrischen Stämme, die bisher Demetrius unterstanden hatten, wurden vertraglich an Rom gebunden.

219 fand in Spanien das Ereignis statt, welches den zweiten Krieg Roms gegen Karthago auslöste: die Belagerung und Einnahme von Sagunt durch Hannibal. Sein Vater, Hamilkar Barkas, der Befehlshaber Karthagos auf Sizilien in der letzten Phase des 1. Punischen Krieges, hatte nach der Niederschlagung des Söldneraufstands die karthagischen Besitzungen in Südspanien durch große territoriale Eroberungen vermehrt und Ressourcen erschlossen, die den Verlust Siziliens und Sardiniens wettmachten. Karthago kam wieder zu Reichtum und Macht. Nachfolger Hamilkars wurde 229 sein Schwiegersohn Hasdrubal, der die Ausdehnung der karthagischen Herrschaft fortsetzte und ihre Bedeutung durch die Anlage von Carthago Nova (Cartagena) manifestierte. In Rom wurde man aufmerksam und besorgt. Der Krieg gegen die Gallier warf seine Schatten voraus. Da galt es zu verhindern, daß Karthager und Gallier sich verbündeten. Diesem Zweck diente 226 der Abschluß eines Vertrages mit Hasdrubal, der sich darin verpflichtete, den Ebro als nördliche Grenze seines Machtbereichs anzuerkennen. Es waren also im Gegensatz zu den früheren Verträgen mit Karthago die Römer, welche die Barriere errichteten!

Einen neuen Impuls erhielt die karthagische Expansion in Spanien durch Hannibal, der 221 nach dem Tode Hasdrubals an dessen Stelle trat. Durch seine Unternehmungen fühlte sich die Stadt Sagunt bedroht. Ihre Hilferufe an Rom führten zu einer römischen Warnung an Hannibal, gegen die Stadt vorzugehen. Weit südlich des Ebro baute

Rom also eine weitere Sperre auf! Hannibal beachtete sie nicht; er belagerte Sagunt und eroberte die Stadt. Eine römische Gesandtschaft verlangte daraufhin in Karthago die Auslieferung Hannibals. Als sie verweigert wurde, erfolgte die Kriegserklärung (218).

Der Kriegsplan der Römer sah vor, ein Heer nach Spanien zu entsenden, um Hannibal dort zu binden. Ein anderes Heer sollte nach Afrika übersetzen und hier die Entscheidung erzwingen. Durch den Aufstand der Bojer und Insubrer gegen die Gründung der latinischen Kolonien Cremona und Placentia wurde das für Spanien bestimmte Heer in Oberitalien festgehalten. Zwei neue Legionen mußten ausgehoben werden. Als diese von Pisae aus nach Massalia übersetzten, hatte Hannibal bereits den ersten Teil seines Planes, den Krieg nach Italien zu tragen, verwirklicht: Er war über die Pyrenäen zur Rhone marschiert und zog jetzt den Alpen entgegen. Diese überwand er unter großen Verlusten, verstärkte sein Heer durch Gallier und schlug die Römer in Gefechten am Ticinus und an der Trebia. 217 überschritt er den Apennin und brachte dem Konsul C. Flaminius am Trasimenischen See eine furchtbare Niederlage bei. Die Nobilität schrieb dem gefallenen Konsul die Schuld an der Katastrophe zu und verunglimpfte das Andenken an den ihr unbequemen „Neuling". Durch ein außergewöhnliches Gelübde glaubte der Senat, den Zorn der Götter, den Flaminius durch „Vernachlässigung der heiligen Handlungen" (*neglegentia caerimoniarum*, Liv. 22, 9, 7) heraufbeschworen habe, besänftigen zu können: Alle im nächsten Frühjahr geborenen Lebewesen sollten Jupiter geweiht sein (*ver sacrum*).

Im Jahre 216 setzten die Römer alle verfügbaren Truppen nach Apulien in Marsch, wo Hannibal überwintert hatte. Mit 80000 Mann traten sie seinen 50000 bei Cannae entgegen. Hannibal aber brachte es fertig, die Römer in einer genial angelegten Umfassungsschlacht vollständig zu vernichten. 70000 Mann fielen, darunter einer der beiden Konsuln, L. Aemilius Paullus. Der überlebende Konsul, C. Terentius Varro, war wie Flaminius ein „Neuling" und wurde, wie dieser im Vorjahr, von der Nobilität mit der Schuld an dem Debakel belastet. Das Datum der Schlacht bei Cannae, der 16. Sextilis (August) 216, trat als „schwarzer Tag" (*dies ater*) neben den der Schlacht an der Allia (Gell. 5, 17, 5, vgl. oben S. 32f.). Rom war erneut in Gefahr, erobert zu werden; auch Prodigien schienen darauf hinzuweisen. Zum zweiten Mal innerhalb von 12 Jahren wurde daher auf Geheiß der Sibyllinischen Bücher ein Menschenopfer auf dem Forum Boarium dargebracht (vgl. oben S. 60). Des weiteren wurde eine Gesandtschaft zum

Der Kampf mit Karthago   63

Orakel nach Delphi geschickt, um in Erfahrung zu bringen, mit welchen
Sühnemitteln die Not beendet werden könne.

Wenngleich Hannibal den befürchteten Marsch auf Rom nicht unternahm, so blieb die Gefährdung des römischen Staates doch unver-
mindert bestehen. Kurz nach Cannae ging ein römisches Heer im
Kampf gegen die Gallier der Cisalpina zugrunde. In Süditalien gewannen die Karthager Lukanien und Bruttium. Schließlich setzte
Hannibal sich in Kampanien fest, dessen Hauptstadt Capua mit ihm
ein Bündnis einging. Lediglich aus Spanien kam gute Kunde: Das seit
Kriegsausbruch dort operierende Heer (vgl. oben S. 61) verhinderte
unter Cn. und P. Cornelius Scipio am Ebro den Durchbruchsversuch
Hasdrubals, der seinem Bruder Hannibal in Italien Verstärkungen
zuführen wollte.

In Rom mobilisierte der Diktator M. Iunius Pera alle Kräfte. Da es
an Wehrpflichtigen mangelte, wurden auch 17jährige und Leute ohne
jegliches Vermögen (*proletarii*) zu den Waffen gerufen. Selbst an die
Sklaven erging ein Aufruf, sich freiwillig zum Heeresdienst zu
melden. Aus 8000 solcher *volones* formierte man zwei Legionen. Das
strategische Konzept gegen Hannibal bestimmte jetzt Q. Fabius Maximus Verrucosus. Durch hinhaltende Kriegsführung (*cunctando*)
„richtete er den Staat wieder auf" (*restituit rem*, Ennius bei Cic. de off.
1,84).

215 weitete der Krieg sich aus. Nach dem Tode Hierons von Syrakus
schloß sein Nachfolger (Hieronymus) sich den Karthagern an. Auf
Sardinien brachte ein karthagerfreundlicher Sarde (Hampsicora) die
Bevölkerung zum Aufstand gegen Rom. Karthago nutzte beide Gele-
genheiten zur Landung von Truppen. Schließlich gewann Hannibal in
Philipp V. von Makedonien einen Bundesgenossen, der Illyrien angriff. So traten drei neue Kriegsschauplätze zu den bisherigen (Italien,
das cisalpine Gallien, Spanien) hinzu und erforderten vielfältige Maßnahmen Roms zu gleicher Zeit (Polyb. 8,2,9). Die Meisterung dieser
schwierigen Situation war den Römern nur möglich, weil sie über eine
genügend große Zahl erfahrener Truppenführer und ein weitgehend
intakt gebliebenes Bundesgenossensystem verfügten. Ihre Verfassung
bot mit der Amtsverlängerung (Prorogation) ein Mittel, die großen
Kommanden über längere Zeit in denselben Händen zu belassen, sie
hielt sogar die Aushilfe bereit, geeignete Privatleute auf Befehlshaber-
stellen zu bringen.

Der Krieg auf Sizilien wurde M. Claudius Marcellus, dem Sieger
von Clastidium (222), anvertraut. Er eroberte 212 die Stadt Syrakus
und fügte deren Gebiet der römischen Provinz hinzu. Nach Sardinien

wurde T. Manlius Torquatus entsandt, der als Konsul 235 über die Sarden triumphiert hatte. Seine Tatkraft brachte die Insel wieder in römische Hand (215). Gegen Philipp V. wurde M. Valerius Laevinus als Flottenkommandant eingesetzt, der zwar gewisse Erfolge des Makedonenkönigs in Illyrien (213 Einnahme von Lissus) nicht verhindern konnte, dann aber 212 die Ätoler zum Kriegseintritt gegen Philipp V. bewog, wodurch dieser daran gehindert wurde, Hannibal direkt zu unterstützen.

In Italien erreichte Hannibal 212 durch die Einnahme Tarents, daß die ganze Südküste Italiens bis hin nach Locri (seit 216 karthagisch) unter seiner Kontrolle stand. Im gleichen Jahr begannen die Römer mit der Belagerung Capuas und eroberten die Stadt 211. Hannibal versuchte vergeblich, durch einen Vorstoß auf Rom (*Hannibal ad portas*, Liv. 23, 16, 2) den Fall Capuas zu verhindern. Die Römer bestraften die Stadt für ihr Bündnis mit Hannibal durch Hinrichtung der Ratsmitglieder, Versklavung der Bevölkerung, Auflösung des Gemeinwesens und Einzug des Territoriums (*ager Campanus*). Sie wurde das „Grab des kampanischen Volkes" (Liv. 31, 29, 11). 209 eroberten die Römer Tarent zurück. 207 schlugen sie Hasdrubal, den Bruder Hannibals, dem es gelungen war, ein Heer aus Spanien über die Pyrenäen und Alpen nach Italien zu führen, am Metaurus (bei Sena Gallica). Der Sieg über Hasdrubal war zugleich ein Sieg über die Gallier, die einen Großteil seines Heeres ausmachten. Hannibal wurde nun mehr und mehr in Bruttium eingeschnürt. 205 zog er, als eine dort wütende Seuche ihm den Tod vor Augen stellte, die Bilanz seines Italien-Feldzugs in Form eines in punischer und griechischer Sprache abgefaßten Tatenberichts, den er beim Tempel der Iuno Lacinia nahe Croton aufstellen ließ (Liv. 28, 46, 15–16). Darin stand zu lesen, daß er 400 Städte Italiens zerstört und 300 000 Menschen in den Schlachten getötet habe (App. Lib. 134).

Was Hannibal in der Inschrift von Lacinium als „Erfolg" buchte, stellte sich den Römern dar als Ruin Italiens, und zwar vor allem in wirtschaftlicher Hinsicht. Der Hannibalische Krieg hatte auf diesem Sektor verheerende Folgen. Sie lassen sich in etwa ablesen an dem rapiden Verfall der römischen Währung. Der As wurde während der ersten Kriegsjahre im Gewicht ständig reduziert (bis auf 1/6 Pfund = Sextantalfuß). Das hatte natürlich Rückwirkungen auf die Vermögensschätzung, weil der As seit seiner Einführung sich als neuer Wertmesser anbot. Die überlieferten Mindestsätze für die einzelnen Klassen (Liv. 1, 43, 1–7) scheinen sich auf den Sextantalfuß zu beziehen: 100 000 für die 1. Klasse, jeweils 25 000 weniger für die 2. bis

Der Kampf mit Karthago   65

4. Klasse, 11 000 für die 5. Klasse. Wie wichtig die Vermögenseinschätzung für die Kriegsfinanzierung war, zeigte sich im Jahre 214, als Ruderer für die Flotte benötigt wurden und gemäß Edikt der Konsuln jeder Bürger der höheren Vermögensklassen eine entsprechende Anzahl Ruderer stellen mußte. Eine andere Möglichkeit, trotz erschöpfter Staatskasse die nötigen Aufwendungen zu bestreiten, hatte man 215 ausfindig gemacht, als das Heer in Spanien dringend mit Kleidung und Getreide versorgt werden mußte: Drei private Handelsgesellschaften übernahmen die Lieferung auf Kredit. Das zu dieser Zeit jährlich (Liv. 26,35,6) erhobene *tributum* (vgl. oben S.31) reichte eben nicht aus.

Um das Jahr 214 gelang den Römern mit zwei neuen Silbermünzen ein währungspolitischer Durchbruch: Der Victoriatus (nach der Victoria auf der Rückseite) und der Denarius (= 10 Asse) ersetzten den durch Gewichtsreduktion in Mißkredit geratenen Quadrigatus (oben S.56). Der Victoriatus wog 3,4 g, halb soviel wie der Quadrigatus und entsprach damit 3/4 des Denargewichts (4,5 g). Die aus der syrakusanischen Beute in großen Mengen geprägten neuen Münztypen bildeten binnen kurzem das Hauptzahlungsmittel in dem von Rom beherrschten Raum.

Die Entscheidung des Krieges ging von Spanien aus. Dort hatten die beiden Scipionen (oben S.63) 211 eine schwere Niederlage erlitten und waren gefallen. Daraufhin bewarb sich 210 der gleichnamige Sohn des einen, P.Cornelius Scipio, wiewohl erst 24 Jahre alt und Privatmann, um den Oberbefehl in Spanien. Die Volksversammlung (*comitia centuriata*) wählte ihn mit größter Einmütigkeit zum Prokonsul. Schon 209 eroberte er Carthago Nova. 208 siegte er bei Baecula (am Baetis, heute: Guadalquivir) über Hasdrubal, der nun Spanien verließ und nach Italien zog. 206 schließlich vernichtete Scipio durch eine strategische Meisterleistung in der Schlacht von·Ilipa (ebenfalls am Baetis) das Gros der karthagischen Truppen in Spanien (74 000 Mann). Das reiche Land war jetzt in römischer Hand. Keinen einzigen Karthager habe er dort zurückgelassen, berichtete Scipio dem Senat. 14 342 Pfund Silber (4,7 t) ließ er durch Rom tragen, bevor er die Beute in den Staatsschatz legte.

Scipio schrieb seinen Erfolg dem Wirken des höchsten römischen Gottes, Iupiter Optimus Maximus, zu. 100 Stiere brachte er ihm auf dem Kapitol als Erfüllung eines Gelübdes dar. Man wußte in Rom, daß Scipio über alles, was er tat, mit Jupiter im Tempel auf dem Kapitol Zwiesprache hielt. Als religiöser Mensch (*homo religiosus*) verkörperte er geradezu die Generation des 2.Punischen Krieges, die peinliche Sorgfalt darauf verwendete, den Willen der Götter zu erfüllen. So war es nach Cannae mit den Weisungen des Delphischen Orakels geschehen, und so geschah es mit den Anordnungen der römischen Priesterkollegien während des ganzen Krieges. Im Jahre 205 ergab eine Befragung der Sibyllinischen Bücher, daß man die Magna Mater (Kybele) aus Kleinasien (Pessinus) nach Rom holen solle. Das scheinbar Unmögliche gelang: 204 hielt die Göttermutter (in Gestalt eines schwarzen Meteorsteines) ihren Einzug in Rom. Ihr wurde ein Tempel auf dem Palatin erbaut und ihr Fest mit Spielen (*ludi Megalenses*) begangen.

Scipio, der für das Jahr 205 zum Konsul gewählt worden war, verfolgte den Plan, ein Heer nach Afrika überzusetzen, stieß damit aber auf den erbitterten Widerstand des Fabius Maximus, der die Vertreibung Hannibals aus Italien als vordringlich betrachtete. Scipio vermochte sich durchzusetzen und traf auf Sizilien umfangreiche Vorbereitungen für die Invasion Afrikas. Die Truppen wurden in einem Maße ausgebildet, wie es vorher nie geschehen war. Scipio nutzte dabei die Erfahrungen, die er in Spanien gesammelt hatte. Sein Hauptaugenmerk war auf die Beweglichkeit der Manipel gerichtet.

Im Konsulatsjahr Scipios wurde der Krieg gegen Makedonien beendet. Nachdem die Ätoler 206 einen Sonderfrieden mit Philipp V. geschlossen hatten, führte eine römische Machtdemonstration unter dem Prokonsul P. Sempronius Tuditanus zum Frieden von Phoenice. Philipp arrangierte sich mit den Römern in Illyrien. In den Friedensschluß wurden die Könige von Bithynien (Prusias I.) und Pergamum (Attalus I.) einbezogen, die auf makedonischer bzw. römischer Seite am Krieg teilgenommen hatten.

204 stach die römische Invasionsflotte – 400 Lastschiffe, flankiert von je 20 Kriegsschiffen – von Lilybaeum aus in See und brachte bei Utica ca. 35000 Mann an Land. 203 glückte Scipio hier ein Überfall auf die ihm gegenüber lagernden Feinde, die zum größten Teil umkamen. Wenig später schlug er auf den Großen Feldern bei Tunes das neu aufgestellte Heer der Karthager in einer perfekt ausgeführten Umfassungsschlacht vernichtend. Die Bedrohung Karthagos führte zur Rückberufung Hannibals aus Italien. Ihm gelang es, noch einmal ein Heer aufzubieten, das dem Scipios zahlenmäßig gleichkam. Bei Zama traten sich 202 die beiden größten Feldherren ihrer Zeit entgegen. In der Unterredung vor der Schlacht maßen sie die Wirkung ihrer Persönlichkeit, im Kampf ihr Können und ihre Erfahrung. Beide Proben erwiesen den 33jährigen Römer dem 44 Jahre alten Karthager als gleichwertig. Den Sieg errang er, weil seine Truppen besser ge-

Der Kampf mit Karthago   67

schult waren und weil der Numiderfürst Massinissa die römische Reiterei entscheidend verstärkt hatte.

Der Friedensschluß (201) brachte Karthago in Abhängigkeit von Rom. Es durfte in Afrika nur mit Roms Einverständnis Krieg führen, außerhalb Afrikas überhaupt nicht. In dem zum König von ganz Numidien erhobenen Massinissa erhielt es einen mit Rom eng verbundenen Nachbarn, der alte territoriale Besitzrechte gegen Karthago geltend machen konnte. 50 Jahre lang mußte es je 200 Talente Silber (5,2 t) als Kriegsentschädigung an Rom zahlen. Für sein Wohlverhalten sollten 100 den Römern zu stellende vornehme Geiseln bürgen.

Karthagos Machtstellung war mit der Schlacht von Zama (202) und dem Frieden von 201 dahin. Die Stadt blieb zwar bestehen, aber die Flotte, ihr Stolz und ihre Hoffnung, wurde vernichtet. 500 Schiffe ließ Scipio aufs Meer hinausfahren und in Brand setzen. Die Flammen wirkten auf die Karthager wie der Untergang ihrer Stadt.

Der 2. Punische Krieg hatte Rom der bisher härtesten Belastungsprobe ausgesetzt. Sie konnte nur bestanden werden, weil durch die katastrophalen Niederlagen zu Beginn des Krieges ungeahnte Kräfte geweckt worden waren, defensive und offensive. Hannibal hatte die Römer fürchten, aber auch beten und arbeiten gelehrt. Die Verluste waren beträchtlich. 204 wurden 214 000 waffenfähige römische Bürger gezählt; 225 waren es 273 000 gewesen. Der Siegespreis wog die Verluste sicher nicht auf, aber er weckte Hoffnung auf die Zukunft: Das unermeßliche Spanien war gewonnen und Karthago als Nebenbuhler ausgeschaltet.

Scipios Triumph im Jahre 201 ließ die Römer den Sieg augenfällig miterleben: Eine Karte Spaniens machte sie mit der Beschaffenheit des Landes bekannt, eine händeringende Frauengestalt brachte ihnen den Sieg über Karthago nahe, eine Darstellung des fliehenden Hannibal überzeugte sie von der Bestrafung des meistgehaßten Karthagers. 123 000 Pfund Silber (40,3 t) für den Staatsschatz bildeten einen Vorgeschmack auf den künftigen Reichtum. Scipio nahm den Beinamen „Africanus" an und verewigte seinen Ruhm in einem Bogen am Aufstieg zum Kapitol (*clivus Capitolinus*), der allerdings erst 190 fertig war (Liv. 37,3,7).

7. DIE EROBERUNG UND NEUORDNUNG DES HELLENISTISCHEN OSTENS

(200–133 v. Chr.)

Der Sieg über Karthago brachte Rom neben dem territorialen Gewinn im Westen (Spanien) einen beträchtlichen Prestigezuwachs im Osten, und dieser hatte die unmittelbare Folge, daß Rom in das Kräftespiel der hellenistischen Mächte hineingezogen wurde, wobei die seit dem Krieg gegen Philipp V. von Makedonien bestehende Verbindung zu Pergamum als Triebkraft wirkte. Pergamenische und rhodische Gesandte informierten 201 den römischen Senat von dem Vertrag zwischen dem Antigoniden Philipp V. und dem Seleukiden Antiochus III. über die Aufteilung der Außenbesitzungen des Ptolemäerreiches, das seit dem frühen Tod Ptolemaeus' IV. (204) durch Vormundschaftsregierung geschwächt war. Sie wiesen auf die durch Philipps Eroberungen an den Meerengen und sein Vorgehen im kleinasiatischen Raum entstandene bedrohliche Situation hin und erhielten zur Antwort, „der Senat werde sich um die Angelegenheit kümmern" (Liv. 31,2,2). Wahrscheinlich wurden die Römer auch von einer ptolemäischen Gesandtschaft um Hilfe angegangen, nachdem Antiochus in Kleinasien und Syrien den Angriff gegen ptolemäisches Territorium begonnen hatte; seit 273 schon gab es zwischen Rom und Ägypten freundschaftliche Beziehungen.

Die Reaktion des Senats bestand in der Abordnung einer Gesandtschaft an Philipp und die übrigen in den Konflikt verwickelten Mächte mit dem Ziel der Wiederherstellung des Friedens. An Philipp wurde diese Forderung in ultimativer Form gerichtet – ein sicheres Zeichen für das römische Interesse an den Geschehnissen im Osten. Mit der Ablehnung der römischen 'Einmischung' beschwor Philipp eine militärische Aktion Roms herauf, die im Jahre 200 von der Volksversammlung hauptsächlich wegen der Beistandspflicht für Attalus I. von Pergamum beschlossen wurde.

Der 2. Makedonische Krieg sah außer Pergamum und Rhodus die beiden großen Staatenbünde Griechenlands, den Ätolischen und den Achäischen Bund, an der Seite Roms. In sein entscheidendes Stadium trat der Krieg im Jahr 198, als T. Quinctius Flamininus den Oberbefehl

Die Eroberung des hellenistischen Ostens   69

übernahm. Noch nicht 30 Jahre alt und ohne vorher Ädil und Prätor gewesen zu sein, war er auf ausdrücklichen Wunsch des Senats zum Konsul gewählt worden. Flamininus zwang Philipp, seine Sperrstellung am Aous (Epirus) aufzugeben und sich nach Thessalien zurückzuziehen. Hier schlug er ihn 197 in der Schlacht von Cynoscephalae. Der Friedensschluß verpflichtete Philipp zur Aufgabe seiner Besitzungen in Griechenland und Kleinasien, verlangte ihm eine Kriegsentschädigung von 1000 Talenten ab und zwang ihn zur Auslieferung der Kriegsflotte bis auf 6 Schiffe. Ein Bündnis mit Rom zog den Schlußstrich unter seine Beziehungen zu Antiochus.

In einem spektakulären Auftritt bei den Isthmischen Spielen des Jahres 196 in Korinth verkündete Flamininus den bisher von Makedonien abhängigen Staaten Griechenlands die Freiheit und erntete dafür überschwenglichen Beifall. Denn die Griechen sahen in diesem Akt die Garantie der Freiheit aller griechischen Staaten und trafen darin mit den Intentionen des Flamininus zusammen, der seine Handlungsweise als Übernahme des „Schutzes der Freiheit der Griechen" durch das römische Volk verstand (Liv. 34, 58, 11).

Flamininus ordnete nach der Freiheitserklärung von 196 im Verein mit einer Zehnmännerkommission des Senats die Verhältnisse in vielen griechischen Staaten. Dabei wurde es notwendig, gegen König Nabis von Sparta militärisch vorzugehen. Der Krieg führte zu Gebietsabtretungen (Freiheitserklärung für Argos) und Souveränitätsbeschränkungen (Verbot von Bündnissen und Kriegen) sowie zur Zahlung einer Kriegsentschädigung von 500 Talenten. 194 räumten die Römer Griechenland einschließlich der sogenannten Fußfesseln (Demetrias, Chalkis, Korinth). Flamininus wurde als „Retter und Befreier" verabschiedet (Liv. 34, 50, 9); 114 goldene Kränze erhielt er als Zeichen der Dankbarkeit. In Rom feierte er einen dreitägigen Triumph, bei dem riesige Mengen von Kunstgegenständen als Beute zur Schau gestellt wurden. Seine Anordnungen in Griechenland wurden 193 vom Senat bestätigt.

Die Römer ernteten indes für die Befreiung Griechenlands von der makedonischen Herrschaft keineswegs nur Dankbarkeit, sondern auch Haß und Feindschaft. Vor allem in den Ätolern erwuchsen ihnen Gegner, denen jedes Mittel recht war, die Verhältnisse zu ihren Gunsten zu verändern. Enttäuscht über den Fortbestand Makedoniens und die Abweisung ihrer weitgehenden territorialen Forderungen, nahmen sie 193 Kontakt zu Antiochus III. auf, mit dem die Römer seit 196 vergeblich versuchten, zu einer Übereinkunft zu gelangen. Antiochus hatte Thrakien auf Grund alter seleukidischer Rechtsansprüche

70　　Die Eroberung des hellenistischen Ostens

in Besitz genommen und weigerte sich, dem Verlangen der Römer nach Rückzug aus Europa stattzugeben. Ebensowenig war er bereit, den Griechenstädten Kleinasiens die von Rom geforderte Freiheit zu gewähren. Die Ätoler veranlaßten nun Antiochus, ihren Streit mit den Römern zu entscheiden und den Griechen eine Freiheit zu geben, „die auf ihrer eigenen Kraft beruht, nicht von fremdem Gutdünken abhängt" (Liv. 35,32,11).

192 trat also die groteske Situation ein, daß die beiden stärksten Militärmächte ihrer Zeit mit der Parole „Freiheit für die Griechen" in den Kampf zogen, um ihre Macht auszudehnen. Dabei schwebte Antiochus vor, den Ätolern die Hegemonie in Griechenland zu verschaffen; Rom hatte mit Pergamum und Rhodus zwei Verbündete, die eine ebensolche Stellung im kleinasiatischen Raum anstrebten.

Antiochus setzte sich mit seinem Heer in den Besitz von Chalkis und Demetrias. Von der Eroberung Thessaliens hielt ihn dann aber die Ankunft eines römischen Heeres ab, dem nach Landung in Apollonia Philipp V. den Marsch durch Makedonien gestattet hatte. 191 schlug der Konsul M'. Acilius Glabrio Antiochus an den Thermopylen; die Schlacht hatte den Rückzug des Königs nach Asien zur Folge. Die sich selbst überlassenen Ätoler erfuhren die ganze Strenge des römischen Kriegsrechts: Friedensverhandlungen wurden von der bedingungslosen Unterwerfung abhängig gemacht. Da sie davor zurückschreckten, ging Glabrio an die Belagerung ihrer Hauptstadt Naupactus. Erst 190 erlangten sie von dem neuen römischen Oberbefehlshaber, dem Konsul L. Cornelius Scipio, einen Waffenstillstand.

190 setzte das römische Heer über den Hellespont, d. h., es betrat den Boden Asiens – ein denkwürdiges Ereignis, weil Asien die Wiege der Weltherrschaftsidee war und eine Abfolge von Reichen kannte, die im Banne dieser Idee standen: Assyrer, Meder, Perser, Makedonen. Gegen das letzte Reich dieser Reihe – Antiochus galt als Nachfolger der Makedonen – traten die Römer jetzt zur Entscheidungsschlacht an. Sie fand bei Magnesia am Hermus in Lydien statt und endete mit der Niederlage des Antiochus. Gesandte des Königs zögerten nicht, beim Friedensgesuch in Sardes zu bekennen, daß die Römer mit dem Sieg „Herrschaft und Macht über die Oecumene" erlangt hätten (Polyb. 21,16,8).

Die Friedensbedingungen wurden von P. Cornelius Scipio Africanus, der als Legat im Stab seines Bruders Lucius am Feldzug teilnahm, verkündet. Sie enthielten auch die Bedingung, daß Antiochus den Karthager Hannibal, der 195 vor römischen Repressalien aus Karthago zu ihm geflohen war, ausliefern müsse. Die territorialen und

Die Eroberung des hellenistischen Ostens 71

materiellen Bestimmungen lauteten: Abtretung der Besitzungen in Europa und in Asien diesseits des Taurus, Zahlung einer Kriegsentschädigung von 15 000 Talenten (392,9 t) in zwölf Jahresraten. Die Scipionen kehrten nach Rom zurück, wo Lucius 189 triumphierte und vom Schauplatz seines Sieges den Beinamen „Asiaticus" erhielt.

Cn. Manlius Vulso, der Konsul des Jahres 189 und Nachfolger Scipios im Kommando über das Heer in Asien, begann die Neuordnung Kleinasiens mit einem Kriegszug gegen die Galater (um Ancyra), der ihren Raubzügen ein Ende setzte und ihm den Dank „aller Bewohner des Landes diesseits des Taurus" einbrachte (Polyb. 21, 41, 2). Das römische Eingreifen in Kleinasien wurde überhaupt freudig begrüßt: Schon 195 erhielt die Göttin Roma in Smyrna einen Tempel; das Beispiel machte Schule.

188 beschwor Manlius Vulso (als Prokonsul) in Apamea (Phrygien) den Friedensvertrag mit Antiochus, nachdem eine Zehnmännerkommission mit genauen Instruktionen des Senats über die Aufteilung des vom König abzutretenden Territoriums eingetroffen war. Danach sollte der größte Teil des seleukidischen Besitzes an Pergamum gegeben werden, Karien und Lykien sollten an Rhodos gehen. Hinsichtlich der griechischen Städte Kleinasiens war vorgesehen, daß sie nach bestimmten Kriterien teils die Freiheit erhielten (Smyrna, Milet), teils in Abhängigkeit von Pergamum bzw. Rhodos träten (Ephesus, der Lykische Städtebund). Der Vertrag mit Antiochus enthielt außer den schon in Sardes festgelegten Bestimmungen noch die, daß der König alle Kriegselefanten und die Kriegsschiffe bis auf 10 abzuliefern habe. Als Grenze für die Schiffahrt sollte das Vorgebirge am Fluß Calycadnus in Kilikien (heute: Silifke) gelten. Eine Freundschaftsklausel band Antiochus an Rom.

Während Manlius Vulso die Neuordnung Kleinasiens leitete, brachte sein Mitkonsul von 189, M. Fulvius Nobilior, den Krieg mit den Ätolern durch die Belagerung von Ambracia zu Ende. Im Friedensschluß mußten die Ätoler ausdrücklich „Herrschaft und Macht des römischen Volkes" (*imperium maiestatemque populi Romani*, Liv. 38, 11, 2) anerkennen und eine Reihe einschränkender Bestimmungen in bezug auf ihren Staatenbund hinnehmen. Dazu war eine Kriegsentschädigung von 500 Talenten (13,1 t) zu zahlen.

187 erlebte Rom im Abstand von wenigen Monaten die Triumphe des Manlius und Fulvius über die Galater bzw. Ätoler. In ihrer Prachtentfaltung und hinsichtlich der in den Staatsschatz fließenden Reichtümer waren sie Spiegelbilder der Eroberung des Ostens, Symbole für die Erringung der Weltherrschaft. Allein die von Manlius vorgewie-

72   Die Eroberung des hellenistischen Ostens

sene Menge Silber (220000 Pfund) war doppelt so groß wie die, welche Scipio Africanus 201 nach Rom gebracht hatte (vgl. oben S. 67). Der volle Staatsschatz machte es möglich, jedem steuerpflichtigen Bürger eine beträchtliche Erstattung früherer Abgaben zukommen zu lassen (Liv. 39, 7, 5), so daß 186 eine allgemeine Geldschwemme eintrat (Plin. nat. hist. 33, 138). Mit dem Glück ging jedoch auch Unglück einher: Drei Jahre lang, von 182–180, wütete in Rom und Italien eine schwere Seuche, die vielen Menschen den Tod brachte (Liv. 40, 36, 14).

Das Engagement Roms im Osten führte zu einem starken Anstieg des diplomatischen Verkehrs. Der römische Senat sah sich einer Flut von Gesandtschaften gegenüber. Umgekehrt war er fortwährend genötigt, aus dem Kreise seiner Mitglieder Gesandte abzuordnen. Die einzelnen Angelegenheiten erforderten viel Geschick, das die Römer nicht immer aufbrachten. Vor allem den Klagen gegen Philipp V. gaben sie allzu leicht nach, so daß dieser geradezu drohte, „noch sei nicht aller Tage Abend" (Liv. 39, 26, 9). In Kleinasien griffen sie 183 in den Krieg ein, den Eumenes II. von Pergamum gegen Prusias I. von Bithynien um eine Landschaft Phrygiens führte und bewogen letzteren zum Nachgeben, das sich auch auf die Auslieferung Hannibals erstreckte, der 188 zu Prusias geflohen war und als Flottenkommandant einen Sieg über Eumenes erfochten hatte. Hannibal aber kam der Schmach durch Selbstmord zuvor.

Die Erstreckung der römischen Herrschaft in den hellenistischen Osten war aufs ganze gesehen ein Vorgang, der die dort bestehenden Herrschaftsstrukturen nicht änderte, sondern im Sinne des Klienteldenkens auf Rom ausrichtete. Im Westen dagegen gingen die Römer konsequent den Weg weiter, den sie mit der Einrichtung der Provinzen Sizilien und Sardinien (mit Korsika) 227 beschritten hatten: 198 schufen sie zwei neue Prätorenstellen für Hispania Citerior und Hispania Ulterior, womit sie das den Karthagern entrissene Spanien dem provinzialen Herrschaftsraum Roms einfügten.

Sizilien hatte nach der Eroberung von Syrakus (212) eine für die ganze Insel geltende Ordnung erhalten. Sie machte die meisten Städte zehntpflichtig, einige (z. B. Syrakus) mußten zusätzlich Pacht von ihrem Boden bezahlen, weil er zum Staatsland (*ager publicus*) erklärt worden war. Vereinzelte Städte erhielten Autonomie und Abgabenfreiheit (z. B. Panormus), nur drei standen nach italischem Vorbild mit Rom im Bündnis (Messana, Tauromenium, Netum). Die Naturalsteuer wurde nach einem System erhoben, das auf König Hieron zurückging (*lex Hieronica*); der Zehnte (*decuma*) als solcher war sowohl

Die Eroberung des hellenistischen Ostens 73

im syrakusanischen als auch im karthagischen Teil Siziliens wohlbekannt. In der Provinzialordnung Siziliens gingen also syrakusanisch-karthagische Untertänigkeitsmerkmale mit römischen, durch den Prätor repräsentierte Herrschaftsformen eine Verbindung ein. Nach den gleichen Grundsätzen wurde auch Sardinien organisiert. Den Nutzen beider Provinzen als „Landgüter des römischen Volkes" (Cic. in Verr. II 2, 7) bekam jeder römische Haushalt zu spüren, als im Jahre 202 die Getreidezufuhr aus Sizilien und Sardinien den Brotpreis spürbar fallen ließ (Liv. 30, 38, 5).

Mit den Provinzialstatuten für Sizilien und Sardinien hatten die Römer die Form gefunden, wie sie eroberte Gebiete im Umkreis Italiens dem Staate angliedern konnten. Die Übertragung auf Spanien erfolgte mit gewissen Modifikationen, aber im Typus entsprachen die beiden spanischen Provinzen ihren Vorbildern. Anders war die Steuerauflage: in fester Höhe (*vectigal certum*), anders war die administrative Einteilung: nach Stämmen (*populi*). Die Erschließung Spaniens als Steuer- und Geldquelle war im wesentlichen das Werk Catos, der in seinem Konsulatsjahr (195) dort seine militärische und organisatorische Aktivität entfaltete.

Catos Hauptaugenmerk war dabei auf die von den Karthagern übernommenen Erz- und Silberbergwerke gerichtet, die er so günstig verpachtete, daß sie fortan einen der wichtigsten Aktivposten des römischen Staatshaushalts bildeten. Um die administrative Durchdringung des diesseitigen Spanien machte sich vor allem Ti. Sempronius Gracchus verdient, der in seiner Statthalterschaft (180–178) mit vielen Stämmen Verträge abschloß und so die römische Herrschaft festigte.

In Norditalien hatte der Krieg gegen Karthago ein Nachspiel, das von einem 207 im transpadanischen Gebiet zurückgebliebenen Offizier Hasdrubals inszeniert wurde. Vom ihm aufgewiegelt und angeführt, griffen im Jahre 200 an die 40000 Gallier und Ligurer die Kolonie Placentia an und zerstörten sie. Die andere Kolonie am Padus (Po), Cremona, konnte sich halten bis ein römisches Entsatzheer eintraf und einen Sieg erfocht. Rom ging nun daran, die Cisalpina systematisch zu erobern und die Bojer, Insubrer und Cenomanen sowie die Ligurer zu unterwerfen. Das war ein langwieriges Unternehmen, bei dem es nicht wenige Rückschläge gab. Abgeschlossen wurde es im Jahre 176 nach einem Sieg über die Ligurer mit der Meldung des Prokonsuls C. Claudius Pulcher an den Senat, „es befinde sich diesseits der Alpen kein Feind des römischen Volkes mehr" (Liv. 41, 16, 8). Drei Jahre später (173) wurden große Teile des eroberten gallischen und

74   Die Eroberung des hellenistischen Ostens

ligurischen Gebiets römischen Bürgern und Latinern zugewiesen
(Liv. 42,4,3–4). Vorangegangen war der viritanen Siedlungsaktion die
Entsendung neuer Kolonisten nach Placentia und Cremona (190), die
Anlage von Bononia (189), Aquileia (181) und Luca (177) als latinische sowie Mutina (189), Parma (189) und Luna (177) als römische Kolonien. Für den Verkehr wurde die Cisalpina durch eine Reihe von
Straßenbauten erschlossen, vor allem durch die Via Aemilia des Konsuls M. Aemilius Lepidus (187), die von Placentia nach Ariminum
führte, wo sie auf die Via Flaminia traf. Vom wirtschaftlichen Auf-
blühen, zugleich auch von der Integration der einheimischen Bevölkerung zeugten die zahlreichen Marktplätze (*fora*), die entlang der Via
Aemilia entstanden (z. B. Forum Gallorum).

Während in der Cisalpina sozusagen Neuland unter den Pflug genommen werden mußte, galt es in Mittel- und Süditalien, den Verwüstungen und der Entvölkerung entgegenzuwirken, welche der
2. Punische Krieg angerichtet hatte. Gleich nach Kriegsende wurden
einige zehntausend Soldaten, die jahrelang im Heer gedient hatten,
mit Landbesitz vor allem in Samnium und Apulien ausgestattet. 180
erhielt Samnium nochmals neue Siedler: Fast 50000 ligurische Familien wurden aus ihrer Heimat dorthin verpflanzt. Die Kette der Kolonien römischer Bürger an den Küsten (*coloniae maritimae*) vermehrte
sich 194 um acht Glieder (Liv. 34,45,1–5), darunter Puteoli, das bald
als bedeutendster Hafen Roms galt. Latinische Kolonien traten in
Thurii (193: Copia) und in Bruttium (192: Vibo Valentia) ins Leben.
Problematisch wurde die Abwanderung von Latinern nach Rom bzw.
anderer Bundesgenossen in Latinerstädte wie Fregellae, da sie der
Agrar- und Bevölkerungspolitik Roms entgegenwirkte. Ein Senatsbeschluß des Jahres 177 unterband daher im Einvernehmen mit Latinern und Bundesgenossen das Anwachsen einer solchen Bewegung.
Abträglich waren der auf Stärkung der kleinen und mittleren Bauernhöfe gerichteten Politik Roms auch die Vorgänge auf dem *ager Campanus*, den private Interessenten weitgehend in Besitz genommen
hatten, ohne sich um das staatliche Eigentumsrecht zu kümmern. Erst
173 begannen Bemühungen des Senats, die Domäne dem Staat zu sichern. Dabei zeigte sich, daß der eigentliche Gegner der Trend zum
landwirtschaftlichen Großbetrieb war, der sich nach dem 2. Punischen
Krieg einstellte (vgl. unten S. 87).

Den Krisensymptomen auf dem Agrarsektor, denen der Senat in
den Jahrzehnten nach dem 2. Punischen Krieg zu begegnen suchte,
traten in eben diesem Zeitraum solche auf dem Gebiet der sozialen
Schichtung zur Seite: Sklavenunruhen ließen erkennen, daß der Zu-

Die Eroberung des hellenistischen Ostens 75

strom versklavter Kriegsgefangener Gefahren für den Staat herauf-
führte. 198 erhoben sich karthagische Sklaven in Setia (Latium),
brachten die Stadt in ihre Gewalt und bedrohten Norba, Circei und
Praeneste. 196 war Etrurien Schauplatz einer Sklavenverschwörung,
und 185 wurde Apulien von aufständischen Hirtensklaven unsicher gemacht. In allen drei Fällen bedurfte es großer Anstrengungen, um
Ruhe und Ordnung wiederherzustellen.

186 machten die Enthüllungen über die Bacchanalien offenbar, daß
auch auf religiösem Gebiet eine Entwicklung im Gange war, der es im
Staatsinteresse zu wehren galt. Der nach Italien übertragene Myste-
rienkult des Bacchus hatte Formen angenommen, die nicht nur Zucht
und Sitte bedrohten, sondern auch die Kriminalität zunehmen ließ.
Die Konsuln erhielten vom Senat außerordentliche Vollmacht zur Untersuchung der Bacchanalien und zur Bestrafung aller Schuldigen.
Die Kultfeiern wurden in ganz Italien verboten und den Bundesgenossen genaue Verhaltensvorschriften übermittelt (das *Senatus consultum
de Bacchanalibus* ist auf einer Bronzetafel aus Bruttium erhalten,
Corp. Inscr. Lat. I² 581). Das strenge Vorgehen gegen die Teilnehmer
an den Bacchanalien zog sich über Jahre hin; in Tarent, dem Zentrum
des Kultes im Süden waren noch 181 „gewisse Keime des alten Übels
zurückgeblieben" (Liv. 40, 19, 10).

Zeichen wie die Bacchanalien wurden von Cato, der 184 die Zensur
erlangte, den „neuen Schandtaten" (Liv. 39, 41, 4) zugerechnet, die
sich infolge der von Osten einströmenden Welle des Luxus und der
Verweichlichung ausbreiteten. Er sah deshalb seine Aufgabe als
Zensor darin, dem Staat wie ein Arzt durch Schneiden und Brennen
zu Hilfe zu kommen, um „die alten Sitten wiederherzustellen" (Liv.
a. O.). Das Volk ehrte ihn für sein rigoroses Sittengericht mit einer
Statue im Tempel der Salus auf dem Quirinal. Die Inschrift besagte, er
habe den wankenden Staat wiederaufgerichtet (Plut. Cato mai. 19. 4).

Catos Zensur setzte noch in anderer Hinsicht Maßstäbe. Mit ihr
begann ein umfangreiches zensorisches Bauprogramm, das von 8 Pro-
jekten im Jahre 184 auf 16 im Jahre 179 und 20 im Jahre 174 anwuchs.
179 wurden die gesamten Staatseinnahmen eines Jahres den Zensoren
für ihre Bauvorhaben zur Verfügung gestellt. Unter den zwischen 184
und 169 errichteten Großbauten in Rom nahmen die drei Basilicae auf
dem Forum (Porcia, Aemilia, Sempronia) die erste Stelle ein. Als
Zentren für Geld- und Handelsgeschäfte waren sie Ausdruck der
Kommerzialisierung des Lebens, die zu eben dieser Zeit sich auch in
der rechtlichen Anerkennung formfreier Verträge für Kauf, Miete,
Lohnarbeit u. a. m. (Konsensualkontrakte) kundtat.

76 Die Eroberung des hellenistischen Ostens

In der stadtrömischen Politik waren die 80er Jahre des 2. Jahrhunderts von dem Bemühen erfüllt, mit einer die Nobilitätsherrschaft bedrohenden Krankheit fertig zu werden, der Ehrsucht (*ambitio*), die sich bei der Bewerbung um die Ämter (*honores*) zeigte. Als Heilmittel verordnete die *lex Villia* (180) den Bewerbern Altersvoraussetzungen für die einzelnen Ämter, so daß eine gewisse Chancengleichheit hergestellt und dem Fall vorgebeugt wurde, daß sich jemand über seine Standesgenossen erhebe, wie es etwa Scipio Africanus getan hatte. Nicht von ungefähr wurde Scipio 184 durch einen politischen Prozeß dazu gebracht, seine führende Stellung in Rom aufzugeben und sich auf sein Landgut in Kampanien zurückzuziehen. 183 starb der berühmte Mann, „berühmter allerdings durch die Künste des Krieges als des Friedens" (Liv. 38, 53, 9).

In den ersten drei Jahrzehnten des 2. Jahrhunderts wuchs die Zahl der römischen Bürger um 100000: von 214000 im Jahre 204 auf 312000 im Jahre 169. Die Bedeutung des römischen Bürgerrechts erhöhte sich durch die *lex Porcia*, welche in den 90er Jahren die römischen Bürger Italiens und der Provinzen in den Schutz einschloß, den das Provokationsrecht bisher nur im Stadtgebiet gewährte (oben S. 48). Erst von jetzt an war die *provocatio ad populum* das Grundrecht des römischen Bürgers schlechthin, die „Patronin der Bürgerschaft" (Cic. de. orat. 2, 199).

Im Jahre 179 starb der Makedonenkönig Philipp V., der von den Römern zuletzt schnöde behandelt worden war. Er hinterließ seinem Sohn Perseus den Plan eines neuen Krieges gegen Rom als Vermächtnis. Perseus riskierte die Auseinandersetzung mit Rom in Griechenland. Seine ersten Regierungshandlungen (Amnestie, Schuldenerlaß) weckten hier Hoffnungen bei der Masse und stärkten ihr Aufbegehren gegen die Oberschicht. Seine weiteren politischen Bemühungen, in Griechenland Fuß zu fassen, gaben den antirömischen Gruppen Auftrieb. Rom beobachtete argwöhnisch jeden Schritt, den Perseus tat. Als Zuträger betätigte sich Eumenes II. von Pergamum, der selbst Grund hatte, vor Perseus auf der Hut zu sein. 172 unterbreitete er dem Senat alles, was sich gegen Perseus vorbringen ließ und fand offene Ohren. Eine Gesandtschaft wurde an Perseus abgeordnet, die sich ein Bild von der Kriegsbereitschaft des Makedonenkönigs machen sollte. Der Führer der Gesandtschaft, Q. Marcius Philippus, täuschte Perseus hinsichtlich der römischen Absichten und veranlaßte ihn, seinerseits eine Gesandtschaft an den Senat zu schicken, um Zeit für den römischen Aufmarsch zu gewinnen. Die Mehrheit des Senats billigte diese „neue Diplomatie" (*nova sapientia*, Liv. 42, 47, 9), deren Kennzeichen es war, daß sie mehr auf die Nützlichkeit als auf die Ehrenhaftigkeit Rücksicht nahm. 171 faßte die Volksversammlung den Kriegsbeschluß gegen Perseus. Ihm wurde zur Last gelegt, das Bündnis mit Rom gebrochen, römische Bundesgenossen geschädigt und Kriegsvorbereitungen getroffen zu haben.

Im 3. Makedonischen Krieg gelang es den Römern erst 169, aus Thessalien nach Makedonien (Heracleum in Pieria) einzudringen. Perseus reagierte mit dem Aufbau einer Riegelstellung am Elpeius und veranlaßte den König Gentius von Illyrien zur Errichtung einer zweiten Front. Das Jahr 168 brachte den Römern an beiden Fronten einen grandiosen Erfolg. Der Prätor L. Anicius Gallus schlug Gentius bei Scodra und beendete damit den Krieg in Illyrien, „noch ehe man in Rom hörte, daß er angefangen hatte" (Liv. 44, 32, 5). Der Konsul L. Aemilius Paullus zwang Perseus durch ein Umgehungsmanöver zum Rückzug in die Ebene von Pydna. Hier siegte er am 22. Juni (julianisches Datum durch Mondfinsternis gesichert, Liv. 44, 37, 8) gegen die makedonische Phalanx, von der er bekannte, „daß er nie etwas Furchtbareres und Gewaltigeres gesehen habe" (Polyb. 29, 17, 1). Zwei Tage später hatte fast ganz Makedonien kapituliert. Perseus wurde von dem Prätor Cn. Octavius, der die römische Flotte befehligte, auf der Insel Samothrace gefangengenommen. Im Vollgefühl des Sieges unternahm Aemilius Paullus eine Rundreise durch Griechenland, auf der er sich in Delphi ein monumentales Reiterdenkmal zur Erinnerung an die Schlacht von Pydna errichten ließ.

Die Entscheidung des Senats über die zerschlagenen Königreiche sah vor, Illyrien in drei, Makedonien in vier Selbstverwaltungsbezirke aufzuteilen. Die bisher an Gentius bzw. Perseus gezahlten Steuern sollten, auf die Hälfte reduziert, nach Rom fließen; Städte, die sich um die Sache Roms verdient gemacht hatten, könnten mit Steuerfreiheit belohnt werden. Der Bergbau in Makedonien dürfe nicht weiter betrieben werden. Auf dieser Grundlage ordneten Anicius Gallus und Aemilius Paullus 167 im Zusammenwirken mit einer fünf- bzw. zehnköpfigen Senatskommission die Verhältnisse in Illyrien und Makedonien, die durch Staatsakte in Scodra und Amphipolis besiegelt wurden.

Zur Sicherung der neuen Ordnung in Makedonien verfügte Aemilius Paullus, daß alle, die unter Perseus in hohen Stellungen tätig gewesen waren, nach Italien in die Verbannung gehen mußten. Er gab auch dem Drängen der prorömischen Politiker in den griechischen Staaten nach, die eine 'Säuberungsaktion' großen Stils durchführen wollten, um ihre Stellung und damit Roms Einfluß in Griechenland zu

78 Die Eroberung des hellenistischen Ostens

gewährleisten. Allein aus den Städten des Achäischen Bundes wurden daraufhin 1000 politische Gefangene für die Überfahrt nach Italien zusammengebracht. In Ätolien schritten die Römerfreunde gar zum Mord an 550 führenden Männern; römische Soldaten dienten dabei als Handlanger. Ein schreckliches Strafgericht verhängte Aemilius Paullus über Epirus wegen des Abfalls zu Perseus: An die 70 Städte wurden von den beutehungrigen Soldaten geplündert, 150 000 Menschen in die Sklaverei verkauft. Kaum zu glauben, aber es war derselbe Römer, der in Makedonien Gesetze gab und in Epirus eine Einöde schuf!

Der Sieg über Makedonien und Illyrien wurde 167 in Rom mit drei Triumphen gefeiert (Aemilius Paullus, Octavius, Anicius Gallus). Der des Aemilius Paullus über Perseus währte wie einst der des Flamininus über Philipp V. drei Tage, aber er übertraf jenen bei weitem, wie allein schon die 400 goldenen Kränze (gegenüber 114) deutlich machten. Die erbeuteten Kunstschätze wurden auf 250 Wagen vorübergefahren, und für die 2250 Talente Silbermünzen (58,9 t) waren 750 Gefäße (zu je drei Talenten) erforderlich, deren jedes von vier Männern getragen wurde, so daß 3000 Träger diesen Teil des Zuges bildeten. Der Triumph des Aemilius Paullus machte den römischen Staat so reich, daß künftig den Bürgern keine Steuer mehr auferlegt zu werden brauchte (Cic. de off. 2,76).

Die 167 von Rom verfügte Übertragung des griechischen Autonomieprinzips auf Makedonien und die politisch motivierte Stillegung der Bergwerke erwiesen sich als schwere Belastungen der weiteren Entwicklung in dem ehemaligen Königreich. Die wirtschaftsschädigende Bergwerksschließung wurde 158 zurückgenommen, den mit der Autonomie einhergehenden Parteikämpfen aber blieb das Land weiter ausgeliefert. 152 erging ein vergeblicher Hilferuf der Makedonen an den Sohn des Aemilius Paullus, P. Cornelius Scipio Aemilianus, zur Wiederherstellung geordneter Verhältnisse. Das Ausbleiben der römischen Intervention nutzte ein Abenteurer namens Andriscus, um sich mit thrakischer Hilfe als Philippus, Sohn des Perseus, zum König von Makedonien aufzuwerfen. Rom zog nun die Konsequenz aus dem Scheitern seiner 'Befreiungspolitik': 148 schlug der Prätor Q. Caecilius Metellus das Aufgebot des Pseudophilippus und richtete in den beiden folgenden Jahren Macedonia als *provincia populi Romani* ein. Durch Hinzufügung illyrischen Gebietes drang die neue Provinz an die Adria vor und erhielt mit der bald nach 146 (unter dem Prokonsul Cn. Egnatius: Année Epigraphique 1973, 492) gebauten Via Egnatia von Apollonia bzw. Dyrrhachium nach Thessalo-

Die Eroberung des hellenistischen Ostens

nice eine Überlandstraße zur Ägäis. Metellus triumphierte im Jahre 146 und wurde mit dem Beinamen Macedonicus geehrt.

Im gleichen Jahr (146) fiel am Isthmus von Korinth mit dem Sieg des Konsuls L. Mummius über das Heer des Achäischen Bundes die Entscheidung über das weitere Schicksal Griechenlands. Der Konflikt mit Rom hatte sich an dem Gegensatz des Bundes zu Sparta, das von Rom protegiert wurde, entzündet und nahm von seiten der Achäer den Charakter eines Volkskrieges an: Alle Wehrfähigen wurden aufgeboten und 12 000 Sklaven nach Freilassung ins Heer eingestellt – vergebens. Die Folge des römischen Sieges war die Auflösung des Achäischen Bundes und die Bestrafung aller romfeindlichen Staaten durch Entzug der Unabhängigkeit. Achaea (in diesem weiteren Sinne) unterstand von nun an der Aufsicht des Statthalters von Makedonien. Die Verhältnisse im einzelnen wurden von einer Zehnmännerkommission des Senats geregelt. Symbol der neuen Lage in Griechenland war die Zerstörung von Korinth. Die Kunstschätze der Großstadt schmückten den Triumph des Mummius in Rom (145), die Bevölkerung wurde in die Sklaverei verkauft.

Als römische Soldaten das Todesurteil des Senats an Korinth vollstreckten (Herbst 146), lag Karthago schon einige Monate in Schutt und Asche. Auch in diesem Falle hatte der Senat den Vernichtungsbefehl erteilt und mit ihm der 'Zivilbevölkerung' das Los der Sklaverei auferlegt. Karthago war Ende der 50er Jahre in Verdacht geraten, es könne seine neu erstarkte Wirtschaftskraft gegen Rom einsetzen. Cato weckte mit dieser Vorstellung die im 2. Punischen Krieg entstandene „Furcht vor Karthago" (*metus Punicus*) und forderte beharrlich die Zerstörung der Stadt (spätere sprichwörtliche Formulierung: *ceterum censeo Carthaginem esse delendam*). Als Karthago 150, nachdem es oftmals gegenüber der Begehrlichkeit Massinissas (vgl. oben S. 67) von Rom benachteiligt worden war, sich mit den Waffen gegen den Numiderkönig zur Wehr setzte und damit gegen den Friedensvertrag von 201 verstieß, war der Kriegsgrund für Rom gegeben. Es nützte Karthago nichts, daß es als Wiedergutmachung sämtliche Waffen an die Römer auslieferte. Diese forderten vielmehr die Aufgabe der Stadt und die Umsiedlung der Bevölkerung. Die Ablehnung der unzumutbaren Forderung führte zum 3. Punischen Krieg und zur Belagerung Karthagos (149–146). Scipio Aemilianus gelang schließlich die Eroberung (Frühjahr 146); er führte auch die Zerstörung aus. Das Gebiet Karthagos wurde vom Senat (Zehnmännerkommission) als Provinz Africa eingerichtet. Scipio feierte den endgültigen Sieg über Karthago mit einem denkwür-

80 Die Eroberung des hellenistischen Ostens

digen Triumph und erneuerte als Africanus den Ruhm des Scipionen-
hauses.

Mit Macedonia und Africa hatten die Römer nach fast 50jähriger
Pause wieder zwei Provinzen geschaffen, die das von ihnen direkt beherrschte Gebiet beträchtlich erweiterten. Im Falle Makedoniens
(und Griechenlands) war dabei das Prinzip durchbrochen worden, im
hellenistischen Osten die überkommene politische Ordnung möglichst beizubehalten. Es war der Sieg von Pydna (168), der die Revi-
sion der römischen Ostpolitik einleitete. Ihre neue Linie wurde an der
Behandlung von Rhodus, einem der beiden Eckpfeiler des bisherigen
Systems, offenbar: Weil die Rhodier sich im Perseuskrieg nicht vorbe-
haltlos auf die Seite der Römer gestellt hatten, sondern als Friedens-
vermittler tätig geworden waren, wurde ihnen 167 der Besitz von
Karien und Lykien (oben S. 71) aberkannt; ihre Stellung als Handelsmacht erhielt durch die Erklärung von Delus zum Freihafen einen
schweren Schlag (Rückgang der Zolleinnahmen um 85%).

Auch der andere Eckpfeiler der römischen Vormachtstellung im
Osten, Pergamum, geriet nach Pydna ins Wanken. König Eumenes II., der sich 167 wegen seiner zweideutigen Haltung im Perseuskrieg vor dem Senat rechtfertigen wollte, wurde beim Betreten italischen Bodens (in Brundisium) abgewiesen. Von dieser Demütigung
blieb seine Regierung (bis 159) belastet. Nachdem sich das Verhältnis
zu Rom unter der Herrschaft seines Bruders, Attalus II., wieder nor-
malisiert hatte, erlangte 138 mit Attalus III. (dem Sohn des Eumenes)
ein Sonderling den pergamenischen Königsthron. Um Ansprüche
seines Halbbruders Aristonicus auszuschalten, vermachte er 133, kurz
vor seinem Tode, das Königsland und den Königsschatz dem römischen Volk; die Stadt Pergamum und andere griechische Städte des
Königreichs erhielten die Freiheit. Das Testament des Attalus rief
Rom zum Handeln auf, zumal Aristonicus sein vermeintliches Recht
mit Waffengewalt zu erreichen suchte. Die förmliche Annahme der
Erbschaft durch den Senat wies den Weg zur Provinzialisierung des
kleinasiatischen Gebiets. Wenn diese auch erst 129 erfolgte, so
brachte doch schon das Jahr 133 die neue Entwicklung im Osten zum
Abschluß. Sie betraf mittelbar auch Syrien und Ägypten, da der Ein-
fluß Roms auf die beiden hellenistischen Monarchien seit dem vom
römischen Gesandten C. Popilius Laenas unter spektakulären Umständen erzwungenen Rückzug des Seleukiden Antiochus IV. aus
Ägypten (168) so stark war, daß von einer Handlungsfreiheit dieser
Staaten nicht mehr die Rede sein konntc. Sie standen unter Roms
'Aufsicht', wie etwa die Gesandtschaft Scipios 140/139 deutlich machte.

Die Eroberung des hellenistischen Ostens 81

Das Jahr 133, in dem die pergamenische Erbschaft den Schluß-punkt unter Roms Ausgreifen in den Osten setzte, bestätigte im Westen mit der Zerstörung von Numantia durch Scipio die Endgültig-keit der römischen Herrschaft über Spanien. Sie war 154 durch den Aufstand der Keltiberer (in Hispania Citerior), insbesondere aber durch den Kampf der Lusitaner unter Viriatus (147–139) gegen ihre Einbeziehung in die Provinz (Hispania Ulterior) ernsthaft in Gefahr geraten. In dem Krieg, der zwanzig Jahre lang wie ein Feuer loderte (Polyb. 35,1,1), häuften sich die römischen Niederlagen; eine der schlimmsten für das Ansehen Roms war die Kapitulation des Konsuls C. Hostilius Mancinus bei Numantia (am Oberlauf des Durius/ Duero), dem Zentrum des keltiberischen Widerstandes, im Jahre 137. Beendet wurde der Numantinische Krieg durch die von Scipio 134/133 durchgeführte Einschließung der Stadt, die nach schrecklichen Leiden der Bevölkerung zur Übergabe führte. Da auch die Kämpfe gegen die Lusitaner zu einem für Rom günstigen Ende gekommen waren, konnte eine Zehnmännerkommission des Senats beiden spani-schen Provinzen die endgültige Gestalt geben.

Der Triumph Scipios über Numantia (132) entsprach in seiner wenig prunkvollen Form dem Gesamtbild, das der Spanische Krieg hinter-ließ. Die Römer hatten erfahren müssen, daß sie auf ihrem ureigen-sten Gebiet, dem Militärwesen, an ihre Grenzen gestoßen waren, zumindest an die Grenze des bisher genutzten Wehrpotentials. Die Aushebung des Jahres 151 hatte eine erschreckende Kriegsgegner-schaft unter den Wehrpflichtigen an den Tag gebracht, und 134 war es Scipio nicht möglich gewesen, überhaupt eine Aushebung zu halten – wegen des Menschenmangels in Italien. Das Rekrutierungssystem „aus den Klassen" (Sall. Iug. 86,2) hatte inzwischen auch den letzten „Ansässigen" (*assiduus*) mit einem Vermögen von nur 1500 Assen (statt 11000, vgl. oben S. 64f.) erreicht; es konnte offenkundig den Bedarf an Legionssoldaten nicht mehr decken.

Der Spanische Krieg hatte indes auch einen positiven Effekt für den römischen Staat. Die Neuordnung der beiden Provinzen sicherte der Staatskasse weiterhin die hohen Einnahmen an Tributen und Pachten, die seit 195 einen wesentlichen Teil der Finanzkraft Roms ausmachten (vgl. oben S. 73). Allein die Bergwerke in der Nähe von Carthago Nova brachten zu dieser Zeit täglich 25000, im Jahr also mehr als 9 Millionen Denare Pacht ein (Polyb. 34,9,9). Die Einnahmen aus Spanien ermöglichten im Verein mit den übrigen regelmäßig oder spo-radisch in das Aerarium fließenden Summen die Finanzierung so kost-spieliger Projekte wie der Via Postumia (148) von Genua nach Aqui-

82 Die Eroberung des hellenistischen Ostens

leia oder der Aqua Marcia (144), der dritten großen Wasserleitung Roms (vgl.oben S.52). Der Bau der letzteren verschlang allein den Betrag von 45 Millionen Denaren (Frontin. de aq. 1,7,4).

Währungspolitisch hatte um 140 der Siegeszug des Denars dahin geführt, daß der auf 1/12 des Pfunds (= Unzialstandard) gesunkene As aufhörte, die Recheneinheit zu bilden. Sein Verhältnis zum Denar betrug jetzt 16:1 (statt 10:1, vgl. oben S.65). Als neue Recheneinheit setzte sich der Sesterz (=4 Asse) neben dem Denar (=4 Sesterze) durch.

In der römischen Innenpolitik der Jahre zwischen 150 und 133 trugen zwei gesetzgeberische Initiativen symptomatische Züge: die *lex Calpurnia de repetundis* (149) und die *lex Gabinia tabellaria* (139). Das Repetundenproblem war durch Beschwerden spanischer Völkerschaften über „Habgier und Überheblichkeit römischer Beamter" (Liv. 43,2,2) an den Senat herangetragen worden (171). Die unzureichende Reaktion auf diesen Fall und weitere Fälle veranlaßten den Volkstribunen L.Calpurnius Piso zur Einbringung des Gesetzes auf „Wiedererstattung". Es setzte einen ständigen Gerichtshof (*quaestio perpetua*) für solche Klagen ein und kam damit der Schutzpflicht des römischen Volkes für die Provinzialen nach. Da aber die Richtertätigkeit an dieser Quaestio Senatoren übertragen wurde, war zugleich dafür gesorgt, daß die Vergehen der senatorischen Statthalter vor einem 'Standesgremium' verhandelt wurden.

Die *lex tabellaria* des Volkstribunen A.Gabinius führte die schriftliche Abstimmung bei den Beamtenwahlen in der Volksversammlung ein. Ihr folgten im Abstand von wenigen Jahren Gesetze zur Erstreckung dieser Prozedur auf die jurisdiktionellen und legislatorischen Komitien. In ihrer Gesamtheit errichteten die *leges tabellariae* einen Schutzwall gegen die Beeinflussung des Abstimmungsverfahrens durch die herrschende Schicht; das Stimmtäfelchen (*tabella*) galt daher als „Bürge der Freiheit" (Cic. de leg. 3,39).

8. DIE RÜCKWIRKUNGEN DES AUFSTIEGS ZUR WELTMACHT AUF DIE GESELLSCHAFTLICHEN GRUNDLAGEN DES STAATES

In den etwas mehr als 100 Jahren zwischen dem Erwerb Siziliens (241) und der Annahme des pergamenischen Erbes (133) hatte sich die Herrschaft Roms über den gesamten Mittelmeerraum ausgedehnt. Nach Auffassung der Römer war das alle vier Jahre von den Zensoren verrichtete Gebet, „die Götter möchten den römischen Staat besser und größer machen", erhört worden. Scipio Aemilianus soll daher in seiner Zensur (142) den Text dahingehend geändert haben, daß die Götter von nun ab gebeten wurden, „den Staat immer unversehrt zu erhalten" (Val. Max. 4, 1, 10). In der neuen Formulierung klang Sorge um die weitere Entwicklung des durch hohen Einsatz zustande gekommenen Herrschaftsgebildes mit.

Scipio war befreundet mit Polybius, dem achäischen Politiker, der im Jahre 167 mit 1000 'verdächtigen' Landsleuten das Schicksal der Deportation nach Italien erlitten hatte (oben S. 78). Die Freundschaft kam beiden Männern zugute. Scipio profitierte von der hohen geistigen Qualität des etwa 15 Jahre älteren Polybius, und dieser erhielt durch Scipio Zugang nicht nur zu den Häusern, sondern auch zur Wesensart der führenden Römer. Polybius ging in Rom daran, die römische Welteroberung in universalhistorischem Rahmen darzustellen. Als Geschichtsschreiber bewunderte er die großen Leistungen Roms, als scharfsichtiger Beobachter der römischen Führungsschicht wurde er zum Kronzeugen des Wandlungsprozesses, der diese zu seiner Zeit erfaßt hatte. An besagtem Vorgang, der sich als Widerstreit zwischen den Grundsätzen der von den Vätern ererbten Lebensform (*mos maiorum*) und den Einflüssen der Moderne darstellte, waren viele Faktoren beteiligt; einer der bedeutsamsten war die griechische Kultur, besonders in Verbindung mit dem zunehmenden Reichtum.

In auffälliger Weise weckte die griechische Kunst das Interesse der römischen Oberschicht, nachdem M. Claudius Marcellus die aus der syrakusanischen Beute stammenden Kunstgegenstände in dem von ihm nach 211 errichteten Tempel für Honos und Virtus an der Porta Capena zur Betrachtung dargeboten hatte. Bewunderung für die künst-

84   Die Rückwirkungen des Aufstiegs zur Weltmacht

lerischen Leistungen der Griechen breitete sich aus und stachelte dazu
an, immer mehr ihrer Werke nach Rom zu holen, als sich die Möglichkeit dazu im griechischen Mutterland bot (Liv. 25,40,2). Flamininus
machte den Anfang mit der Ausplünderung Griechenlands (oben
S.69), und Mummius setzte den Schlußpunkt (oben S.79). Die
großen Eroberer wurden zu großen Kunsträubern, und ihre 'Beute'
stellten sie nicht mehr nur in Tempeln und öffentlichen Gebäuden,
sondern auch in ihren Privathäusern auf (Polyb. 9,10-13).

Der Einzug der griechischen Kunst in Rom verquickte sich seit der
Rückkehr des Heeres aus Asien (187) mit dem Einströmen orientali-
scher Luxusgüter (Liv. 39,6,7-9). Die Lebenshaltung wurde zusehends aufwendiger, und es entstand die Sucht, jede neue Mode mitzu-
machen. *Luxuria* und *avaritia* hießen die Zersetzungserscheinungen,
die sich in der römischen Oberschicht zu entfalten begannen. Diese
unternahm zwar Versuche, den Luxus im eigenen Interesse, d.h. zur
Wahrung ihres Sozialprestiges, gesetzlich einzuschränken, doch betrafen „Aufwandsgesetze" (*leges sumptuariae*) wie die *lex Fannia* über
Tafelluxus (161) nur Teilaspekte der neuen Lebenshaltung, diese
selbst konnten und wollten sie nicht unterbinden. Die Ereignisse um
die *lex Oppia* waren hierfür symptomatisch. 215 war durch dieses Gesetz der Luxus, den Frauen mit Schmuck, Kleidung und Fahrzeugen
trieben, drastisch eingeschränkt worden. 195 aber erzwangen die
Frauen durch eine Massendemonstration in Rom, daß es aufgehoben
wurde. Sie wollten an den „Früchten des Friedens" (Liv. 34,7,1) teilnehmen und ihre Opferwilligkeit während des Hannibalischen
Krieges belohnt sehen.

Die Überflutung Roms durch griechische Kunst und „fremde
Üppigkeit" (Plin. nat. hist. 33,149) hatte insofern bedrohliche Folgen,
als sie zu einem abschätzigen Urteil über die „tönernen römischen
Götter" (Liv. 34,4,4) und so manchen Bestandteil des *mos maiorum*
verleitete. Diese Gefahr wurde auch durch die Bekanntschaft mit der
griechischen Philosophie heraufbeschworen, die im Jahre 155 auf geradezu stürmische Weise erfolgte. Carneades, einer der drei als Gesandte nach Rom gekommenen athenischen Philosophen, wußte die
vornehme Jugend durch seine dialektischen Künste so zu begeistern,
daß Cato die schleunige Rückkehr der Philosophen nach Athen veranlaßte, weil sie die römische Jugend in Gefahr brächten, nicht mehr auf
Gesetze und Magistrate zu hören (Plut. Cato mai. 22,5). Die Maßnahme hatte nur aufschiebende Wirkung. 15 Jahre später lud Scipio
Aemilianus den Stoiker Panaetius von Rhodus ein, ihn auf seiner Ge-
sandtschaftsreise in die Länder des östlichen Mittelmeeres zu be-

Die Rückwirkungen des Aufstiegs zur Weltmacht 85

gleiten – die griechische Philosophie hatte Zugang zum führenden römischen Staatsmann seiner Zeit gefunden! Über Blossius von Cumae, wie Panaetius Schüler des Antipater von Tarsus, wirkte sie zu eben dieser Zeit auf die Begründung des römischen Zivilrechts durch P. Mucius Scaevola (cos. 133) ein. Auch auf die 'Erfindung' der Satire durch C. Lucilius, den Freund Scipios, übte die philosophische (akademische) Bildung des aus vornehmer Familie stammenden Dichters ihren Einfluß aus.

In den römischen Adelshäusern trat die griechische Erziehung neben die römische (Plut. Aem. 6, 8–9), und selbst letztere zehrte seit der Odyssee-Übersetzung des L. Livius Andronicus (um 240) von der griechischen Literatur. Die Aufstellung der Bibliothek des Perseus im Hause seines Überwinders Aemilius Paullus (Plut. Aem. 28, 11) kann daher als äußeres Zeichen der Aneignung des literarischen Erbes der Griechen durch die römische Oberschicht verstanden werden. Diese erkannte schon früh, welcher Nutzen sich daraus ziehen ließ. Q. Fabius Pictor, der 216 die römische Gesandtschaft nach Delphi geleitet hatte (vgl. oben S. 63), unternahm es, die Geschichte Roms in griechischer Sprache darzustellen. Ihm folgten weitere *Graeci annales* aus senatorischer Feder – Zeugnisse einer neuen (literarischen) Verfügungsgewalt über die eigene Vergangenheit.

Von gleichem Selbstbewußtsein waren die beiden ersten Werke über die römische Geschichte in lateinischer Sprache beherrscht, auch wenn die Verfasser nicht der Oberschicht angehörten, sondern ihr nur durch Klientelbindung nahestanden. Cn. Naevius, ein Kampaner, Soldat im 1. Punischen Krieg, gestaltete das Aufeinandertreffen Roms und Karthagos zum Epos: ›Bellum Poenicum‹, und Q. Ennius aus Kalabrien, 203 nach Rom gekommen, wagte sich an eine epische Gesamtdarstellung der römischen Geschichte: ›Annales‹. Beide Epen atmeten den Geist der heroischen Leistung des Aufstiegs Roms zur Weltmacht, beide verkündeten den Ruhm der Männer, die diese Leistung vollbracht hatten. Mit Cato bemächtigte sich dann sozusagen die personifizierte Nobilität der römischen Vergangenheit. Seinen ›Origines‹ war es vorbehalten, die italischen „Ursprünge" der römischen Geschichte aufzudecken und der lateinischen Sprache auch in der Prosa jene *maiestas* zu verleihen, die der *populus Romanus* sich erworben hatte (vgl. oben S. 71). Wenn Cato sein Werk als Antwort auf die *Graeci annales* verstanden wissen wollte, so zeigte er gerade dadurch, zu welchen Leistungen die Auseinandersetzung mit dem Griechentum zu befähigen vermochte.

Die Übernahme der griechischen Bildung durch die römische Ober-

86   Die Rückwirkungen des Aufstiegs zur Weltmacht

schicht setzte einen Prozeß in Gang, der auch die Masse des Volkes erreichte. Als Medium wirkte das Theater. 240 beauftragten die kurulischen Ädilen den schon erwähnten Livius Andronicus, der im Pyrrhus-Krieg in römische Gefangenschaft geraten war und dann im Hause der Livier die Freiheit zurückerhalten hatte, mit der Übersetzung und Bearbeitung einer griechischen Tragödie und Komödie für die Aufführung an den *ludi Romani*. 235 folgten Theaterstücke des Naevius nach griechischen Vorbildern. Die Produktion nahm zu, da die Spiele mit Theateraufführungen sich mehrten (*ludi plebei, Apollinares, Megalenses, Ceriales, Florales*). Vor allem die Komödie war auf dem Vormarsch. Sie fand in T. Maccius Plautus aus Sarsina (Umbrien) ihren typischen Vertreter (Premiere des ›Stichus‹ an den *ludi plebei* 200); ca. 130 Stücke dieser Gattung gingen unter seinem Namen (Gell. 3, 3, 11). Die Tragödie hatte in Ennius ihren Vorkämpfer. Aus den beiden griechisch geprägten Formen des Dramas entwickelten sich – als Früchte ihrer Verpflanzung nach Rom – Entsprechungen im römischen Kostüm: *togata* und *praetexta*. Von ihnen kam letztere den Wünschen der Nobilität nach Verherrlichung ihrer Taten entgegen. Zum Beispiel brachte Naevius den Sieg des M. Claudius Marcellus über die Gallier (oben S. 60) auf die Bühne: ›Clastidium‹, und eine *praetexta* des Ennius hatte den Ätolerfeldzug des M. Fulvius Nobilior (oben S. 71) zum Gegenstand: ›Ambracia‹.

Der mit den Theateraufführungen erfolgende Einbruch der griechischen Welt in den römischen Alltag wurde von wachsamen Beobachtern mit Sorge registriert, denn er stellte sich ihnen dar als Untergrabung der altrömischen Moral durch „fremde Liederlichkeit". P. Cornelius Scipio Nasica Corculum, Zensor des Jahres 159, gehörte zu den Mahnern (Augustin. de civ. dei 1, 31) und trat 154 auf den Plan, als ihm der Bau eines steinernen Theaters den Sittenverfall zu perpetuieren schien. Ein von Scipio bewirkter Senatsbeschluß verfügte den Abbruch des begonnenen Steinbaus und beließ es bei der bisherigen Gewohnheit der ad hoc zu errichtenden Holzbauten. Scipios Initiative war Ausdruck des Zwiespalts, in den der Hellenisierungsprozeß die römische Führungsschicht gestürzt hatte: Kein griechisches Steintheater! Wohl aber ließ Q. Caecilius Metellus Macedonicus 146 am Circus Flaminius auf dem Marsfeld dem Iupiter Stator einen rein griechischen Tempel aus pentelischem Marmor von einem Architekten aus Salamis (Hermodorus) errichten!

Die wohl wichtigste Veränderung, welche die römische Oberschicht unter griechischem Einfluß erfuhr, betraf ihr politisches Prestige. „Ich werde tun, was der Senat für richtig hält", antwortete der Seleukide

Antiochus IV. dem römischen Gesandten C. Popilius Laenas, der ihm 168 kurz vor der Eroberung Alexandrias die Aufforderung des Senats zum Rückzug überbrachte (Liv. 45,12,6). Und später schickte der König dem Senat die Botschaft, „er habe dem Befehl der römischen Gesandten wie einem Befehl der Götter gehorcht" (Liv. 45,13,3). König Prusias II. von Bithynien apostrophierte die Senatoren gar persönlich als „rettende Götter", als er 167 im Senat Audienz erhielt (Liv. 45,44,20). Ähnliche Szenen spielten sich sozusagen täglich in Rom und der Welt des Ostens ab, so daß sich die Mitglieder der römischen Führungsschicht zwangsläufig als Herren der Welt zu fühlen begannen – mit allen Begleiterscheinungen einer solchen Einstellung, insbesondere der Überheblichkeit (*superbia*). Das Aufkommen dieses Lasters aber hatte die schwerwiegende Folge, daß es nicht auf den außenpolitischen Bereich beschränkt blieb, sondern auch die Innenpolitik ergriff und sich hier neben *luxuria* und *avaritia* (oben S. 84) zu einem Charakteristikum der Nobilität entwickelte (vgl. Sall. Iug. 85,38). Überheblichkeit ließ es dahin kommen, daß etwa zwei Dutzend Familien glaubten, das Regiment alleine führen zu können. Sie hielten das Konsulat in ihren Reihen (Sall. Iug. 63,6) und hoben sich damit aus den übrigen senatorischen Familien heraus. Eine kleine Führungsspitze also, und die Regierung der Welt als Aufgabe – diese Spannung war das Ergebnis des Aufstiegs, den Rom genommen hatte!

Mit dem politischen Prestige- und Machtzuwachs, den die Welteroberung der Nobilität brachte, war eine Verstärkung ihrer wirtschaftlichen Position aufs engste verknüpft. Als Feldherren nutzten die Mitglieder der Nobilität die vielfachen Möglichkeiten, sich an der Kriegsbeute zu beteiligen und waren dadurch imstande, ihr Vermögen zu mehren. Da die *lex Claudia* des Jahres 218 die Senatoren auf Landbesitz festgelegt hatte (oben S. 61) und brachliegendes Land nach dem 2. Punischen Krieg in ganz Italien zum Verkauf stand (Liv. 31,13,6), erfolgten die Investitionen auf diesem Sektor. Sie verstärkten einerseits die Akkumulation von Land in den Händen weniger und ermöglichten andererseits die Rationalisierung von Ackerbau und Viehzucht. Für beide Bestrebungen spielte das große Angebot an Sklaven eine wichtige Rolle. Die Kriege in aller Welt brachten das Sklavenreservoir zum Überlaufen. 10000 dieser 'Arbeitskräfte' verkauften die Händler manchmal an einem Tag in Delus (Strab. 14,5,2). Sie gelangten auch in großer Zahl nach Italien und wurden hier in zunehmendem Maße auf den Landgütern und Viehweiden eingesetzt. Da sie keinen Kriegsdienst zu leisten brauchten, konnten sie kontinuierlich beschäftigt werden, was in bezug auf die aus Konkurrenzgründen (Sizilien!)

notwendig gewordene Umstellung vom Getreideanbau auf die Produktion von Obst, Öl und Wein von besonderer Wichtigkeit war. Sie ermöglichten den reichen Herren auch Zugriffe auf das Staatsland. Besondere Objekte dieser Art waren der fruchtbare *ager Campanus* (oben S. 74) und das ausgedehnte Weideland in Apulien, wo an die 7000 Hirtensklaven Viehwirtschaft großen Stils betrieben (Liv. 39, 29, 8–9, zu ihrem Bandenwesen vgl. oben S. 75).

Die wirtschaftlichen Aktivitäten der Nobilität zur Sicherung ihrer politischen Stellung waren Teil einer allgemeinen Bewegung innerhalb der Oberschicht, an der expandierenden Wirtschaft zu partizipieren. Dabei trat der Senatorenschaft mehr und mehr die Ritterschaft als ein sich aus den reichen Bürgern rekrutierender eigener Stand an die Seite. Im Jahre 225 waren es schon etwa 20 000, die Geld genug hatten, um mit einem selbst gestellten Pferd (*equo privato*) Kriegsdienst zu leisten (vgl. Oros. 4, 13, 7). Diese Fähigkeit, d. h. ihr Vermögen (400 000 Sesterzen nach späterer Qualifikation), gab ihnen den gleichen sozialen Rang wie dem nichtsenatorischen Teil der 1800 mit einem Staatspferd (*equo publico*) ausgestatteten Ritter der 18 vornehmen Zenturien (oben S. 38). Der *ordo equester*, wie er bald genannt wurde, setzte sich im wesentlichen aus Gutsbesitzern, Bankiers, Kaufleuten und Staatspächtern zusammen. Letztere (*publicani*) gaben dem Stand das Gepräge und waren Roms wichtigster Wirtschaftsfaktor, da die von ihnen ausgeführten Staatsaufträge (Waren, Pachten, Bauten) Arbeit und Brot für viele bedeuteten. Sie gründeten Gesellschaften (*societates publicanorum*), um den großen Kapitalanforderungen genügen zu können. Drei solcher Gesellschaften, an denen 19 Personen finanziell beteiligt waren, übernahmen im Jahre 215 die Versorgung des ganzen spanischen Heeres (Liv. 23, 48, 4–49, 4, vgl. oben S. 65). Riesige Ausmaße nahm die den *publicani* übertragene Ausbeutung der spanischen Silberminen bei Carthago Nova an. Um 150 waren hier 40 000 Bergwerkssklaven eingesetzt (Polyb. 34, 9, 8–9).

Der Aufschwung, den der Ritterstand während und nach dem 2. Punischen Krieg nahm, war zu einem gut Teil durch die *lex Claudia* bedingt, welche die Senatoren von all den Geschäften ausgeschlossen hatte, denen die Ritter dann ihren Profit verdankten (vgl. oben S. 61). War dadurch eine Abgrenzung zum Senatorenstand gegeben, so bestanden andererseits manche Gemeinsamkeiten zwischen Senatoren und Rittern, vor allem die, daß auch letztere ihr Geld, d. h. ihren Gewinn, in Land anlegten und also an dem für die Nobilität festgestellten Trend zur Umgestaltung der Agrarwirtschaft teilhatten. Nicht zu vergessen ist sodann die Möglichkeit des Übergangs vom Ritterstand in den Senatorenstand, der auch auf politischem Gebiet Verbindungen schuf. Insgesamt bedeutete die Konsolidierung des Ritterstandes eine Erweiterung der römischen Oberschicht um die führenden Kräfte der italischen Wirtschaft, denn viele Ritter stammten aus den Gebieten römischer Bürger in Italien.

Der Entstehung des Ritterstandes entsprach im darunterliegenden Bereich der sozialen Schichtung ein Vorgang, welcher der Bildung eines neuen Standes sehr nahekam. Gemeint ist der Transformationsprozeß, der das römische Heer in zunehmendem Maße von seiner sozialen Basis, dem Bauerntum, löste. In Gang gesetzt wurde die Entwicklung durch die langdauernden Kriege fernab der Heimat, welche die regelmäßige Rückkehr des im Heer dienenden Bauern an den Pflug nicht mehr zuließen. Ihm wurde daher als Entschädigung Sold (*stipendium*) gezahlt, zur Zeit des Polybius alle drei Tage ein Denar (6, 39, 12), d. h. 120 Denare für ein volles Jahr. Des weiteren übernahm der Staat die Bewaffnung des Soldaten. Das war eine Folge der Drei-Treffen-Gliederung (oben S. 44), da sich die Einreihung des einzelnen in die Manipel der *hastati, principes* und *triarii* nach dem Alter, statt dem Vermögen, durchsetzte. Zu diesen Veränderungen traten andere wie die Steigerung des Beuteanteils der Soldaten und der schnellere Aufstieg zum Centurio, mit dem die Verdoppelung des Soldes einherging. Alle diese Faktoren wirkten zusammen, einen Typ des Soldaten entstehen zu lassen, der seinen eigentlichen Beruf, den des Bauern, hintansetzte und sich statt dessen auf einen langjährigen Dienst im Heer einrichtete. Sp. Ligustinus aus dem Sabinerland, der im Jahre 171 vor der Volksversammlung einen großen Auftritt hatte (Liv. 42, 34), darf als Prototyp dieser 'Berufssoldaten' gelten: 200 ins Heer eingetreten, wurde er schon nach zwei Jahren wegen Tapferkeit zum Centurio befördert und diente als solcher, bis zum *primus pilus* aufsteigend, 20 Jahre auf vielen Kriegsschauplätzen. Bereits über 50 Jahre alt, zog er auch in den Krieg gegen Perseus, und zwar als „Freiwilliger" (*voluntarius*) wie schon oftmals vorher. Freiwillige wie er bildeten einen beträchtlichen Teil des Aufgebots von 171 (Liv. 42, 32, 6) – die Professionalisierung des römischen Heeres war in vollem Gange!

Was dem Heer nutzte – langjährige Erfahrung im Waffenhandwerk –, brachte als langjährige Abwesenheit von Haus und Hof dem Bauerntum großen Schaden. Nicht alle mittleren und kleinen Bauernhöfe verkrafteten die ständige Einberufung der männlichen Familienmitglieder zum Heer. 16 Jahre hatte jeder Wehrdiensttaugliche dem Staat zur Verfügung zu stehen (Polyb. 6, 19, 2), manchmal 6 Jahre hinterein-

90   Die Rückwirkungen des Aufstiegs zur Weltmacht

ander (App. Iber. 78), und längst nicht jeder kehrte unversehrt in die Heimat zurück. Zu diesen personellen Schwierigkeiten traten die materiellen, die sich vor allem aus der Unrentabilität der herkömmlichen Bewirtschaftung ergaben. So mußten nicht wenige Höfe aufgegeben und Hoffnungen begraben werden. Der Bauernstand ging zurück, die Sklavenschaft der großen Güter breitete sich aus, ganze Landstriche, z. B. Etrurien (Plut. Ti. Gracch. 8,9), veränderten ihr Gesicht.

Die Schwächung des römischen Bauernstandes durch den Kraftakt der Welteroberung rührte an die Substanz des Staates. Nicht nur, daß Tausende ihr Leben lassen mußten, wesentlicher war, daß die Zukunftshoffnungen sanken und einen Geburtenrückgang bewirkten (Plut. Ti. Gracch. 8,4). So kam es zu der paradoxen Situation, daß der Mehrung des Reiches eine Minderung der römischen Bürger entsprach: Ihre Zahl ging von 337000 im Jahre 164 auf 317000 im Jahre 136 zurück. Erschwerend kam hinzu, daß der negativen Entwicklung auf dem *ager Romanus* ein gleichartiger Vorgang auf der Feldmark der Bundesgenossen entsprach: Die Wechselwirkung von Kriegsdienst und 'Bauernsterben' war eine gesamtitalische Erscheinung.

Die Folgen der Aufgabe von Bauernhöfen trafen nicht nur das Heer durch Mangel an Wehrfähigen, sie machten sich auch im umgekehrten Sinne als Bevölkerungszuwachs in den Städten, vor allem in Rom, bemerkbar. Wie die Latiner nach Rom drängten (oben S. 74), so erst recht die entwurzelten römischen Bürger vom Lande. Sie mochten hoffen, die durch staatliche Aufträge florierende Wirtschaft der Hauptstadt werde auch ihnen Arbeitsmöglichkeit bieten. Wahrscheinlich erfüllte sich für manche von ihnen sogar diese Hoffnung, aber auch dann wurden sie in den Existenzkampf hineingezogen, in dem sich die unterste Schicht der *plebs urbana* befand, ja, sie verschärften diesen noch, da die Miet- und Getreidepreise durch die Überbevölkerung in die Höhe getrieben wurden. Aufs ganze gesehen verstärkten die bäuerlichen Zuwanderer die Unzufriedenheit des städtischen Proletariats und schufen dadurch eine auch politisch nicht ungefährliche Situation. Denn als Mitglieder der Volksversammlung waren die *proletarii* durch ihre stete Präsenz und ihre Masse ein durchaus ernst zu nehmender Faktor der stadtrömischen Politik, vergleichbar den zahlreichen Freigelassenen der vier städtischen Tribus. Aber während deren möglicher Einfluß von den Zensoren ständig überwacht und gegebenenfalls beschränkt wurde (Einschreibung in nur eine der städtischen Tribus seit 168: Liv. 45,15,5), wurde die politische Brisanz der *plebs urbana* offenbar von niemandem richtig erkannt.

9. KRISE UND REFORM DES STAATES

Von den Gracchen zu Sulla

(133–79 v. Chr.)

Ennius hat nach späterer Ansicht (Cic. de re publ. 5, 1) sozusagen aus einem Orakelspruch zitiert, als er in seinen ›Annales‹ die alten Sitten und das Wirken hervorragender Männer als Grundlagen des römischen Staates bezeichnete. Tatsächlich bildete das Wechselspiel dieser beiden Faktoren ein Strukturelement der Geschichte Roms in republikanischer Zeit. Seine Störung war ein Anzeichen für die Gefährdung des Staates.

Im Jahre 133 diagnostizierte ein junger *nobilis*, Ti. Sempronius Gracchus, eine solche Gefährdung, verursacht durch Mißachtung der seit alters für den Besitz von *ager publicus* geltenden Bestimmungen und alarmierend durch den Schwund der selbständigen bäuerlichen Betriebe. Ti. Gracchus war der Sohn des zweimaligen Konsuls gleichen Namens und der hochgebildeten Cornelia, Tochter des Siegers über Hannibal, P. Cornelius Scipio Africanus. In naher Verwandtschaft stand er zum jüngeren Scipio Africanus; er war sein Schwager.

Als Volkstribun machte Ti. Gracchus sich anheischig, „den Armen das Staatsland zurückzugewinnen" (Plut. Ti. Gracch. 8, 10). Im Verein mit Freunden und Beratern – unter ihnen der Konsul des Jahres 133 P. Mucius Scaevola – bereitete er aufs sorgfältigste ein Ackergesetz und die zu seiner Durchbringung erforderliche Taktik vor. Dabei zog er die Konsequenz aus dem erfolglosen Versuch des C. Laelius (cos. 140), über den Senat eine Agrarreform in Gang zu bringen: Er wählte die Volksversammlung als Instrument seiner Initiative. Hier konnte er die ihm eigene Beredsamkeit entfalten; Diophanes von Mytilenae hatte ihn gewissermaßen als Demagogen geschult.

Der Gesetzesantrag griff auf die alte Bestimmung zurück, daß niemand mehr als 500 *iugera* (125 ha) vom *ager publicus* in Besitz haben dürfe (oben S. 36), ergänzte sie aber um das Zugeständnis, daß bei Vorhandensein von Söhnen jeweils 250, höchstens jedoch 500 weitere *iugera* in Anrechnung kommen sollten. In bezug auf den innerhalb dieser Grenzen (500, 750, 1000 *iugera*) liegenden Besitz an Staatsland war vorgesehen, daß er in Privateigentum umgewandelt würde. Der Mehrbesitz sollte an den Staat zurückgegeben werden, und zwar gegen Entschädigung. Nicht unter dieses Gesetz fielen die Besitzverhältnisse auf dem *ager Campanus*. Den Kapiteln über die Landbeschaffung entsprachen solche über die Landverteilung: Das verfügbare Staatsland sollte von einer Dreimänner-Kommission in Parzellen zu 30 *iugera* (7,5 ha) als unveräußerlicher Besitz an Neusiedler in Erbpacht gegeben werden.

Die geplante Verfügung über das Staatsland stieß auf den erbitterten Widerstand der Großgrundbesitzer, die sich daran bereichert hatten. Als Senatoren richtete sich ihr Zorn auch gegen die neue Methode, den 'Volkswillen' durchzusetzen. Sie griffen daher zu einem ebenso neuen Mittel, die Interessen der Oberschicht zu verteidigen: M. Octavius, ein von dem Ackergesetz betroffener Kollege des Ti. Gracchus, wurde gewonnen, durch sein Veto die Abstimmung über das Gesetz in der Volksversammlung zu verhindern. Damit war der Schritt zur Radikalisierung getan. Ti. Gracchus beantwortete die Auflösung der Volksversammlung mit einem Edikt, das allen Magistraten die Amtsführung untersagte, bis über das Ackergesetz abgestimmt sei. Weiter entfernte er aus dem Gesetzestext die Klausel über die Entschädigung der Großgrundbesitzer. Diese wiederum gaben durch Anlegen von Trauerkleidung zu erkennen, daß sie sich an Leib und Leben bedroht fühlten.

Da Ti. Gracchus seinen Kollegen Octavius nicht zur Rücknahme des Vetos bewegen konnte und der Versuch zweier um das Staatswohl besorgter Konsulare, im Senat einen Kompromiß zustande zu bringen, scheiterte, fiel der Volksversammlung die Rolle der Entscheidungsinstanz in dem Streit der beiden Tribunen zu. Ti. Gracchus sah die einzige Möglichkeit, das Ackergesetz durchzubringen, in der Amtsenthebung des die Abstimmung blockierenden Kollegen. Seinem diesbezüglichen Antrag gaben alle 35 Tribus ihre Zustimmung. Damit war der Weg frei für die *lex Sempronia agraria*. Sie wurde vom Volk angenommen und die Dreimänner-Kommission konstituiert. Ihr gehörten an: Ti. Gracchus selbst, sein Bruder Gaius und sein Schwiegervater Ap. Claudius Pulcher (cos. 143).

Die Freude des Volkes über den geglückten Zugriff auf das Staatsland wurde getrübt durch das aufkommende Bewußtsein, mit der Absetzung des Octavius gegen das Volkstribunat gefrevelt zu haben. Daran änderte auch die ausführliche Rechtfertigung des Absetzungsaktes durch Ti. Gracchus nichts. Seine juristisch beachtlichen Argumente (Plut. Ti. Gracch. 15) prallten gewissermaßen an dem sakro-

Krise und Reform des Staates

sankten Schutzschild der altehrwürdigen Institution ab. Der Senat aber sah nicht nur in der Absetzung des Octavius, sondern auch in der zeitweiligen Lahmlegung des Staatsapparates durch Ti. Gracchus eine verlorene Machtprobe. Zu dem Haß auf den Reformer trat der auf den politischen Taktiker. In dieser Situation avancierte P. Cornelius Scipio Nasica Serapio, Betroffener der Landreform und Verfechter des bedingungslosen Machtanspruchs des Senats, zum Wortführer der überwiegenden Mehrheit der Senatoren. Als *optimates* („die Besten") bildeten sie eine geschlossene Front.

Ti. Gracchus schritt auf dem von ihm eingeschlagenen Weg, die Volksversammlung als Hebel der Reform zu benutzen, konsequent weiter. Er ließ der Dreimänner-Kommission richterliche Befugnisse zur definitiven Entscheidung strittiger Besitzverhältnisse übertragen und verschaffte durch ein weiteres Plebiszit den Neusiedlern Startkapital, indem er der Staatskasse auferlegen ließ, den gerade an das römische Volk gefallenen Attalidenschatz (oben S. 80) hierfür zu verwenden. Die Agrargesetzgebung war damit unter Dach und Fach gebracht, ein Modell war geschaffen, das sich auch auf andere Bereiche der Politik übertragen ließ – als 'populare' Alternative zum Regierungssystem des Senats. Mit der Ankündigung, er werde die Entscheidungsgewalt über die Rechtsstellung der Griechenstädte des Pergamenischen Reiches für das Volk in Anspruch nehmen, tat Ti. Gracchus diesen folgenschweren Schritt; er wurde ihm zum Verhängnis.

Die Optimaten hatten gegen Ti. Gracchus die Trumpfkarte der Anklage wegen Verletzung der tribunizischen *sacrosanctitas* des M. Octavius in der Hand. Um einer möglichen Verurteilung durch die Zenturiatkomitien zu entgehen, betrieb Ti. Gracchus seine Wiederwahl zum Volkstribunen für das Jahr 132 – mit allen Mitteln. Selbst das Ansehen seiner Mutter machte er sich zunutze: Er ließ sich von ihr in die Volksversammlung begleiten (Cass. Dio 24, fragm. 83,8). Seine Agitation lief auf Machtschmälerung des Senats zugunsten der Volksversammlung hinaus. Dabei mußte er allerdings auf die Unterstützung durch seine Anhänger vom Lande verzichten, die nach der Stimmabgabe für das Ackergesetz Rom wegen der Erntezeit verlassen hatten. Dadurch erhielt die Leibwache, die er um sich geschart hatte, erhöhte Bedeutung.

Die Absicht des Ti. Gracchus, gegen das Herkommen ein weiteres Jahr Volkstribun zu bleiben, lieferte den Zündstoff für die von den Optimaten gewünschte Explosion. Streben nach dem Königtum warfen sie ihm vor, wofür die Entgegennahme eines Purpurmantels und eines Diadems aus dem Attalidenschatz als verfänglicher Beweis diente. Einer gewaltsamen Aktion gegen ihn war damit der Boden bereitet. Sie erfolgte bei der Abstimmung über die Wiederwahl. Schauplatz war die Gegend um das Kapitol, wo gleichzeitig der Senat (im Tempel der Fides) tagte. Scipio Nasica erklärte das Vorgehen gegen Ti. Gracchus zur Pflicht für alle, die den Fortbestand des Staates wünschten. Da der Konsul (Mucius Scaevola) Gewalt ablehnte, führte Scipio die seiner Parole folgenden Senatoren und deren Anhang gegen Ti. Gracchus. Der Tribun wurde erschlagen, 300 aus seinem Gefolge mit ihm.

Der Mord an Ti. Gracchus verbreitete Furcht und Schrecken in Rom, zumal Wunderzeichen auf große Gefahren hinwiesen. Die Sibyllinischen Bücher lenkten die Blicke nach Sizilien, wo schon 135 ein Ausbruch des Aetna Schlimmes verkündet hatte, das dann mit dem Anwachsen eines Sklavenaufstandes in Henna zu einem regelrechten Krieg auch eingetreten war. Jetzt bedrohte eine Hungersnot Rom, weil die Getreidelieferungen aus Sizilien nachließen. Opfer für Iupiter Aetnaeus und Ceres Hennensis, an Ort und Stelle auszuführen, sollten den Übeln wehren.

Der Sklavenkrieg auf Sizilien war die Folge der brutalen Behandlung, welche die massenhaft auf den Gütern der einheimischen und italischen Großgrundbesitzer beschäftigten Sklaven erfahren hatten. Sie entliefen ihren Herren und unterstellten sich einem wegen seiner Prophetengabe bekannten syrischen Sklaven namens Eunus, den sie in Henna zum König Antiochus erhoben. Nach furchtbarer Rache an ihren Peinigern bemächtigten sie sich, auf 10000 angewachsen, weiter Teile des Ostens der Insel, wobei sie aus dem Südwesten (Agrigentum) Zuzug von 5000 Leidensgenossen erhielten. Gleichzeitig nutzten die Armen aus den Städten die Chance, ihrem Haß auf die Reichen Ausdruck zu verleihen: Sie plünderten und brandschatzten die von den Sklaven verschonten Landhäuser. Sizilien glich einem Hexenkessel.

Von 134 bis 132 entsandte der Senat jeweils einen Konsul zur Bekämpfung der Sklaven nach Sizilien. 70000 betrug inzwischen die Zahl der Anhänger des Eunus, die sich gegen die römischen Heere zu behaupten wußten, bis 132 der Konsul P. Rupilius sie zunächst in Tauromenium, dann in Henna einschloß und aushungerte. Eunus wurde auf der Flucht gefangengenommen – todkrank; er starb kurz darauf. Sein Kampf gegen die Unterdrückung durch ein unmenschliches Wirtschaftssystem und dessen politische Stützung durch Rom blieb ohne Wirkung. Rupilius reorganisierte mit einer Zehnmänner-Kommission des Senats die alten Verhältnisse und fixierte die römische Herrschaft

Krise und Reform des Staates

über Sizilien durch ein Provinzialstatut (*lex Rupilia*). Die von Sizilien nach Italien (Minturnae, Sinuessa) übergesprungenen „Funken" (Oros. 5, 9, 4) der Sklavenerhebung waren schon 133 von Soldaten eines Sonderkommandos ausgetreten worden.

Nach der Beendigung des sizilischen Sklavenkrieges konnte der Senat sein volles Augenmerk auf das 133 Rom zugefallene Pergamenische Reich richten. Von 131 bis 129 ging Jahr für Jahr ein Konsul nach Kleinasien, um das Erbe gegen Aristonicus, den Halbbruder des Erblassers, Attalus' III., zu verteidigen. Aristonicus hatte den Königstitel angenommen und nannte sich Eumenes (III.). Seine Machtbasis lag in der Umgebung von Thyatira (Lydien), seine Streitmacht bestand in der Hauptsache aus Armen und Sklaven. Letztere waren ihm auf sein Freiheitsversprechen hin zugeströmt, da auch in Kleinasien die Massensklaverei zu der gleichen Menschenschinderei geführt hatte wie in Sizilien.

Aristonicus hatte zunächst Erfolge gegen die Römer zu verzeichnen; sie gipfelten 130 in der Gefangennahme und Tötung des P. Licinius Crassus Mucianus (cos. 131). Dann aber gelang es dem Konsul des Jahres 130, M. Perperna, das Aufgebot des Aristonicus zu besiegen und ihn selbst in Stratonicea am Caicus gefangenzunehmen. Nach Rom geschafft, um im Triumphzug vorgeführt zu werden, wurde Aristonicus im Staatsgefängnis erdrosselt, da Perperna vor seinem Triumph starb. Sein Nachfolger, M'. Aquilius (cos. 129), gab, zusammen mit einer Zehnmänner-Kommission des Senats, in langwieriger Kleinarbeit (bis 126) dem Westteil des Pergamenischen Reiches unter dem Namen „Asia" den Status einer römischen Provinz (*lex Aquilia*). Den Ostteil (Lykaonien und Großphrygien) erhielten die Könige von Kappadokien und Pontus, wobei die Entscheidung für Pontus (statt Bithynia) von Aquilius erkauft wurde (vgl. unten S. 96).

In Rom hatte sich nach der Ermordung des Ti. Gracchus die eigenartige Situation ergeben, daß dessen Anhänger durch einen vom Senat eingesetzten außerordentlichen Gerichtshof abgeurteilt wurden, sein Ackergesetz aber in Geltung blieb und die Landzuweisungen an Neusiedler weitergingen. Es konnte so scheinen, als ob die Katastrophe des Reformers der Durchführung seiner Reformen den Weg bereitet, seinen Zielen allgemeine Zustimmung verschafft hätte, zumal Bestrebungen „zur Vermehrung der Nachkommenschaft" (Rede des Zensors Q. Metellus Macedonicus 131, Suet. Aug. 89, 2) in die gleiche Richtung wiesen. Doch schon 129 erfolgte der Umschlag: Der Senat nahm Beschwerden der Bundesgenossen über die Beeinträchtigung ihrer Teilhabe am *ager publicus* durch die Ackerkommission zum

Anlaß, dieser die Ausübung der richterlichen Befugnis in solchen Fällen zu untersagen; statt ihrer sollte einer der Konsuln dieses Jahres sie übernehmen. Scipio Aemilianus hatte die Sache der Bundesgenossen im Senat vertreten und war so zum Urheber der Blockade des Reformwerkes seines Schwagers geworden. Als Scipio kurz danach starb, verbreitete sich das Gerücht, er sei ermordet worden – von Freunden und Verwandten des Ti. Gracchus.

Der Tod Scipios verstärkte die Gärung unter den Bundesgenossen, die ihr Verhältnis zu Rom immer mehr von ihrer politischen Zurücksetzung her beurteilten. Das veranlaßte M. Fulvius Flaccus, der 130 Mitglied der gracchanischen Ackerkommission geworden war, in seinem Konsulatsjahr 125 den Senat mit einem Gesetzesvorschlag zu befassen, der den Bundesgenossen ermöglichen sollte, wahlweise das römische Bürgerrecht oder das Provokationsrecht zu erwerben. Der Senat begegnete dieser Initiative, welche die gerade ermittelte hohe Zahl der römischen Bürger (394000 gegenüber 318000 im Jahre 131) noch beträchtlich vermehrt hätte, mit Unwillen, so daß der Antrag nicht vor das Volk kam. Den Bundesgenossen aber wurde durch die Zerstörung der abgefallenen Latinerkolonie Fregellae bedeutet, daß die naheliegende Reaktion der Loslösung von Rom ihnen Verderben bringe.

Die Unruhe, welche Ti. Gracchus in die römische Politik hineingetragen hatte, erreichte mit der Wahl seines Bruders Gaius zum Volkstribunen für 123 ihren Höhepunkt. Große populare Aktionen wurden von ihm erwartet, Veränderungen von einschneidender Bedeutung. C. Gracchus war in noch stärkerem Maße als sein Bruder davon überzeugt, daß die Macht des Senats gebrochen werden müsse, um dem Staat das verlorene Gleichgewicht wiederzugeben. Eine Möglichkeit dazu sah er in der Beteiligung des Ritterstandes an der Staatsverwaltung, und zwar auf einem Sektor, auf dem der Senat versagt hatte: dem Gerichtswesen. Gerade erst (124) war im Repetundenprozeß gegen M'. Aquilius wieder ein skandalöser Freispruch erfolgt. Durch die *lex Sempronia iudiciaria* ließ C. Gracchus die Gerichte den Rittern als Geschworenen übertragen. Das traf in erster Linie den Repetundengerichtshof, in dem künftig Ritter über das Fehlverhalten von Senatoren in den Provinzen zu befinden hatten. Für die neue Phase seiner Tätigkeit erhielt dieses Gericht eine veränderte Verfahrensordnung (*lex Acilia repetundarum*); sie gab mit der Verdoppelung der zurückzuerstattenden Summe dem Urteil Strafcharakter.

Eine weitere Gelegenheit, den Ritterstand mit Staatsgeschäften zu betrauen, ergab sich für C. Gracchus aus der Steuerordnung der Provinz Asia, die durch die Machenschaften des M'. Aquilius belastet war. Die *lex Sempronia de provincia Asia* änderte die Erhebung der Steuern dergestalt, daß diese von den Zensoren in Rom für jeweils 5 Jahre an *societates publicanorum* (oben S. 88) verpachtet wurden. Durch dieses System erhielt die Staatskasse die Steuergelder der reichsten Provinz Jahr für Jahr in einer Pauschalsumme, den *publicani* aber eröffnete sich nicht nur ein neues, weites Feld für ihr Gewinnstreben, ihnen wurden mit den Steuern auch die „Nerven des Staates" (Cic. de imp. Cn. Pomp. 17) anvertraut.

Richteramt und Steuerpacht erhoben den Ritterstand zur staatstragenden Schicht neben dem Senatorenstand. Ihren Ausdruck fand dieses Avancement u. a. darin, daß den Rittern jetzt in Anerkennung ihrer neuen „Würde" (Cic. pro Rab. perd. 20) besondere Sitzreihen im Theater eingeräumt wurden nach dem Vorbild des seit 194 bestehenden senatorischen Ehrenrechts. „Zweiköpfig" war der römische Staat fortan (Flor. 2, 5, 3).

In dem von C. Gracchus verfolgten Konzept der Kräfteverlagerung im Staate spielte neben dem *ordo equester* die *plebs urbana* eine besondere Rolle. Um sie für die neue Richtung der Politik zu gewinnen, setzte der Reformer den Hebel bei ihren Lebensbedinungen an. Die *lex Sempronia frumentaria* garantierte jedem in Rom lebenden Plebejer den monatlichen Empfang einer bestimmten Menge verbilligten Getreides (zu 6 1/3 Assen je *modius*). Der Bau von Speichern (*horrea Sempronia*) am Emporium (beim Monte Testaccio) und die Anlage von Straßen in ganz Italien verschafften vielen unverhoffte Verdienstmöglichkeiten. Die Plebs erfuhr so in elementarer Weise die Fürsorge des Staates und gewann dadurch ein Kriterium zur politischen Selbsteinschätzung. Ihr Dank an C. Gracchus bestand in dessen Wiederwahl für ein zweites Amtsjahr.

Das Jahr 122 brachte in Ergänzung der wiederaufgenommenen Agrarpolitik des Ti. Gracchus die Wiederbelebung der seit mehr als einem halben Jahrhundert ruhenden Kolonisationstätigkeit. Dabei stellte C. Gracchus neben zwei süditalische Projekte (Scolacium, Tarentum) ein neuartiges überseeisches: die Colonia Iunonia in Africa auf dem Boden Karthagos. Die Ausführung dieser Koloniegründung aber machte böses Blut sowohl wegen der Wahl des Ortes – die Stätte Karthagos war verflucht worden – als auch wegen der Beteiligung von Italikern an der großzügig bemessenen Landzuteilung (200 *iugera* = 50 ha für 6000 Siedler). Der Senat bediente sich der Stimmung gegen die Colonia Iunonia, um C. Gracchus, der sich mehr als zwei Monate in Africa aufhielt, das 'populare' Wasser ganz abzugraben: Der opti-

98   Krise und Reform des Staates

matisch gesinnte Volkstribun M. Livius Drusus übertrumpfte im Auf-
trag des Senats den Reformer mit Vorschlägen aus dessen Metier.
Zwölf Kolonien wollte er in Italien gründen, den gracchanischen
Siedlern die Pachtzahlung erlassen, die Latiner in den Schutz des
Provokationsrechts einbeziehen.

C. Gracchus sah sich zum Gegenangriff genötigt, und zwar hauptsächlich wegen der von Livius Drusus angerührten Bundesgenossen-
frage. Mit einer *lex Sempronia de sociis et nomine Latino* hoffte er, das
Gesetz des Handelns zurückzuerlangen. Sie sollte den Latinern das
volle römische Bürgerrecht verleihen und den übrigen Bundesgenossen erlauben, an den Abstimmungen in Rom teilzunehmen. Der
Konsul C. Fannius aber brachte durch eine große Rede das Volk gegen
die Ausdehnung des Bürger- und Stimmrechts auf, so daß C. Gracchus
damit nicht durchdrang. Der Ablehnung seines Gesetzes folgte die
seiner Person: Für ein drittes Tribunatsjahr wurde er nicht wiederge-
wählt – C. Gracchus war als Politiker gescheitert!

Um nicht tatenlos zuzusehen, wie 121 der Konsul L. Opimius daranging, das Reformwerk der Jahre 123/122 zu demontieren, griff
C. Gracchus zur Gewalt. Er besetzte mit einer großen Zahl bewaff-
neter Anhänger den Aventin und veranlaßte dadurch den Konsul,
gleichfalls Gewalt anzuwenden. Dieser nun ließ sein Vorgehen gegen
C. Gracchus durch einen Senatsbeschluß besonderer Art sanktio-
nieren: Das *Senatus consultum ultimum* erlaubte ihm ausdrücklich,
alles zu tun, „daß der Staat keinen Schaden nehme" (*ne quid res publica detrimenti capiat*). Mit dieser Rückendeckung setzte L. Opimius
eine reguläre Kampftruppe kretischer Bogenschützen gegen die Gracchaner ein, von denen 250, darunter der Konsular M. Fulvius Flaccus,
getötet wurden. C. Gracchus selbst ließ sich von einem seiner Sklaven,
der bis zuletzt bei ihm blieb, den Tod geben. 3000 seiner Anhänger
fielen der anschließenden ‘Säuberungsaktion’ zum Opfer. L. Opimius
propagierte den ‘Sieg’ der Nobilität als Wiederherstellung der Eintracht; der Tempel der Concordia auf dem Forum sollte die Erinnerung daran wachhalten. Das Volk aber wertete das blutige Geschehen
anders, nämlich als Werk „wahnsinniger Zwietracht", wie Unbe-
kannte nachts an den Tempel schrieben (Plut. C. Gracch. 17,9).

Die niederschmetternden Ereignisse um das Auftreten der beiden
Gracchen veranlaßten den Konsul des Jahres 133, L. Calpurnius Piso,
der schon als Volkstribun 149 durch das Repetundengesetz seinen
scharfen Blick für die Schäden der Gegenwart bewiesen hatte (oben
S. 82), in einem Geschichtswerk, das am Anfang der lateinischen
Annalen-Literatur steht, die Vergangenheit als Vorbild für die Gegen-

Krise und Reform des Staates

wart zu propagieren. Eine Reaktion auf die ereignisreiche Gracchenzeit war auch der Entschluß des Sempronius Asellio, sein Geschichtswerk (*historiae*) auf die selbsterlebte Zeit zu beschränken. Zu der literarischen Hinterlassenschaft dieser Zeit zählen auch die aufschlußreichen Brieffragmente Cornelias an ihren Sohn Gaius. Die „Mutter der Gracchen" (Corp. Inscr. Lat. VI 31610) erhielt übrigens nach ihrem Tode vom Volk als außergewöhnliche Ehrung die Aufstellung ihrer Statue in der Porticus Metelli beim Circus Flaminius zugestanden.

War der Sieg des L. Opimius über die Gracchaner von zweifelhaftem Charakter, so konnte sein Kollege Q. Fabius Maximus mit einem wirklichen Sieg aufwarten, errungen über die Allobroger in Gallien. Auf dem Forum an der Via sacra präsentierte er dem Volk von Rom seine Erfolge durch einen Triumphbogen, den *fornix Fabianus*. In den auf sein Konsulat folgenden Jahren vollendete Q. Fabius Maximus (Allobrogicus) zusammen mit Cn. Domitius Ahenobarbus (cos. 122), dem Sieger über die Arverner, die Unterwerfung Südgalliens. 118 wurde Narbo Martius als römische Kolonie gegründet und zur Hauptstadt der neuen Provinz (Gallia Narbonensis) ausersehen. Die um diese Zeit gebaute Via Domitia (Corp. Inscr. Lat. XVII 294) stellte die Verbindung nach Spanien her. Von Rom aus konnte man an der tyrrhenischen Küste entlang über die Via Aurelia, die 109 durch die Via Aemilia Scauri von Pisae bis Vada Sabatia (an der ligurischen Küste westl. von Genua) verlängert wurde, in die Nähe der transalpinen Provinz gelangen.

Der neue Besitz Roms im Nordwesten geriet in große Gefahr, als die Kimbern mit anderen germanischen und keltischen Stämmen auf der Suche nach Land von Osten kommend in Südgallien eindrangen. 113 hatten sie durch einen Sieg über ein konsularisches Heer in Noricum (im heutigen Österreich) eine Angstpsychose in Rom hervorgerufen: Man glaubte, sie würden nach Italien einfallen und suchte dies auf Geheiß der Sibyllinischen Bücher durch das altbewährte Menschenopfer auf dem Forum Boarium (vgl. oben S. 60. 62) zu verhindern. Jetzt, im Jahre 109, trat den Kimbern an der Rhone erneut ein konsularisches Heer entgegen – und wurde geschlagen. Es kam aber noch schlimmer: 105 vernichteten die Kimbern bei Arausio (Orange) die Heere des Konsuls Cn. Mallius Maximus und des Prokonsuls Q. Servilius Caepio. Man sprach von 80000 gefallenen Soldaten der Römer; der 6. Oktober, an dem die Schlacht stattfand, wurde den großen Unglückstagen der römischen Geschichte (Allia, Cannae, vgl. oben S. 33. 62) zugezählt.

100   Krise und Reform des Staates

Die Katastrophe von Arausio hatte die sofortige Folge, daß Q. Servilius Caepio, der durch grenzenlose Leichtfertigkeit die Niederlage verschuldet hatte, vom Volk seines Amtes enthoben wurde. Später (103) wurden beide Heerführer für den Verlust ihrer Heere vor dem Volksgericht zur Rechenschaft gezogen und ins Exil getrieben. Servilius Caepio mußte sich zusätzlich wegen des Verbleibs der von ihm im Jahr 106 erbeuteten Schätze von Tolosa (Oros. 5,15,25: 100000 Pfund Gold und 110000 Pfund Silber = zusammen 68,8 t) verantworten; sie waren auf dem Transport nach Massilia zum größten Teil „verlorengegangen". Das tolosanische Gold (*aurum Tolosanum*) erhielt durch die Verbindung mit Arausio und der Verurteilung des Servilius die sprichwörtliche Bedeutung „unglückbringend" (Gell. 3,9,7).

Das militärische und moralische Versagen des Servilius Caepio bildete den Höhepunkt einer Phase der römischen Politik, in der sich die Nobilität insgesamt schwer kompromittierte und dadurch die populären Gegenkräfte auf den Plan rief. Es war der Krieg gegen Jugurtha von Numidien (111–105), der die Habgier (*avaritia*), Untauglichkeit (*imperitia*) und Überheblichkeit (*superbia*) führender Mitglieder der Nobilität zutage brachte (Sall. Iug. 85,45). Jugurtha war von Micipsa, dem Sohne Massinissas (vgl. oben S.67.79), adoptiert worden und hatte zusammen mit den leiblichen Söhnen Micipsas dessen Reich geerbt. Der Mord an seinen Brüdern und an römischen Bürgern führte zum Krieg mit Rom, den Jugurtha mit Hilfe von Bestechungen („O du käufliche Stadt ...", Sall. Iug. 35,10) zunächst günstig für sich gestalten konnte. Dann aber stellte Q. Caecilius Metellus (Numidicus) das militärische Ansehen Roms wieder her (109–107), und C. Marius warf Jugurtha endgültig nieder (107–105). Von seinem Schwiegervater Bocchus, zu dem er nach Mauretanien geflohen war, ausgeliefert, wurde der Numiderkönig im Triumphzug des Marius am 1. Januar 104 der Bevölkerung Roms vorgeführt und anschließend im Staatsgefängnis zu Tode gebracht. Nur der Osten Numidiens verblieb im Besitz der Nachkommen Massinissas, den Westen erhielt Bocchus von Mauretanien als neuer „Bundesgenosse des römischen Volkes" (Plut. Mar. 32,4).

Der Erfolg gegen Jugurtha bescherte dem *homo novus* Marius das zweite Konsulat (104). Er galt als der einzige, der mit der Lage in Gallien nach der furchtbaren Niederlage gegen die Kimbern fertig werden könnte. Neue Legionen mußten aufgestellt werden, und Marius wußte, wie das auf effektive Weise zu bewerkstelligen war. Er hatte schon 107 (Sall. Iug. 86,2) sein Heer in der Hauptsache aus Freiwilligen zusammengestellt, die nicht nach dem Vermögen in die Klassen

Krise und Reform des Staates 101

eingestuft waren, sondern nach Köpfen gezählt wurden (*capite censi*). Sie hießen *proletarii*, weil sie nur Nachkommenschaft (*proles*) ihr eigen nannten, und sie waren in der letzten der 193 Zenturien zusammengepfercht. Bisher nur in äußerster Not zum Wehrdienst herangezogen (oben S. 63), avancierten sie jetzt zu Rekruten einer jeden Heeresbildung.

Die Einbeziehung Mittelloser in das Rekrutierungssystem hatte gewichtige Folgen für die Struktur des römischen Heeres: Es formte sich ein Berufsbild des Soldaten, in dem der Besitzerwerb durch Sold, Beute und Landanweisung einen festen Stellenwert erhielt. Dabei brachte die Erwartung, mit Land versorgt zu werden, wie die Veteranen des Jugurthinischen Krieges (Auct. de vir. ill. 73, 1), eine neue Note in die Beziehung der Soldaten zu ihrem Feldherrn. Er galt ihnen als Garant ihrer Versorgung, d. h., sie fühlten sich ihm persönlich verbunden.

Marius wurde auch für das Jahr 103 zum Konsul gewählt, da die Kimberngefahr (die wandernden Stämme suchten in Gallien und Spanien Siedlungsland) nach wie vor bestand. Dadurch erhielt er die Möglichkeit, das Heer in Gallien durchgreifend zu reformieren, d. h. die Konsequenz aus der neuen Rekrutierung zu ziehen. Er schaffte die unterschiedliche Bewaffnung der drei Treffen (*hastati, principes, triarii*) ebenso ab wie das Kriterium des unterschiedlichen Alters für die Einordnung in sie. Es gab fortan nur gleichmäßig bewaffnete Legionäre. Als neue taktische Einheit trat die Kohorte (zu 3 Manipeln = 6 Zenturien) hervor. Die Legion zählte 10 Kohorten (= 6000 Mann), sie erhielt einen silbernen Adler als Feldzeichen (Plin. nat. hist. 10, 16). Mit ungeheurer Energie drillte Marius seine Truppen (u. a. durch Anlage eines Kanals an der Rhonemündung: *fossa Mariana*), um dem erwarteten Ansturm der Kimbern gewachsen zu sein.

Die Offensive der Feinde Roms erfolgte in den Jahren 102/101, und zwar nicht nur in Südgallien, sondern auch in Norditalien: Die Teutonen und Ambronen, germanische Stämme wie die Kimbern, versuchten, durch Ligurien nach Italien zu gelangen, die Kimbern zogen nach Noricum, um über die Alpen das gleiche Ziel zu erreichen. Marius, in Anbetracht der Gefahr zum vierten und fünften Mal mit dem Konsulat betraut, schlug 102 die Teutonen und Ambronen bei Aquae Sextiae (Aix-en-Provence) vernichtend und eilte dann dem siegreichen Heer voraus in das bedrohte Gebiet am Padus (Po), wo der Prokonsul Q. Lutatius Catulus den Kimbern nicht standzuhalten vermochte. Nach Ankunft des Heeres aus Gallien trat Marius 101 mit der gesamten Truppenmacht den Kimbern bei Vercellae (viell. in der

102 Krise und Reform des Staates

Nähe von Ferrara) entgegen und siegte im Verein mit Catulus entscheidend. Catulus hatte der Glücksgöttin dieses Tages (30. 7.: Plut. Mar.
26,3) einen Tempel gelobt und ließ ihn nun auf dem Marsfeld errichten: *Aedes Fortunae huiusce diei*. In den Schlachten von Aquae
Sextiae und Vercellae sollen 340 000 Feinde getötet und 140 000 gefangengenommen worden sein (Oros. 5, 16, 21). Rom konnte aufatmen;
die größte Gefahr seit Hannibals Alpenübergang war beseitigt. Marius wurde als der dritte Gründer Roms (nach Romulus und Camillus,
vgl. oben S. 1. 34) gefeiert.

Das Jahr 101 befreite Rom noch von einer anderen Gefahr. Sie
drohte von Sizilien her, das seit 104 erneut Schauplatz eines großen
Sklavenaufstands war. Ein Senatsbeschluß über die Befreiung widerrechtlich versklavter Bundesgenossen hatte ihn ausgelöst: 800
Sklaven waren vom römischen Statthalter in Freiheit gesetzt, dann
aber die Freilassungen wegen des einsetzenden Massenandrangs der
Sklaven und der Proteste der Sklavenhalter unterbrochen worden.
Die sizilischen Sklaven unterstellten sich wiederum einem der ihren
(Salvius), der sich als König Tryphon nannte und in Triocala (bei Agrigentum) eine Festung erbaute, die 103 einem römischen Angriff stand-
hielt. Weite Teile Siziliens gerieten unter die Kontrolle der Sklaven,
denen sich auch die arme Landbevölkerung in beträchtlichem Umfang anschloß. Es zeichneten sich die Umrisse eines Sklavenstaates
Sizilien mit einer Umkehrung der Besitzverhältnisse ab. Nachdem römische Heere mehrere Jahre lang den Sklaven nicht beizukommen
vermochten, gelang dem Konsul des Jahres 101, M'. Aquilius, auf
spektakuläre Weise ihre Überwindung: Er besiegte Athenio, der nach
dem Tode Tryphons an dessen Stelle getreten war, im Zweikampf, das
Sklavenheer in der Schlacht. Sizilien erhielt durch ihn seine alte
Besitzordnung, die Sklaverei ihren festen Platz darin zurück.

Mit dem Sklavenkrieg auf Sizilien stand ein Sklavenaufstand im
Bergbaugebiet von Laurion (Attica) in einem gewissen Zusammenhang, und mit diesem hinwieder eine verstärkte Aktivität kilikischer
Seeräuber im östlichen Mittelmeer. Während gegen die Sklaven von
Laurion Athen einschritt, ergriff gegen das Seeräuberunwesen Rom
selbst die Initiative. Der Prätor M. Antonius führte 102 einen mari-
timen Schlag gegen die Piratennester in Cilicia. 101 gab er der Küsten-
landschaft den Status einer römischen Provinz.

Im Jahre 100 war Marius zum sechsten Mal Konsul. Nach den groß-
artigen Erfolgen auf dem Schlachtfeld begab er sich nun in die Arena
der Politik. Bei seiner vordringlichen Aufgabe, der Versorgung seiner
Veteranen, wurde er von dem Volkstribunen L. Appuleius Saturninus

Krise und Reform des Staates
103

unterstützt, der eine *lex agraria* und eine *lex de coloniis deducendis* vor das Volk brachte. Das eine der beiden miteinander verbundenen Gesetze sah Landanweisungen in dem den Kimbern entrissenen Gebiet am Padus (Po), das andere Koloniegründungen in den Provinzen Sicilia, Achaea und Macedonia vor. Die Widerstände, welche sich gegen diese *lex satura* erhoben, brach Saturninus teils durch Einsatz organisierter Banden bei der Abstimmung, teils durch Nötigung der Senatoren, binnen fünf Tagen einen Eid auf das Gesetz zu leisten oder ins Exil zu gehen. Marius war über das Vorgehen seines Helfers betroffen, über die Gültigkeit des Gesetzes im Zweifel. Bald schon wurde ihm völlig klar, daß Saturninus ihm und dem Staat Schaden bringe. Der Volkstribun, der schon 103 dieses Amt bekleidet hatte, brachte es zuwege, für 99 zum dritten Mal gewählt zu werden. Um Rückendeckung für seine Politik zu haben, setzte er sich bei den Konsulwahlen für seinen „Spießgesellen" (Flor. 2, 4, 4) C. Servilius Glaucia ein, obwohl dieser gerade (100) Prätor war. Ein Mitbewerber wurde im Straßenkampf getötet. Die öffentliche Ordnung war ernsthaft gefährdet.

Der Senat hielt es für nötig, die Konsuln, Prätoren und Volkstribunen mit der Sondervollmacht zum Schutz des Staates (*SC ultimum*) zu betrauen. Dadurch kam es zu der grotesken Situation, daß Marius gegen den Mann, der sich um seine Veteranen verdient gemacht hatte, vorgehen mußte. Saturninus und Glaucia, die sich mit ihrem Anhang auf dem Kapitol verschanzten, wurden zur Ergebung gezwungen. Marius suchte ihr Leben zu retten, aber die radikale Gefolgschaft der Optimaten, die sich ihm nach dem *SC ultimum* zur Verfügung gestellt hatte, brachte sie um. Ihr Tod belastete die Reputation des Marius aufs schwerste und führte zum Ende des popularen Aufschwungs, der mit dem ersten Konsulat des Marius (107) begonnen hatte.

Die Leidtragenden der politischen Niederlage des Marius waren dessen Veteranen. Denn die Gesetze des Saturninus über ihre Ansiedlung kamen nicht zur Ausführung (Cic. pro Balb. 48), wie ja auch die Agrargesetze der Gracchen nach dem Tode des Gaius ihre Wirksamkeit verloren hatten (App. bell. civ. 1, 27). Man konnte jetzt geradezu von einem Heer der Unzufriedenen sprechen. Andererseits wuchs die Animosität der Optimaten gegen populare Reformgesetze. Ihr entsprang z. B. die *lex Caecilia Didia* der Konsuln des Jahres 98, Q. Caecilius Metellus Nepos und T. Didius, in der die 'Durchbringung' eines Gesetzes an die Promulgationsfrist des *trinundinum* (2 Wochen = 17 Tage) geknüpft und die Verbindung materiell verschiedener Anträge zu einer *lex satura* verboten wurde.

Der Senat konnte sich vor allem nicht mit dem Verlust der Richterstellen an die Ritter durch die *lex Sempronia iudiciaria* (oben S. 96) ab-
finden. Im Jahre 106 erreichte er durch die *lex Servilia* des Konsuls
Q. Servilius Caepio die erneute Betrauung der Senatoren mit dem
Richteramt. Aber schon wenige Jahre später (wahrscheinlich 104)
stellte die *lex Servilia repetundarum* des Volkstribunen C. Servilius
Glaucia für diesen wichtigsten Gerichtshof den gracchanischen Zustand wieder her, und 103 schuf die *lex de maiestate* des Volkstribunen
L. Appuleius Saturninus einen neuen mit Rittern zu besetzenden politischen Gerichtshof. Daß die Macht des Ritterstandes über die Gerichte den Senatorenstand existentiell bedrohte, zeigte der Repetundenprozeß gegen P. Rutilius Rufus (cos. 105) im Jahre 92. Rutilius
Rufus hatte 94 als Legat des Prokonsuls von Asia, Q. Mucius Scaevola,
die Provinzialen gegen die Machenschaften der *publicani* in Schutz
genommen und fiel nun der Rache ihrer Standesgenossen anheim.

Ließ die spektakuläre Verurteilung des P. Rutilius Rufus den Streit
um die Gerichte wieder entbrennen, so brachte die *lex Licinia Mucia*
der Konsuln des Jahres 95, L. Licinius Crassus und Q. Mucius Scaevola, das Bundesgenossenproblem zu neuer Glut. Das Gesetz suchte
die zunehmende Usurpation des römischen Bürgerrechts durch die
Bundesgenossen einzudämmen. Es ließ erkennen, daß der Senat
nicht daran dachte, in der Bürgerrechtsfrage ein Entgegenkommen zu
zeigen und stieß damit die Bundesgenossen in gefährlicher Weise vor
den Kopf.

Es war gegen Ende der 90er Jahre unschwer zu erkennen, daß die
zuerst von den Gracchen angerührten Probleme inzwischen Dimen-
sionen erreicht hatten, die das Staatsgebäude sozusagen jeden Mo-
ment sprengen konnten. Sie hatten sich zudem so stark miteinander
verzahnt, daß sie sich nur zusammen angehen ließen. Zu einer solchen
höchst notwendigen Aktion fühlte sich im Jahre 91 der Volkstribun
M. Livius Drusus berufen. Er war der Sohn jenes Livius Drusus, der
122 gegen C. Gracchus opponiert hatte (oben S. 98), er gehörte wie
sein Vater zu den Optimaten. Seine Reformabsichten aber führten ihn
ganz auf die populare Linie der Gracchen, die auch für L. Appuleius
Saturninus Richtschnur gewesen war. Livius Drusus glaubte, durch
seine Person und sein Programm die Kluft zwischen den beiden politischen Richtungen überbrücken zu können. Den Problemen der Plebs
galten Gesetze, welche die Landzuweisungen und Koloniegründungen wieder in Gang setzten sowie die monatliche Getreideration
verbilligten. Den Streit der Senatoren und Ritter um die Gerichte
suchte Livius Drusus durch den Kompromiß beizulegen, daß 300

Ritter in den Senat aufgenommen und die Richter aus dem dann 600 Mitglieder zählenden Senat ausgewählt würden. Die Italiker aber, die schon Aufstandspläne schmiedeten, sollten durch die Zuerkennung des römischen Bürgerrechts in der bisherigen Gemeinschaft festgehalten werden.

Nachdem die ersten Reformgesetze breite Zustimmung gefunden hatten, entfachte die Agitation für das Bürgerrecht der Bundesgenossen die politischen Leidenschaften, zumal die Verbindungen des Drusus zu den Italikern offenbar wurden. Dadurch gerieten auch die bereits beschlossenen Gesetze ins Zwielicht, so daß der Konsul L. Marcius Philippus mit ihrer Anfechtung Erfolg hatte: Der Senat erklärte sie wegen Verletzung der *lex Caecilia Didia* (oben S. 103) für ungültig (Cic. de dom. 41). Wenig später versetzte ein geheimnisvoller Mordanschlag Livius Drusus und seiner Reform den Todesstoß.

Für die Bundesgenossen bedeutete der Tod des Livius Drusus das Schwinden jeglicher Hoffnung, daß Rom sich zu einer Änderung seiner Einstellung ihnen gegenüber bereitfinden könnte. Darüber hinaus zeigte ihnen das Anlaufen repressiver Maßnahmen gegen ihre „Verschwörungen" (*coniurationes*, Liv. per. 71), daß Gefahr im Verzuge war. In Asculum schritt man beim Eingreifen des in Picenum amtierenden Prätors zum Mord an diesem, seinem Legaten und allen römischen Bürgern in der Stadt. Die Tat führte zur Solidarisierung der benachbarten Völkerschaften. In Rom aber vertauschten die Bürger das Friedensgewand (*toga*) mit der Kriegsbekleidung (*sagum*); der Senat verkündete die Bedrohung der Stadt durch die Italiker (*tumultus Italicus*).

Der nun beginnende Aufstand der Italiker wurde getragen von den Stammbünden der Marser und Samniten mit ihren insgesamt 12 Stämmen. Sie boten 100 000 Mann auf und stellten zwei Heere ins Feld, an deren Spitze der Marser Q. Poppaedius Silo und der Samnite C. Papius Mutilus traten. Als Hauptangriffsstellen wählten sie das Gebiet um den Fuciner See mit der Kolonie Alba und das südliche Kampanien um Nola. Sie traten an, um die *res publica Romana* durch einen Staat der Italiker zu ersetzen. Dementsprechend gaben sie ihrer Hauptstadt den Namen Italia (Corfinium im Gebiet der Paeligner) und setzten dem römischen Senat einen italischen von 500 Mitgliedern entgegen. Ihre Münzen zeigten den Kopf der Italia mit vorwiegend oskischer Beischrift (Viteliu), wobei auch diese den Gegensatz betonte.

Das *bellum Italicum* (bzw. *sociale*) zwang Rom zur Ausschöpfung aller Möglichkeiten, eine Streitmacht aufzustellen, die es mit den erfahrenen Truppen der Marser und Samniten – sie hatten ihre Schulung an der Seite römischer Legionen erhalten – aufnehmen konnte. Neben den Bürgern mußten die treu gebliebenen Bundesgenossen beträchtliche Kontingente stellen. Vor allem die Cisalpina erwies sich als ergiebiges Rekrutierungsgebiet (Plut. Sert. 4,1). Den Konsuln wurden bewährte Heerführer beigegeben, unter ihnen auch Marius, der eine Legion gegen die Marser führte.

Das Jahr 90 brachte den Römern zunächst an beiden Fronten Niederlagen; einer der Konsuln fiel (beim Entsatz von Alba Fucens). Erst im Laufe der Kämpfe stellte sich die römische Überlegenheit heraus. Als neuer Kriegsschauplatz kam Picenum hinzu, wo sich die Kampfhandlungen nach Erfolgen der Römer auf die Belagerung von Asculum konzentrierten. Auch im Jahre 89 starb wieder einer der beiden Konsuln im Felde. Dem anderen, Cn. Pompeius Strabo, gelang es nach einer großen Schlacht, bei der 75000 Römer gegen 60000 Italiker kämpften (Vell. 2,21,1), Asculum einzunehmen und für die Ermordung der römischen Bürger im Jahre 91 zu bestrafen. Die Marser und die mit ihnen verbundenen Stämme unterwarfen sich. Gegen die Samniten hatte vor allem der Legat L. Cornelius Sulla Erfolge zu verzeichnen. Ihr Widerstand wurde mehr und mehr gebrochen; nur Nola hielt sich unentwegt.

Ausbruch und Verlauf des Bundesgenossenkrieges veranlaßten die Nobilität zu einer Änderung ihrer starren Haltung in der Frage des Bürgerrechts. Dabei spielte auch eine Rolle, daß die *lex Varia de maiestate* des Volkstribunen Q. Varius Hybrida (90) ihr die Schuld am Aufstand der Italiker anlastete und den Rittern eine neue Möglichkeit, über Senatoren zu Gericht zu sitzen, eröffnete, die sie weidlich nutzten. Gegen Ende des Jahres 90 bot ein Gesetz des Konsuls L. Iulius Caesar Strabo (*lex Iulia*) den latinischen und bundesgenössischen Gemeinwesen Italiens, „welche die Waffen entweder gar nicht ergriffen oder rechtzeitig niedergelegt hätten" (Vell. 2,16,4), das römische Bürgerrecht an. Weiter ermächtigte es die römischen Feldherren, Bürgerrechtsverleihungen an nichtrömische Truppenteile „wegen Tapferkeit" (Corp. Inscr. Lat. I² 709) vorzunehmen. Im Jahr 89 ergänzte dann die *lex Plautia Papiria* der Volkstribunen M. Plautius Silvanus und C. Papirius Carbo den Modus für die Aufnahme der Bundesgenossen in die römische Bürgergemeinschaft durch die Möglichkeit, daß auch Einzelpersonen, die Bürger verbündeter Gemeinden waren, aber nicht in ihnen, sondern anderswo in Italien wohnten, das römische Bürgerrecht erlangen konnten, wenn sie sich innerhalb von 60 Tagen beim *praetor peregrinus* meldeten (Cic. pro Arch. 7).

Die beiden Gesetze und entsprechende Maßnahmen nach der Dedi-

Krise und Reform des Staates

tion weiterer Aufständischer machten in den nächsten Jahren Italien bis an den Padus (Po) zum Bürgergebiet. 910000 waffenfähige Bürger (Zensus des Jahres 70) lebten mit ihren Familien in den nun einheitlich als *municipia* bezeichneten Städten, deren Verwaltung von einem Viermännerkollegium (*quattuorviri*) geleitet wurde. Daneben gab es – in geringer Zahl – die einst als *coloniae civium Romanorum* gegründeten Städte, die ihrer Struktur nach den *municipia* ähnlich waren (*duoviri* als Magistrate). Mit *municipia et coloniae* konnte man jetzt Italien in seiner Gesamtheit bezeichnen (Cic. de dom. 75).

Die Ausdehnung des römischen Bürgergebiets bis an den Padus (Po) im Norden berücksichtigte offenbar die starke 'Romanisierung' des cispadanischen Teils der Provinz Gallia Cisalpina. Der transpadanische Teil erhielt seine Belohnung für die Unterstützung der römischen Sache in Form des latinischen Rechts. Ein Gesetz des Konsuls Cn. Pompeius Strabo (89) verlieh den keltischen Städten dieses Gebiets den Status, welchen bisher die latinischen Kolonien besessen hatten (*lex Pompeia*), und ermöglichte damit den gleitenden Übergang ins römische Bürgerrecht. Denn es fiel automatisch all denen zu, die sich als Magistrate ihrer Heimatstadt zur Verfügung stellten.

Der Entschluß der römischen Nobilität, den Bundesgenossen das römische Bürgerrecht zu gewähren, war nicht gleichbedeutend mit der Absicht, das System der politischen Willensbildung zu ändern. Die neuen Bürger sollten in einige wenige Tribus eingeschrieben werden, damit die Abstimmungen ihren bisherigen Charakter behielten. Demgegenüber forderten die Sachwalter der Italiker deren Verteilung auf alle Tribus. Erst nach schweren Auseinandersetzungen stimmte der Senat im Jahre 84 dieser 'großen Lösung' zu, welche die politische Basis beträchtlich erweiterte. Sie führte indes zu keinerlei Änderungen in der Regierungspraxis; diese wurde nach wie vor von jener kleinen Schicht bestimmt, die im Senat sich artikulierte und die Magistratur als ihre Domäne betrachtete.

Die Verteilung der Neubürger auf die Tribus war nicht das einzige Problem, das zu Beginn der 80er Jahre in Rom die Gemüter bewegte. Das Geld war im Bundesgenossenkrieg knapp geworden. Als Aushilfsmittel griff man zu einer Münzverschlechterung: Der Volkstribun C. Papirius Carbo brachte 89 ein Gesetz ein (*lex Papiria*), das den As vom Unzialstandard (vgl. oben S. 82) auf den Semunzialfuß (= 1/24 des Pfunds) reduzierte (Plin. nat. hist. 33,46). Die Maßnahme vermochte freilich nicht den Streit zwischen Gläubigern und Schuldnern zu bereinigen, der dadurch entstanden war, daß letztere unter Hinweis auf die Kriegsnot ihre Zinszahlungen eingestellt hatten. Als die

Gläubiger uneinsichtig blieben, bestritten die Schuldner die Rechtmäßigkeit der ihnen abverlangten Zinsen und wandten sich mit Klagen wegen Wuchers an den Stadtprätor A. Sempronius Asellio. Als dieser den Klagebegehren stattgab, wurde er von den erbosten Geldverleihern auf dem Forum ermordet. Die Tat blieb ungesühnt!

Großes Aufsehen erregte im Jahre 89 der Prozeß gegen Q. Varius Hybrida nach dem Gesetz, das er selbst im Jahre 91 durchgebracht hatte (oben S. 106). Dem Senat war es gelungen, die alleinige Besetzung der Geschworenenstellen mit Rittern dahingehend zu ändern, daß die Auswahl der Richter den Tribus übertragen wurde, so daß auch wieder Senatoren in die Gerichte gelangen konnten (*lex Plautia iudiciaria* des trib. pleb. M. Plautius Silvanus). Die Verurteilung des Varius beendete die durch sein Gesetz ausgelöste Prozeßflut.

Geradezu einen Schock löste im Jahre 88 die Nachricht aus, daß in der Provinz Asia alle dort tätigen Römer und Italiker – angeblich 80000 – auf Befehl des Königs Mithridates von Pontus an einem einzigen Tag ermordet worden waren. Ein großer Krieg stand bevor, denn Mithridates hatte, die Bindung der römischen Kräfte in Italien nutzend, fast ganz Kleinasien an sich gebracht und stand auf dem Sprung, auch in Griechenland Fuß zu fassen. Das Kommando für diesen Krieg fiel durch Senatsentscheid dem Konsul des Jahres 88 L. Cornelius Sulla zu – zum Leidwesen des seit dem Jugurthinischen Krieg mit ihm verfeindeten Marius. Wenige Jahre zuvor (91) war der Streit der beiden um die entscheidende Tat in jenem Krieg von neuem entbrannt, als König Bocchus von Mauretanien ein großes Denkmal, das die Auslieferung Jugurthas an Sulla zum Gegenstand hatte, auf dem Kapitol aufstellen ließ. Marius fand in dem Volkstribunen P. Sulpicius Rufus einen Verfechter seines vermeintlichen Anspruchs auf den Oberbefehl gegen Mithridates. Nachdem der Volkstribun, der in L. Appuleius Saturninus (oben S. 102 f.) sein Vorbild sah, durch seine Gesetzesanträge – einer betraf die Verteilung der Italiker auf alle Tribus – den Optimaten Sulla herausgefordert und im Straßenkampf aus der Stadt gedrängt hatte, brachte er ein Gesetz durch die eingeschüchterte Volksversammlung, welches Marius das Imperium für den Krieg im Osten zusprach.

Sulla, der sich zu den vor Nola liegenden Legionen begeben hatte, brachte die Soldaten dazu, sich der Befehlsübernahme durch Marius – von diesem gesandte Militärtribunen sollten den Abmarsch leiten – zu widersetzen. Sie bekundeten vielmehr ihren Willen, Sulla in Rom Genugtuung zu verschaffen und mit ihm in den Krieg gegen Mithridates zu ziehen. Der Konsul griff zu und führte vier Legionen gegen

Krise und Reform des Staates

Rom (zwei blieben vor Nola zurück). Die Ungeheuerlichkeit des Entschlusses, gegen den Sitz der *res publica* zu marschieren – auch wenn ein Konsul ihn gefaßt hatte und als Befreiungstat rechtfertigte –, kam vor allem den Offizieren zu Bewußtsein; sie verließen Sulla und eilten in die bedrohte Hauptstadt. Den Soldaten dagegen galten ihr Feldherr und ihr Vorteil mehr als der Staat. Das war die Konsequenz aus dem Strukturwandel des römischen Heeres; eine Berufsarmee ließ sich auch gegen den Staat einsetzen.

Von drei Seiten her drangen Sullas Legionen in Rom ein. Der Widerstand der über 3000 Mann starken Kampftruppe des Sulpicius Rufus am Forum Esquilinum (bei S. Maria Maggiore) wurde gebrochen. Die Stadt war in Sullas Hand, der Weg zur Rache frei. Marius, Sulpicius Rufus und zehn prominente Anhänger der beiden ließ Sulla vom Senat zu Staatsfeinden erklären. Dabei wurde ihm allerdings durch die Weigerung des greisen Konsulars Q. Mucius Scaevola (cos. 117), den Beschluß mitzutragen, die groteske Situation vor Augen geführt, daß der Retter Roms und Italiens nun als Staatsfeind verfolgt wurde (Val. Max. 3, 8, 5). Marius entkam nach Afrika, Sulpicius Rufus aber wurde auf der Flucht ergriffen und getötet.

Der Krieg gegen Mithridates verlangte höchste Eile. Daher konnte Sulla sich den stadtrömischen Verhältnissen nur kurz widmen. Seine wichtigste Maßnahme war die Aufhebung der sulpicischen Gesetze und damit die Sicherung des Kommandos gegen Mithridates für seine Person. Sodann traf er Vorsorge, daß kein Gesetz mehr vor das Volk käme, das nicht vom Senat gebilligt wäre. Schließlich suchte er den Streit zwischen Gläubigern und Schuldnern dadurch zu klären, daß er für die strittigen Zinsen (oben S. 107 f.) die 8% der Zwölftafeln als Höchstsatz einschärfte (*unciaria lex*). Da die Konsulwahlen für 87 mit L. Cornelius Cinna einem Mann das höchste Staatsamt beschert hatten, dessen politische Gesinnung suspekt war, ließ Sulla ihn auf dem Kapitol einen feierlichen Eid schwören, keinen feindseligen Akt gegen die von ihm gewiesene Richtung der Politik zu unternehmen.

Auf dem Heer, das Sulla 87 in den Osten führte, ruhte die Hoffnung, Asia, die reichste der römischen Provinzen, so schnell wie möglich zurückzugewinnen. Darüber hinaus erwartete man von Sulla, daß er dem von ihm selbst 96 im Auftrag des Senats eingesetzten König von Kappadokien sein an Mithridates verlorenes Reich wiederverschaffe und auch den in gleicher Lage befindlichen König von Bithynien restituiere. An den beiden römischen Klientelstaaten hatte sich der Konflikt zwischen Mithridates und Rom entzündet. Sulla brachte nach großen militärischen Erfolgen schon 85 in Dardanus am Helles-

110 Krise und Reform des Staates

pont einen Frieden mit Mithridates zustande, der den König zur Aufgabe aller Eroberungen in Kleinasien, zur Zahlung einer Kriegsentschädigung von 2000 Talenten (52,4 t) und zur Gestellung von 70 Kriegsschiffen verpflichtete. Sulla hatte seine Siege über die Streitkräfte des Mithridates in Griechenland (Böotien) errungen, bei Chaeronea und Orchomenus (86). Vorhergegangen war – nach langer Belagerung – sein Sturm auf Athen (1. März 86), das sich beim Abfall von Rom hervorgetan hatte.

Der schnelle Friedensschluß mit Mithridates erfolgte unter dem Zwang der Verhältnisse, welche die von Cinna 87 bewirkte Hostiserklärung gegen Sulla (unten S. 111) geschaffen hatte. Der Prokonsul sah sich seines Oberbefehls erneut entsetzt. 86 erschien ein anderes römisches Heer unter dem Konsul L. Valerius Flaccus, der die Kriegführung gegen Mithridates übernehmen und die Truppen Sullas an sich ziehen sollte. Der Konsul wurde zwar bei einer Meuterei getötet, aber sein Legat C. Flavius Fimbria begann in Kleinasien den Kampf gegen Mithridates. Sulla mußte seine Gedanken auch auf eine Auseinandersetzung mit Fimbria richten. Das Orakel in Delphi gab ihm die Gewißheit, daß er von seiner Schutzgöttin Aphrodite/Venus „Macht in Fülle" erlangen werde (App. bell. civ. 1, 97). So betrachtete er sich denn weiterhin als Prokonsul und ignorierte seine Ächtung durch Cinna; für seine Soldaten war er ohnehin der vom Glück begünstigte Imperator, dem zu folgen auch ihnen Glück brachte. Finanziell schuf er Ersatz für die fehlende Unterstützung aus Rom durch 'Zwangsanleihen' bei den großen griechischen Tempeln. Aus dem eingeschmolzenen Edelmetall ließ sein Quästor L. Licinius Lucullus Münzen prägen, mit denen die Soldaten entlohnt und Heereseinkäufe getätigt werden konnten („Lucullusgeld"). Die Kriegsentschädigung des Mithridates befreite ihn in dieser Hinsicht von allen Sorgen.

Nach dem Friedensschluß von Dardanus (85) wandte Sulla sich auf dem Boden Kleinasiens gegen Fimbria und erreichte, daß dessen zwei Legionen zu ihm übertraten; Fimbria selbst beging Selbstmord. Dann machte Sulla sich an die Neuordnung der Provinz Asia, deren Verhältnisse Mithridates weitgehend verändert hatte, wobei ihm vielerorts Unterstützung durch die Bevölkerung zuteil geworden war, da das römische Steuersystem schwer auf ihr lastete. Ohne Rücksicht auf den Haß, den er neuerlich hervorrief, verlangte Sulla von der Provinz die Zahlung einer Strafsumme von 20000 Talenten (523,9 t) und belastete sie mit den Kosten für die Einquartierung seines Heeres.

Dem Senat in Rom kündigte Sulla drohend seine Rückkehr an. Cinna, der im Jahre 84 zum vierten Mal hintereinander Konsul war,

Krise und Reform des Staates

wollte Sulla auf der anderen Seite des Adriatischen Meeres entgegentreten. Bei einer Meuterei der für die Überfahrt bestimmten Truppen in Ancona wurde er jedoch erschlagen. Im Frühjahr 83 landete Sulla mit seinem Heer, das sich durch einen besonderen Eid an ihn gebunden hatte, in Brundisium, um die Würde (*dignitas*) wiederherzustellen, seine eigene und die des Staates.

Cinna hatte ihn 87, nachdem er gegen Mithridates aufgebrochen war, geächtet (oben S.110) und Greueltaten an den Optimaten verübt, denen auch der Konsul Cn. Octavius zum Opfer gefallen war. Unterstützt wurde Cinna dabei von Marius, den er aus Afrika zurückgerufen und von der Ächtung befreit hatte. Auf Marius' Konto ging vor allem der Selbstmord seines Rivalen aus dem Kimbernkrieg, Q. Lutatius Catulus. Konsulwahlen gab es in den folgenden Jahren nicht; Cinna blieb im Amt und bestimmte seinen jeweiligen Kollegen selbst, für 86: Marius. Der 70jährige Kriegsheld erlebte jedoch nur wenige Tage seines 7. Konsulats. Dann legte er sich zum Todeskampf nieder, wähnend, er führe das Kommando gegen Mithridates.

Das Gebaren Cinnas an der Spitze des römischen Staates wurde von den Optimaten als Gewaltherrschaft (*dominatio*) empfunden, weiten Kreisen des Volkes aber galt seine Regierung als Befreiung von großem Druck. Als popularer Politiker hatte Cinna den Mut, durch ein von L. Valerius Flaccus, dem Nachfolger des Marius im Konsulat, vor die Volksversammlung gebrachtes Gesetz, einen Schuldenerlaß durchzusetzen, der den Gläubigern einen Verzicht auf 3/4 ihrer Forderungen auferlegte. Sie erhielten also für einen Denar nur einen Sesterz („statt Silber: Kupfer", Sall. Cat. 33,2). Eine weitere Maßnahme Cinnas sorgte für die Sanierung der Währung. Man war 91 dazu übergegangen, dem Silberdenar 1/8 Kupfer beizumischen (Plin. nat. hist. 33,46). Das führte dazu, daß in den folgenden Jahren massenweise Denare mit verschieden starkem Kupferkern und dünnem Silberüberzug in Umlauf kamen, „so daß niemand mehr wußte, was er in Händen hatte" (Cic. de off. 3,80). Der Prätor M. Marius Gratidianus (Amtszeit in den Jahren 85 und 84) veröffentlichte nun ein Edikt, das Münzprüfstellen einrichtete und Gerichtsverfahren gegen Fälscher anordnete. Die römische Plebs dankte ihm (einem Neffen des Marius) auf überschwengliche Weise. Cinna selbst hatte sich schon 86 durch Einschreibung der Neubürger in alle Tribus den Dank der Italiker verdient. 84 gelang es ihm, auch den Senat auf deren Gleichbehandlung festzulegen.

Cinnas Ermordung änderte nichts an der von ihm in die Wege geleiteten Mobilisierung Italiens gegen den Staatsfeind Sulla. 100 000

Mann standen im Jahre 83 zum Kampf gegen ihn bereit. Mit 40 000 Soldaten war Sulla in die Heimat zurückgekehrt. Ein Bürgerkrieg größten Ausmaßes begann. Sulla schlug den einen der beiden Konsuln (C. Norbanus) bei Capua, mit dem anderen (L. Cornelius Scipio Asiagenus) schloß er im Mai 83 eine Übereinkunft, die zur Folge hatte, daß dessen vier Legionen zu Sulla übergingen. Der Waffenstillstand wurde indes von den Gegnern Sullas nicht eingehalten (Besetzung von Suessa durch den Praetor Q. Sertorius), so daß der Krieg weiterging; er näherte sich jetzt den Toren Roms. In der Stadt ging als unheilverkündendes Zeichen der Jupitertempel auf dem Kapitol in Flammen auf (6. 7. 83).

Sulla fand tatkräftige Unterstützung durch den 22jährigen Cn. Pompeius, Sohn des gleichnamigen Konsuls von 89 (oben S. 106), der aus der Klientel seiner Familie in Picenum drei Legionen aufstellte. Auch M. Licinius Crassus (29), dessen Vater unter Cinna Selbstmord begangen hatte, warb im Gebiet der Marser ein Heer für Sulla. Zu größeren strategischen Aufgaben bot sich Q. Caecilius Metellus Pius an, der als Proprätor 87 vor Cinna nach Afrika ausgewichen war. Die Gegenseite setzte ihre Hoffnung auf eine Levée en masse der Neubürger, vor allem der Etrusker und Samniten. Für diese Völker war der Bürgerkrieg eine Neuauflage des Bundesgenossenkrieges. Als Konsuln für 82 ließen die Popularen Cn. Papirius Carbo, der schon 85 und 84 dieses Amt innegehabt hatte, und C. Marius, den 27jährigen Sohn des siebenmaligen Konsuls, wählen. Papirius Carbo wurde von Metellus Pius bei Faventia (an der Via Aemilia) geschlagen, Marius von Sulla bei Sacriportus (in Latium). Dann kam es zur Entscheidungsschlacht gegen die Samniten, die aufgebrochen waren, um Rom zu erobern. Sulla besiegte sie an der Porta Collina (1. November 82) und vernichtete sie völlig. Marius kam in Praeneste um, Papirius Carbo wurde von Pompeius auf Sizilien gefangengenommen und hingerichtet. Rom war ohne Konsuln für das ablaufende und das folgende Jahr.

Sulla rechtfertigte seine Handlungsweise vor Senat und Volk. Er verlangte die Anerkennung seiner Stellung als Prokonsul und die Gültigkeit der auf dieser Stellung beruhenden Amtshandlungen. Darüber hinaus forderte er die Bestrafung derjenigen, die nach seinem Abkommen mit dem Konsul Scipio im Mai 83 (oben S. 112) den Kampf gegen ihn fortgesetzt hatten. Schließlich trug er dem Senat die Wahl eines Interrex auf, um das politische Leben wieder in Gang zu bringen. Mit L. Valerius Flaccus, auf den die Wahl fiel, trat er dann wegen der Schaffung einer Ausnahmemagistratur zur Neuordnung

Krise und Reform des Staates

des Staates in Verbindung. Für dieses Amt, die Diktatur, stellte er sich zur Verfügung.

Valerius Flaccus brachte die Anliegen Sullas als Gesetzesanträge vor die Volksversammlung; sie wurden alle positiv entschieden. Nach der Ernennung zum *dictator legibus scribundis et rei publicae constituendae* durch den Interrex war Sulla auf unbestimmte Zeit und mit unbeschränkten Vollmachten Herr des Staates. Als solcher hielt er am 29. Januar 81 seinen Triumph über Mithridates. Ein vergoldetes Reiterstandbild auf dem Forum bei den Rostra, das erste seiner Art in Rom, galt dem siegreichen Imperator, der nun offiziell den Beinamen Felix, „der Glückliche", erhielt.

Ebenso eindrucksvoll wie der Triumph, aber noch symbolträchtiger war Sullas erneuter Zug zum Kapitol am 30. Januar. Er brachte Jupiter die Schätze zurück, die der jüngere Marius nach Praeneste hatte schaffen lassen. Begleitet wurde Sulla von den vor Cinna geflohenen Optimaten mit ihren Familien. Sie priesen Sulla als „Retter und Vater" (Plut. Sull. 34, 2). Ihre Lobsprüche trafen sich mit der Vorstellung, die der Diktator von seiner Aufgabe überhaupt hatte.

Rettung des Staates hieß für Sulla zunächst, Vernichtung derjenigen, die seiner Meinung nach den desolaten Zustand der *res publica* herbeigeführt hatten. Die freie Hand, die ihm gesetzlich für Strafmaßnahmen gewährt wurde, nutzte er in einer Weise aus, die ihm für alle Zeiten den Makel maßloser Grausamkeit eintrug. Er ließ Listen (*proscriptiones*) anschlagen, auf denen die Namen derer erschienen, die auf seiten der Popularen sich hervorgetan hatten. Sie wurden geächtet, verloren ihr Vermögen. Hohe Prämien wurden für ihre Ergreifung ausgesetzt, selbst Sklaven durch das zusätzliche Versprechen der Freilassung zur Anzeige aufgefordert. Ein wüstes Morden begann. Insgesamt sollen die Listen am 1. Juni 81, dem von Sulla festgesetzten Schlußtermin der Ächtungswelle, 4700 Namen enthalten haben; 40 Senatoren und 1600 Ritter befanden sich darunter.

Dem Wüten gegen die römische Oberschicht entsprach ein ebenso brutales Vorgehen gegen diejenigen italischen Städte, welche die Popularen unterstützt hatten. Dabei war Sulla in der Hauptsache auf den Landbesitz dieser Städte aus, den er – neben dem *ager publicus* – zur Versorgung seiner 120000 Veteranen heranzog. Allein in Etrurien wurden mindestens vier Militärkolonien gegründet (Faesulae, Volaterrae, Arretium, Clusium). Unter den anderen italischen Städten, die sullanische Kolonisten aufnehmen mußten, erlangte Praeneste wegen des Fortuna-Heiligtums, das jetzt in großartiger Weise wieder aufgebaut wurde, besondere Bedeutung. Positiv gesehen beschleu-

114   Krise und Reform des Staates

nigten die Koloniegründungen Sullas den im Gang befindlichen
Prozeß der 'Munizipalisierung' Italiens.

In Sullas Programm zur Neuordnung des Staates standen Rom, Italien und das Reich wenn nicht gleichgewichtig, so doch zusammenge-
hörig nebeneinander (App. bell. civ. 1,98), und es war diese Konzeption, die dem Reformwerk den Charakter der Geschlossenheit verlieh. Daß Rom die wichtigste Stelle einnahm, verstand sich bei dem
Zuschnitt des Staates von selbst. Von hier war ja auch die Zerrüttung
ausgegangen, die es jetzt zu beseitigen galt.

Seit den Gracchen hatten immer wieder Volkstribune „Dolche aufs
Forum geworden, mit denen die Bürger aufeinander losgehen sollten"
(Cic. de leg. 3,20). Sulla nahm deshalb den Volkstribunen die Möglichkeit, sich mit Gesetzesanträgen direkt an das Volk zu wenden; der
Senat hatte vorher darüber zu befinden. Sulla veränderte zudem einschneidend die Stellung des Amtes im *cursus honorum*: Wer Volkstribun wurde, mußte auf die höheren Ämter verzichten. Die *tribunicia
potestas* war damit als politische Kraft so gut wie ausgeschaltet; ihr
blieb nur ein „Schattendasein" (Vell. Pat. 2,30,4).

Eine andere „Quelle der bürgerlichen Zwietracht" (Flor. 2,5,3)
war für Sulla die *lex iudiciaria* des C. Gracchus, die dem Ritterstand
die Richterstellen verschafft hatte. Zwar galt seit 89 der Kompromiß
der *lex Plautia iudiciaria* (oben S. 108), aber der paßte nicht in Sullas
Vorstellung vom alleinigen Führungsanspruch des Senats, zu dem das
Monopol auf die Gerichte hinzugehörte. Dieses stellte er wieder her
und sicherte es ab durch Erhöhung der Mitgliederzahl des Senats
sowie durch Konstituierung neuer Gerichte. Die Erhöhung der Zahl
der Senatoren von 300 auf 600 realisierte einen schon von Livius
Drusus gehegten Plan (oben S.104f.). griff aber in der Zielsetzung
über jenen hinaus, da Sulla mehr den Bedeutungszuwachs des Senats
als den Kompensationsanspruch des Ritterstandes (für den Verlust
der Gerichte) im Auge hatte. Im Hinblick auf die künftige Ergänzung
der Körperschaft legte Sulla fest, daß die Quästoren nach ihrer Amtszeit automatisch Mitglieder des Senats würden. Dadurch entzog er
den Senat dem Einfluß der Zensoren, den sie bisher mittels der *lectio
senatus* ausgeübt hatten.

Mit der Konstituierung eines Systems ständig fungierender Ge-
schworenengerichte (*quaestiones perpetuae*) brachte Sulla eine Entwicklung zum Abschluß, die mit der Schaffung des Repetundenge-
richtshofs im Jahre 149 begonnen hatte (oben S.82), dann aber nur
sporadisch vorangekommen war (vgl. die *lex Appuleia de maiestate*
von 103, oben S. 104). Sullas Gerichtsordnung sah sechs von Prätoren

Krise und Reform des Staates 115

geleitete *quaestiones perpetuae* vor, deren jede für ein durch Gesetz genau umgrenztes Delikt zuständig war. Die *leges Corneliae* dieses Typs (*de sicariis et veneficiis, testamentaria nummaria, de ambitu, de peculatu, repetundarum, maiestatis*) betrafen die wichtigsten politisch relevanten Delikte und versahen sie mit dem entsprechenden Strafmaß: Mord, Fälschung, Wahlbestechung, Unterschlagung von Staatsgut, Erpressung von Besitztümern römischer Untertanen, Verletzung der Hoheit des römischen Volkes. Das Verfahren vor diesen Quästionen wurde durch eine *lex iudiciaria* einheitlich geregelt. Das ganze System war darauf berechnet, Auswüchse des politischen Lebens besser unter Kontrolle zu halten, als es die zensorische Sittengerichtsbarkeit vermochte. Es mußte allerdings zu denken geben, daß seine Aufrichtung von demselben Manne erfolgte, der die Willkür der Proskriptionen zu verantworten hatte.

Die Neuordnung des Gerichtswesens machte die Vermehrung der Prätorenstellen von sechs auf acht erforderlich (*praetor urbanus, praetor peregrinus* und sechs *praetores* für die *quaestiones*). Das gleiche Erfordernis ergab sich auch aus dem Reglement für die Provinzialverwaltung, das Sulla in Kraft setzte: Konsuln und Prätoren übernahmen nach ihrem städtischen Amtsjahr als Prokonsuln bzw. Proprätoren für ein weiteres Jahr je eine der zehn Provinzen, deren Zahl durch Einbeziehung der Gallia Cisalpina in den Kreis der bisherigen neun (Sicilia, Sardinia/Corsica, Hispania Citerior, Hispania Ulterior, Macedonia/ Achaea, Africa, Asia, Gallia Narbonensis, Cilicia) fixiert wurde. Abgerundet wurde die Anpassung der Magistraturen an die gestiegenen Anforderungen der Reichsverwaltung durch die Erhöhung der Quästorenstellen auf zwanzig.

Wie den Magistraturen, so galt auch den Priesterkollegien Sullas Aufmerksamkeit. Angesichts der gewachsenen Aufgaben – man denke nur an die neuen fremden Kulte – fügte er dem Kollegium der *decemviri sacris faciundis* fünf Stellen hinzu (*quindecimviri*) und brachte auch die Zahl der *pontifices* und *augures* auf 15 (von 9). Dem jüngsten der vier großen Kollegien, dem der *epulones* (seit 196: Liv. 33,42,1), gab er sieben (statt drei) Mitglieder. Für die Ergänzung der *quattuor amplissima collegia* führte Sulla das Prinzip der Kooptation wieder ein, das 104 durch die *lex Domitia* des Volkstribunen Cn. Domitius Ahenobarbus zugunsten der Wahl in den Tributkomitien aufgegeben worden war.

Sulla versuchte mit seinem Reformwerk, die Grundlagen des Staates „zu sichern" (Liv. per. 89: *confirmare*). So stark er sich dabei auch an der Vergangenheit orientierte, sein Blick war in die Zukunft gerichtet. Dementsprechend wurden seine Gesetze, die er alle durch die Komitien ratifizieren ließ, als „neu" empfunden (Liv. a. O.: *leges novae*). Er selbst wollte als Neugründer Roms gelten. Die von ihm vorgenommene Erweiterung der sakralen Grenze Roms, des Pomeriums, sollte es ebenso kundtun wie der Neubau des Jupitertempels auf dem Kapitol, den er allerdings nicht mehr selbst einweihen konnte.

Im Jahre 79 legte Sulla die Diktatur nieder. Schon 78 starb er in Puteoli/Kampanien. Der Leichenzug nach Rom, dem vor allem Sullas Veteranen, aber auch die von ihm freigelassenen Sklaven der Proskribierten (Cornelii) das Gepräge gaben, erhielt auf dem Weg zum Marsfeld nie dagewesene Ausmaße. Bei der Leichenfeier selbst erwiesen Senat, Ritterschaft und Volk dem Toten die letzte Ehre, das Heer paradierte um seinen Scheiterhaufen, 2000 goldene Kränze verliehen der Zeremonie einen überirdischen Glanz.

Sulla hinterließ ein autobiographisches Werk (*res gestae*), mit dem er sich in den Zweig der römischen Geschichtsschreibung einreihte, der aus dem Bemühen hochstehender Persönlichkeiten entstanden war, ihre eigenen Taten der Nachwelt im rechten Licht darzustellen. Ein Vorgänger Sullas war z. B. Q. Lutatius Catulus, der seinen Anteil am Sieg über die Kimbern (oben S. 101 f.) nicht durch den Ruhm des Marius verdunkeln lassen wollte. Das Wirken Sullas wurde dann von L. Cornelius Sisenna (*praetor* 78) zum Hauptgegenstand seines Geschichtswerks (*historiae*) gewählt, wie es Sempronius Asellio mit der Gracchenzeit getan hatte (oben S. 99). Schließlich ergriff auch Sullas Sohn, Faustus Cornelius Sulla, die Gelegenheit, dem Andenken seines Vaters zu dienen, als er 56 das Münzmeisteramt innehatte: er ließ das Bocchus-Denkmal (oben S. 108) auf der Rückseite eines Denars abbilden. Solche 'Familienpropaganda' wurde von den Münzmeistern schon seit Jahrzehnten betrieben. Im Falle Sullas zeugte sie von besonderem Geschick.

10. DER UNTERGANG
DES REPUBLIKANISCHEN STAATES

(78–44 v. Chr.)

Der Staat, den Sulla nach optimatischen Prinzipien reglementiert hatte, war sofort nach dem Tode des Diktators einem popularen Sturm ausgesetzt. Entfesselt wurde er von dem Konsul des Jahres 78, M. Aemilius Lepidus, der gegen den Willen Sullas zu seinem Amt gelangt war. Er agitierte für die Wiedereinführung des von Sulla abgeschafften Verkaufs staatlich subventionierten Brotgetreides an die Plebs, machte den Verbannten Hoffnung auf Rückkehr in die Heimat und stellte den Enteigneten die Restitution ihrer Ländereien in Aussicht. Die letztere Parole führte in Etrurien zum Angriff der von ihren Höfen vertriebenen Landbesitzer auf die hier zahlreich angesiedelten sullanischen Veteranen (vgl. oben S. 113). Lepidus verband sich mit den Aufständischen, hob Truppen aus und rückte 77 vor Rom, um ein zweites Konsulatsjahr zu erzwingen. Der Senat faßte gegen diese Bedrohung den Beschluß zur Verteidigung des Staates (*Senatus consultum ultimum*) und übertrug die damit verbundenen Sondervollmachten dem Prokonsul Q. Lutatius Catulus, der mit Lepidus 78 Konsul gewesen war. Catulus zwang Lepidus zum Rückzug nach Etrurien.

Die Maßnahmen gegen Lepidus riefen auch einen Mann wieder auf den Plan, der nach Sullas Rückkehr aus dem Osten in spektakulärer Weise hervorgetreten war: Cn. Pompeius (vgl. oben S. 112). Sein Einsatz für die Sache Sullas in Sizilien und Afrika hatte ihm 79 den mit Vehemenz geforderten Triumph eingebracht. Jetzt erhielt er den Auftrag, Truppenansammlungen des Lepidus in der Cisalpina (unter dem Kommando des M. Iunius Brutus) zu zerschlagen. Nachdem ihm dies gelungen war, drängte er die von Catulus verfolgte Streitmacht des Lepidus bei Cosa (Etrurien) ans Meer. Lepidus floh nach Sardinien, wo er noch im gleichen Jahr (77) starb.

Pompeius wußte die für ihn günstige Gelegenheit zu nutzen. Er bot dem Senat sein Heer zu einem weiteren Nothelferdienst an, verlangte dafür aber ein prokonsularisches Imperium: Es galt, den Popularen Q. Sertorius zu bekämpfen, der als Prätor 83 die Provinz Hispania Citerior erhalten hatte und seit 80 als erkorener Führer der Lusitaner

118   Der Untergang des republikanischen Staates

deren Aufstand gegen Rom mit seinem Kampf gegen Sulla in Einklang zu bringen suchte. 77 erhielt er Zuzug durch die Reste der Truppen des Lepidus unter M. Perperna. Zu diesem Zeitpunkt hatte Sertorius Hispania Citerior militärisch und organisatorisch unter Kontrolle. Die zahlreichen aus Italien geflohenen Popularen in seiner Umgebung ließen ihn auf den Gedanken kommen, dem optimatischen Regime in Rom mit einer popularen Gegenregierung Konkurrenz zu machen und als deren Ziel die Wiedergewinnung der Freiheit zu verkünden. Er bildete einen Senat von 300 Mitgliedern und ernannte Prätoren und Quästoren. Sein militärisches Potential waren die Lusitaner und Keltiberer.

Bei seinem Kampf gegen Sertorius wurde Pompeius unterstützt durch den Statthalter von Hispania Ulterior, Q. Caecilius Metellus Pius (cos. 80). Aber es dauerte geraume Zeit, bis sie sich auf die Kampfführung des glänzenden Taktikers Sertorius eingestellt hatten; zudem fehlte es an Truppen, Geld und Getreide. Erst als 74 Nachschub eintraf, zeichneten sich Erfolge ab. Diese waren um so wichtiger, als Sertorius von Mithridates, der einen neuen Krieg gegen Rom vorbereitete, Hilfe zugesagt worden war, die jeden Tag eintreffen konnte. Für diese Hilfe hatte der populare Exulant weitgehende territoriale Zugeständnisse im Osten gemacht – in Verkennung seiner Situation. 72 fiel er einer Verschwörung zum Opfer, die Perperna angezettelt hatte. Dieser wiederum, „der weder befehlen noch gehorchen konnte" (Plut. Sert. 27,2), wurde von Pompeius geschlagen und hingerichtet. Der Krieg in Spanien war zu Ende. Auf der Höhe der Pyrenäen ließ Pompeius ein von seiner Statue gekröntes Siegesdenkmal errichten, dessen Inschrift verkündete, daß er 876 Städte „von den Alpen bis an die Grenzen von Hispania Ulterior" zurückgewonnen habe (Plin. nat. hist. 7,96). Kein Wort erinnerte an Sertorius oder Perperna – als hätte es sie nie gegeben.

Die Rückkehr des Heeres aus Spanien erfolgte in Eile, da Pompeius wegen des Sklavenkrieges in Italien vom Senat eine entsprechende Weisung erhalten hatte. Im Jahre 73 waren aus einer Gladiatorenkaserne in Capua 70 Sklaven ausgebrochen. Ihre Zahl hatte sich schnell vertausendfacht, da ihnen aus allen Teilen Italiens diejenigen zuliefen, welche bereit waren, die zumeist aus Kriegsgefangenschaft resultierende Sklaverei abzuschütteln. Wenn ein Funke genügte, um eine Explosion dieses Ausmaßes zu erzeugen, dann mußte auf den Gütern Italiens die Ausbeutung der Sklaven – sie zählten als „sprechende Inventarstücke" (Varro, de re rust. 1, 17, 1) – exzessive Formen angenommen haben. Wenn sodann auch freie Landbewohner sich den

Der Untergang des republikanischen Staates 119

Sklavenscharen anschlossen (App. bell. civ. 1,116), mußten deren wirtschaftliche und soziale Verhältnisse ähnliche Gründe zum Aufbegehren bieten. Als Führer des Aufstands traten der Thraker Spartacus und der Gallier Crixus hervor. Von römischer Seite wurde die Bewegung zunächst unterschätzt und unzureichend bekämpft, schließlich aber doch als schwere Bedrohung Italiens und Roms erkannt. Im Jahre 72 übernahmen beide Konsuln den Kampf gegen die Sklaven. Zwar gelang die Überwindung des Crixus, der am Mons Garganus in Apulien mit 20000 den Tod erlitt, aber Spartacus schlug auf seinem Weg nach Norden (durch den Apennin) beide Konsuln, dann auch den Statthalter der Gallia Cisalpina bei Mutina. Nachdem die Sklaven hier den Entschluß zur erneuten Verwüstung Italiens gefaßt hatten – Spartacus' Plan einer Überschreitung der Alpen zur Gewinnung der Freiheit wurde abgelehnt –, wälzte sich ein 'Heereszug' von jetzt 120000 Mann nach Süden.

In dieser Notlage übertrug der Senat das Kommando (*imperium proconsulare*) gegen Spartacus einem Manne, der schon unter Sulla gezeigt hatte, daß er sich auf Heeresbildung und Kriegführung verstand: M. Licinius Crassus (praet. 73). Er stellte in kürzester Zeit sechs Legionen auf, übernahm von den Konsuln zwei weitere und folgte mit dieser starken Streitmacht Spartacus nach Bruttium. Hier errichtete er an der engsten Stelle der Stiefelspitze (nördlich des Mons Sila) ein Schanzwerk, das Spartacus auf den südlichsten Teil der Halbinsel beschränkte. Zugleich veranlaßte er die Sicherung der sizilischen Küste gegen einen Übersetzversuch. Aufs Äußerste getrieben, durchbrach Spartacus 71 die Sperrlinie und zog nach Lukanien. Da sich aber die germanischen und keltischen Sklaven von ihm trennten, konnte Crassus zunächst diese und dann Spartacus mit dem Gros der Sklaven vernichten. 95000 und Spartacus selbst wurden getötet (Liv. per. 97). Die Reste der Sklaven, die Crassus zu fassen bekam, ließ er auf dem Rückweg nach Rom entlang der Via Appia kreuzigen: 6000 Galgen verkündeten das Ende des massivsten Protests gegen die Sklaverei in der römischen Welt. Er hatte einen langen Nachhall. Der Name Spartacus wurde zum denkwürdigen Menetekel.

Crassus erhielt für die Überwindung der Sklaven, die als unwürdige Feinde galten (Gell. 5,6,21), nur die geringere Form des Triumphes, die *ovatio* (zu Pferde statt mit Wagen), während Pompeius und Metellus Pius für den Sieg in Spanien der vollen Ehre des Triumphes teilhaftig wurden. Pompeius konnte sich zudem rühmen, noch 5000 nach Norden geflohene Sklaven vernichtet und damit den Sklavenkrieg bis zu den Wurzeln ausgerottet zu haben.

120   Der Untergang des republikanischen Staates

Die politische Lage in Rom war zu dieser Zeit gekennzeichnet durch ein verbreitetes Mißbehagen über die Auswirkungen der sullanischen Gesetze. Der Enttäuschung der Plebs über den Fortfall des Verkaufs von Billiggetreide waren schon 73 die Konsuln M. Terentius Varro und C. Cassius Longinus mit der *lex Terentia Cassia frumentaria* begegnet: Für die Armen gab es jetzt wieder eine monatliche Getreideration (Sall. or. Macr. 19: 5 *modii* = 44 l) zu dem von C. Gracchus festgesetzten Preis von 6 1/3 Assen je *modius* (vgl. oben S. 97). Aber die Forderungen der Plebs gingen weiter; der *tribunus plebis* M. Lollius Palicanus artikulierte sie: volle Wiederherstellung des Volkstribunats und Aufteilung der Richterstellen auf drei 'Stände', Senatoren, Ritter und Ärartribunen (den Rittern nahestehende Zensusgruppe). Diese Forderungen machte sich Pompeius zu eigen, als er sich für 70 um das Konsulat bewarb. Dadurch erhob er sie zu einem popularen Programm, auf das er auch seinen Mitbewerber, Crassus, festlegte. Für die fehlende Altersvoraussetzung zum Konsulat erhielt Pompeius den Dispens des Senats.

Die Verwirklichung der das Volkstribunat und die Gerichte betreffenden Pläne durch eine *lex Pompeia Licinia* beziehungsweise eine *lex Aurelia* (L. Aurelius Cotta, praet. 70) brach wesentliche Bestandteile aus dem sullanischen System heraus. Auch der von Sulla neu konstituierte Senat bekam den „popularen Wind" (Cic. pro Cluent. 130) zu spüren: Ein Zehntel der Mitglieder (64: Liv. per. 98) wurde von den Zensoren des Jahres 70 (Cn. Cornelius Lentulus und L. Gellius Publicola) wegen Unwürdigkeit aus der Körperschaft entfernt. Schließlich statuierte der Repetundenprozeß gegen C. Verres, den Statthalter Siziliens in den Jahren 73–71, ein Exempel im Hinblick auf die von Pompeius angeprangerte Provinzialverwaltung: Das vom Ankläger M. Tullius Cicero (75 Quästor in Sizilien) gesammelte Material – besonders in puncto Kunstraub – zwang Verres zur Flucht ins Exil.

Trotz seiner aufsehenerregenden Ergebnisse weckte das Konsulat des Pompeius und Crassus keine besonderen Hoffnungen für die Zukunft. Die beiden Konsuln waren in Streit geraten, und dieser hatte den Staat in Mitleidenschaft gezogen. Vor allem aber hatte Pompeius die Erwartungen enttäuscht, die viele hegten, nämlich, daß er in der Politik ebenso souverän schalten werde wie als Feldherr.

Die Geschehnisse im östlichen Mittelmeerraum gaben Pompeius die Chance, seine schwache Konsulatsführung durch glänzende militärische und organisatorische Leistungen vergessen zu machen. Mithridates hieß der große Unruhestifter im Osten. Er hatte die ihm 85 in Dardanus von Sulla auferlegten Friedensbedingungen (oben S. 109 f.)

Der Untergang des republikanischen Staates 121

nicht erfüllt. Von 83 bis 81 war daher erneut gegen ihn Krieg geführt
worden. Die große Auseinandersetzung aber begann im Jahre 74,
nachdem Mithridates durch einen Angriff auf das testamentarisch an
Rom gefallene Königreich Bithynien die Kriegshandlungen eröffnet
hatte. Mit Mithridates waren schon seit dessen erstem Waffengang mit
Rom die Seeräuber im Bunde, die von den Küsten Kilikiens und
Kretas aus ihr Handwerk betrieben. Sie wurden in den 70er Jahren so
stark, daß sie nach Zehntausenden zählten und mit ihren Flotten
„nicht nur das östliche, sondern das gesamte Mittelmeer bis zu den
Säulen des Herkules beherrschten" (App. Mithr. 93). Als Feinde
Roms nahmen sie sowohl mit Sertorius als auch mit Spartacus Verbindung auf, ohne diesen freilich wirklich zu helfen. Es war die dringend
erforderliche Reaktion Roms auf den Verlust der Seeherrschaft an die
Piraten, die Pompeius wieder zu Feldherrnehren gelangen ließ.

Im Jahre 67 beantragte der Volkstribun A. Gabinius, ein Anhänger
des Pompeius, vor der Volksversammlung die Schaffung eines prokonsularischen Kommandos zur Bekämpfung der Seeräuber, dessen Inhaber drei Jahre lang über alle vorhandenen Streitkräfte und Ressourcen verfügen könne. Seine Befehlsgewalt solle auf dem Meer und
an allen Küsten (bis 50 Meilen = 75 km landeinwärts) gelten. Zur Unterstützung würde ihm ein großer Stab von Legaten mit proprätori-
schem Imperium beigegeben werden. Die Optimaten bekämpften
den Antrag, weil er den Staat („alles") praktisch einem einzigen überantwortete (Q. Hortensius, cos. 69, bei Cic. de imp. Cn. Pomp. 52),
und sie gewannen einen Kollegen des Gabinius, der gegen die Abstimmung über das Gesetz interzedierte. Gabinius aber zwang ihn durch
Ingangsetzung seiner Amtsenthebung zur Rücknahme des Vetos. Die
populare Initiative hatte über die optimatische Reaktion gesiegt!

Die *lex Gabinia* wurde also beschlossen und Pompeius mit der ihm
zugedachten Aufgabe betraut. Bis zu 125 000 Mann und 500 Schiffe
wollte er unter sein Kommando stellen, 24 Legaten sollten ihm zur
Seite stehen. Das Vertrauen des Volkes auf seinen Erfolg war so groß,
daß die Marktpreise merklich fielen (Plut. Pomp. 26, 4). Pompeius
rechtfertigte die Erwartungen durch einen in Blitzesschnelle errungenen Sieg: Er hatte das gesamte Mittelmeer in neun Befehlsbereiche
geteilt, in denen gleichzeitig gegen die Seeräuber vorgegangen wurde.
40 Tage genügten, um das westliche Mittelmeer zu säubern, nach 49
weiteren Tagen war auch im östlichen Mittelmeer die Macht der Seeräuber zusammengebrochen. In einer Seeschlacht vor Coracesium
(heute: Alanya) in Kilikien hatte Pompeius ihre letzte Flotte besiegt
und dann 120 Burgen und andere befestigte Plätze zerstört. 20 000 ge-

122   Der Untergang des republikanischen Staates

fangengenommene Seeräuber siedelte er in den Küstenstädten Kilikiens an. Eine dieser Städte, Soli (in der Nähe von Mersin), erhielt den Namen Pompeiopolis. Erst jetzt trat Cilicia voll in die Reihe der römischen Provinzen ein (vgl. oben S. 102). Im gleichen Jahr 67 vollendete Q. Caecilius Metellus (Creticus) die Unterwerfung Kretas und gab der Insel den Status einer Provinz, in den auch Cyrene einbezogen wurde, das als Vermächtnis des letzten Königs 96 in römischen Besitz übergegangen war und seit 74 unter quästorischer Verwaltung stand.

Der grandiose Sieg über die Seeräuber ließ in Rom den Plan entstehen, Pompeius auch das Kommando im Krieg gegen Mithridates zu übertragen. Dieses hatte von 74 bis 67 L. Licinius Lucullus als Konsul bzw. Prokonsul inne. Nach großen Erfolgen, insbesondere in Armenien – Mithridates war zu seinem Schwiegersohn Tigranes geflohen –, wurde Lucullus vom Senat auf Betreiben der in der Steuerpacht tätigen Ritter (*publicani*) abberufen, weil er auf sie bei der Sanierung der Finanzverhältnisse in Asia, die mit dem Zollgesetz des Jahres 75 eingeleitet worden war, keine Rücksicht genommen hatte. Lucullus' Maßnahmen liefen auf eine Tilgung der seit Sullas Kontribution (oben S. 110) von 20000 auf 120000 Talente (3144 t) angewachsenen Schuld innerhalb eines Zeitraums von 4 Jahren hinaus (Plut. Luc. 20). Der Kommandowechsel – Lucullus wurde von M'. Acilius Glabrio (cos. 67) abgelöst – hatte zur Folge, daß Mithridates nach Pontus zurückkehrte und neue Unternehmungen von ihm zu erwarten waren.

Im Jahre 66 legte der Volkstribun C. Manilius dem Volk ein Gesetz vor, das Pompeius zu den Vollmachten, die er bereits hatte, noch die Provinzen Bithynia und Cilicia sowie den Oberbefehl über alle Truppen in Kleinasien für den Krieg gegen Mithridates und Tigranes übertrug. Für die Annahme der *lex Manilia* setzte sich vor allem der Prätor M. Tullius Cicero durch eine große Rede vor der Volksversammlung ein. In ihr vertrat Cicero die Interessen der *publicani*, die um ihre Einkünfte aus der Provinz Asia fürchteten. Er ließ daher das Schreckgespenst einer Kreditkrise erstehen, wie Rom sie zu Beginn des Krieges gegen Mithridates erlebt hatte (Cic. de imp. Cn. Pomp. 17–19), um auch die eingefleischten Optimaten von der Notwendigkeit des Gesetzes zu überzeugen. Daß es die Macht des Pompeius ins Unermeßliche steigerte, darüber war sich gerade der *homo novus* Cicero als Bewunderer des *mos maiorum* im klaren, aber das Staatswohl schien ihm dieses Risiko wert zu sein (a. O. 50).

Pompeius sah in der neuen Aufgabe die große Gelegenheit, auf den Spuren Alexanders des Großen Roms Herrschaft im Osten zu erweitern. Der wichtigste Teil der Aufgabe war schnell erfüllt: Im Jahre 66 schlug er Mithridates am Flusse Lycus in Pontus. Der König floh nach Colchis (Georgien) und weiter ins Regnum Bosporanum (Krim). Gegen Tigranes unternahm Pompeius einen Marsch auf die armenische Hauptstadt Artaxata, der den König zur Unterwerfung veranlaßte. Er mußte alle Eroberungen herausgeben und eine Kriegsentschädigung von 6000 Talenten (157,2 t) zahlen. Im Jahre 65 führte die Verfolgung des Mithridates Pompeius bis an die Maeotis und das Kaspische Meer, in Gegenden, die nicht einmal Alexander der Große betreten hatte. Die hier wohnenden Völker (Colchi, Iberi, Albani) unterwarfen sich der Herrschaft Roms.

Mit der Maeotis glaubte Pompeius den nördlichen Ozean erreicht zu haben. Es drängte ihn nun, auch an das Rote Meer (den Indischen Ozean) als östliche Begrenzung der Erde zu gelangen. Anlaß dazu bot ihm die Regelung der Verhältnisse in dem von Tigranes abgetretenen Syrien. Der armenische König hatte seine Herrschaft im Zuge der Auflösung des Seleukidenreiches bis hierher (Kilikien, Syrien, Phönikien) erstreckt. Pompeius nahm im Jahre 64 von diesen Gebieten Besitz und zwang 63 auch Judäa zum Anschluß an Rom (unter dem Hohenpriester Hyrcanus). Die Unterwerfung des Nabatäerkönigs Aretas (III.), dessen Reich an das Rote Meer grenzte, mußte er allerdings dem Proquästor M. Aemilius Scaurus überlassen, da der Selbstmord des Mithridates wieder seine Anwesenheit im Norden Kleinasiens erforderte.

Bei der Ordnung des Raumes, über den er durch seine militärischen Unternehmungen Verfügungsgewalt erlangt hatte, wandte Pompeius in souveräner Weise die Prinzipien direkter und indirekter Herrschaft an, welche die Römer für außeritalische Gebiete entwickelt hatten: Provinzialisierung zerschlagener Staaten und Einordnung intakter Fürstentümer in ein Klientelsystem. Zwei neue Provinzen gingen aus den Anordnungen des Pompeius hervor: Bithynia et Pontus (ganz Bithynien, aber nur ein Teil der Landschaft Pontus) und Syria (mit der von Pompeius 66 gegenüber dem Partherkönig Phraates III. anerkannten Euphratgrenze und der südlichen Erstreckung bis Raphia in Palästina). Die bereits bestehende Provinz Cilicia erhielt große Gebiete im Westen (Isaurien und Pamphylien) zugeschlagen. Auf die innere Gestaltung der drei Provinzen wirkte Pompeius in vielfältiger Weise ein. Der herausragende Grundsatz war die Förderung und Schaffung städtischer Zentren. Unter den zahlreichen Klientelstaaten befanden sich kleine Gebilde wie das des Priesterdynasten von Comana in Pontus, größere Herrschaften wie die des Deiotarus in Galatien und Flächenstaaten wie Kappadokien und Armenien. Die so organi-

124   Der Untergang des republikanischen Staates

sierte Ländermasse brachte dem römischen Staat eine jährliche Mehreinnahme von 35 Millionen Denaren (zu den bisherigen 50 Millionen), das ist ein Zuwachs von 70% (Plut. Pomp. 45,4).

Gegen Ende des Jahres 62 kehrte Pompeius nach Italien zurück und feierte 61 einen zweitägigen Triumph, den er als Spiegelbild der durch ihn vollendeten Welteroberung gestaltete. Er selbst trug einen erbeuteten Mantel Alexanders des Großen, und unter den Siegeszeichen, die er in immenser Zahl vorführen ließ, befand sich ein riesengroßes, das den *orbis terrarum* darstellte, der nun zum *orbis Romanus* geworden war. Der Größe des eroberten Raumes – er wurde als Alexanderreich vorgestellt – entsprachen die Menge und der Wert des erbeuteten Edelmetalls: 20 000 Talente (523,9 t) wurden dem Volk gezeigt, ehe sie in den Staatsschatz gelegt wurden. Natürlich wußte man, daß Pompeius schon seine Soldaten aus der Beute entlohnt hatte. 16 000 Talente (419,1 t) betrug die Summe der ihnen zuteil gewordenen Geldgeschenke. Der überwältigende Eindruck, den der Triumph des Pompeius – es war sein dritter – auf die Zuschauer machte, artikulierte sich in jubelnden „Magnus"-Rufen: Pompeius war jetzt wie Alexander: der Große. Als solcher wollte er für alle Zeit gelten. Deshalb ließ er an dem von ihm aus Beutegeldern errichteten Tempel der Minerva eine Inschrift anbringen, in der er seine Großtaten verkündete:

12 183 000 Menschen habe er bezwungen oder getötet, 864 Schiffe versenkt oder erbeutet, 1538 Städte und Burgen ins Treueverhältnis zu Rom aufgenommen, die Länder von der Maeotis bis zum Roten Meer unterworfen (Plin. nat. hist. 7,97). Auf dem Marsfeld ließ er ein imposantes Theater erbauen, das noch späteren Zeiten als Symbol der Größe Roms galt. Vor ihm stand seine Statue inmitten der 14 Völker, die er unterworfen hatte (Plin. nat. hist. 36,41). In literarischer Form verherrlichte die Taten des Pompeius das Geschichtswerk des Theophanes von Mytilene, das als Augenzeugenbericht entstanden war. Bald verbreiteten auch Münzbilder den Ruhm des „Weltbezwingers" (Lucan. 8,553).

Der Staat, für den Pompeius seine Siege errungen hatte, war im Jahr vor seiner Rückkehr (63) durch die Umsturzpläne des L. Sergius Catilina in schwere Bedrängnis geraten. Mit den Schlagworten „Schuldentilgung" und „Proskription der Reichen" hatte der degenerierte Patrizier Anhänger geworben, um den Staat von der „herrschenden Clique" (Sall. Cat. 20,6–7) zu befreien, die ihm den Zugang zum Konsulat verwehrte. Er erhielt großen Zulauf aus allen Schichten. In Etrurien führten die Parolen Catilinas zur Formierung einer nach Tausenden zählenden Streitmacht, die sich teils aus den

Der Untergang des republikanischen Staates 125

von Sulla enteigneten Etruskern, teils aus den sullanischen Veteranen rekrutierten, die mit ihrem neuen Landbesitz nicht zurechtgekommen waren. In ihr akutes Stadium trat die Verschwörung, nachdem Catilina bei den Konsulwahlen für 62 (wie schon bei denen für 63) keinen Erfolg gehabt hatte. Seine Pläne wurden jedoch dem Konsul M. Tullius Cicero bekannt, so daß dieser im Senat den Beschluß zur Verteidigung des Staates (*SC ultimum*) durchsetzen konnte (21. Oktober 63).

Nichtsdestoweniger unternahm Catilina Anfang November 63 einen neuen Anlauf, zur Macht zu gelangen. Die Ermordung Ciceros und die Entfachung einer Feuersbrunst in Rom sollten den Weg dazu bereiten. Ciceros Wachsamkeit verhinderte auch diese Pläne und ließ Catilina nur noch die Hoffnung auf sein Heer in Etrurien. Tatsächlich stellte er sich nun an dessen Spitze. Das aber trug ihm die Ächtung durch den Senat ein. In Rom versuchten seine Vertrauten, durch Verhandlungen mit Gesandten der Allobroger diesen transalpinen Volksstamm zur Hilfe für Catilina zu bewegen. Cicero wußte sich Beweise für diese hochverräterischen Beziehungen zu verschaffen und ließ, auf sie gestützt, fünf in die Sache verwickelte Anhänger Catilinas, an ihrer Spitze den amtierenden Prätor P. Cornelius Lentulus Sura, verhaften und nach Verurteilung durch den Senat hinrichten (5. Dezember 63). Die militärische Abrechnung mit Catilina erfolgte zu Beginn des Jahres 62. Bei Pistoriae im Norden Etruriens wurden die beiden Legionen, die Catilina aufgestellt hatte, vom Heer des Mitkonsuls Ciceros, C. Antonius, vernichtet. Noch im Tode zeigte Catilina die trotzige Haltung, die ihn zur Rebellion gegen den Staat, wie er sich ihm darstellte, getrieben hatte.

In der Senatssitzung vom 5. Dezember 63, welche zum Todesurteil über die fünf Catilinarier führte, hatte C. Iulius Caesar, designierter Prätor für das Jahr 62, versucht, diese Strafe als mit den Gesetzen nicht in Einklang stehend und dem Staatsinteresse nicht dienend durch lebenslange Haft und Vermögenseinzug zu ersetzen. Sein popular gefärbter Antrag scheiterte am erbitterten Widerstand des M. Porcius Cato, der, obwohl erst 32jährig, sich anschickte, die geistige Führung der Optimaten zu übernehmen. Die tatsächliche Verantwortung für die Hinrichtung der Catilinarier übernahm der Konsul Cicero, der, zunächst umjubelt, schon wenige Tage später scharfen popularen Angriffen wegen der unterlassenen Befragung des Volkes ausgesetzt war.

Die Catilinarische Verschwörung war von einem Sibyllinischen Orakel begleitet, welches einem dritten Cornelier (nach Cinna und Sulla) die Herrschaft über Rom vorhersagte. Das Jahr 63 war zudem

126   Der Untergang des republikanischen Staates

das zwanzigste nach dem Brand des Kapitolinischen Tempels (oben
S. 112), in dem der Untergang Roms befürchtet werden mußte (Cic. in
Cat. 3, 9). Cicero setzte dem von P. Cornelius Lentulus Sura auf sich
bezogenen dunklen Sibyllinen-Spruch sein klares Programm der *concordia ordinum* entgegen und hatte die Genugtuung, daß die Ritter
tatsächlich mit dem Senat zusammengingen, um die Gefahr für den
Staat zu bannen. Und doch überschattete das monarchische Regiment
der Sibyllinen die Zukunft Roms: mit der Rückkehr des Pompeius
schien es schon heraufzuziehen (Plut. Pomp. 43, 1).

Es bedeutete deshalb eine große Erleichterung für die regierenden
Kreise in Rom, aber auch für die Bevölkerung in ganz Italien, daß
Pompeius nach der Landung in Brundisium sein Heer entließ. Andererseits beschwor das dem Staatsinteresse dienende Verhalten des
Pompeius eine Situation herauf, die für ihn selbst geradezu unerträglich war: Er mußte um die Anerkennung jeder einzelnen von ihm im
Osten getroffenen Verfügung im Senat kämpfen, und das Gesetz, das
seinen Veteranen die versprochenen Landanweisungen bringen sollte
(*lex Flavia agraria*), kam nicht zustande. In dieser unwürdigen Situation erreichte ihn der Vorschlag Caesars, der soeben als Konsul für 59
gewählt worden war, zum politischen Zusammengehen, d. h. zur gemeinsamen Durchsetzung ihrer Ziele. Pompeius griff zu und trat
damit auf die populare Seite, denn Caesar war eindeutig auf diese
Richtung festgelegt.

Caesar hatte sich den Weg zum Konsulat für 59 durch Verzicht auf
den ihm für seine Erfolge als Proprätor in Hispania Ulterior (61) zuer-
kannten Triumph freigemacht. Mit dem vom römischen Ruhmesdenken her unbegreiflichen Entschluß trat er der Verzögerung seiner
politischen Karriere, wie sie von Cato betrieben wurde, erfolgreich
entgegen. Caesar wußte auch ein anderes politisches Hindernis, die
Gegnerschaft zwischen Pompeius und Crassus, aus dem Wege zu
räumen. Dabei spielte eine nicht unbedeutende Rolle, daß Caesar ver-
sprach, als Konsul durchzusetzen, was Crassus im Interesse der mit
ihm verbundenen *publicani* bisher vergeblich versucht hatte: die nach-
trägliche Herabsetzung der Steuerpachtsumme für die Provinz Asia
wegen der Folgen des Mithridatischen Krieges. Mit Crassus' Hinzutritt zu der von Caesar und Pompeius begründeten Interessengemein-
schaft war ein Bund zustande gekommen, der sich zum Kontrollorgan
des Staates aufwarf. „Nichts sollte im Staate geschehen, was einem
der drei Männer mißfalle" (Suet. Caes. 19, 2). Der optimatischen
Clique trat ein populares Triumvirat entgegen.

Das Konsulat Caesars (59) brachte zunächst für Pompeius und

Der Untergang des republikanischen Staates

Crassus die Erfüllung ihrer Wünsche. Durch die *lex Iulia agraria* erhielten die Veteranen des Pompeius Land, durch zwei weitere *leges Iuliae* wurden die Verfügungen des Pompeius im Osten en bloc bestätigt und den *publicani* ein Drittel ihrer Pachtsumme erlassen. Die weitgehende Ausschaltung des Senats bei dieser Gesetzeskampagne war Caesars Antwort auf Catos Obstruktionsverhalten bei der Diskussion über die *lex agraria* im Senat. Die optimatische Reaktion auf die populare Kampfansage bestand in einer weiteren Obstruktion, nämlich dem Verbot, Volksversammlungen abzuhalten. Der Mitkonsul Caesars, M. Calpurnius Bibulus, sprach es aus, indem er die in Frage kommenden Tage des Jahres 59 zu Festtagen erklärte und darüber hinaus Himmelszeichen als Hindernisse ankündigte. Gegen diese Machenschaften beorderte Pompeius seine Veteranen zur Abstimmung über 'ihr' Ackergesetz nach Rom, und Caesar ließ seinen Kollegen mit Mist bewerfen, verprügeln und vom Forum vertreiben. Wie die *lex agraria* gingen daraufhin auch die beiden anderen Gesetze durch – trotz der rechtlich anfechtbaren Situation.

Bibulus zog sich nach seiner schimpflichen Behandlung durch Caesar von den Konsulatsgeschäften zurück; er begnügte sich damit, Caesars Vorleben an den Pranger zu stellen und gegen dessen Amtshandlungen Himmelszeichen ins Feld zu führen. Seine Proteste verfehlten ihre Wirkung nicht. Auch Cicero stand in ihrem Bann, als er in einer Prozeßrede die politische Lage beklagte. Die Äußerung hatte indes für ihn eine schlimme Folge: Caesar ermöglichte Ciceros Todfeind, P. Clodius Pulcher, den bisher vergeblich versuchten Übertritt aus dem Patriziat in den Stand der Plebejer, um sich für das Volkstribunat bewerben zu können. Die Möglichkeit, daß Clodius die Hinrichtung der Catilinarier gegen Cicero benutzen würde, lag nahe.

Caesar ließ sich durch die Gegnerschaft des Bibulus in seiner gesetzgeberischen Initiative nicht beeinträchtigen. Ein zweites Ackergesetz, die *lex Iulia de agro Campano*, verschaffte 20000 Bürgern mit drei und mehr Kindern auf dem 211 eingezogenen Territorium der Stadt Capua (oben S.64) Siedlerstellen. Capua selbst wurde als Kolonie neu gegründet. Den *ager Campanus* antasten, hieß in der Sprache der Optimaten: am „schönsten Besitztum des römischen Volkes" freveln (Cic. de leg. agr. 2,21). In Wirklichkeit war es ihr eigener Besitz in Kampanien, der sie so sprechen ließ. Caesar wußte sich jedoch – wiederum hauptsächlich gegen Cato – durchzusetzen. Das Gesetz diente ebenso sozialpolitischen Notwendigkeiten, wie es Caesars Klientel verstärkte. Mit einem umfangreichen, mehr als hundert Kapitel zählenden Repetundengesetz unternahm Caesar es sodann, den Krebsschaden des

128   Der Untergang des republikanischen Staates

Senatorenstandes einzudämmen, indem er sozusagen jeden Fall unrechtmäßiger Bereicherung fixierte und mit verschieden schweren Strafen – von der einfachen Erstattung bis zur kapitalen Bestrafung – belegte. Die *lex Iulia repetundarum* war im Blick auf die senatorische Provinzialverwaltung eine vorzügliche Leistung und wurde als solche auch von den Optimaten anerkannt (Cic. pro Sest. 135: *optima lex*).

Im Hinblick auf die Provinz, die Caesar nach seinem Konsulat übernehmen sollte, hatte der Senat Vorsorge getroffen, daß sie keine Möglichkeit zur weiteren Machtausübung böte: den Konsuln des Jahres 59 war der Wald- und Weidebesitz des Staates in Italien als Verwaltungsaufgabe bestimmt worden. Während Bibulus sich der optimatischen Disziplinierung fügte, setzte Caesar alles daran, ein großes Kommando zu erlangen. Mit Hilfe des Volkstribunen P. Vatinius gelang es ihm, durch Volksbeschluß (*lex Vatinia*) Gallia Cisalpina und Illyricum auf fünf Jahre als Provinzen zu bekommen und damit ein Kommando über drei Legionen. Sodann bot Pompeius seinen Einfluß auf, um den Senat zu veranlassen, Caesar die Gallia Narbonensis mit einer Legion als weitere Provinz, aber nur, wie üblich, auf ein Jahr zu übertragen. Cato wetterte zwar gegen den Gefälligkeitsakt des Schwiegersohns Caesars – Pompeius hatte Caesars Tochter Iulia geheiratet –, aber das Senatsvotum fiel zugunsten des Antragstellers aus. Caesar konnte frohlocken, er habe erreicht, was er wollte, und werde nun seinen Gegnern auf den Köpfen herumtanzen (Suet. Caes. 22,2). Daß er dies tatsächlich zu tun gedachte, wurde nach Ablauf seines Konsulats schnell offenbar.

Zwei optimatische Prätoren des Jahres 58, C. Memmius und L. Domitius Ahenobarbus, wollten gleich zu Beginn ihrer Amtszeit den Senat dazu bewegen, alle Amtshandlungen Caesars für ungültig zu erklären. Caesar, noch in der Stadt, ließ, nachdem er sich drei Tage lang im Senat zur Wehr gesetzt hatte, seine Widersacher ins Leere laufen, indem er das Pomerium zum Antritt seines Prokonsulats überschritt. Er blieb jedoch noch in der Nähe der Stadt, um beim ersten Gegenschlag dabei zu sein, mit dem er die Optimaten treffen wollte. Clodius, Volkstribun im Jahre 58, führte ihn aus; gerichtet war er gegen Cicero. Eine *lex Clodia* wurde promulgiert, die jeden Magistrat ächtete, der einen Bürger ohne Gerichtsurteil töte oder getötet habe. Cicero bezog – wie beabsichtigt – das Gesetz auf sich und ging, nachdem er Pompeius und Crassus vergeblich um Hilfe angefleht hatte, ins Exil (nach Thessalonice, später nach Dyrrhachium). Ein namentlicher Ächtungsbeschluß folgte der Annahme des allgemein gehaltenen Gesetzes.

Der Untergang des republikanischen Staates

Der zweite Schlag, den Caesar durch Clodius gegen die Optimaten führen ließ, traf Cato. Ihm riß Clodius, wie er sich ausdrückte, die Zunge heraus. Er meinte damit die Übertragung eines außerordentlichen Kommandos an Cato, um ihm die Möglichkeit zu nehmen, künftig gegen solche *extraordinariae potestates* zu wettern (Cic. pro Sest. 60). Der Auftrag betraf den Einzug des Königreichs Cyprus und dessen Einrichtung als römische Provinz (mit Anschluß an Cilicia). Zwei Jahre wurde Cato auf diese Weise von der stadtrömischen Politik ferngehalten.

Den 'Auftragsarbeiten', die Clodius für die Triumvirn erledigte, waren eigene Aktivitäten des Volkstribunen vorangegangen, vier Gesetze nämlich (als *lex satura* verabschiedet), die ihn als einen der größten Demagogen in die Geschichte des Volkstribunats eingehen ließen. Vor allem die *lex frumentaria* verschaffte ihm diesen Ruf. Sie setzte die kostenlose Verteilung des bisher (oben S. 97. 120) verbilligt abgegebenen Getreides an die ärmere Stadtbevölkerung durch. Die Kosten, die dadurch dem Staat auferlegt wurden, konnten nur für kurze Zeit durch den Schatz des Königreichs Cyprus (7000 Talente = 183,4 t) gedeckt werden, dann verschlangen sie Jahr für Jahr ein Fünftel der regulären Staatseinnahmen (Cic. pro Sest. 55). Die Zahl der Getreideempfänger wuchs in den nächsten zehn Jahren auf 320 000 an (Suet. Caes. 41, 3).

Von den drei anderen Gesetzen des Clodius war die Aufhebung des im Jahre 64 ergangenen Verbots der *collegia* das folgenreichste. Clodius erlangte dadurch eine organisierte Klientel, die er schon bald für seine politischen Aktionen einsetzte.

Einschneidend war auch das Gesetz, das die Modalitäten der Ausstoßung aus dem Senat regelte. Denn da künftig Übereinstimmung beider Zensoren und förmliche Anklageerhebung erforderlich waren, verlor die Zensur nach der *lectio senatus* (oben S. 114) ein weiteres Element ihrer Daseinsberechtigung. Das Gesetz schließlich, welches die Benutzung von Himmelszeichen zur Verhinderung von Volksabstimmungen erschwerte, war als Quittung gedacht für den Mißbrauch, den Bibulus im Vorjahr mit der Obnuntiation getrieben hatte.

Das diffuse Wirken des Clodius in seinem Tribunat erreichte mit der mehrere Monate währenden 'Belagerung' des Pompeius in seinem Hause durch eine Bande des Clodius seinen Höhepunkt. Als Vorwand diente ein angebliches Attentat auf Pompeius, das Schutzmaßnahmen für ihn erforderlich mache. Der schrankenlose Einsatz von Gewalt, den Clodius auch schon in anderen Fällen praktiziert hatte, führte bei Pompeius zu später Reue über seine Zustimmung zur spektakulärsten

130   Der Untergang des republikanischen Staates

Aktion des Clodius, der Verbannung Ciceros. Nach Ablauf von Clodius' Amtsjahr bemühte er sich daher, im Einvernehmen mit Crassus
und Caesar die Rückberufung Ciceros in Gang zu setzen. Der erste
Versuch, am 23. Januar 57 einen entsprechenden Volksbeschluß her-
beizuführen, scheiterte am Terror der Clodius-Banden. Erst als der
Volkstribun T. Annius Milo mit tatkräftiger Unterstützung des Pompeius eine Kampftruppe aufstellte und „Gewalt mit Gewalt" beantwortete (Cic. p. red. in sen. 19), konnte am 4. Sextilis (August) die Abstimmung stattfinden; sie brachte ein überwältigendes Votum für
Ciceros Rückkehr.

Pompeius' Eintreten für Cicero wurde von diesem und den Optimaten als Annäherung an ihre Politik verstanden, hatte Pompeius
doch öffentlich erklärt, es gelte „das Ansehen des Senats" zu verteidigen (Cic. p. red. ad Quir. 16). Sozusagen im Gegenzug beschloß der
Senat auf Antrag Ciceros, Pompeius ein prokonsularisches Imperium
auf fünf Jahre zur Stabilisierung der Versorgungslage zu übertragen
(*cura annonae*). Das Frumentationsgesetz des Clodius hatte zu einer
Katastrophe auf dem Getreidemarkt und zu (von Clodius gelenkten)
Hungerkrawallen geführt. Pompeius sollte umfassende Vollmachten
in Italien und den Provinzen erhalten und 15 Legaten zu seiner Verfügung haben. In dieser Form wurde das Gesetz beschlossen. Pompeius
ging sofort sachkundig zu Werke und stellte die *annona* auf eine solide
Grundlage. Dazu gehörte auch, daß er die Abgabe der kostenlosen
Rationen an die Plebs systematisierte. Sein Ruhm strahlte nun wieder
in hellem Glanze. Er konnte sich als „Herr aller Länder und Meere"
fühlen (Plut. Pomp. 49,6).

Es war eine Art Kompensation, die Pompeius gegen Ende des
Jahres 57 Caesar zuteil werden ließ, indem er einen Senatsbeschluß
beantragte, der für die Eroberung Galliens durch Caesar ein Dankfest
von 15 Tagen anordnete. Pompeius selbst waren für seine Erfolge im
Mithridatischen Kriege nur 10 Festtage zugestanden worden, und die
gingen schon über das übliche Maß (5 Tage) hinaus. Rechtfertigen ließ
sich die außergewöhnliche Ehrung mit der „riesengroßen Gefahr",
die Caesar gebannt hatte (Plut. Caes. 21,2). Sie war schon im Jahre 60
aufgetaucht, als die außerhalb der Narbonensis am Genfer See (*lacus
Lemannus*) wohnenden Helvetier sich anschickten, neue Wohnsitze
zu suchen, und dabei auch Einfälle in die Provinz unternahmen. 58
sollte endgültig der Aufbruch in das Land an der Garonne (Garunna)
erfolgen. Dabei wollten die Helvetier, angeblich 368000 Menschen
(Caes. bell. Gall. 1,29,3), den Weg durch die Provincia Narbonensis
nehmen. Caesar untersagte es ihnen und wollte auch nicht dulden,

Der Untergang des republikanischen Staates 131

daß sie jenseits der Provinzgrenzen durch das Gebiet der mit Rom verbundenen Häduer zögen. Diese baten ihn auch förmlich um Hilfe. Nachdem er in ungeheurer Eile in der Gallia Cisalpina zwei neue zu den drei dort stehenden Legionen ausgehoben hatte, zog er mit diesen und der in der Narbonensis stationierten Legion gegen die Helvetier. Bei Bibracte, der Hauptstadt der Häduer, schlug er sie und zwang die Reste des Volksstammes (110000 Menschen: Caes. bell. Gall. 1, 29, 3), in ihre alte Heimat zurückzukehren.

Caesars Vorstoß in das Gebiet der Häduer konfrontierte ihn mit den Problemen dieses Stammes. Sie hatten ihren Grund in dem Übergreifen der Sueben des Ariovist vom rechten auf das linke Rheinufer und ihrer Festsetzung im Gebiet der Sequaner. Angesichts der gerade erfolgten Ankunft von 24000 Haruden stand zu befürchten, daß immer mehr Germanen nach Gallien strömten; 120000 waren es jetzt schon. Caesar nahm die Klagen der Häduer zum Anlaß, von Ariovist zu verlangen, daß er keine weiteren Germanen über den Rhein hole und nichts gegen die Häduer unternehme. Ariovist machte demgegenüber das Kriegsrecht für sich geltend und drohte mit der Kriegstüchtigkeit der Germanen. Damit spitzten sich die Dinge auf die Entscheidung über eine germanische oder eine römische Herrschaft in Gallien zu.

Mit seinen 6 Legionen zog Caesar gegen die Hauptstadt der Sequaner, Vesontio (Besançon). Die Tatsache, daß der Kampf mit Ariovist unmittelbar bevorstand, führte infolge der Gerüchte über Körpergröße und Tapferkeit der Germanen zu einer Panik im römischen Heer, die Caesar aber in Kampfesmut umzusetzen verstand. Nach einer Unterredung mit Ariovist, in der dieser seinen Rechtsanspruch auf Gallien damit begründete, daß er früher als Caesar in dieses Land gekommen sei, fand im Oberelsaß die Entscheidungsschlacht statt. Die Germanen wurden vernichtend geschlagen, ihre Reste über den Rhein gedrängt. Mit ihnen verschwand Ariovist aus dem Licht der Geschichte.

Die Überwinterung des großen römischen Heeres im Sequanergebiet erregte die Besorgnis der im Norden Galliens wohnenden Belger. Sie rüsteten sich daher zur Abwehr. Auch Caesar stellte sich auf einen Kampf ein. Er hob in der Cisalpina zwei neue Legionen aus und zog 57 mit 8 Legionen an die Sambre (Sabis), wo es zu einer großen Schlacht gegen die Nervier kam, die fast völlig vernichtet wurden. Caesars Truppen drangen bis an die Küste des Atlantischen Ozeans vor, womit alle belgischen Stämme als unterworfen gelten konnten. Darüber hinaus war aus der Sicht Caesars ganz Gallien befriedet, während die

Der Untergang des republikanischen Staates

Gallier selbst den neuen Zustand als Verlust der Freiheit verstanden (Caes. bell. Gall. 2,35,1 bzw. 1,17,4).

Die durch das bereits erwähnte Dankfest ins allgemeine Bewußtsein gehobenen Erfolge Caesars in Gallien brachten seine Gegner in Rom nicht von ihrer Ansicht ab, sein Kommando sei ungesetzlich, er müsse abberufen werden. L. Domitius Ahenobarbus, der schon 58 als Prätor gegen Caesar aktiv geworden war, suchte 56 in dieser Absicht das Konsulat für 55 zu erlangen. Caesar begegnete der Gefahr durch Reaktivierung des Bundes mit Crassus und Pompeius. Nachdem er in Ravenna Crassus zur Beilegung seines Streites mit Pompeius veranlaßt hatte, traf er in Luca (bei Pisae) mit beiden zusammen, um die politische Strategie für 55 und die folgenden Jahre festzulegen: Das Konsulat des L. Domitius Ahenobarbus sollte durch die Bewerbung von Crassus und Pompeius verhindert werden. Als Konsuln würden sie sich sodann Imperien von 5jähriger Dauer verschaffen und auch Caesars Kommando um 5 Jahre verlängern. Dieses sollte zudem durch die von der Staatskasse zu übernehmende Besoldung der vier neu ausgehobenen Legionen rechtlich untermauert werden. Schließlich wurde vereinbart, daß Pompeius seine Beziehungen zu Cicero dazu benutzen sollte, diesen von einem geplanten Vorgehen gegen Caesar wegen der *lex Iulia de agro Campano* abzubringen.

Die Beschlüsse von Luca wurden zunächst in bezug auf Cicero ausgeführt: Pompeius brachte zustande, daß der redegewaltige Konsular durch seine Abwesenheit die Debatte über die *lex Campana* entschärfte, daß er die Besoldung der vier Legionen aus der Staatskasse gar befürwortete und daß er durch eine geradezu spektakuläre Senatsrede verhinderte, daß Caesars Provinzen, wie von L. Domitius Ahenobarbus beabsichtigt, zur Disposition gestellt wurden. Ciceros Handlungsweise in diesem (56) und den folgenden Jahren trug ihm bei den Optimaten den Schimpfnamen „Überläufer" ein (Cass. Dio 39,63,5), während ihm eben dieses Verhalten von Caesar mit einem Darlehen in Höhe von 800000 Sesterzen honoriert wurde.

Das in Luca beschlossene (zweite) Konsulat für Crassus und Pompeius wurde mit Hilfe abkommandierter Soldaten Caesars verwirklicht, welche sich in großer Zahl an der Wahl beteiligten. Diese fand erst im Januar 55 statt – ein deutliches Zeichen der Lähmung des Staatsapparates. Die neugewählten Konsuln wußten es zu verhindern, daß der nach Rom zurückgekehrte Cato zum Prätor gewählt wurde. Ihr eigenes Anliegen wurde durch die *lex Trebonia* des Volkstribunen C. Trebonius erfüllt: sie erhielten Syrien und die beiden spanischen Provinzen auf 5 Jahre. Die Losung brachte Crassus das syrische

Der Untergang des republikanischen Staates 133

Kommando, Pompeius das spanische. Beide Konsuln verschafften sodann Caesar durch eine *lex Licinia Pompeia* die Verlängerung seines Imperiums um 5 Jahre. Das Triumvirat hatte nun auch territorial Gestalt angenommen.

Während Pompeius hinsichtlich Spaniens keine bestimmten Pläne verfolgte, ja nicht einmal selbst dort sein Imperium auszuüben gedachte, sondern Legaten damit betraute, plante Crassus, sein syrisches Kommando durch einen Feldzug gegen die Parther zum persönlichen Ruhmgewinn zu nutzen. Seine Kriegsvorbereitungen stießen jedoch auf stärksten Widerstand, sein Auszug wurde in aller Form verflucht. Caesar schließlich konnte gegen Ende des Jahres 55 große Taten melden: Er hatte die germanischen Stämme der Usipeter und Tenkterer, die am Mittelrhein nach Gallien eingefallen waren, geschlagen und war ins rechtsrheinische Germanien vorgedrungen. Einen noch stärkeren Eindruck rief die Nachricht von seiner Überfahrt nach Britannien hervor, da diese über die Grenzen des bisher bekannten Erdkreises hinausführte. Ein auf 20 Tage verlängertes Dankfest gab der allgemeinen Freude Ausdruck. Der Senat erfuhr bei dieser Gelegenheit aber auch, daß Caesar den Sieg über die Usipeter und Tenkterer unter Verletzung des Gesandtenrechts errungen hatte. Cato verlangte daher die Auslieferung Caesars an die Germanen, drang mit diesem Antrag jedoch nur insoweit durch, als eine Untersuchungskommission nach Gallien abgeordnet wurde.

In den Jahren 54 und 53 trieb der römische Staat einer Katastrophe entgegen. Man sprach ganz offen von einer Diktatur des Pompeius als Möglichkeit, der Anarchie – es gab im Quintilis (Juli) 53 noch keine Konsuln für dieses Jahr – zu entgehen. Doch Cato, der befürchtete, daß die Diktatur zur Monarchie führe, fand den Ausweg, Pompeius durch einen Senatsbeschluß zum Schutz des Staates (*SC ultimum*) zu veranlassen, für Wahlen zu sorgen, so daß es wenigstens für die zweite Hälfte des Jahres 53 wieder Konsuln gab.

Die Katastrophe, die in Rom noch einmal abgewendet werden konnte, traf das Heer des Crassus (7 Legionen) bei Carrhae im Nordwesten Mesopotamiens mit voller Wucht. Surenas, der Feldherr des Partherkönigs Orodes, bereitete den Römern eine furchtbare Niederlage, 20000 fielen, 10000 wurden gefangengenommen. Crassus kam auf erbärmliche Art zu Tode. Nur kümmerliche Reste des Heeres schlugen sich nach Armenien, Kilikien und Syrien durch.

In Rom mußte der Senat zu Beginn des Jahres 52 erneut den Staatsnotstand erklären: Nicht nur, daß es keine Konsuln gab, die Stadt war dem Terror des Mobs ausgesetzt, der seinen Heros, Clodius, durch

134   Der Untergang des republikanischen Staates

Milos Tötungsbefehl nach einem Handgemenge der Schutztrupps beider Politiker auf der Via Appia verloren hatte. Der Leichnam des Clodius wurde in der Curia Hostilia auf dem Forum verbrannt; die ehrwürdige Versammlungsstätte des Senats ging dabei in Flammen auf. Das *SC ultimum* ermächtigte Pompeius zur Aushebung von Truppen in Italien; mit ihnen besetzte er das Marsfeld, so daß der Senat hier unter ihrem Schutz tagen konnte – in der von Pompeius nahe bei seinem Theater erbauten Curia!

Das Ergebnis der Beratungen bestand in der Aufforderung des Senats an Pompeius, das Konsulat für mindestens zwei Monate allein (*sine collega*) zu übernehmen und der Verwilderung des politischen Lebens durch Gesetze entgegenzutreten. Pompeius gelangte damit zu seinem dritten Konsulat. Dem Auftrag „zur Verbesserung der Sitten" (Tac. ann. 3, 28, 1) kam er zunächst durch Gesetze gegen Gewaltverbrechen (*de vi*) und Wahlbestechung (*de ambitu*) nach. Sie hatten eine Flut von Prozessen (u. a. gegen Milo) zur Folge, die zügig abgewickelt wurden. Die Gesetze enthielten nämlich genaue Vorschriften über die Redezeiten für Ankläger und Verteidiger, die bisher das Maß ihrer Reden selbst nach den – vom Auctor ad Herennium um 85 niedergelegten – Regeln der Rhetorik bestimmt hatten. Der Eingriff des Pompeius in das freie Rederecht wurde später als Beginn des Niedergangs der Beredsamkeit empfunden (Tac. dial. 38, 1–2), war aber offenbar durch die Praktiken der Gerichtsredner heraufbeschworen worden.

Caesar hatte seine Zustimmung zum dritten Konsulat des Pompeius mit der Forderung verbunden, daß ihm durch ein von allen zehn Volkstribunen einzubringendes Gesetz gestattet werde, sich abwesend um das Konsulat für 48 zu bewerben. Pompeius verschaffte Caesar dieses Privileg, vergaß dann aber, es in seinem Reformgesetz über die Magistratur (*de iure magistratuum*) zu verankern. Ein auf Drängen der Anhänger Caesars vorgenommener Zusatz auf der Gesetzestafel (Suet. Caes. 28, 3) war rechtlich anfechtbar. Schlimmer noch für Caesar war die in dem Parallelgesetz über die Provinzen (*lex Pompeia de provinciis*) enthaltene Bestimmung, daß Prätoren und Konsuln nicht mehr sofort nach ihrem Amtsjahr, sondern erst nach fünf Jahren eine Provinz erhalten sollten. Dadurch konnte Caesar schon am 1. März 50, an dem sein Kommando ablief, einen Nachfolger erhalten, während nach der bisherigen Regelung einer der beiden Konsuln von 49 (im Jahre 48) sein Nachfolger geworden wäre.

Pompeius wuchs durch seine Tätigkeit im dritten Konsulat in die Rolle eines „Verteidigers des Staates" (Cic. ad Att. 8, 3, 3) hinein, was bedeutete, daß er sich den Optimaten zuzurechnen begann, aus deren

Der Untergang des republikanischen Staates 135

Kreis er auch – Iulia (oben S. 128) war 54 gestorben – seine neue Gemahlin erwählte: Cornelia, die Tochter des Q. Metellus Pius Scipio. Demonstrativ ließ er seinen Schwiegervater für die Monate Sextilis (August) bis Dezember als Mitkonsul neben sich treten und gab ihm Gelegenheit, sich durch ein Gesetz zur Wiederherstellung des Sittengerichts der Zensoren (vgl. oben S. 129) an der Reorganisation des Staates zu beteiligen.

Während Pompeius seine Tatkraft in den Dienst des daniederliegenden Staates stellte, legte Cicero seine theoretischen Vorstellungen von eben diesem Staat in seinem Werk ›De re publica‹ dar, das er 51 veröffentlichte; es fand große Beachtung (Cic. ad fam. 8, 1, 4) – als römische Entsprechung der platonischen ›Politeia‹. Einige Jahre vorher hatte Cicero aus dem Nachlaß des Dichters T. Lucretius Carus dessen Lehrgedicht ›Von der Natur der Dinge (De rerum natura)‹ herausgegeben, das den menschlichen Ängsten mit der Philosophie Epicurs zu begegnen suchte.

Die Ereignisse um den Tod des Clodius, die Rom in so große Unruhe versetzten, hatten noch größere Auswirkungen in Gallien. Hier glaubte man, Caesar, der den Winter 53/52 in Ravenna verbrachte, könne angesichts der Lage in Rom nicht zu den Legionen kommen, die auf Winterlager bei den Treverern, Lingonen und Senonen verteilt waren. Man hielt deshalb den Zeitpunkt für günstig, den Kampf um die Befreiung Galliens aufzunehmen. Das Zeichen zum Aufstand gaben die Carnuten mit der Ermordung der in Cenabum (Orléans) ansässigen römischen Kaufleute, das Zentrum des Aufstandes lag im Gebiet der Arverner (Auvergne), wo Vercingetorix sich zum König ausrufen ließ und an die Spitze eines aus vielen Stämmen gebildeten Heeres trat. Mit diesem griff er nach Norden (Bituriger) und Süden (Rutener) aus.

Caesar sicherte, als er im Frühjahr 52 nach Gallien kam, zunächst mit einem Teil der neu ausgehobenen Truppen die Provincia Narbonensis und überstieg dann mit dem anderen Teil das Cevennengebirge (*mons Cebenna*), um die Legionen an sich zu ziehen. Es handelte sich um insgesamt zehn (auf diese Stärke war Caesars Heer im Jahre 53 angewachsen). Erste Aktionen richteten sich gegen Cenabum, wo der Aufstand begonnen hatte, und Avaricum (Bourges), die Hauptstadt der Bituriger. Erbarmungsloser Vernichtungswille der römischen Soldaten führte zur Einäscherung beider Städte und zur Versklavung bzw. Tötung der Bewohner. Bei dem Versuch, Gergovia, die Heimatstadt des Vercingetorix einzunehmen, mußte Caesar jedoch erfahren, daß er es mit einem strategisch durchaus ebenbürtigen Gegner zu tun hatte. Im caesarischen Schlachtenkatalog zählte Gergovia als Niederlage.

Vercingetorix, dem sich nun auch die bisher römertreuen Häduer unterstellten, zwang Caesar, der nach Norden marschiert war, um sich mit den Legionen seines Legaten T.Labienus zu vereinigen, zum Rückzug in die Provinz. Auf dem Marsch dorthin griff der gallische Oberbefehlshaber an der Grenze des Lingonenlandes das römische Heer an. Seine Siegeshoffnung wurde jedoch vor allem von der germanischen Reiterei Caesars zunichte gemacht. Er mußte sich nach Alesia zurückziehen; die Stadt der Mandubier wurde ihm zum Schicksal. Caesar schloß sie ein und siegte nach einmonatiger Belagerung in einer großen Schlacht, bei der Vercingetorix aus der Stadt gegen die Belagerungsringe vorging und ein Entsatzheer von außen den Durchbruch zu den Eingeschlossenen versuchte. Der Gallier ergab sich dem Römer, der ihn in Gefangenschaft hielt, bis er 46 im Triumph vorgeführt und zu Tode gebracht wurde. Spät erst (1865) kehrte Vercingetorix als Denkmal des gallischen Freiheitswillens – von Napoleon III. errichtet – nach Alesia (Alise-Sainte-Reine) zurück.

Für seinen großen Sieg erhielt Caesar in Rom wiederum (vgl. oben S.133) ein 20tägiges Dankfest. In Gallien konnte er nach Unterwerfung der noch aufständischen Stämme, insbesondere der Bellovaker, mit der Organisation des eroberten Gebietes beginnen und die Provinz Gallia Transalpina einrichten, der er einen Jahrestribut von 40 Millionen Sesterzen auferlegte, eine mäßige Summe, die anscheinend der Ausplünderung Galliens in den voraufgegangenen Kriegsjahren Rechnung trug. Caesar selbst war durch die gallische Beute in der Lage, für den Baugrund zum Forum Iulium in Rom 100 Millionen Sesterzen zu zahlen (Suet. Caes. 26,2), und als er das aus gallischen Heiligtümern geraubte Gold in Umlauf brachte, fiel der Goldpreis um ein Viertel (Suet. Caes. 54,2: auf 3000 Sesterzen je Pfund). Seine Soldaten ließ Caesar durch eine „Verdoppelung" ihres Soldes (jetzt 225 Denare jährlich, vgl. oben S.89) an dem neuen Reichtum teilnehmen (Suet. Caes. 26,3).

Im Hinblick auf seine Konsulatspläne unternahm Caesar im Laufe des Jahres 50 eine Reise durch die Cisalpina. Der geradezu triumphale Empfang in den Munizipien und Kolonien gab ihm Gewißheit über seine Popularität. Umgekehrt erfuhr Pompeius, als er im gleichen Jahr von einer schweren Krankheit genas und ganz Italien dieses Ereignis überschwenglich feierte, daß seine Beliebtheit einen neuen Höhepunkt erreicht hatte. Die psychologische Ausgangsposition für die bevorstehende Auseinandersetzung der beiden Imperatoren war also gleich.

Der Untergang des republikanischen Staates

Caesar untermauerte seine Ansprüche auf das Konsulat für 48 durch die Publikation seiner Feldzugsberichte (›Commentarii‹) über den Gallischen Krieg. Als seinen Sachwalter in Rom hatte er für das Jahr 50 den Volkstribunen C. Scribonius Curio gewonnen, dessen Schuldenlast (10 Millionen Sesterzen) er bezahlte. Curio brachte den Senat dazu, in der Frage der Abberufung Caesars dem Kompromiß zuzustimmen (370:22), daß auch Pompeius, dessen spanisches Kommando 52 um fünf Jahre verlängert worden war, gleichzeitig zurücktrete. Der Konsul C. Claudius Marcellus machte jedoch diesen Erfolg Curios zunichte, indem er Gerüchte über den Anmarsch Caesars zum Anlaß nahm, in eigener Verantwortung Pompeius den Auftrag zum Schutz des Staates zu übertragen.

Über den Verhandlungen im Dezember 50 lag die Drohung Caesars, er werde Genugtuung verlangen, wenn seine Kompromißbereitschaft ignoriert werde. Pompeius wiederum brüstete sich mit seiner militärischen Leistungsfähigkeit. Ein letzter Vorschlag Caesars ging dahin, sich bis zum Konsulatsantritt mit der Cisalpina und zwei Legionen oder Illyricum mit einer Legion zu begnügen, wenn Pompeius in seine spanischen Provinzen gehe. Cicero, der aus seiner kilikischen Statthalterschaft zurückgekehrt war, setzte sich stark dafür bei Pompeius ein, und dieser zeigte sich einsichtig. Aber im Senat dominierten diejenigen, welche mit Cato der Meinung waren, es sei besser zu sterben, als sich der Bedingung eines einzelnen Bürgers zu beugen (Vell. 2,49,3). Am 7. Januar 49 beantragte der Konsul L. Cornelius Lentulus Crus das *SC ultimum*, womit der bereits am 1. Januar gefaßte Beschluß zur Abberufung Caesars Gültigkeit erlangte. Die beiden Volkstribunen in Caesars Diensten, M. Antonius und Q. Cassius Longinus, die gegen den Abberufungsbeschluß interzediert hatten, sahen ihre Sacrosanctitas bedroht und begaben sich zu Caesar.

Die Nachricht von diesen Ereignissen veranlaßte Caesar, militärische Maßnahmen gegen diejenigen zu ergreifen, die seine Würde (*dignitas*) und die der Volkstribunen beeinträchtigten. In seiner Sicht handelte es sich dabei um eine Clique, die den Staat unterdrückte. Gegen sie lehnte er sich auf, von ihr wollte er den Staat befreien. Ihm stand zwar im Augenblick (10. Januar 49) nur eine Legion zur Verfügung, doch hatte er Vorsorge getroffen, daß er schon bald zwei weitere seiner gallischen Legionen einsetzen konnte. Erstes Ziel der Operationen (von Ravenna aus) war Ariminum. Als er den Rubicon, den Grenzfluß zwischen der Cisalpina und Italia, überschritt, sprach er vom Würfel, mit dem er sein Glück nun erprobe (Suet. Caes. 32: *iacta alea est*). Schon nach wenigen Tagen (14./15. Januar) hatte er durch die Einnahme von Ancona und Arretium entscheidende Erfolge errungen.

Von Arretium her (über Clusium und die Via Cassia) war Rom bedroht. Die hier ausbrechende Panik wurde verstärkt durch die Vorstellung von Galliern unter Caesars Truppen. Pompeius riet zur Aufgabe Roms und zur Fortführung der Staatsgeschäfte in Capua. Sein strategischer Plan sah die Aushebung möglichst vieler Soldaten und ihre Überführung von Brundisium nach dem Osten vor. Verfügen konnte er im Augenblick nur über zwei Legionen, und die hatten unter Caesars Kommando gestanden (waren 50 von diesem für einen drohenden Partherkrieg abgestellt worden). So wurde Apulien zum Sammelplatz der Armee des Pompeius.

Dem Plan des Pompeius widersetzte sich – er war ja nicht alleiniger Oberbefehlshaber – L. Domitius Ahenobarbus, der alte Caesargegner (oben S. 128. 132). Vom Senat zum Nachfolger Caesars in Gallien bestimmt, wollte er mit 31 neu ausgehobenen Kohorten dessen Vormarsch nach Süden in Corfinium aufhalten. Caesar, inzwischen durch zwei Legionen und 22 Kohorten verstärkt, schloß ihn in Corfinium ein und zwang ihn zur Kapitulation. Mit einer großmütigen Geste entließ er Domitius und die bei ihm befindlichen Angehörigen der oberen Stände; die Soldaten reihte er in seine Truppen ein. Die „Milde von Corfinium" (Cic. ad Att. 9, 16, 1) machte großen Eindruck. Caesar selbst verkündete, daß er durch eine solche Haltung die Zuneigung aller zu erreichen hoffe und verwies auf seine ununterbrochenen Versuche, mit Pompeius doch noch übereinzukommen (Cic. ad Att. 9, 7 C).

Caesar schaffte es nicht, die Einschiffung der insgesamt fünf Legionen, die Pompeius zusammengebracht hatte, zu verhindern. Am 17. März 49 verließ Pompeius mit dem letzten Transport Brundisium und setzte nach Dyrrhachium über. Einen Tag später nahm Caesar Brundisium, das er seit dem 9. März belagerte, ein, sicherte die Stadt durch eine Legion und verteilte die übrigen Legionen auf Städte der Umgebung. Mit den Truppen, die er von Domitius in Corfinium übernommen hatte, sandte er C. Scribonius Curio nach Sizilien, wo Cato vergeblich versuchte, den Widerstand zu organisieren. Caesar selbst eilte über Rom, wo er nur wenige Tage verweilte, nach Spanien, um die dort stehenden Truppen des Pompeius aus dem Kriegsgeschehen auszuschalten. Das gelang ihm in nur 40 Tagen. Dagegen mußte er ein halbes Jahr auf die Belagerung Massilias verwenden, wo L. Domitius Ahenobarbus erneut gegen ihn aktiv geworden war.

Am 1. Januar 48 trat Caesar in Rom sein zweites Konsulat (mit P. Servilius Isauricus) an. Die Wahlen hatten unter seiner eigenen Lei-

Der Untergang des republikanischen Staates   139

tung – er war 11 Tage Diktator – stattgefunden. Erstmalig waren daran auch die Transpadaner beteiligt, deren treue Hilfe im Gallischen Krieg Caesar mit dem römischen Bürgerrecht belohnt hatte (*lex Roscia de Transpadanis*). Unter den Regierungsaufgaben besaß das Geldproblem absoluten Vorrang. Für die Kriegsfinanzierung hatte Caesar sich den Reservefonds der Staatskasse, 15 000 Gold- und 30 000 Silberbarren sowie 30 Millionen Sesterzen Münzgeld (Plin. nat. hist. 33, 56), angeeignet. Die spanischen Provinzen und Massilia dienten als neue Geldquellen. Selbstverständlich sollte auch Italien seinen Beitrag leisten. Aber hier lagen die Dinge im argen. Das Kreditsystem war zusammengebrochen, da von Caesar ein allgemeiner Schuldenerlaß erwartet wurde. Überhaupt stockte der Geldumlauf, und die Geschäftslage war miserabel.

Caesar erließ als Diktator ein Gesetz, das den Schuldnern gestattete, zur Tilgung ihrer Schuld Grundstücke und bewegliche Sachen zu verwenden, und zwar zu dem Preis, den diese vor Beginn des Bürgerkriegs gehabt hatten; gezahlte oder zur Schuldsumme geschlagene Zinsen durften bei Rückzahlung des Darlehens von diesem abgezogen werden, wodurch sich eine durchschnittliche Verringerung um ein Viertel ergab. In einem weiteren Gesetz trat Caesar der Geldhortung entgegen, indem er verbot, daß jemand mehr als 15 000 Denare Bargeld besitze. Das Gesetz erhielt auch genaue Vorschriften für das Kreditgewerbe (Landbesitz als Bedingung für die Betätigung als *faenerator*, Maximalzinssatz) und wurde deshalb als *lex Iulia de modo credendi possidendique intra Italiam* bezeichnet (Tac. ann. 6, 16, 1).

Eine Belebung des Geld- und Kreditmarktes vermochten Caesars Maßnahmen aber nicht zu erzeugen; sie führten im Gegenteil zu neuen Spannungen. 48 versuchte der Prätor M. Caelius Rufus die Annulierung aller Schulden sowie eine Aussetzung der Mietzahlungen für ein Jahr zu erwirken, 47 verfocht der Volkstribun P. Cornelius Dolabella die gleichen Pläne. Beide Male kam es zu großen Unruhen; die des Jahres 47 kosteten 800 Menschen das Leben. Der Bürgerkrieg verlangte seine Opfer nicht nur auf dem Schlachtfeld!

Die von den Konsuln Iulius Caesar und Servilius Isauricus repräsentierte Regierung in Rom löste nach den Regeln des Staatsrechts die mit Pompeius in den Osten ausgewichenen Konsuln und übrigen Magistrate des Jahres 49 ab. Diese hatten in Thessalonice ein Ersatzrom geschaffen und fungierten als Promagistrate weiter. Etwa 200 Senatoren standen ihnen beratend zur Seite, darunter auch Cicero, der Italien verlassen hatte, weil er Caesars Chancen als schlecht beurteilte. Pompeius erhielt nun den Oberbefehl und hatte die Genugtuung, daß

Der Untergang des republikanischen Staates

sich Caesars tüchtigster Legat aus dem Gallischen Krieg, T. Labienus, ihm anschloß. Das Heer wurde in Makedonien auf neun Legionen gebracht; zwei weitere Legionen unter dem Prokonsul Metellus Scipio waren von Syrien her im Anmarsch. Eine Flotte von 500–600 Schiffen unter dem Kommando des M. Calpurnius Bibulus übte die Seeherrschaft im Adriatischen und Jonischen Meer aus. Pompeius' Ziel war es, Italien von Osten her zurückzuerobern. „Sulla hat es gekonnt, sollte ich es nicht können?" (Cic. ad. Att. 9, 10, 2). So hatte er sich schon zu Beginn des Bürgerkriegs vernehmen lassen.

Caesar machte die strategische Konzeption des Pompeius dadurch zunichte, daß er trotz der gegnerischen Seeherrschaft schon am 4. Januar 48, d. h. zu einem Zeitpunkt, als die Truppen des Pompeius noch nicht an der Küste ihre Winterquartiere bezogen hatten, mit einem Teil seines Heeres die Überfahrt von Brundisium nach Palaeste in Epirus unternahm. Sieben Legionen brachte er an Land; mit ihnen marschierte er nach Norden und besetzte Apollonia, bevor Pompeius dorthin gelangen konnte. Hier, südlich des Apsus, schlug er ein Lager auf. Pompeius tat das gleiche nördlich des Flusses. Es dauerte bis Anfang April, ehe den restlichen fünf Legionen Caesars unter M. Antonius und Q. Fufius Calenus die Überfahrt gelang; sie landeten bei Nymphaeum weit im Norden. Pompeius rückte ihnen entgegen, aber Caesar konnte sich trotzdem in der Nähe von Dyrrhachium mit ihnen vereinigen. Er bot Pompeius nun die Schlacht an, und als dieser sie nicht annahm, schloß er ihn weiträumig ein. Mit diesem aufwendigen Unternehmen hatte er jedoch keinen Erfolg: Pompeius durchbrach den Einschließungsring und fügte Caesar große Verluste zu; er mußte schleunigst den Rückzug antreten.

Pompeius wertete seinen bei Dyrrhachium errungenen Sieg als Anfang vom Ende Caesars. Noch sicherer im Hinblick auf Caesars baldigen Untergang waren die Optimaten in der Umgebung des Pompeius; sie drängten zur alles entscheidenden Schlacht. Diese fand am 9. 8. 48 bei Pharsalus in Thessalien statt. Caesar war dorthin marschiert, um das Detachement unter Cn. Domitius Calvinus, das er den syrischen Legionen des Metellus Scipio entgegengeschickt hatte, wieder in seine Truppen einzureihen. Pompeius war Caesar gefolgt und hatte sich seinerseits mit Metellus Scipio vereinigt. Die Stärke des pompeianischen Heeres betrug nach Caesars (sicher übertriebener) Angabe 110 Kohorten = 47000 Mann und 7000 Reiter. Caesar selbst konnte 80 Kohorten mit 22000 Mann und 1000 Reiter zur Schlacht aufbieten. Den Sieg errang Caesar dank der Aufstellung einer taktischen Reserve gegen den (linken) Angriffsflügel des Pompeius. Die Verluste

Der Untergang des republikanischen Staates

des Pompeius waren hoch (etwa 15000 Mann), der größte Teil des Heeres (mehr als 24000 Mann) ergab sich.

Mit der Schlacht von Pharsalus erhielt Caesar nach Ansicht seiner Soldaten die ihm von den Optimaten vorenthaltene Würde, das römische Volk seine von eben dieser Seite bedrohte Freiheit zurück (Caes. bell. civ. 3, 91, 2). Caesar selbst wurde durch den Anblick der vielen Toten, unter denen sich auch sein Erzfeind L. Domitius Ahenobarbus befand, von Wehmut übermannt. „Sie haben es so gewollt", sagte er (Suet. Caes. 30, 4), wobei er darauf hätte verweisen können, daß er noch wenige Monate zuvor einen Ausgleichsversuch unternommen und als sein Ziel „die Ruhe Italiens, den Frieden der Provinzen und das Heil des Reiches" bezeichnet hatte (Caes. bell. civ. 3, 57, 4).

Pompeius war vom Schlachtfeld geflohen und hatte Ägypten als Basis für die Fortsetzung des Krieges ausersehen. Hier aber traf er in einer äußerst ungünstigen Situation ein (Streit des 13jährigen Königs Ptolemaeus XIII. mit seiner 21jährigen Schwestergemahlin Cleopatra VII.). Die Berater des Königs beschlossen, Pompeius bei seiner Landung in Pelusium (an der Mündung des östlichsten Nilarms) zu ermorden. Am 28. September 48 geschah die Untat. Der Mann, der sich rühmen konnte, über drei Erdteile triumphiert zu haben, und der den Ehrennamen „Magnus" führte, fand ein so klägliches Ende – der Kopf wurde ihm abgeschlagen –, daß selbst seinem Gegner Caesar die Tränen kamen, als ihm das Beweisstück des Mordes überbracht wurde.

Die Verfolgung des Pompeius führte auch Caesar nach Ägypten, und auch er lernte die Ungunst der Stunde kennen, aber er hatte 4000 Soldaten bei sich, die ihn in den Stand setzten, sich in Alexandria so lange gegen die königlichen Truppen und den Mob zu halten, bis der angeforderte Entsatz eintraf. In einer Schlacht am Nil schlug Caesar dann das ägyptische Heer; der König fiel. Alexandria mußte ihn als Sieger empfangen, Ägypten ihm gehorchen. Mit dem Recht des Siegers bestätigte er Cleopatra, die ihn als Geliebten gewonnen hatte, in der königlichen Würde und setzte ihren 11jährigen Bruder, Ptolemaeus XIV., als Mitherrscher ein. Drei Legionen ließ er zur Sicherung der römischen Interessen in Alexandria zurück, als er nach etwa 9monatigem Aufenthalt im Juni 47 von Ägypten nach Asien aufbrach.

Bis zum Beginn des Alexandrinischen Krieges hatte Caesar seine Operationen und die politische Lage in den Commentarii ›Über den Bürgerkrieg‹ niedergelegt. Jetzt, da der Krieg nach dem Tod des Pompeius eine andere Dimension annahm, brach er die Darstellung

142   Der Untergang des republikanischen Staates

ab. Über seinen Feldzug gegen Pharnaces, den Sohn des Mithridates,
der den Bürgerkrieg benutzt hatte, um das Reich seines Vaters zurückzuerobern, schrieb er in einem Brief nur die Worte: *veni, vidi, vici*,
„ich kam, ich sah, ich siegte" (Suet. Caes. 37,2; Plut. Caes. 50,3). Er
charakterisierte damit seinen Sieg bei Zela in Pontus (2.8.47), der
Pharnaces zur Aufgabe seiner Eroberungen zwang.

   Caesar war auch im Jahre 47 der oberste Beamte des römischen
Staates – als Diktator. Für 46 ließ er sich zum dritten Mal als Konsul
wählen (mit M. Aemilius Lepidus). Als neue kriegerische Aufgabe
wartete auf ihn die Besitznahme der Provinz Africa, die Curio 49 im
Anschluß an sein Sizilien-Unternehmen (oben S. 138) mißlungen war;
der Numiderkönig Juba, ein Anhänger des Pompeius, hatte ihn geschlagen. Inzwischen verfügten die der Schlacht von Pharsalus entron-
nenen Führer der Optimaten, an ihrer Spitze Metellus Scipio, in
Africa über eine beachtliche Streitmacht. Gegen sie, dem Namen nach
freilich gegen Juba, richteten sich die Kriegsvorbereitungen Caesars.
Dabei gab es insofern Schwierigkeiten, als die Veteranen angesichts
ihres neuerlichen Einsatzes meuterten. Sie zogen aus ihren Quar-
tieren in Kampanien nach Rom, um ihre Forderungen (Belohnungen,
Entlassung) durchzusetzen. Caesar mußte sein ganzes Geschick in der
Menschenbehandlung aufwenden, um sie bei der Stange zu halten
(Anrede als *Quirites* statt *milites*, Suet. Caes. 70).

   Der Africa-Feldzug wurde am 6. April 46 durch die Schlacht von
Thapsus (südl. von Hadrumetum an der Kleinen Syrte) entschieden,
in der 10000 Soldaten Scipios von den Veteranen Caesars förmlich im
Blutrausch getötet wurden. Scipio selbst kam auf der Flucht um.
König Juba von Numidien ließ sich den Todesstoß geben. Die letzte
Bastion der Pompeianer war Utica (nördl. von Karthago), wo Cato
kommandierte. Auch sie fiel Caesar zu. Cato wählte den Freitod statt
der Bitte um Gnade. Als territoriales Ergebnis bescherte der Krieg
Rom die Provinz Africa Nova (Numidien). Der Senat ehrte Caesar mit
einem Dankfest von 40 Tagen.

   Im September 46 (vom 20. an) zog Caesar die Bilanz seiner Erfolge
auf den Schlachtfeldern in aller Welt. Vier Triumphe innerhalb weniger Tage kündeten von seinen Siegen in Gallien, Ägypten, Pontus
und Africa, die 1192000 Feinden das Leben gekostet hatten. Riesige
Geldmengen wurden dem Volk gezeigt. Ihr Gewicht betrug 60500
Talente (1585 t). Dem siegreichen Imperator waren 2822 goldene
Kränze dediziert worden (vgl. die 2000 bei Sullas Begräbnis, oben
S. 116). Mit den Triumphen verbunden war die Einweihung des Tempels
der Venus Genetrix, der Stammutter des julischen Geschlechts. Der

Der Untergang des republikanischen Staates 143

Tempel bildete den Blickfang des Forum Iulium, das nun ebenfalls seiner Bestimmung als Platz für öffentliche Angelegenheiten übergeben wurde. Am letzten Tag der Feierlichkeiten (1. Oktober) ließ Caesar an 22000 Tischen das Volk von Rom bewirten. Er selbst war, mit Blumenkränzen behangen, auf seinem Forum dabei. Im Schein von Fackeln – sie wurden von Elefanten getragen – geleitete das Volk ihn nach Hause.

Einen Monat später mußte Caesar erneut in den Krieg ziehen. In Spanien hatte Cn. Pompeius, der älteste Sohn des in Ägypten ermordeten Feldherrn der Optimaten, das Kommando an sich gerissen und ein Heer aufgestellt, in das auch die aus Afrika herübergekommenen Truppen unter T. Labienus eingereiht wurden. Es kostete Caesar große Mühe, am 17. März 45 in der Schlacht von Munda (bei Corduba) die mit dem Mute der Verzweiflung kämpfenden Soldaten des Pompeius zu schlagen. 30000 von ihnen fielen, darunter Labienus; Pompeius kam auf der Flucht um. Der Sieg verschaffte Caesar den Ehrentitel „Befreier" (*liberator*) und damit die offizielle Anerkennung seines persönlichen Standpunktes zu den Geschehnissen seit der Überschreitung des Rubicon (vgl. oben S. 141). Die Dauer des Dankfestes wurde (gegenüber Thapsus) noch einmal erhöht: auf 50 Tage! Den Triumph über Spanien beanspruchte Caesar nicht nur für sich selbst, sondern auch für seine Legaten Q. Fabius Maximus und Q. Pedius.

Caesar hatte den Bürgerkrieg durch hervorragende Leistungen als Feldherr für sich entschieden. Rechnet man die Zeit des Gallischen Krieges hinzu, so stand er 14 Jahre lang erfolgreich an der Spitze großer Heere – als Imperator par excellence. Der Senat trug dieser einzigartigen Stellung Caesars Rechnung, indem er ihm nach der Schlacht von Munda den erblichen Imperator-Titel verlieh. Einzigartig aber war Caesars Stellung auch im Hinblick auf die Staatsleitung. Nach der Schlacht von Thapsus (46) war ihm die Diktatur auf 10 Jahre übertragen worden. Für das Jahr 45 wurde er zum vierten Mal als Konsul gewählt, dann erhielt er nach Munda auch das Konsulat für 10 Jahre. Außerdem war er schon seit 63 Inhaber des höchsten Priesteramtes (*pontifex maximus*). So konnte man von ihm sagen, er halte alle Macht in Händen (Cic. ad fam. 4,8,2).

Hinter der Ausstattung Caesars mit den höchsten Ämtern, die das römische Staatsrecht kannte, stand die Erwartung, er werde seine Befugnisse gebrauchen, um den Staat alter Prägung, der in den auf Sulla folgenden stürmischen Zeiten „verlorengegangen" war (Cic. ad Att. 9,5,2), wiederherzustellen. Es war Cicero, der, von Caesar in Gnaden wiederaufgenommen, 46 im Senat dieser Erwartung Ausdruck verlieh

144   Der Untergang des republikanischen Staates

(Cic. pro Marc. 27). Natürlich gaben sich solchen Gedanken vornehmlich die Mitglieder der alten Führungsschicht hin. Sie hatten im Bürgerkrieg zumeist auf seiten des Pompeius gestanden, fanden aber
nach Pharsalus und später bei Caesar bereitwillig Aufnahme und Ver-
zeihung ihres „Irrtums" (Cic. a. O. 13). Der spektakulärste Fall einer
solchen Betätigung der Clementia Caesaris war der des M. Claudius
Marcellus (cos. 51) im Jahre 46. Den Höhepunkt der ganzen auf Ver-
söhnung gerichteten Politik Caesars bildete die weitgehende Amnestie des Jahres 44 für alle politischen Gegner. Retter aus der Not des
Bürgerkrieges wollte Caesar sein, wie es die beiden Statuen mit den
Kränzen aus Eichenlaub bzw. Gras (*corona civica, corona obsidionalis*) an der Rednerbühne des Forums verkündeten, und als Neugründer Roms wollte er gelten, wie er durch die Erweiterung des
Pomeriums anzeigte.

    Caesars Politik in den Jahren 46–44 wies manche Widersprüche auf.
Das den einzelnen Optimaten gezeigte Entgegenkommen wurde ent-
wertet durch die ihrer Gruppe genommene Dominanz im Senat, der
durch neue Kräfte auf 900 Mitglieder anwuchs und dessen patrizischer
Nukleus eine beträchtliche Erweiterung erfuhr. Der Sorge für das
Funktionieren der Magistratur, u. a. durch Vermehrung der Prätoren
auf 16, der Ädilen auf 6, der Quästoren auf 40, entsprach auf der anderen Seite die Einschränkung des Prinzips der Volkswahl durch das
von Caesar ausgeübte Kommendationsrecht für die Hälfte der zu wählenden Magistrate (mit Ausnahme der Konsuln). Zu der Prosperität
verbreitenden großen Geldverteilung an die Veteranen nach dem vierfachen Triumph des Jahres 46 – jeder Soldat erhielt 5000 Denare, Zenturionen das Doppelte, Tribunen und Präfekte das Vierfache – bildete
die kleinliche Kontrolle der Einhaltung des Luxusgesetzes (*lex Iulia
sumptuaria*) einen merkwürdigen Kontrast.

    Konsequent handelte Caesar überall da, wo er großräumig ope-
rieren konnte. Die Gallia Cisalpina, die nun auch in ihrem transpa-
danen Teil Bürgergebiet war (oben S. 138), erhielt durch die *lex Rubria*
eine Gerichtsordnung für ihre Munizipien, so daß sie ganz und gar Italien angeglichen wurde. In Italien selbst fand gleichzeitig eine Verein-
heitlichung der hier existierenden verschiedenen Typen von *municipia*
statt (Tabula Heracleensis: Corp. Inscr. Lat. I² 593). Insgesamt wurde
so die Munizipalisierung Italiens (bis zu den Alpen) kräftig vorange-
trieben.

    Einen noch stärkeren Impuls versetzte Caesar der Kolonisation.
80 000 Plebejer aus Rom, darunter viele Freigelassene, wurden von
ihm „in überseeischen Kolonien" (Suet. Caes. 42, 1) angesiedelt, von

Der Untergang des republikanischen Staates   145

denen Karthago (Colonia Iulia Concordia) in Africa, Corinthus (Laus
Iulia Corinthiensis) in Achaea und Sinope (Colonia Iulia Felix) in
Pontus die bekanntesten waren. In Spanien gab die „auf Befehl des
Diktators" gegründete Kolonie Urso auch im Namen kund, daß
„Stadtrömer" sie bewohnten: Colonia Genetiva Iulia Urbanorum
(Lex Ursonensis c. 21, Corp. Inscr. Lat. II 5439). Parallel zu der 'prole-
tarischen' Kolonisationsbewegung verlief die 'militärische', die eben-
falls hauptsächlich in die Provinzen (Africa, Hispania, Gallia) ging;
nur einem Teil der Veteranen Caesars konnte Land in Italien ver-
schafft werden. Sein besonderes Augenmerk richtete Caesar auf die
Narbonensis und die angrenzenden Distrikte des von ihm eroberten
Gallien. In Narbo wurde die 10. Legion angesiedelt (Colonia Iulia Paterna Narbo Martius Decimanorum), in Arelate, auf dem von Massilia abgetretenen Territorium, die 6. Legion (Colonia Iulia Paterna
Arelate Sextanorum). Lugdunum (Lyon) und Raurica (Augst bei
Basel) waren weitere berühmte Kolonieprojekte Caesars, die aller-
dings erst nach seinem Tode L. Munatius Plancus ausführte. Flankiert
wurden die Koloniegründungen im gallischen Raum von freigebiger
Erteilung des latinischen Rechts an bestehende Gemeinden in der
Narbonensis, die so auch bevölkerungspolitisch zum Vorland Italiens
wurde.
    Caesars gesamte Bevölkerungspolitik faßte die Probleme von
Grund auf an. Die *plebs urbana* schrumpfte durch den Abgang der
80000 Kolonisten beträchtlich und erfuhr keinen nennenswerten
Zuzug, weil die ausgedienten Soldaten durch die Ansiedlung in fernen
Gegenden vor Proletarisierung bewahrt wurden. Die immerhin noch
große Masse der stadtrömischen Bevölkerung wurde durch einen
Zensus straßenweise erfaßt und auf ihre Bedürftigkeit überprüft.
150000 wurden in die Listen der Empfänger kostenlosen Getreides
aufgenommen (320000 waren bisher auf diese Weise versorgt
worden); die kinderreichen Familien erhielten Sonderzuteilungen.
Dem Mietproblem suchte Caesar dadurch beizukommen, daß er ein-
malig den Wegfall einer Jahresmiete bis zu 2000 Sesterzen (Normal-
preis für eine Mansardenwohnung) verordnete. Unruhen beugte er
durch Verbot der von Clodius (oben S. 129) für politische Auseinandersetzungen organisierten *collegia* vor.
    Aus den zahlreichen von Caesar in den Jahren 46–44 betriebenen
Reformen ragt sein Kalender-Edikt als „überaus segensreich" (Plut.
Caes. 59, 1) hervor. Es brachte den durch Vernachlässigung von Schal-
tungen (vgl. oben S. 17) in Verwirrung geratenen Kalender dadurch in
Ordnung, daß es das Jahr 46 um die inzwischen angehäuften 90 Schalt-

tage verlängerte. Vom 1. Januar 45 an galt dann das neue julianische Sonnenjahr mit 365 Tagen. Die 10 Tage, die es mehr hatte als das bisherige Mondjahr, wurden auf die einzelnen Monate verteilt. Um die Differenz zu der astronomisch einigermaßen genauen Dauer des Sonnenjahres (365 1/4 Tage) auszugleichen, sollte in jedem 4. Jahr nach dem 23. Februar ein Schalttag eingelegt werden (der 24. Februar wurde dann doppelt gezählt). Mit dieser von dem Astronomen Sosigenes sorgfältig vorbereiteten Kalenderreform stellte Caesar Roms Zeitrechnung auf eine wissenschaftlich gesicherte Grundlage.

Die Art, wie Caesar seine Reformen ins Werk setzte, überhaupt: wie er regierte, entsprach ganz und gar nicht dem Herkommen. „Er werde selbst den Staat verwalten", hatte er schon 49 dem Senat angedroht (Caes. bell. civ. 1, 32, 7). Jetzt handelte er danach. Ihm stand eine ganze Schar von „Vertrauten" zur Seite (Cic. ad fam. 6, 12, 2), deren jeder einen bestimmten Geschäftsbereich leitete und dafür Personal (Freigelassene, Sklaven) zur Verfügung hatte. Die tüchtigsten unter diesen *familiares* waren L. Cornelius Balbus und C. Oppius, beide dem Ritterstand angehörig. Es befanden sich aber auch zwielichtige Gestalten darunter wie M. Mamurra, ebenfalls Ritter, den der Dichter C. Valerius Catullus in seinen ›Carmina‹ (29. 57) gebrandmarkt hat. Diese Männer hatten Caesars Geschäfte schon während der gallischen Statthalterschaft geführt, waren also daran gewöhnt, seine Pläne in die Tat umzusetzen.

Caesars Regierungsstil stieß alle diejenigen vor den Kopf, die, wie Cicero, bei den anstehenden Entscheidungen selbst mitwirken wollten. Hinzu kamen Äußerungen Caesars, die deutlich machten, daß der Staat der Vorfahren ihm wenig oder gar nichts bedeutete. So sagte er in aller Öffentlichkeit, „die *res publica* sei ein Nichts, ein Name nur, ohne Körper und Gestalt" (Suet. Caes. 77). Cicero suchte diesem ihm verhaßten politischen Klima zu entkommen, indem er sich der Philosophie zuwandte und in einer Reihe von Werken (u. a. ›Academica‹, ›Tusculanae disputationes‹, ›De officiis‹) die griechische Philosophie in lateinischer Sprache darlegte. Gerade damit erwarb er sich das Verdienst, „die Grenzen der römischen Geisteswelt erweitert zu haben" (Plin. nat. hist. 7, 117). Eine weniger politische Natur, wie M. Terentius Varro, zuletzt Legat des Pompeius in Spanien (49), hatte es leichter, sich mit Caesars Herrschaft abzufinden. Er widmete dem *pontifex maximus* sein voluminöses Handbuch der römischen Altertümer (›Antiquitates rerum humanarum et divinarum‹). Caesar wiederum betraute ihn mit dem Aufbau einer Bibliothek des griechischen und lateinischen Schrifttums, d. h., er

Der Untergang des republikanischen Staates 147

stellte „den gelehrtesten Römer" (Sen. ad. Helv. 8, 1) an den richtigen Platz.

Ende 45/Anfang 44 wurde im Rahmen weiterer Ehrungen für Caesar (u. a. erhielt er den Titel *parens patriae*, sein Geburtsmonat Quintilis den Namen „Iulius") die 10jährige Diktatur in eine solche auf Lebenszeit umgewandelt. Hatte Caesar schon durch seinen Spott über Sullas Niederlegung der Diktatur („politischer Analphabet", Suet. Caes. 77) zu verstehen gegeben, daß er nicht an einen Machtverzicht denke, so bedeutete seine Installierung als *dictator perpetuo* die offizielle Einführung der Monarchie. Seinen symbolischen Ausdruck fand dieser Akt in der Aufstellung einer Caesar-Statue auf dem Kapitol neben den seit alters dort stehenden Statuen der römischen Könige und des ersten Konsuls der Republik, L. Iunius Brutus. Caesar selbst zeigte sich am Lupercalien-Fest (15. Februar) des Jahres 44 in der Tracht der römischen Könige (Purpurgewand, Goldkranz) und ließ alsbald auf Münzen sein Portrait (erstmalig das eines lebenden Menschen) mit dem Goldkranz erscheinen. Das ihm von seinem Gefolgsmann M. Antonius beim eben erwähnten Lupercalien-Fest überreichte Diadem, das 'moderne' Zeichen der Königsherrschaft, wies Caesar zwar zurück, doch verstärkte die Szene den Eindruck, „daß er nach dem Königsnamen strebe" (Suet. Caes. 79, 2). Mußte man das nicht auch von einem Mann annehmen, dessen Geliebte die Königin von Ägypten war? Seit 46 lebte Cleopatra in Rom; ihre goldene Statue hatte Caesar im Tempel der Venus Genetrix, der Stammutter seines Geschlechts, aufstellen lassen, wo auch seine eigene Statue stand!

Tiefe Enttäuschung über die Aushöhlung des republikanischen Staates und grimmiger Haß auf den Tyrannen, als der Caesar erschien (vgl. Cic. pro rege Deiot. 33), ließen bei etwa 60 'Republikanern', Anhängern des Staates der Vorfahren und seiner Freiheit, den Plan einer Ermordung des Diktators entstehen. Als führende Köpfe der Verschwörer galten C. Cassius Longinus und Q. Servilius Caepio Brutus. Letzterer war ein Nachfahre des Königstürzers L. Iunius Brutus und ein Neffe des Erzrepublikaners M. Porcius Cato Uticensis. Caesar bereitete unterdes den Krieg gegen die Parther vor, den er nach seinem endgültigen Sieg im Bürgerkrieg für unbedingt erforderlich hielt. Drei Jahre veranschlagte er für seine Dauer; 16 Legionen und 10000 Reiter sollten daran teilnehmen. Er selbst wollte am 18. März 44 in den Osten aufbrechen. Die hohen Beamtenstellen für die Zeit seiner Abwesenheit waren vergeben.

Am 13. September 45 – nach der Rückkehr aus Spanien – hatte Caesar sich die Zeit genommen, seine persönlichen Verhältnisse zu überschauen und testamentarisch zu ordnen. Die wichtigste Bestimmung, die er traf, war die Einsetzung seines Großneffen C. Octavius zum Haupterben, verbunden mit der Adoption in die Familie der Julier. Regelte das Privattestament Caesars den Übergang seines Vermögens und seines Namens auf einen 'Nachfolger', so traf der Senat Vorsorge für Caesars eigene Stellung nach seinem Tode. Entsprechend den vielen an die göttliche Sphäre heranführenden Ehrenbeschlüssen, die für ihn ergangen waren (z. B. Aufstellung seiner Bilder in Tempeln), wurde er mit Blick auf sein Lebensende durch Zuerkennung des Kultnamens Divus Iulius, eines Priesters (*flamen*) und eines Tempels zum Gott erklärt.

Die Verschwörer hatten die Senatssitzung an den Iden des März 44 (15. 3.) für den Mord an Caesar bestimmt. Gerüchtweise hieß es, in ihr solle der Rex-Titel für den Diktator beantragt werden. Der Senat tagte in der Kurie beim Pompeius-Theater. Hier, unter der Statue seines großen Gegenspielers, brach drei Jahre, sieben Monate und sechs Tage nach der Schlacht von Pharsalus (Chron. Min. I 145) der Mann, welcher der Republik den Todesstoß versetzt hatte, unter den Dolchstößen der 'letzten Republikaner' zusammen. Die Freiheit hatte er Rom bringen wollen, um der Freiheit willen wurde er ermordet. Nichts zeigte deutlicher, daß sie wirklich dahin war – die *libera res publica*.

11. DAS TRIUMVIRAT ZUR ERNEUERUNG DES STAATES UND DER KAMPF ZWISCHEN ANTONIUS UND OCTAVIAN

(43–30 v. Chr.)

Caesar hatte vieles in Bewegung gesetzt, aber einen Ausweg aus dem Dilemma, in dem der Staat sich befand, hatte er nicht gefunden. Würde ein anderer ihn finden, wo „ein solches Genie" (C. Matius bei Cic. ad Att. 14, 1, 1) gescheitert war? Roms Schicksal hing von der Antwort auf diese Frage ab.

Der Verwirrung in Rom nach dem Mord an Caesar entsprachen die Beschlüsse, die der Senat zwei Tage später (17. 3. 44) faßte: Alle Amtshandlungen (*acta*) Caesars behielten ihre Gültigkeit, die Mörder Caesars aber wurden amnestiert. Leiter der Senatssitzung war M. Antonius, der im Jahre 44 das Konsulat innehatte; an die Stelle Caesars als Konsul trat P. Cornelius Dolabella. Am nächsten Tag erhielt Caesar ein Staatsbegräbnis zugesprochen, das am 20. März ausgerichtet wurde. Seine Mörder verließen die Stadt aus Furcht vor der Stimmung des Volkes und der Veteranen, die nach Rom strömten.

Beim Leichenbegängnis Caesars entluden sich die Emotionen der *plebs urbana* für den Mann, der in besonderem Maße um ihr Wohl besorgt gewesen war und in seinem Testament jedem 300 Sesterzen vermacht hatte. Nach der leidenschaftlichen *laudatio funebris* des Konsuls Antonius bemächtigte sich die Menge des Leichnams und verbrannte ihn auf dem Forum (statt, wie vorgesehen, auf dem Marsfeld); dann ging sie gegen die Häuser der Caesar-Mörder vor. Später errichtete die Plebs an der Stelle, wo der Scheiterhaufen gestanden hatte, eine sechs Meter hohe Marmorsäule mit der Inschrift: „Dem Vater des Vaterlandes" (*parenti patriae*). Hier fanden Opferhandlungen für den Toten statt, aber auch mancherlei Ausschreitungen gingen von hier aus, so daß nach einiger Zeit die Konsuln eingriffen und dem gefährlichen Treiben ein Ende machten. Die Säule wurde beseitigt – sehr zum Wohlgefallen des republikanisch gesinnten Teils der Senatoren. Für diesen Kreis (um Cicero) bedeutete es eine besondere Genugtuung, daß der Senat auf Antrag des Antonius die Abschaffung der Diktatur beschloß.

Knapp zwei Monate nach den Iden des März 44 erhielt Antonius, der Caesars schriftlichen Nachlaß, vor allem aber die große, in dessen Haus befindliche Menge Bargeld an sich gebracht hatte, einen Gegenspieler in dem 18jährigen C. Octavius, der am 8. Mai 44 vor dem Stadtprätor erklärte, daß er die ihm von Caesar hinterlassene Erbschaft, nämlich drei Viertel des Gesamtvermögens, antrete. Octavius, der gleich nach Erhalt einer Abschrift des Testaments den Namen „Caesar" angenommen hatte – er war aus Apollonia (Illyrien) nach Brundisium herübergekommen –, verlangte von Antonius die Herausgabe des caesarischen Barvermögens, um das Legat an die Plebs (300 Sesterzen für 300000 Empfänger = 90 Millionen Sesterzen) auszahlen zu können. Da Antonius dazu nicht bereit war, verkaufte Octavian* im Einverständnis mit seinen beiden Miterben (Q. Pedius und L. Pinarius), die ihm ihren Anteil (ein Viertel) abtraten, kurzerhand die Liegenschaften Caesars und auch die seiner eigenen Familie – soviel war ihm an der Gewinnung der Volksgunst für sich und am Andenken seines Adoptivvaters gelegen. Auf der gleichen Bahn bewegte er sich mit der Ausrichtung der *ludi Victoriae Caesaris* (20.–30. Juli 44). Auch diese verschlangen viel Geld, sie bescherten ihm aber auch ein Zeichen des Himmels für die Richtigkeit des eingeschlagenen Weges: in dem Kometen, der sieben Tage lang während der Spiele sichtbar war, sah das Volk „die Seele des in den Himmel aufgenommenen Caesar" (Suet. Caes. 88).

Octavian konnte sich bei seinen ersten Schritten auf der politischen Bühne der tatkräftigen Unterstützung durch die engsten Mitarbeiter Caesars, Balbus und Oppius (vgl. oben S. 146), erfreuen. Wohl mit ihrer Hilfe verschaffte er sich einen Geheimfonds, bestehend aus der Kriegskasse für den Partherfeldzug und dem Jahrestribut der Provinz Asia. Durch sie kam auch eine Verbindung mit Cicero zustande, die um so wichtiger wurde, als dieser sich mit Antonius überwarf (2. September 44: 1. Philippica) und dadurch leicht als Bundesgenosse für Octavian in dessen eigenem Konflikt mit Antonius gewonnen werden konnte.

Antonius hatte sich anstelle der ihm vom Senat für 43 zugeteilten Provinz Macedonia durch eine *lex de permutatione provinciarum*

---

* C. Octavius hat selbst nie, wie es früher bei Adoptionen üblich war, seinen Gentilnamen mit der Endung -*anus* seinem neuen Namen (Caesar) hinzugefügt, wohl aber hat Cicero dies einige Male getan, z. B. ad fam. 12,23,2. Der Name Octavian(us) bietet die Möglichkeit, den Sohn vom Adoptivvater (Caesar) zu unterscheiden und wird daher im folgenden benutzt.

Gallia Cisalpina und Gallia Transalpina (ohne die Narbonensis) mit
sofortiger Wirkung auf fünf Jahre übertragen lassen. Durch dieses Gesetz war ihm auch gestattet worden, vier der in Makedonien für Caesars Partherkrieg bereitgestellten Legionen nach Gallien zu über-
führen. Es war dies einer der Schritte, mit denen Antonius sich beim
Senat in den Ruf brachte, eine neue Tyrannis aufzurichten, zumal von
dem Provinztausch ein Caesarmörder betroffen war: D. Iunius Brutus
Albinus, seit April 44 Statthalter der Cisalpina. Mit Octavian war Antonius in Streit geraten, als auf ihn im Oktober 44 angeblich ein Attentat verübt wurde, das er dem Caesarerben anlastete. Octavian zog
daraus die Konsequenz, daß er im November 44 in Kampanien aus
den Veteranen seines Adoptivvaters eine Truppe aufstellte. Antonius
wiederum ging nach Brundisium, um die Legionen aus Makedonien in
Empfang zu nehmen.

Mit den unter Aufbietung großer Geldmittel angeworbenen Veteranen – jeder erhielt ein Handgeld von 500 Denaren – zog Octavian
nach Rom und erklärte in einer Volksversammlung, daß er dem Staat
gegen Antonius zur Verfügung stehe. Vor dem mit einer schlagkräf-
tigen Legion anrückenden Antonius mußte er zwar nach Etrurien aus-
weichen, brachte dann aber zwei der makedonischen Legionen zum
Abfall von Antonius – wiederum mit 500 Denaren je Mann. Er verfügte jetzt über ein Heer von vier Legionen (die angeworbenen Veteranen bildeten zwei Legionen). Antonius marschierte mit den beiden
ihm verbliebenen makedonischen Legionen und den auch von ihm
aufgebotenen Veteranen in die Cisalpina.

Cicero ergriff die Gelegenheit, dem Staat in der Person Octavians
einen Vorkämpfer mit einsatzbereitem Heer zu gewinnen. Auf seinen
Antrag (5. Philippica) beschloß der Senat am 2. Januar 43 die Erteilung eines proprätorischen Imperiums an den nunmehr 19jährigen
Caesarerben. Dieser marschierte unter dem Oberbefehl des Konsuls
A. Hirtius auf der Via Aemilia nach Mutina (Modena), wo Antonius
den sich seiner Ablösung widersetzenden D. Brutus belagerte. C. Vibius Pansa, der Kollege des Hirtius, hob inzwischen vier neue Legionen aus, mit denen er ebenfalls nach Mutina marschierte. Bei
Forum Gallorum kam es zur Schlacht mit Antonius (14. 4. 43), die
durch Hirtius' Eingreifen zum Siege führte. Der Senat erkannte den
beiden Konsuln und Octavian den Imperator-Titel zu (Ciceros 14. Philippica). Am 21. April 43 gelang dann durch die Schlacht von Mutina
die Befreiung des D. Brutus.

Der Mutinensische Krieg kostete den römischen Staat seine Oberbeamten: Hirtius fiel bei Mutina, Pansa starb an der bei Forum Gal-

152   Das Triumvirat zur Erneuerung des Staates

lorum erlittenen Verwundung. In die so entstandene Lücke stieß Octavian mit seiner Forderung, ihm das Konsulat zu übertragen. Der Senat jedoch bestimmte D. Brutus zum Oberfeldherrn im Kampf gegen Antonius und stellte sich unter dem Einfluß Ciceros auch in bezug auf die Vorgänge in Makedonien und Syrien, wo Caepio Brutus und Cassius Longinus sich Machtbasen schufen, auf die Seite der Caesarmörder; die Konsulwahlen wurden bis Anfang 42 aufgeschoben. Octavian entschloß sich daher, mit seinen Legionen – es waren inzwischen acht – nach Rom zu marschieren, um das Konsulat zu erzwingen. Am 19. Sextilis (August) 43 war es soweit: Unter der Leitung außerordentlicher Magistrate (duoviri) wurden er und sein Vetter Q. Pedius (vgl. oben S. 150) zu Konsuln gewählt – „unter Waffen" (Cass. Dio 46, 45, 5). Der 19jährige Caesarerbe hatte seinen vor Jahresfrist geleisteten Schwur, die Stellung seines Vaters erlangen zu wollen (Cic. ad Att. 16, 15, 3), auf spektakuläre Weise wahrgemacht.

Als Konsul ließ Octavian sich durch eine lex curiata feierlich bestätigen, daß Caesar ihn testamentarisch adoptiert hatte (oben S. 148). Gestützt auf diese neuerliche Sohnschaftserklärung wandte er sich gegen die Mörder seines Vaters. Durch ein Gesetz seines Mitkonsuls Pedius (lex Pedia) wurde ein Gerichtshof zur Aburteilung der Caesarmörder eingesetzt und über diese in Abwesenheit die Ächtung ausgesprochen. So rechtfertigte Octavian im nachhinein seine Weigerung, dem Caesarmörder D. Brutus die beiden makedonischen Legionen (oben S. 151) zu übergeben und ihn im Kampf gegen Antonius zu unterstützen.

Antonius hatte nach Mutina seine Armee mit den Truppen des Lepidus in der Narbonensis vereinigt. M. Aemilius Lepidus (cos. 46) war Statthalter dieser Provinz und des diesseitigen Spanien. Antonius' Macht wuchs weiter durch den Anschluß der Statthalter von Gallia Transalpina und Hispania Ulterior, L. Munatius Plancus bzw. C. Asinius Pollio. D. Brutus dagegen wurde von seinen Truppen verlassen und fand auf der Flucht den Tod. Antonius konnte sich als Herr der westlichen Provinzen fühlen.

Nach vorhergegangenen Kontakten trafen sich Antonius und Octavian mit je fünf Legionen bei Bononia (Bologna) in der Cisalpina; Lepidus nahm sozusagen als Vermittler an der zwei Tage währenden Konferenz teil. In Rom hatte inzwischen Pedius die im April bzw. Juni 43 ergangenen Hostiserklärungen gegen Antonius und Lepidus aufgehoben. Vereinbart wurde in den Verhandlungen bei Bononia die Einrichtung eines Triumvirates zur Erneuerung des Staates, das Antonius, Octavian und Lepidus fünf Jahre außerordentliche Gewalt ver-

Das Triumvirat zur Erneuerung des Staates   153

leihen sollte. Die Provinzen des Westens wurden dergestalt aufgeteilt, daß Antonius Gallien (Cis- und Transalpina), Lepidus die Narbonensis und beide Spanien, Octavian Africa, Sizilien, Sardinien und Corsica erhielt. Der Krieg gegen die Caesarmörder Brutus und Cassius sollte von Antonius und Octavian gemeinsam unternommen werden. Für die Gegner der Triumvirn waren Proskriptionen vorgesehen, mit deren finanziellem Ertrag die Soldaten zufriedengestellt werden könnten. Letzteren zuliebe wurden auch die Territorien von 18 Städten in Italien für die Veteranenansiedlung bestimmt.

Die *triumviri rei publicae constituendae* erhielten ihre 'Ermächtigung' durch ein am 27. November 43 von der Volksversammlung beschlossenes Gesetz, das der *tribunus plebis* P. Titius beantragt hatte (*lex Titia*). Den ersten Gebrauch von ihrer schrankenlosen Gewalt machten sie mit dem Proskriptionsedikt (App. bell. civ. 4, 8–11), das Tür und Tor für die Verfolgung all derjenigen öffnete, die auf langen Ächtungslisten erschienen. Größte Unsicherheit und panische Angst legten sich über Rom und Italien, da die Triumvirn an die niedrigsten Instinkte im Menschen appelliert hatten. Insbesondere die den Sklaven versprochenen hohen Belohnungen wirkten verheerend. 2000 Ritter und 300 Senatoren fielen dem Wüten zum Opfer, unter letzteren auch Cicero, dessen Kopf Antonius auf der Rednerbühne des Forums aufspießen ließ.

Ciceros schreckliches Ende zwang zum Nachdenken über ein Regime, das einen Politiker wie ihn nicht mehr ertragen zu können glaubte, sodann aber auch über die Entwicklung, die hierhin geführt hatte. C. Sallustius Crispus, selbst Politiker (46 *procos.* in Africa Nova), markierte als Stationen dieser Entwicklung die Verschwörung des Catilina (63) und den Krieg gegen Jugurtha (111–105). Den Monographien dieses Titels stellte er dann noch in der Nachfolge Sisennas (oben S. 116) eine Analyse der Jahre 78–67 (›Historiae‹) an die Seite. Sallust gab mit diesen, in den Jahren 42 bis 34 entstandenen Glanzstücken römischer Geschichtsschreibung der spätrepublikanischen Epoche von ihrem Ende her eine tiefsinnige Deutung.

Die Proskriptionen brachten den Triumvirn nicht soviel Geld ein, wie sie für den Krieg gegen die Caesarmörder benötigten. Deshalb griffen sie zum Mittel der Zwangsanleihe: Alle, deren Vermögen 100000 Denare überstieg, mußten dem Staat eine 2%ige Abgabe sowie ein Jahreseinkommen zur Verfügung stellen. Darüber hinaus forderten sie den 400 reichsten Frauen Roms einen Teil ihres Vermögens ab. Dabei waren erst wenige Monate vergangen, seit der Senat auf Antrag Ciceros allen Bürgern ein *tributum* von 1% des Vermögens auferlegt hatte. Anderthalb Jahrhunderte war das nicht mehr geschehen (vgl. oben S. 78). Die Senatoren hatten zusätzlich eine Sondersteuer bezahlt. Der Staat wurde zum Moloch!

Die Triumvirn mußten für den Krieg gegen Brutus und Cassius ein Defizit von 200 Millionen Denaren decken. 19 Legionen wollten sie über die Adria schaffen. Ebenso viele Legionen hatten die Caesarmörder zusammengebracht. Und auch bei ihnen spielte der Geldbedarf die wichtigste Rolle. Zunächst auf eigene Faust, dann gestützt auf die ihnen vom Senat übertragenen Imperien hatten sie sich den Jahrestribut der Provinz Asia in Höhe von 16000 Talenten angeeignet und dann von der gleichen Provinz das Zehnfache dieser Summe als Vorschuß verlangt; von Rhodus erpreßten sie 8500, von Tarsus 1500 Talente – der Osten litt schwer unter ihren Kriegsvorbereitungen.

Durch acht von den Triumvirn vorausgeschickte Legionen, die auf der Via Egnatia in Makedonien vorrückten, wurden Brutus und Cassius genötigt, ihre Heere über den Hellespont nach Makedonien zu führen, wo sie bei Philippi zwei Lager bezogen. Nachdem Antonius und Octavian die Hauptmacht ihrer Legionen mit jenen acht vereinigt hatten, griff Antonius die Stellung des Cassius an, während Brutus gegen Octavian vorrückte. Die Schlacht sah Antonius und Brutus als Sieger; Cassius gab sich den Tod, Octavian rettete sich durch die Flucht. Die Entscheidung fiel drei Wochen später, am 23. Oktober 42, durch die zweite Schlacht bei Philippi. Antonius und Octavian siegten über Brutus, der zwar vom Schlachtfeld flüchten konnte, sich dann aber von Freundeshand den Tod geben ließ. Mit Brutus und Cassius waren die prominentesten Caesarmörder beseitigt. Mars Ultor hatte Octavians Gelübde zum Bau eines Tempels erhört. Die Rache für Caesar war erfüllt.

Nach der Schlacht von Philippi übernahm Antonius die Aufgabe, im östlichen Teil des Reiches die Herrschaft der Triumvirn zu etablieren. Acht Legionen blieben unter seinem Oberbefehl. Die Einlösung der Versprechungen, die ihnen und den jetzt entlassenen Veteranen gemacht worden waren, verlangte neue Opfer der bereits von den Caesarmördern heimgesuchten Provinzen. Asia mußte den neunfachen Jahrestribut innerhalb von zwei Jahren aufbringen. Trotzdem wurde Antonius auf seinem Zug durch Kleinasien überall begeistert aufgenommen, in Ephesus sogar als „neuer Dionysus" geehrt.

Ganz anders verlief die Rückkehr Octavians nach Italien. Ihm schlug eine Welle des Hasses entgegen, als er daranging, die ihm übertragene Ansiedlung der Veteranen (aus 28 Legionen!) in den dafür vorgesehenen 18 Stadtterritorien durchzuführen. Dazu kam die Gegnerschaft des 41 als Konsul fungierenden L. Antonius, des Bruders des Triumvirn, die so weit ging, daß er Octavian durch den Senat zum Staatsfeind erklären ließ. Die Ereignisse eskalierten zu einem Bürgerkrieg, der durch Belagerung und Einnahme Perusias in Etrurien (Anfang 40), wo L. Antonius sich verschanzt hatte, zugunsten Octavians entschieden wurde. Die Erbitterung des letzteren machte sich in dem Hinrichtungsbefehl für 300 hochrangige Gefangene Luft. Andererseits zwang ihn die Rücksichtnahme auf M. Antonius zur Milde gegen dessen Bruder, den er nach Spanien abschob. Aus dem gleichen Grunde ließ Octavian auch Fulvia, die Gattin des M. Antonius, trotz ihrer maßgeblichen Beteiligung am Ausbruch des Perusinischen Krieges zu ihrem Gatten in den Osten abreisen.

Die Veteranenansiedlung der Jahre 41/40 führte in Italien zu einer Besitzumschichtung großen Ausmaßes und zu allgemeiner Unsicherheit, die sich u. a. in der Flucht vieler Sklaven von ihren bisherigen Arbeitsstätten äußerte. Diese schlossen sich zu Räuberbanden zusammen oder versuchten, nach Sizilien zu gelangen, um in die Streitkräfte des Sex. Pompeius einzutreten. Dieser, der jüngere Bruder des 45 bei Munda umgekommenen Cn. Pompeius (vgl. oben S. 143), hatte sich nach Caesars Abzug aus Spanien hier eine Machtposition geschaffen, von der aus er die Seeherrschaft im westlichen Mittelmeer errang und Ende 43 begann, Sizilien in Besitz zu nehmen. Nach Philippi (42) erhielt er Verstärkung durch die Reste der 'Republikaner' und wuchs so zum großen Gegner Octavians heran, dem er durch Sperrung der Getreidezufuhr und durch Kontaktaufnahme mit Antonius zu schaden suchte.

Antonius nahm das Ende des Perusinischen Krieges zum Anlaß, sich nach Italien zu begeben und mit Octavian die anstehenden Probleme zu besprechen. Das Ergebnis dieser Beratungen, die in Brundisium geführt wurden, bestand in der exakten Trennung der bisher verzahnten Provinzkomplexe in Ost und West. Eine die illyrische Stadt Scodra durchziehende Nord-Süd-Linie bildete die Grenze. Antonius verzichtete auf sein westliches Faustpfand Gallien: Die in der Transalpina stehenden sieben Legionen wurden in den Osten überführt; die Cisalpina ging in Italien auf. Lepidus erhielt anstelle von Spanien (mit der Narbonensis) Africa. Italien sollte sowohl Octavian als auch Antonius für Rekrutierungen offenstehen. Zur Verbesserung der Beziehungen zwischen den beiden Machthabern in Ost und West wurde die Vermählung des Antonius (Fulvia war inzwischen gestorben) mit Octavia, der Schwester Octavians, verabredet und vollzogen. Schließlich trat Antonius jetzt das Flaminat für den Divus Iulius an, womit Caesars Erhebung unter die Staatsgötter – sein Tempel auf dem Forum war seit 42 im Bau – ihren Abschluß fand (vgl. oben S. 148).

Der Vertrag von Brundisium ließ offen, wie die Gefährdung Italiens durch Sex. Pompeius abgewendet werden sollte. Octavian dachte an eine kriegerische, Antoɪius an eine friedliche Lösung. Den Ausschlag gab das Volk von Rom, das unter der Hungersnot litt, welche die Blokkade des Pompeius herbeigeführt hatte. Es zwang Octavian auf den Weg der Übereinkunft. Im Vertrag von Misenum (39) leistete Pompeius Gewähr für die Getreidelieferungen aus Sizilien, Sardinien und Corsica. Dafür bekam er das Kommando über diese Provinzen, solange Octavian und Antonius ihre Provinzen behielten. Weiter verpflichtete sich Pompeius, keine flüchtigen Sklaven mehr aufzunehmen, wogegen die Triumvirn sich ihrerseits verpflichteten, die in Heer und Flotte des Pompeius eingestellten Sklaven als frei anzuerkennen. Schließlich erhielten die zu Pompeius geflohenen Proskribierten die Möglichkeit zur Rückkehr und zur Wiedererlangung eines Viertels ihres Vermögens.

Die Vereinbarungen mit Sex. Pompeius versetzten Rom und Italien in einen Freudentaumel. Die Kriegsgefahr war gebannt, der Hunger hatte ein Ende. Jetzt endlich schien der Sibyllinenspruch in Erfüllung zu gehen, der den Anbruch eines goldenen Zeitalters verhieß. P. Vergilius Maro, der Dichter aus Mantua, hatte im 4. seiner in diesen Jahren (42–39) entstandenen Hirtengedichte (›Bucolica‹) die Wendung zum Besseren mit dem Konsulat seines Gönners C. Asinius Pollio (40) in Verbindung gebracht. Der Vertrag von Misenum (39) konnte als Bestätigung der Prophezeiung Vergils angesehen werden, erhob also den Dichter zum „Seher" (*vates*).

Im Jahre 38 erlebte die Stadt Rom einen außergewöhnlichen Triumph: über die Parther. P. Ventidius Bassus hatte als Legat des Antonius (mit *imperium proconsulare*) zunächst im Taurusgebirge (Kilikien) und dann bei Gindarus in der Cyrrhestica (Nordsyrien) über die nach Westen vorgedrungenen Heere des Partherkönigs Orodes gesiegt. Für Antonius blieb, als er auf dem Kriegsschauplatz erschien, nur die Belagerung des mit den Parthern verbündeten Königs Antiochus I. von Commagene in Samosata (am Euphrat) übrig; sie endete mit einem Vergleich. Die große Offensive gegen die Parther wollte Antonius später ergreifen, denn dazu brauchte er Truppennachschub. Um ihn zu erhalten, begab er sich 37 erneut nach Italien. Es war jedoch nicht leicht, darüber mit Octavian einig zu werden, da dieser trotz Misenum eine Auseinandersetzung mit Sex. Pompeius auf sich zukommen sah. Durch Vermittlung Octavias zwischen Gatten und

Bruder kam es in Tarent zu einem Vertragsabschluß, der beide Seiten zufriedenstellte: Antonius sollte demnächst 20 000 Soldaten aus Italien erhalten, Octavian erhielt sofort 120 Kriegsschiffe aus der Flotte des Antonius. Die beiden Machthaber beschlossen zudem die Verlängerung ihrer seit Ende 38 abgelaufenen triumviralen Gewalt um fünf Jahre.

Octavian ging nun mit größter Energie daran, den Krieg gegen Sex. Pompeius vorzubereiten. Propagiert wurde er als „Sklavenkrieg" (*bellum servile*), denn Pompeius hatte die in Misenum eingegangene Verpflichtung, keine Sklaven mehr aufzunehmen, mißachtet. Da die Entscheidung zur See fallen mußte – Sex. Pompeius fühlte sich als Sohn des Meeresherrschers Neptunus (Cass. Dio 48, 48, 5) –, kam für Octavian alles darauf an, dem richtigen Mann die Flotte anzuvertrauen. Mit M. Vipsanius Agrippa hatte er ihn zur Hand. Als Konsul des Jahres 37 bereitete Agrippa die Flotte auf den Einsatz vor. Zur Auffüllung der Ruderbänke wurden 20 000 Sklaven ausgebildet, die Octavian sich von den vermögenden Römern hatte übereignen lassen; vor dem Kampf wurden sie freigelassen. Auch Aushebungen für die Legionen fanden in großem Umfang statt; und Geld wurde zusammengebracht aus dem ganzen Machtbereich Octavians.

Im Jahre 36 siegte Agrippa über Pompeius in zwei Seeschlachten an der Nordostecke Siziliens: bei Mylae und Naulochus. Die letztere Schlacht, von 300 Schiffen auf jeder Seite bestritten, fand im Angesicht der beiden auf dem Festland sich gegenüberstehenden Heere statt. Nach der Flucht des Pompeius (mit 17 Schiffen) kapitulierte sein Landheer in Naulochus vor Octavian. Die Besatzung von Messana dagegen (8 Legionen) verhandelte wegen der Übergabe mit Lepidus, der 12 Legionen aus Africa zur Unterstützung Octavians nach Sizilien gebracht hatte, mit denen er die Stadt belagerte. Lepidus vereinigte die pompeianischen Legionen mit den seinigen und beanspruchte, gestützt auf diese Streitmacht, Sizilien als seine Provinz. Octavian spielte gegen ihn jedoch seine Erfahrung in der Truppenbehandlung aus und erreichte, daß Lepidus von seinen Soldaten verlassen wurde. Daraufhin zwang er ihn zur Niederlegung seiner triumviralen Gewalt und wies ihm Circei (bei Tarracina) als Aufenthaltsort an. Africa, den Befehlsbereich des Lepidus, ließ Octavian durch T. Statilius Taurus (cos. 37) für sich in Besitz nehmen. Sex. Pompeius fand 35, nach einem Versuch, sich in Kleinasien festzusetzen, sein Ende.

Der Sieg über Sex. Pompeius brachte Octavian einen ungeheuren Machtgewinn und eine enorme Steigerung seines Selbstbewußtseins. Er verfügte nunmehr über 45 Legionen, 25 000 Reiter, 40 000 Leichtbe-

158 Das Triumvirat zur Erneuerung des Staates

waffnete und 600 Kriegsschiffe (App. bell. civ. 5, 127). Den Imperator-
titel verwendete er schon seit dem Vertrag von Brundisium (40) als Prae-
nomen, und auch die Abkunft vom Divus Iulius führte er von jenem
Zeitpunkt an als Namensbestandteil: Imperator Caesar Divi (Iuli) Filius, jetzt (36) erhielt er vom Senat das Recht verliehen, den Lorbeer-
kranz, wann immer ihm beliebte, als Kopfbedeckung zu tragen. Eine
goldene Triumphalstatue auf einer mit Schiffsschnäbeln verzierten
Säule (*columna rostrata*) wurde ihm zur Aufstellung im Forumsbereich
zuerkannt; ihre Inschrift pries ihn als Wiederhersteller des Friedens zu
Lande und zu Wasser. Den Ehrungen Octavians entsprachen Gesten
seinerseits wie Steuererleichterung und Schuldennachlaß. Den größten
Eindruck erzielte er mit der Rückgabe von 30000 Sklaven aus den
Streitkräften des Pompeius an ihre früheren Besitzer.

Antonius gegenüber verschlechterte sich das Verhältnis zusehends.
Octavian schickte seinem Kollegen im Triumvirat von den 120 in Tarent erhaltenen Schiffen 70, die unversehrt geblieben waren, zurück.
Statt der Antonius versprochenen 20000 Legionäre ließ er ihm nur
2000 zukommen. Dabei hätte dieser gerade jetzt die volle Zahl dringend gebraucht, denn seinen Partherfeldzug (36) hatte er mit dem Verlust von 32000 Mann bezahlen müssen. Durch Armenien war Antonius nach Media Atropatene (Aserbaidschan) vorgedrungen, hatte
dann aber auf dem Rückmarsch die großen Verluste erlitten.

Der Grund für die Entfremdung zwischen Octavian und Antonius
hieß Cleopatra. Schon 41 hatte die ägyptische Königin in Tarsus (Cilicia) mit dem römischen Triumvirn Kontakt aufgenommen, aus dem
sich dann in Alexandria (Winter 41/40) eine Liebesbeziehung besonderer Art entwickelte. Ein Zwillingspärchen (Alexander Helius und
Cleopatra Selene) bildete das Unterpfand des Bundes, der wegen der
politischen Ereignisse zunächst keinen Bestand hatte. Nach der Rückkehr aus Tarent (Herbst 37) aber nahm Antonius unter Bruch der Ehe
mit Octavia die Verbindung zu Cleopatra wieder auf, und zwar jetzt
unter Einbeziehung des politischen Aspekts. Er schenkte nämlich der
Königin eine ganze Anzahl römischer Besitzungen (Syria Coele,
Phoenicia, Cyprus, Teile von Cilicia). Auch nach dem Partherkrieg
stand Cleopatra für ihn im Mittelpunkt. Die Geburt des dritten
Kindes, Ptolemaeus Philadelphus, verstärkte die Bindung. Octavia,
die 37 in Rom verbliebene rechtmäßige Gemahlin des Antonius, vermochte dagegen nicht aufzukommen. Als sie im Jahre 35 Antonius die
schon erwähnten 2000 Legionäre in Athen persönlich übergeben
wollte, lehnte er ein Zusammentreffen mit ihr ab. Gedemütigt kehrte
Octavia nach Rom zurück.

Dem familiären Affront (35) ließ Antonius 34 die Brüskierung des römischen Staates folgen. Nach dem Armenienfeldzug dieses Jahres feierte er in Alexandria einen Triumph nach römischer Art, bei dem der gefangengenommene König Artavasdes als Schuldiger an dem Debakel im Partherkrieg des Jahres 36 mitgeführt wurde. Allerdings verkörperte Antonius nicht (wie im römischen Triumph) Jupiter, sondern fuhr als „Neuer Dionysus" durch die Straßen der Stadt – Cleopatra entgegen, die als „Neue Isis" den Zug am Sarapistempel erwartete. Mit dem 'Triumph' verknüpft war ein Staatsakt im Gymnasium von Alexandria, bei dem Cleopatra zur „Königin der Könige" erhoben und auch ihrem Sohn aus der Verbindung mit Caesar, Caesarion, die gleiche Würde („König der Könige") zuerkannt wurde. Die Kinder des Antonius und der Cleopatra erhielten den Königstitel und entsprechende 'Reiche' – römische Provinzen (Syria/Cilicia und Cyrene) bzw. das gerade unterworfene Armenien. Ein römischer Denar mit dem Bildnis des Antonius und der Cleopatra trug das spektakuläre Ereignis in die Welt hinaus.

Antonius hatte sich ganz für den Osten entschieden – und für Cleopatra. Octavian griff im Senat sein Verhalten scharf an und mobilisierte dagegen die öffentliche Meinung Roms und Italiens. Die Folge war eine Spaltung des Senats: Die Konsuln des Jahres 32 sowie mehr als 300 Senatoren – Anhänger des Antonius – verließen Rom und begaben sich nach Ephesus, wo sie im Hauptquartier des Antonius (und der Cleopatra) gewissermaßen ein östliches Gegenstück zum römischen Senat bildeten. Antonius sandte nun auch den Scheidebrief an Octavia. Unter den gegebenen Umständen mußte er als endgültige Absage an römische Lebensform überhaupt verstanden werden. Für Octavian bot sich schon bald die Möglichkeit, dies der Öffentlichkeit in sozusagen handgreiflicher Form zu demonstrieren. Er erfuhr durch Vertraute des Antonius, die sich von ihm getrennt hatten (L. Munatius Plancus und M. Titius), daß die Vestalinnen in Rom das Testament des Antonius in Verwahr hatten. Dieses ließ er erbrechen und fand darin als belastende Klauseln gewaltige Zuwendungen an die Kinder der Cleopatra sowie die Bestimmung über die letzte Ruhestätte: Antonius wollte in Alexandria zusammen mit Cleopatra beigesetzt werden. Die Verlesung dieser Testamentsbestimmungen vor Senat und Volk hatte für Antonius die Folge, daß ihm das Konsulat, welches er 31 bekleiden sollte, und „alle sonstige Amtsgewalt" (Cass. Dio 50, 4, 3) aberkannt wurde. An Cleopatra aber wurde der Krieg erklärt.

Bei den Vorbereitungen zum Aufeinandertreffen der beiderseitigen Streitkräfte besaß Antonius den Vorteil, daß ihm der Reichtum Ägyp-

160   Das Triumvirat zur Erneuerung des Staates

tens zur Verfügung stand; 20000 Talente (524 t) legte Cleopatra in die
Kriegskasse. Octavian dagegen mußte den römischen Bürgern ein
Viertel ihres Jahreseinkommens abverlangen, den begüterten Freigelassenen gar ein Achtel ihres Vermögens. Die Hauptanstrengungen
auf beiden Seiten galten der Flotte: Antonius rüstete Großkampf-
schiffe aus, Octavian gab Agrippa, dem mit der goldenen Schiffskrone
(*corona rostrata*) ausgezeichneten Sieger von Naulochus, freie Hand
zum Bau kleinerer schneller Schiffe (Liburnen). Das Landheer des
Antonius übertraf an Zahl (100000 Mann) dasjenige Octavians (80000
Mann), in bezug auf die Kampfkraft jedoch war letzteres überlegen;
Octavian hatte es im illyrischen Feldzug der Jahre 35–33 regelrecht auf
den 'Ernstfall' vorbereitet.

Seine Führerstellung im Kampf gegen Antonius und Cleopatra ließ
Octavian sich 32 durch einen Eid der Bevölkerung Italiens und der
ihm unterstehenden Provinzen des Westens bestätigen. Diese „Zustimmung aller" (*consensus universorum*) verlieh ihm eine Legitima-
tion, die den Ablauf des Triumvirats (31. Dez. 33) überdeckte. In den
Krieg ließ er sich zudem von den mehr als 700 Mitgliedern des Senats
begleiten. Die Anhängerschaft des Antonius bestand dagegen nur aus
etwa 300 Senatoren (oben S. 159). Einen Eid hatte auch er sich
schwören lassen – von den Provinzen und Völkern des Ostens.

Im Jahre 31 erkämpfte sich Agrippa die Seeherrschaft im Jonischen
Meer. Dadurch war es Octavian möglich, mit seiner Invasionsflotte
von Brundisium aus an die Küste von Epirus zu gelangen und sein
Heer bei Toryne an Land zu bringen. 200 km südlich davon, am Golf
von Ambracia, hatte Antonius Heer und Flotte versammelt. Während
Octavians Legionen an das Lager des Antonius bei Actium heran-
rückten, blockierte Agrippas Flotte den Hafen. Da Antonius eine
Schlacht zu Lande nicht erzwingen konnte und Desertionen ihm seine
kritische Situation zu Bewußtsein brachten, entschloß er sich, auf den
von Cleopatra propagierten Plan eines Durchbruchs der Flotte einzu-
gehen. 230 Schiffe wurden für dieses Unternehmen kampfbereit gemacht; 20000 Legionäre sowie Bogenschützen und Schleuderer verstärkten die Besatzungen. Der Rest der Flotte wurde zerstört. Am
2. September 31 begann die Schlacht. 400 Liburnen Agrippas nahmen
den Kampf mit den Schiffsriesen des Antonius auf und gewannen allmählich die Oberhand. Währenddessen glückte es Cleopatra, mit 60
Schiffen aufs hohe Meer zu gelangen und Kurs auf Ägypten zu
nehmen. Da gab Antonius die Schlacht verloren und eilte auf einem
Schnellsegler der Königin nach. Der Niederlage in der Seeschlacht
folgte die Kapitulation des Landheeres. Der Kampf zwischen Ost und

West war entschieden, wie schon bald ein Siegesmonument an Ort und Stelle – in der neugegründeten Stadt Nicopolis – verkündete (Cass. Dio 51, 1, 3, Inschrift: Année Epigraphique 1977, 778). Die Eroberung Ägyptens im Jahre 30 war als Kriegsgeschehen ein Nachspiel, als politisches Ereignis jedoch der erste Schritt in eine neue Zeit.

Am 1. 8. 30 fiel Alexandria in die Hände Octavians. Antonius beging Selbstmord, 12 Tage später auch Cleopatra; ihr Sohn Caesarion wurde auf Befehl Octavians getötet. Der Ptolemäerschatz ging in den Besitz des Siegers über, ganz Ägypten fiel ihm zu – als Trumpfkarte im Spiel um seine künftige Stellung im Staate.

12. DIE ENTSTEHUNG
DES AUGUSTEISCHEN PRINZIPATS

(30 v. Chr. – 14 n. Chr.)

In Rom erklärte der Senat den Tag, an dem Alexandria einge-
nommen worden war (1.8.), zum Staatsfeiertag, „weil an diesem Tag
der Imperator Caesar den Staat aus furchtbarer Gefahr errettet hat"
(Fast. fratr. Arval., Inscr. It. XIII 2, S. 31). Die Eroberung Ägyptens
bildete auch den Höhepunkt des dreifachen Triumphes, den Octavian
im Jahre 29 (13.–15.8.) feierte; Dalmatia (Illyricum) – Actium –
Aegyptus hieß die Steigerung. Der Ptolemäerschatz wurde sozusagen
auf die ganze Stadt verteilt. Eine ungeheure Geldmenge gelangte in
den Umlauf. Sie bewirkte, daß der Kreditzins von 12 auf 4% fiel. Die
Staatskasse war nun in der Lage, die Kriegsanleihen zurückzuzahlen
und umgekehrt auf die Eintreibung ihrer Außenstände weitgehend zu
verzichten.

Außer der Eroberung Ägyptens war es die Wiedergewinnung der
für Rom so wichtigen Provinz Asia, die Octavians Rückkehr aus
dem Osten Glanz verlieh (Münzlegende: ASIA RECEPTA neben:
AEGVPTO CAPTA). Sie hatte auch für ihn persönlich große Bedeutung, denn in Asia (Pergamum) war ihm von der dortigen Provinzial-
versammlung die Ehre zuteil geworden, mit der Göttin Roma zusammen einen Tempel zu erhalten (das gleiche in Bithynia: Nicomedia).
Die göttliche Verehrung galt dem Mann, der den Frieden wiederher-
gestellt und durch einen allgemeinen Schuldenerlaß (Dio Chrysost.
or. 31,66) die wirtschaftliche Gesundung der Provinzen des Ostens
eingeleitet hatte.

Dem Triumph folgte am 18.8.29 die Einweihung des Templum Divi
Iuli auf dem Forum. Octavian bezog so seinen vergöttlichten Vater in
die Siegesfeiern ein. Er brachte ihm auch einen Teil der ägyptischen
Beute dar. Vor dem Tempel errichtete er eine neue Rednerbühne und
schmückte sie mit den Schnäbeln der bei Actium erbeuteten Schiffe.
Noch mit einem anderen Bauwerk machte Octavian damals (28) auf
seine Ausnahmestellung in Rom aufmerksam: Auf dem Marsfeld entstand als großartiger Rundbau das Familiengrab der Julier (*tumulus
Iuliorum*). Octavian war seit zehn Jahren mit Livia verheiratet, die

Die Entstehung des Augusteischen Prinzipats   163

zwei Söhne, Tiberius und Drusus, mit in die Ehe gebracht hatte. Er
selbst hatte aus der Ehe mit Scribonia eine Tochter: Iulia.

Im Blick auf seine Amtsgewalt (*potestas*) konnte Octavian von sich
sagen, daß er den Staat in seinen Händen halte. Diese Machtfülle (*res
omnes*) war ihm durch die Notlage eben dieses Staates zugewachsen
und fand nur darin ihre Rechtfertigung. Sie war zudem mit der Auflage behaftet, der *res publica* eine neue Ordnung zu geben. In seinem
6. Konsulat (28) ging Octavian daran, diesen vor 15 Jahren erhaltenen
Auftrag zu erfüllen, bemerkenswerterweise zunächst mit der Restau-
ration von 82 Tempeln in Rom (Mon. Anc. c. 20). Zu dieser Zeit war
der Abbau der Heeresstärke in vollem Gange. 120 000 Mann waren
entlassen und mit Land in Italien und den Provinzen (10: Mon. Anc.
c. 28, vgl. c. 15) versorgt worden. Das Heer zählte jetzt 25 Legionen,
die Flotte war auf die Häfen Misenum und Ravenna verteilt (Tac. ann.
4, 5). Ein Zensus, den Octavian und sein Mitkonsul Agrippa durch-
führten, ergab die Zahl von 4 063 000 römischen Bürgern. Die hohe
Zahl (3 Millionen mehr als beim letzten Zensus im Jahre 70, oben
S. 107) kam durch Mitzählung von Frauen und Kindern zustande. Bei
der *lectio senatus* wurden 190 Senatoren, deren Herkunft oder Verhalten (im Bürgerkrieg) Anstoß erregt hatte, von der Liste gestrichen,
so daß die Mitgliederzahl der Körperschaft auf 800 sank. Andererseits
hatte Octavian im Vorjahr kraft spezieller Ermächtigung (*lex Saenia*)
den patrizischen Teil der Senatoren verstärkt. Er selbst wurde *princeps senatus*. Nach dieser 'Vorbereitung' hob er durch Edikt die von
ihm als Inhaber der triumviralen Gewalt erlassenen Verfügungen, die
mit der 'Verfassung' nicht in Übereinstimmung standen, auf. Schließlich gab er am 13. Januar 27 (in seinem 7. Konsulat) durch einen spektakulären Akt den Staat an Senat und Volk von Rom zurück.

Die Neuordnung des Staates, zu der Octavian in der Senatssitzung
am 13. Januar 27 den Grund legte, bestand darin, daß der Senat Octavian in Anerkennung seiner Verdienste mit der allgemeinen Fürsorge
(*cura*) für den Staat betraute. Er sollte vor allem die größeren und ir-
gendwie gefährdeten Provinzen in seine Obhut nehmen. So erhielt
Octavian denn Gallia, Hispania, Aegyptus und Syria durch ein auf
zehn Jahre befristetes prokonsularisches Imperium und damit das
Kommando über die dort stationierten Truppen. Zu diesem materiellen Gehalt seiner neuen Stellung trat die Idealisierung seiner
Person, die ihren Ausdruck in der Zuerkennung des Namens „Augustus" am 16. Januar 27 fand. Diese in den sakralen Bereich führende
Ehrung wurde begleitet von dem Beschluß, daß das Haus auf dem
Palatin, in dem der Retter des Staates wohnte, durch den Eichenkranz

164 Die Entstehung des Augusteischen Prinzipats

(*corona civica*) über der Tür und durch Lorbeerbäume an den Türpfosten gekennzeichnet werden sollte. In der Curia Iulia, die schon bei ihrer Einweihung am 28.8.29 mit einer Statue der Victoria zur Erinnerung an den Sieg über Ägypten geschmückt worden war, wurde nun der Schild aufgehängt, den Senat und Volk dem Augustus und seinen vier herausragenden Tugenden (*virtus, clementia, iustitia, pietas*) darbrachten. Der also Geehrte erfuhr durch all dies einen so gewaltigen Zuwachs seiner *auctoritas*, daß er sich allen anderen führenden Männern des Staates (*principes civitatis*) überlegen fühlte (Mon. Anc. c. 34); er avancierte zum *princeps* par excellence. Es war meisterhafte Regie, daß jetzt sein Sternzeichen, der Capricornus (mit Füllhorn als Symbol des Wohlstands und der Legende AVGVSTVS), auf der Rückseite eines weitverbreiteten kleinasiatischen Münztyps (Cistophorus = 3 Denare) und gleichzeitig auch auf Aurei und Denarii (mit dem zusätzlichen Attribut der Weltkugel zwischen den Vorderbeinen) erschien.

Der Oberbefehl über die in 'seinen' Provinzen stehenden Truppen bot dem Princeps Augustus die Handhabe, seine Feldherrngarde (9 *cohortes praetoriae*) beizubehalten und ihr durch Verdoppelung des Soldes gegenüber dem der Legionäre eine Sonderstellung zu geben (Cass. Dio 53, 11, 5). En passant gelang es ihm auch, einer vornehmlich aus Batavern bestehenden germanischen Leibwache den Schutz seiner Person anzuvertrauen.

Andererseits verlangte das ihm zuteil gewordene Kommando, daß er es durch Aktivität rechtfertige. So zog er schon Mitte 27 nach Gallien, um dort einen Zensus durchzuführen und die Provinzverwaltung zu organisieren. Zu gleichem Zweck ging er dann nach Spanien, wo er am 1. Januar 26 sein 8. Konsulat antrat (Tarraco). Hier entschied er sich für einen Feldzug gegen die Cantabri und Astures (im Nordwesten), welche das befriedete Gebiet der Provinz durch Einfälle beunruhigten. 25 galt der „kantabrische Krieg" (*Cantabricum bellum*) als beendet (Schließung des Ianusbogens am Forum in Rom wie 29 nach dem Sieg über Ägypten).

Während Augustus in Spanien selbst Krieg führte, ließ er von Ägypten aus den Statthalter Aelius Gallus einen Feldzug nach Arabia Eudaemon (Jemen) zur Anmeldung römischer Interessen am Indienhandel unternehmen (26/25). Und den Nachfolger des Gallus als Statthalter Ägyptens, P. Petronius, wies er 25 an, nach Aethiopia (Sudan) vorzudringen, um die Südgrenze Ägyptens („Zwölfmeilenland" südl. von Syene/Assuan) zu sichern, die schon gleich nach der Inbesitznahme des Landes Anlaß zum Streit mit dem Königreich Meroe ge-

Die Entstehung des Augusteischen Prinzipats 165

geben hatte (29 Feldzug des ersten Statthalters C. Cornelius Gallus).
Die beiden Unternehmungen der Jahre 26/25, die Augustus ausdrücklich als auf seinen Befehl und unter seinen Auspizien erfolgt bezeichnete (Mon. Anc. c. 26), dienten ihm als Rechtfertigung der Übernahme Ägyptens in seinen Kommandobereich, an der ihm um so
mehr gelegen war, als sie ihn zum Nachfolger der Ptolemäer und Pha-
raonen machte. Der dadurch gegebenen Sonderstellung Ägyptens
trug er Rechnung, indem er mit der Statthalterstellung (*praefectus Aegypti*) Ritter, nicht Senatoren wie in den anderen *provinciae Caesaris*
(*legati Augusti pro praetore* konsularischen oder prätorischen Ranges)
betraute.

Als Augustus 24 nach Rom zurückkehrte, konnte er auch aus dem
östlichen Teil des Reiches, wo er mit Syrien die militärisch wichtigste
Provinz in seinen Händen hatte, ein Ergebnis vorweisen, das auf seine
Initiative zustande gekommen war. Galatien, das Königreich des
Amyntas, das er nach Actium zum Kampf gegen die Isaurier (im
Taurus) bis Kilikien erweitert hatte, war 25 von ihm nach dem Tode
des Amyntas als Provinz dem Römischen Reich zugeschlagen worden.

Die Inanspruchnahme seiner neuartigen Stellung in Rom durch
Einmischung in den Quästionenprozeß gegen den Statthalter von Makedonien, M. Primus, brachte Augustus 23 in Konflikt mit seinem Kollegen im Konsulat, A. Terentius Varro Murena, dessen weitere Folge
die Aufdeckung einer Verschwörung gegen ihn war, an der Murena
Beteiligung nachgesagt wurde; ihr Haupt war Fannius Caepio. Da
Augustus auf öffentliche Ahndung drang, kam es zum Prozeß gegen
die Hauptschuldigen und zu ihrer Verurteilung in absentia. Soldaten
des Princeps töteten die Geächteten auf der Flucht. Der Staat verlor
auf spektakuläre Weise einen Konsul.

Neuen Anlaß zur Beunruhigung gab die schwere Krankheit, die
Augustus zu dieser Zeit befiel. Sie ließ die Befürchtung aufkommen,
er habe in seinem Testament seinen 19jährigen Neffen M. Claudius
Marcellus, der seit 25 mit Iulia, der Tochter des Augustus, verheiratet
war, als seinen politischen Erben benannt. Dem wirkte Augustus dadurch entgegen, daß er für den Fall seines Ablebens seinem erfahrenen Helfer Agrippa mit dem Siegelring sein privates Erbe anvertraute, die Staatspapiere aber an seinen Mitkonsul Cn. Calpurnius
Piso, der an die Stelle Murenas getreten war, übergab. Nach seiner
überraschenden Genesung erbot er sich, sein Testament im Senat zu
verlesen. Im übrigen gab ihm sein körperliches Wiedererstarken Mut
zu neuer politischer Aktivität.

Augustus spürte offenbar, daß das seit 31 Jahr für Jahr von ihm bekleidete Konsulat auf Dauer nicht die Form sein konnte, die seiner Stellung im Staat adäquaten Ausdruck verlieh. Sein Blick richtete sich daher auf eine Möglichkeit, die den von ihm beanspruchten „höchsten Rang" (*summum fastigium*: Tac. ann. 3, 56, 2) auch titular deutlicher in Erscheinung treten ließe. Es war die Amtsgewalt der Volkstribunen (*tribunicia potestas*), die ihm vorschwebte. Teile derselben (*sacrosanctitas, ius auxilii*) besaß er bereits seit 36 bzw. 30. Jetzt strebte er sie in vollem Umfang und auf Lebenszeit an. Er legte deshalb im Juni 23 das Konsulat – es war ingesamt sein elftes – nieder und erhielt durch Gesetz die *tribunicia potestas*, die er fortan mit der jeweiligen Iterationsziffer in seiner Titulatur führte. Die 12 Getreidespenden (*frumentationes*), die Augustus im Jahre 23 mit eigenen Mitteln finanzierte (Mon. Anc. c. 15), signalisierten der Plebs, daß ihr in der durch die *tribunicia potestas* repräsentierten Prinzipatskonzeption eine gewichtige Rolle zufiel.

Mit der Verleihung der *tribunicia potestas* ging eine Erweiterung des prokonsularischen Imperiums von 27 einher. Augustus erhielt auch in bezug auf die Statthalter der Senatsprovinzen (*proconsules*) Weisungsbefugnis, so daß er jetzt ein *imperium proconsulare maius* besaß. Dieses Imperium brauchte zudem bei Verlassen des Stadtgebietes nicht eigens aufgenommen zu werden, seine Qualität galt auch innerhalb des Pomeriums, also neben der *tribunicia potestas*.

Das Jahr 23 war für Augustus nach seiner lebensgefährlichen Erkrankung eine Art Neubeginn in seinem Bemühen, die Fundamente des Staates, den er in eine neue Zeit hinübergerettet hatte, zu legen: Da kam ihm sehr zustatten, daß gerade jetzt Vergil (vgl. oben S. 156), an dessen dichterischem Schaffen er stärksten Anteil nahm, sich dazu verstand, dem Drängen nach Einblick in sein entstehendes Epos ›Aeneis‹ nachzugeben. In dem u. a. zu Gehör gebrachten 6. Buch deutete Vergil das Wirken des Augustus als Erfüllung des schicksalhaften Auftrags der Römer, der Welt die Segnungen des Friedens zu bringen und diesen Zustand mit den Waffen zu erhalten. Auch der andere große Dichter dieser Zeit, Q. Horatius Flaccus, erfreute Augustus im Jahre 23 mit einem Werk besonderer Art: Er ließ ihm seine drei Odenbücher überreichen, die in ihrem Kern (III 1–6) die Aufforderung enthielten, das Römertum alter Prägung zu erneuern. Mit Vergil und Horaz beteiligte sich der Dichterkreis um Maecenas, den Freund des Augustus, aktiv an der Aufrichtung des neuen Staates.

Wie schwer diese Aufgabe war, mußte Augustus im Jahre 22 erfahren. Die Plebs verstand anscheinend das im Vorjahr variierte kunstvolle System des Augusteischen Prinzipats nicht. Sie führte die

Die Entstehung des Augusteischen Prinzipats 167

herrschende Hungersnot und die ausgebrochene Seuche auf den Rücktritt des Augustus vom höchsten Staatsamt, dem Konsulat, zurück. Der Plebs erschien das caesarische Modell der monarchischen Staatslenkung als das effektivere. Daher suchte sie im Verein mit dem Senat Augustus zur Übernahme der Diktatur zu bewegen. Dieser sah dadurch sein im Jahre 27 auf der Grundlage der wiederhergestellten Republik begonnenes Lebenswerk aufs schwerste bedroht. Er lehnte daher das Ansinnen des Volkes mit einer geradezu theatralischen Geste ab. Wohl nahm er die ihm gleichfalls angebotene *cura annonae* an und half dem Getreidemangel in kürzester Frist ab. Auf die Dauer war die Aufsicht des Augustus über die Getreideversorgung insofern von Bedeutung, als er in der Lage war, aus Ägypten, wo der Statthalter Petronius soeben den Ernteertrag beträchtlich gesteigert hatte, Getreide in großer Menge (1/3 des Bedarfs) nach Rom zu bringen. In der Hauptstadt blieb es auch in den nächsten Jahren unruhig, vor allem wegen der Kämpfe um das Konsulat. Augustus hielt es daher für nötig, als er sich 21 in seinen östlichen Befehlsbereich begeben wollte, Agrippa seine Stellvertretung in Rom zu übertragen. Diesen seinen treuesten Freund machte er im gleichen Jahr auch zu seinem Schwiegersohn; Iulia, die Witwe des Marcellus (gest. 23), wurde seine Frau.

Agrippa hatte 23 ein räumlich nicht festgelegtes prokonsularisches Imperium auf fünf Jahre erhalten. Dieses setzte Augustus in den Stand, ihn 20 nach Gallien und Spanien zu beordern. In Gallien mußten Germaneneinfälle unterbunden werden, und in Spanien hatten die im Jahre 25 deportierten Cantabri den Krieg neu entfacht. Agrippa meisterte beide Aufgaben mit gewohnter Zuverlässigkeit.

Augustus selbst wollte im Osten das Partherproblem lösen. Die römische Öffentlichkeit erwartete von ihm, insbesondere seit er die Provinz Syria übernommen hatte, einen Vergeltungsschlag für die Niederlage des Crassus bei Carrhae im Jahre 53 (oben S. 133). Augustus verlagerte die römischen Ansprüche von der militärischen auf die diplomatische Ebene und erreichte im Jahre 20, daß der Partherkönig Phraates IV. die in seinem Besitz befindlichen römischen Gefangenen und Feldzeichen auslieferte. Diese Regelung betraf nicht nur die Verluste des Crassus (53), sondern auch die des Antonius (36) einschließlich der seines Legaten L. Decidius Saxa (40). Gleichzeitig stärkte Augustus die territoriale Position Roms gegenüber den Parthern durch Einsetzung eines römerfreundlichen Kandidaten (Tigranes II.) als König von Armenien. Seine Inthronisation nahm Tiberius, der Stiefsohn des Augustus, vor. Am Gelingen der Aktion war König Archelaos von Kappadokien maßgeblich beteiligt. Er erhielt von

168 Die Entstehung des Augusteischen Prinzipats

Augustus dafür das Kleinarmenien genannte Klientelfürstentum westlich des Euphrat sowie die Teile Kilikiens, die Amyntas von Galatien besessen hatte (vgl.oben S. 165).

Die Heimkehr des Augustus aus dem Osten im Jahre 19 wurde in Rom angesichts der fortdauernden Querelen um die Besetzung des Konsulats als glückliches Ereignis begrüßt und der Tag (12. 10.) durch Beschluß eines jährlichen Opfers zu Ehren der Fortuna Redux geheiligt; der Altar wurde an der Porta Capena vor dem Tempel für Honos und Virtus (vgl. oben S. 83) errichtet. Im Streit um das Konsulat fand man die Lösung, Augustus das *imperium consulare* zu übertragen, wodurch er einen ständigen Anteil am höchsten Staatsamt erhielt. Der Abmachung mit dem Partherkönig verlieh der Senat die Bedeutung eines militärischen Sieges: Er beschloß die Errichtung eines dreitorigen Ehrenbogens für Augustus neben dem Tempel des Divus Iulius auf dem Forum. Die Inschrift des Bogens pries die Rückführung der Bürger und die Wiedererlangung der Feldzeichen: an seinen Pfeilern wurden Verzeichnisse der Konsuln und Triumphatoren (die heute so genannten kapitolinischen Fasten) angebracht. Die Rückgabe der Feldzeichen stand auch im Mittelpunkt der Darstellungen auf dem Panzer der um diese Zeit entstandenen Statue des Augustus, die in Primaporta an der Via Flaminia gefunden worden ist und nun in den Vatikanischen Museen bewundert werden kann.

Die Münzen verkündeten die Erfolge des Augustus im Osten mit den Formeln SIGNIS RECEPTIS, ARMENIA CAPTA und – bezeichnenderweise – OB CIVIS SERVATOS. Letztere Aufschrift, mit dem Eichenkranz des Jahres 27 (oben S. 163 f.) umwunden, eröffnete die neue Aes-Prägung (Sestertius und Dupondius in Messing, As in Kupfer). Sie trat zur Edelmetallprägung (Gold: Aureus, Silber: Denarius) in ein festes Verhältnis, so daß 4 Sesterze bzw. 8 Dupondien oder 16 Asse einen Denar wert waren. Später kam als weitere Kupfermünze noch der Quadrans (1/4 As) hinzu. Das Verhältnis des Denars zum Aureus betrug 25:1. Dieses Münzsystem verlieh der römischen Währung diejenige Stabilität, die Augustus für den Staat insgesamt erstrebte, und befähigte sie zu ihrer Rolle als Reichswährung.

Dem Senat lieferten die Ergebnisse, die Augustus im Osten erzielt hatte, den Beweis für die Effizienz des Systems der Übertragung bestimmter Provinzen an den Princeps. Zudem hatte Augustus die ihm 27 überantworteten Provinzen Gallia Narbonensis und Cyprus schon 22 als befriedet in die Zuständigkeit des Senats überführt. Es war daher eine Selbstverständlichkeit, daß ihm 18 das in diesem Jahr ab-

Die Entstehung des Augusteischen Prinzipats 169

laufende *imperium proconsulare* verlängert wurde – um fünf Jahre. Augustus konnte aber auch darauf hinweisen, daß sich seine enge Zusammenarbeit mit Agrippa bewährt hatte. Sein Vorschlag ging dahin, auch diesem sein *imperium proconsulare* für fünf Jahre zu verlängern und ihm für den gleichen Zeitraum die *tribunicia potestas* zu verleihen. Diese Regelung machte Agrippa zum 'Mitregenten'. Sein Nahverhältnis zu Augustus erhielt 17 noch eine besondere Note: Der in diesem Jahr geborene Sohn Lucius aus der Ehe mit Iulia wurde zusammen mit dem erstgeborenen Gaius (geb. 20) von Augustus adoptiert. Beide erhielten den Caesar-Namen.

In seinem Bemühen, den besten Zustand des Staates herzustellen (Suet. Aug. 28,2), unternahm Augustus es im Jahre 18, gestützt auf die neue konsularische Gewalt, den Senat auf die besten und würdigsten Mitglieder zu beschränken. Nach seinen Vorstellungen sollten es 300 sein (Cass. Dio 54,14,1), aber das ließ sich nicht verwirklichen. So setzte er denn 600 als Maximalzahl fest, was bedeutete, daß er 200 Namen von der Liste streichen mußte (vgl. oben S. 163) – eine Maßnahme, die ihm Feindschaften und Verschwörungen gegen sein Leben eintrug. Dem Ansehen des Senats aber kam der 'Aderlaß' ebenso zugute wie seiner Zusammenarbeit mit dem Princeps.

Auf ein weiteres Feld seiner umfassenden Fürsorgeverpflichtung begab Augustus sich im Jahre 18 mit der Inangriffnahme eines großen Gesetzgebungswerkes. Senat und Volk wollten ihm dazu ein außerordentliches Amt verleihen (*curator legum et morum summa potestate*), doch lehnte er dieses als gegen den *mos maiorum* verstoßend ab; ihm genügte die *tribunicia potestas*. Die Gesetze des Augustus (*leges Iuliae*) bezogen sich zum Großteil auf 'republikanische' Vorgänger, paßten sie der Gegenwart an und verbesserten sie. So fügte etwa die *lex iudiciaria* zur Bewältigung der Prozeßflut den bestehenden drei Richterdekurien (oben S. 120) eine vierte hinzu, deren Mitglieder nur ein Mindestvermögen von 200 000 Sesterzen nachzuweisen brauchten (*ducenarii*). In ähnlicher Weise wurden die wichtigsten strafrechtlichen Materien (*vis, ambitus, maiestas, peculatus, sumptus*) gesetzlich aufbereitet und damit der neuen Ordnung eingefügt. Besondere Anstrengungen unternahm Augustus, um Heirat und Kinderzeugung wieder als feste Bestandteile der römischen Gesellschaftsordnung zu etablieren. Die *lex Iulia de maritandis ordinibus* bedrohte Ehe- und Kinderlosigkeit mit erbrechtlichen Nachteilen, während sie das gesetzeskonforme Verhalten mit Privilegien belohnte. Die *lex Iulia de adulteriis coercendis* definierte den Ehebruch als kriminelle Handlung, die im Rahmen eines Quästionenverfahrens mit schwerer Strafe belegt

170 Die Entstehung des Augusteischen Prinzipats

werden konnte. Beide Gesetze prägten das Bild der stark moralisch intendierten augusteischen Gesetzgebung.

Augustus selbst betonte den neuen Charakter seiner Gesetze (*leges novae*, Mon. Anc. c. 8). Auf ihnen wollte er das neue Zeitalter begründen, dessen Beginn im Jahre 17 mit den *ludi saeculares* begangen wurde (Ausgangspunkt für die Berechnung der 110 Jahre währenden *saecula* bildeten die angeblich 236 gefeierten Spiele, nicht die des Jahres 249 [oben S. 56]). Horaz dichtete für die Feierlichkeiten das ›Carmen‹. In ihm trat deutlich die besondere Rolle hervor, die Augustus 'seinem' Gott Apollo bei den Spielen zuwies. Der 28 eingeweihte Apollotempel auf dem Palatin wurde so gewissermaßen zum Hort des neuen Zeitalters.

Nachdem Augustus und Agrippa die *ludi saeculares* ausgerichtet hatten, übernahm letzterer Aufgaben im Osten des Reiches, während Augustus zunächst in Rom blieb, dann (16) aber durch die Niederlage seines Legaten M. Lollius gegen die Germanen (Sugambrer) nach Gallien gerufen wurde. Hier änderte er die Verhältnisse dergestalt, daß er aus dem gallischen Großraum drei Provinzen formierte (Tres Galliae), die den geographischen Gegebenheiten Rechnung trugen: Belgica, Lugdunensis, Aquitania. Zum anderen verlegte er die Standorte der Legionen aus dem Binnenland an die Ostgrenze (Rhein) nach Vetera Castra (Xanten) und Mogontiacum (Mainz). Darüber hinaus erteilte er seinen Stiefsöhnen Tiberius und Drusus Befehl, die Verbindung zwischen Gallien und Italien durch Annexion des Alpenraumes zu sichern.

Die Feldzüge, welche Tiberius und Drusus von Gallien bzw. Oberitalien aus im Jahre 15 gegen die Alpenvölker unternahmen, führte zur Unterwerfung von ca. 50 *gentes*, die in drei Alpenregionen (Alpes Maritimae, Cottiae, Poeninae) und der Provinz Raetia zusammengefaßt wurden. Letztere erhielt später in Augusta Vindelicum (Augsburg) ihre Hauptstadt. Im Gebiet der Salassi am Fuß der Alpes Poeninae war schon 25 Augusta Praetoria Salassorum (Aosta) gegründet worden. Jetzt wurde der Hauptort der Taurini am Fuß der Alpes Cottiae als römische Kolonie konstituiert: Augusta Taurinorum (Turin). Den Alpes Maritimae drückte Augustus seinen Stempel durch die Straße auf, die von Genua (vgl. oben S. 99) über Aquae Sextiae an die Rhone führte. Sie hieß Via Iulia Augusta. An einer ihrer höchsten Stellen (La Turbie bei Monaco) wurde ein 50 m hohes Siegesdenkmal (Tropaeum Augusti) mit den Namen der unterworfenen Alpenvölker errichtet (Plin. nat. hist. 3, 136/7).

An den Aufenthalt des Augustus in Gallien (16) schloß sich ein sol-

Die Entstehung des Augusteischen Prinzipats 171

cher in Spanien an (15/14). Auch er galt organisatorischer Tätigkeit. Aus den beiden spanischen Provinzen (Citerior und Ulterior) wurden drei gebildet: Tarraconensis, Baetica, Lusitania, wobei die soeben befriedeten Gebiete im Nordwesten (Asturia, Gallaecia) an die Tarraconensis fielen. Als Augustus 13 nach Rom zurückkehrte, konnte er im Senat voll Stolz darauf verweisen, daß sowohl in Spanien als auch in Gallien die Dinge günstig ständen. Weiter erstattete er Bericht über die im Vorjahr (14) erfolgten Ansiedlungen von Veteranen in Italien und den Provinzen. Diese und die schon 30 durchgeführten Deduktionen in Militärkolonien hatten ihn 860 Millionen Sesterzen für Landkäufe gekostet. In Zukunft nun sollten die Soldaten, so kündigte er an, bei ihrer Entlassung Geld statt Land erhalten. Mit dieser Neuregelung des Veteranenabschieds verband er eine genaue Festlegung des Rahmens für den Militärdienst, so daß dieser ganz und gar den Charakter eines Berufes annahm. Die Dienstzeit betrug 16 Jahre für die Legionäre, 12 Jahre für die Prätorianer, der Sold 225 bzw. 375 Denare im Jahr.

Die Befriedungspolitik des Augustus in Gallien und Spanien veranlaßte den Senat, die Grundsteinlegung eines Altars zu Ehren der friedenspendenden Tätigkeit des Princeps zu beschließen. Die Ara Pacis Augustae sollte auf dem Marsfeld an der Via Flaminia, über die Augustus nach Rom zurückgekehrt war, ihren Standort haben. Die weiter beschlossene Verlängerung des *imperium proconsulare* um fünf Jahre war die direkte Folge seines Rechenschaftsberichtes. Auch Agrippa, der aus dem Osten nach Rom zurückgekehrt war, erhielt die gleiche Verlängerung für sein *imperium proconsulare* und die *tribunicia potestas*. Sofort ging er wieder ans Werk; Unruhen in Illyrien (Pannonien) erforderten seine Anwesenheit. Es war der letzte Dienst, den er seinem Freund und dem Staat leistete. Agrippa erkrankte und suchte Heilung in Kampanien. Dort starb er im März des Jahres 12. Augustus überführte persönlich den Toten nach Rom. Hier richtete er ihm ein Leichenbegängnis aus, wie er es letztwillig für sich selbst anzuordnen gedachte. Er hielt ihm die Leichenrede und ließ seine Asche im Grabmal der Julier beisetzen. Agrippa selbst hatte dafür gesorgt, daß sein Ruhm auch im Stadtbild Roms sichtbar blieb. Das Pantheon auf dem Marsfeld trägt trotz der späteren Erneuerung noch heute seine Inschrift. Nahebei endeten die Bögen der von ihm erbauten Aqua Virgo, nicht weit entfernt befanden sich die Thermae Agrippae. Auf der anderen Seite der Via Lata (Via del Corso) dehnte sich der Campus Agrippae aus. Hier lag auch die Porticus Vipsania, deren Rückwand die Erdkarte zierte, für die Agrippa, „der Mann mit

172   Die Entstehung des Augusteischen Prinzipats

der gewaltigen Geisteskraft" (*vir ingentis animi*, Sen. ep. 94, 46) in
allen Teilen des Römischen Reiches Material gesammelt hatte.

Augustus wurde durch den Tod Agrippas schwer getroffen. Er hatte
in ihm einen Helfer gefunden, wie er tüchtiger keinen hätte finden
können (vgl. Cass. Dio 54, 29, 1). Jetzt mußte er nach einem neuen
Umschau halten, denn die Aufgaben, die sein Prinzipat ihm auferlegte, waren so vielfältig, daß er es für besser hielt, wenn ein zweiter
sie mit ihm teilte. Noch im Jahre 12 entschied er sich für seinen inzwischen fast 30 Jahre alten Stiefsohn Tiberius, der im Vorjahr das Konsulat bekleidet hatte. Diese Entscheidung aber war verbunden mit
einem tiefen Eingriff in dessen Privatleben. Augustus drängte Tiberius
zur Scheidung seiner Ehe und zur Verlobung mit Iulia, der Witwe
Agrippas; 11 erfolgte die Eheschließung. Tiberius übernahm als Legat
des Augustus das Kommando in Illyricum (Dalmatia), um die erneut
(vgl. oben S. 171) ausgebrochenen Kämpfe gegen die Pannonier im
Norden der Provinz zu führen. Er rechtfertigte die Betrauung mit
dieser schwierigen Aufgabe durch einen gewichtigen Erfolg. Die Eroberung des Gebietes zwischen Savus und Dravus (Save und Drau) in
den Jahren 12 bis 9 verband Illyricum mit Noricum, dem Land zwischen Raetien und dem Ostrand der Alpen, das inzwischen annektiert
worden war. Der Danuvius (Donau), der von der Quelle bis Carnuntum (Petronell östl. von Wien) die römische Nordgrenze bildete,
wurde auch in Illyrien erreicht (Mon. Anc. c. 30), das nun aus der
Verwaltung des Senats in die des Augustus überging.

Außer Tiberius hatte Augustus noch den anderen, vier Jahre jüngeren Stiefsohn, Drusus, für wichtige, ihm als Princeps obliegende
Aufgaben zur Verfügung. Die Vollendung der 16 begonnenen Organisation Galliens durch einen Zensus war eine solche Aufgabe. Drusus
unterzog sich ihr im Jahre 13. Die Schwierigkeiten, die sich dabei ergaben, meisterte er, indem er die Häupter der 60 gallischen Stämme
(*civitates*) nach Lugdunum zusammenrief und diese Versammlung am
1. 8. 12 in einer großen Feier zur Einweihung des für Roma und Augustus errichteten Altars als Landtag der drei gallischen Provinzen konstituierte. Er sollte nach Art der östlichen Provinzialversammlungen
– zu Asia und Bithynia (oben S. 162) war noch Galatia mit dem Tempel
in Ancyra hinzugekommen – jährlich zu einer kultischen Feier und zur
Beratung provinzinterner Angelegenheiten zusammentreten.

Die in Gallien durch den Zensus entstandene Unruhe nutzten die
Sugambrer erneut (vgl. oben S. 170) zu einem Rheinübergang. Drusus
reagierte sofort (12) mit einem Gegenschlag, zu dem auch das Flot-
tenunternehmen gehörte, das vom Gebiet der Bataver aus an die

Die Entstehung des Augusteischen Prinzipats   173

Nordsee führte und den Anschluß der Friesen als bleibenden Gewinn brachte. In den nächsten Jahren weiteten sich die Kämpfe aus. Vor allem die Chatten traten als neue Gegner auf den Plan. Drusus sah sich zu weiträumigen Operationen gezwungen. 11 stieß er bis zur Weser (Visurgis), 9 sogar bis zur Elbe (Albis) vor. Auf dem Rückmarsch vom Feldzug des letzteren Jahres widerfuhr ihm ein Mißgeschick: Er stürzte vom Pferd, fiel in Siechtum und starb. Sein Bruder Tiberius, der ans Sterbelager geeilt war, führte den Leichnam, von dem die Legionen in Mogontiacum feierlich Abschied nahmen, über die Alpen nach Ticinum (Pavia); von hier aus geleitete Augustus selbst den Leichenzug nach Rom. Er ehrte Drusus auch dadurch, daß er ihm außer der Leichenrede des Tiberius (auf dem Forum) eine zweite aus seinem Mund (im Circus Flaminius) zuteil werden und ihn im Grabmal der Julier auf dem Marsfeld beisetzen ließ.

Die Stellung des Augustus hatte im Jahre 12 eine bedeutsame Erweiterung erfahren. M. Aemilius Lepidus, der ehemalige Kollege im Triumvirat, war gestorben. Er hatte nach Caesars Ermordung das Amt des Pontifex Maximus erlangt. Dieses ging nun in einer eindrucksvollen Wahlhandlung auf Augustus über. Er war schon vorher Mitglied aller großen Priesterkollegien. Jetzt aber erhielt er die Leitung des gesamten Sakralwesens. Der erste Mann im Staate war fortan auch der höchste Priester.

Im Jahre 11 unternahmen Senat und Volk noch einmal (vgl. oben S. 169) den Versuch, die *cura legum et morum* mit der Princepsstellung des Augustus zu verknüpfen. Auch dieses Mal lehnte Augustus unter Hinweis auf seine *tribunicia potestas* ab. Dagegen sah er es als seine Pflicht an, die von Agrippa organisierte Wasserversorgung Roms unter seine Obhut zu nehmen. Mit der *cura aquarum* und der bereits 22 übernommenen *cura annonae* (oben S. 167) waren ihm die beiden wichtigsten Lebensbedürfnisse der Hauptstadt anheimgegeben. Daß er darüber die Sorge für das kulturelle Leben nicht vergaß, bewies er mit dem Bau des Marcellus-Theaters (zu Ehren seines früh verstorbenen Schwiegersohnes), das im Jahre 11 eingeweiht wurde (Plin. nat. hist. 8, 65).

Wichtiger als die 'Vervollständigung' seines Bündels von Titeln und Befugnissen war in den Augen des Augustus die Bewahrung der Erinnerung an den Grund für seine einzigartige Stellung im Staate: die Beendigung der Bürgerkriege durch die Eroberung Ägyptens. Er ließ daher aus Heliopolis (bei Kairo) zwei über 20 m hohe Obelisken nach Rom schaffen und in den Jahren 10/9 auf dem Marsfeld sowie im Circus Maximus aufstellen. Die Inschriften der Sockel, auf denen sie

174   Die Entstehung des Augusteischen Prinzipats

errichtet wurden, kennzeichneten sie als Weihegeschenke des Augustus an den Sonnengott (Sol) für die Gewinnung Ägyptens (Corp.
Inscr. Lat. VI 702 bzw. 701). Der Obelisk auf dem Marsfeld (jetzt auf
der Piazza di Montecitorio) diente als Gnomon einer riesigen Sonnenuhr, deren Bau zusammen mit der Ara Pacis und in deren unmittel-
barer Nähe erfolgte. Die Einweihung am 30. Januar 9 galt einem zu-
sammengehörigen Komplex. Dieser monumentalen Legitimierung
des Augusteischen Prinzipats in Rom trat als ebenso signifikantes pro-
vinziales Zeugnis das Dekret des Landtags der Provinz Asia an die
Seite, mit dem ein am Geburtstag des Augustus (23. September) im
Jahre 9 beginnender Kalender eingeführt wurde. So sollte dem Retter
gedankt werden, der dem Krieg ein Ende machte und der Welt den
Frieden brachte.

Zum dritten Mal nach 18 und 13 (oben S. 169. 171) verlängerte der
Senat im Jahre 8 das *imperium proconsulare* des Augustus. Zwanzig
Jahre waren seit der erstmaligen Verleihung (27) vergangen. Vor dem
Hintergrund dieses 'Jubiläums' wirkte der im Jahre 8 durchgeführte
Zensus wie eine erneute Bestandsaufnahme (nach 28, oben S. 163).
Die Zahl der römischen Bürger war um 170000 auf 4233000 gewachsen. Das Jahr 8 brachte Augustus außer dem staatsrechtlichen
Akt der Prorogation seines Imperiums (um zehn Jahre) auch eine im-
merfort wirksame Ehrung seitens des Senats: Der Monat Sextilis
wurde hauptsächlich wegen der in ihm erfolgten Beendigung der Bürgerkriege (durch die Einnahme Alexandrias) in „Augustus" umbe-
nannt. Die Änderung fiel zusammen mit einer von Augustus als Pontifex Maximus vorgenommenen Kalenderkorrektur: Er beseitigte den
seit Caesars Kalenderreform (oben S. 145 f.) durch Schaltungsfehler
entstandenen Unterschied von drei Tagen zum Sonnenjahr.

Den Zensus des Jahres 8 scheint Augustus zum Anlaß genommen
zu haben, das Stadtgebiet Roms neu einzuteilen. 14 Regionen traten
an die Stelle der bisherigen 4 (oben S. 9), und 265 *vici* (Bezirke)
wurden als Untergliederungen der *regiones* organisiert. In die Vor-
standschaft der Regionen teilten sich die Prätoren, Volkstribunen und
Ädilen, aus denen die entsprechende Anzahl ausgelost wurde. An die
Spitze der *vici* traten in jährlichem Wechsel je vier *vicomagistri*, die aus
den Bewohnern der einzelnen *vici* gewählt wurden; sie waren meist
Freigelassene. Ihre wichtigste Aufgabe bestand in der Sorge für die
Verehrung der *lares* (Schutzgottheiten) an dem jedem *vicus* eigenen
Heiligtum (*compitum*). In diesen Kult wurde nun auch der Genius des
Augustus einbezogen, der damit im gesamten Stadtgebiet Gegen-
stand von Opfern und Gebeten wurde. In den Munizipien und Kolo-

Die Entstehung des Augusteischen Prinzipats

nien Italiens war zu dieser Zeit schon eine Bewegung im Gange, den Kult des Augustus besonderen Kollegien (Augustales, Seviri Augustales) zu übertragen, deren Mitglieder ebenfalls zum großen Teil (reiche) Freigelassene waren. Die Bewegung drang auch in die Provinzen des Westens ein.

Im Jahre 7 feierte Tiberius in Rom einen Triumph über Germanien. Er hatte, mit einem *imperium proconsulare* ausgestattet, die Operationen seines Bruders Drusus fortgeführt und erreicht, daß alle Germanen zwischen Elbe und Rhein sich ihm unterwarfen. Jetzt nahm er zum zweitenmal die Konsulatsgeschäfte wahr (cos. I: 13) und erhielt im Jahre 6 auf Vorschlag des Augustus die *tribunicia potestas* für fünf Jahre. Mit 35 Jahren stand er auf den obersten Sprossen der Leiter des Erfolgs. Es erregte daher großes Aufsehen, als er noch im Jahre 6 die Bitte äußerte, sich von den Staatsgeschäften zurückziehen zu dürfen. Gegen den Willen des Augustus setzte er durch, daß ihm gestattet wurde, Rhodus als Aufenthaltsort zu nehmen. Unklar blieben die tieferen Gründe für den 'Rücktritt' des Tiberius. Rivalität zu den von Augustus stark protegierten Adoptivsöhnen Gaius und Lucius Caesar könnte ebenso den Hauptgrund gebildet haben wie das ausschweifende Leben seiner Ehefrau Iulia, der Tochter des Augustus.

Die politische Folge der Lösung des Nahverhältnisses zwischen Tiberius und Augustus war eine starke Anlehnung des letzteren an den Senat. Ihren Niederschlag fand sie vor allem in der Zusammenarbeit mit einem Senatsausschuß von 15 alle sechs Monate wechselnden Mitgliedern, die in Verbindung mit den Konsuln und je einem der übrigen Magistrate Augustus bei der Vorbereitung der im Senat zu verhandelnden Angelegenheiten berieten. Eine Frucht dieser Zusammenarbeit war z. B. der von den Konsuln des Jahres 4, C. Calvisius Sabinus und L. Passienus Rufus, erwirkte Senatsbeschluß über ein vereinfachtes Verfahren für Repetundenprozesse, den Augustus durch Edikt in allen Provinzen bekanntmachte, wobei er seine und des Senats Fürsorge in bezug auf die Provinzialen gebührend herausstrich. Der Text des Senatsbeschlusses ist durch eines der in Cyrene gefundenen fünf Edikte des Augustus bekannt; ein anderes stellte durch Einrichtung einer griechischen Geschworenenliste neben der römischen das Prozeßwesen der Provinz Cyrene auf eine neue Grundlage.

Augustus ging nun auch dazu über, wichtige neue Gesetze nicht selbst vor das Volk zu bringen, sondern den Konsuln die Antragstellung zu überlassen. So gelangten im Jahre 2 v. Chr. die Konsuln C. Fufius Geminus und L. Caninius Gallus zu der Ehre, einem 'augusteischen' Gesetz (Suet. Aug. 40,3) ihren Namen zu geben: *lex Fufia Caninia*.

176 Die Entstehung des Augusteischen Prinzipats

Das Gesetz beschränkte den Umfang der testamentarischen Sklavenfreilassungen, um das römische Volk vor Überfremdung zu schützen. Restringierenden Charakter hatte auch die von Augustus in diesem Jahr vorgenommene Neuordnung der Getreideverwaltung. Die seit Caesars Maßnahmen (oben S. 145) wieder angewachsene Zahl der Empfänger beschränkte er auf 200000 und legte genau fest, welche Voraussetzungen erfüllt sein mußten, um in die Listen aufgenommen zu werden.

Das Jahr 2 v. Chr. bescherte Augustus den höchsten Ehrentitel, den der römische Staat vergeben konnte: Senat, Ritterstand und Volk begrüßten ihn durch den Mund des als Redner berühmten M. Valerius Messalla Corvinus, der im Schicksalsjahr 31 das Antonius aberkannte Konsulat bekleidet und 27 für die endgültige Unterwerfung Aquitaniens einen Triumph gefeiert hatte, als Vater des Vaterlandes (*pater patriae*). Augustus betrachtete diese Ehrung als Krönung seines Lebenswerkes. Sie kennzeichnete ihn in der Tat als Neugründer Roms und überantwortete ihm gewissermaßen das Römische Reich „wie einem Vater" (Strab. 6,4,2).

Als Vater des Vaterlandes vollzog Augustus im gleichen Jahr (2 v. Chr.) die Einweihung des von ihm aus Beutegeld, d. h. dem Ptolemäerschatz, errichteten Forums, das sich gegenüber dem Forum Caesars nach Osten hin erstreckte. Beherrscht wurde es vom Tempel des Mars Ultor, mit dem Augustus das Gelübde erfüllte, das ihm den Sieg in der Schlacht von Philippi gebracht hatte (oben S. 154). Das Bildprogramm des Tempels stellte ihn als Vollender der Geschichte Roms dar, die in ihren großen Gestalten hier gegenwärtig wurde wie im Geschichtswerk des T. Livius (›Ab urbe condita‹), das zu dieser Zeit im Erscheinen begriffen war: Die Triumphalquadriga des Augustus nahm die Mitte des Forums ein, und sie trug als Inschrift den Senatsbeschluß, der den *pater patriae*-Titel an Augustus verliehen hatte. Das Forum Augustum galt schon bald als eines der großartigsten Bauwerke. Es war insbesondere für Gerichtssitzungen bestimmt. Der Mars Ultor-Tempel, in dem die von den Parthern zurückgegebenen Feldzeichen (oben S. 167) untergebracht wurden, sollte nach dem Willen des Augustus für solenne Staatsakte zur Verfügung stehen.

Dem höchsten Glück, das Augustus im Jahre 2 v. Chr. widerfuhr, folgte sozusagen auf dem Fuße tiefstes Leid. Es wurde ihm bereitet durch seine Tochter Iulia, deren sittenwidriges Verhalten gerade ihn als Urheber des Ehebruchsgesetzes (oben S. 169) treffen mußte. Er entschloß sich, sie nach eben diesem Gesetz auf die Insel Pandataria zu verbannen und ihre Ehe mit Tiberius zu lösen. Der Iulia-Skandal hatte

Die Entstehung des Augusteischen Prinzipats 177

aber auch eine politische Seite, denn einer der Liebhaber Iulias war Iullus Antonius, der Sohn des Triumvirn, der anscheinend Augustus nach dem Leben trachtete. Er wurde zum Tode verurteilt. Offenbar gelang es Augustus, den Umsturzplänen einer um Iulia und Iullus Antonius gescharten Gruppe Unzufriedener zuvorzukommen.

Die Gefahr, die Iulia für den Prinzipat heraufbeschworen hatte, veranlaßte Augustus, das Avancement seiner Adoptivsöhne Gaius und Lucius zu beschleunigen, zumal für ihn das allgemein gefürchtete 63.Lebensjahr (*annus climacterius*) herannahte (23. 9. 1 v. Chr.). Gaius Caesar, seit 5 v. Chr. mit der Männertoga bekleidet und mit dem Ehrentitel *princeps iuventutis* ausgezeichnet, erhielt im Jahre 1 v. Chr. ein *imperium proconsulare* zur Regelung der Verhältnisse in Armenien, wo der Partherkönig Phraates V. Einfluß auf die Thronbesetzung genommen hatte. In einer spektakulären Zusammenkunft mit ihm auf einer Euphratinsel erreichte Gaius Caesar die Anerkennung des römischen Anspruchs auf die Besetzung des Thrones in Armenien. Dieser diplomatische Erfolg und die Bekleidung des Konsulats im Jahre 1 n. Chr. ließen den älteren der beiden Adoptivsöhne in erster Linie als Anwärter auf die Stellung des Augustus erscheinen. Aber auch Lucius Caesar erhielt die entsprechende Förderung. 2 v. Chr. wurde er bei der Anlegung der Männertoga zum *princeps iuventutis* erhoben und zum Konsul designiert. Doch schon 2 n. Chr. starb Lucius Caesar auf einer Reise nach Spanien in Massilia. Jetzt war Gaius die einzige Hoffnung des Augustus. Man vermag daher dessen Schmerz zu verstehen, als zwei Jahre später (4 n. Chr.) auch er starb – in Limyra (Lykien), an einer Verwundung, die er in Armenien davongetragen hatte.

An der Trauer um die beiden früh verstorbenen *principes iuventutis*, deren Asche im Mausoleum Augusti beigesetzt wurde, nahm das ganze Reich Anteil. So wurde ihnen in Pisae ein Kult eingerichtet, und in Nemausus (Nîmes) hielt die Maison Carrée die Erinnerung an sie wach. Augustus ließ nach dem Tod des Gaius (4 n. Chr.) nur wenige Monate verstreichen, bis er die entstandene Lücke durch einen neuen Adoptionsakt schloß. Dieser betraf seinen Stiefsohn Tiberius, der 2 n. Chr. aus Rhodus nach Rom zurückgekehrt war, und erlangte dadurch besonderes Gewicht, daß Augustus das Staatswohl als Maxime seines Handelns hervorhob. Tiberius erhielt denn auch sofort die *tribunicia potestas* auf 10 Jahre sowie ein *imperium proconsulare* zur Kriegführung in Germanien. Seine Adoption hatte Augustus an die Bedingung geknüpft, daß er seinerseits den Sohn seines Bruders Drusus, Germanicus, adoptiere. Vervollständigt wurde die Reihe der Adoptionen des Jahres 4 durch die des Agrippa Postumus, des Sohnes

178   Die Entstehung des Augusteischen Prinzipats

der verbannten Iulia (von Agrippa), seitens des Augustus. Die julische
Familie war nun wieder, und zwar auf lange Sicht, in den Stand gesetzt, den Prinzipat des Augustus fortzuführen.

Zunächst aber hielt Augustus selbst noch alle Fäden in der Hand.
Die Verlängerung seines *imperium proconsulare* um 10 Jahre (3
n.Chr.) und die Adoption des Tiberius (4 n.Chr.) veranlaßten ihn
sogar zu verstärkter Aktivität. Sie brachte im Jahre 4 die *lex Aelia
Sentia* hervor (Konsuln Sex. Aelius Catus und C. Sentius Saturninus),
ein Gesetz, das die Sklavenfreilassungen (vgl. oben S. 175 f.) weiter
beschränkte: Der Sklave mußte 30 Jahre alt sein, der Herr 20, wenn
die Freilassung zum römischen Bürgerrecht führen sollte. Im gleichen
Jahr erging eine wichtige Entscheidung in bezug auf letztwillige Verfügungen als Ergänzung eines Testaments (*codicilli*). Durch eine solche
Verfügung des als Statthalter von Africa verstorbenen L. Cornelius
Lentulus selbst betroffen, ließ Augustus durch den führenden Juristen
C. Trebatius Testa deren Rechtsgültigkeit feststellen. Dessen berühmter Schüler M. Antistius Labeo überführte die *codicilli* dann voll-
ends ins geltende Recht. Mit ihnen erlangte auch das *fidei commis-
sum*, die formlose Bitte, die ein Erblasser „der Treue (eines anderen)
anvertraute", zur rechtlichen Anerkennung: Augustus erfüllte das in
den *codicilli* des Lentulus an ihn gerichtete Fideikommiß, künftige
Streitfälle wies er an die Konsuln.

Der Radius der Aktivitäten, die Augustus nach der Neubestellung
seines Hauses im Jahre 4 entfaltete, war weit gespannt. Ein Zensus
der römischen Bürger in Italien mit einem Vermögen von mindestens
200000 Sesterzen sollte offenbar genaue Zahlen für die Ausschöpfung
des Reservoirs, welches die oberen Vermögensklassen in bezug auf
den Staatsdienst darstellten, verschaffen. Insbesondere scheint Augustus eine Auffüllung des Ritter- und Senatorenstandes (400000 bzw.
1 Million Sesterzen Mindestzensus) bezweckt zu haben. Im Jahre 5
ließ er sodann die Konsuln L. Valerius Messala und Cn. Cornelius
Cinna ein Gesetz durchbringen, welches für die Wahl der Konsuln und
Prätoren ein Verfahren schuf, das die Auswahl (*destinatio*) der Kandidaten zehn aus Senatoren und Rittern der Richterdekurien gebildeten
Zenturien übertrug (*lex Valeria Cornelia*). Der Komitialakt, die
eigentliche Wahl, wurde dadurch zur Formalie. Die Zahl der jährlich
zu wählenden Konsuln hatte sich seit einigen Jahren verdoppelt, da
eine halbjährige Amtszeit üblich geworden war, um den erhöhten Bedarf an Konsularen für die Provinzialverwaltung zu decken. In bezug
auf die Prätoren hatte Augustus die caesarische 'Inflation' (oben S. 144)
beseitigt und zu der sullanischen Zahl von acht Stellen lediglich zwei

Die Entstehung des Augusteischen Prinzipats   179

(für die Verwaltung des Ärariums) hinzugefügt, so daß jährlich zehn gewählt wurden.

Es folgte im Jahre 6 eine *lex Iulia*, die alle Erbschaften mit einer fünfprozentigen Steuer (*vicesima hereditatium*) belegte. Die neuen Einkünfte waren bestimmt für das *aerarium militare*, aus dem künftig die Veteranen versorgt werden sollten. Die 'Verstaatlichung' der Veteranenversorgung war begleitet von einer Verlängerung der Dienstzeit auf 20 Jahre in den Legionen und 16 Jahre in den Prätorianerkohorten (bisher: 16 bzw. 12 Jahre, oben S. 171). Sozusagen als Annex der Militärreformen des Jahres 6 rief Augustus die *cohortes vigilum* ins Leben, sieben paramilitärische Einheiten zu je 1000 Mann, rekrutiert vornehmlich aus Freigelassenen, unter dem Kommando eines Präfekten aus dem Ritterstand (*praefectus vigilum*). Die *vigiles* waren für das Feuerlöschwesen zuständig, dem die bisher eingesetzten 600 Sklaven nicht gewachsen waren, wie soeben wieder ein Großbrand gezeigt hatte. Um die Brandgefahr möglichst einzuschränken, verbot Augustus durch Gesetz, Häuser höher als 20 m zu bauen (*lex Iulia de modo aedificiorum*).

In der Reichspolitik faßte Augustus im Jahre 6 ein heißes Eisen an: Er setzte Herodes Archelaos, den Ethnarchen von Iudaea, Samaria und Idumaea, ab und gab dem Land den Status einer Provinz. Den Statthalter von Syrien, P. Sulpicius Quirinius, wies er an, in der neuen Provinz einen Zensus durchzuführen; ihre Verwaltung übertrug er einem Präfekten aus dem Ritterstand (*praefectus Iudaeae*). Mit dieser Entscheidung beendete Augustus den Schwebezustand, in dem sich die Beziehungen Roms zum Kernland des von Herodes (dem Großen) geschaffenen Reiches seit dessen Tod (4 v. Chr.) befanden. Herodes war nach seiner Anerkennung als Klientelkönig durch den Senat (37 v. Chr.) jahrzehntelang der Garant römischer Interessen gewesen und hatte es vor allem vermocht, die vielfältigen Gegensätze in seinem Königreich nicht eskalieren zu lassen. Genau dies trat unter seinem Sohn Herodes Archelaos ein. Anklagen der vornehmsten Juden und Samariter gegen ihn bei Augustus führten zu seiner Verbannung (nach Vienna/Narbonensis).

Während Augustus in Rom die Regierung mit Energie führte, stellte Tiberius in Germanien seine militärischen Fähigkeiten erneut unter Beweis. In den Jahren 4/5 überwinterte erstmals ein römisches Heer „im Herzen Germaniens" (Vell. 2, 105, 3). Im folgenden Sommer trafen sich Heer und Flotte an der Elbmündung. Tiberius' Pläne richteten sich für das Jahr 6 gegen das Markomannenreich Marbods in Böhmen (Boiohaemum). Von Westen her (durch das Gebiet der Chatten) sollte

180   Die Entstehung des Augusteischen Prinzipats

C. Sentius Saturninus anmarschieren, von Süden her (Carnuntum an der Donau) wollte Tiberius selbst den Angriff vortragen. Die Zangenbewegung war in vollem Gange, als im Rücken des Tiberius ein Aufstand der Pannonier und Dalmater ausbrach.

Der pannonische Aufstand trat, begünstigt durch die Heranziehung der in Illyrien stationierten römischen Truppen für den Feldzug gegen Marbod, mit einer Vehemenz in Erscheinung, die in Rom größte Bestürzung hervorrief. Augustus äußerte im Senat die Befürchtung, der Feind könne innerhalb von zehn Tagen vor der Hauptstadt stehen, wenn man nicht außerordentliche Maßnahmen ergreife. Als solche veranlaßte er u. a., daß die Männer und Frauen der höheren Zensusklassen Sklaven freiließen und sie dem Staat als Soldaten für die Verteidigung der italisch-illyrischen Grenze zur Verfügung stellten. Die Bekämpfung der Aufständischen in Pannonien und Dalmatien, die an die 200000 Mann gegen die verhaßte römische Herrschaft aufbrachten, übernahm Tiberius. 10 Legionen und 70 Auxiliarkohorten mußte er einsetzen, um des Aufstands Herr zu werden. Bis ins Jahr 9 währte das erbitterte Ringen; die letzten Kämpfe fanden in Dalmatien statt. Auf die Nachricht vom Ende des Krieges kam es im Senat zu spontanen Dankesbezeugungen für den siegreichen Feldherrn; sie gipfelten in der Zuerkennung des Triumphs.

Fünf Tage nach der Siegesmeldung aus Dalmatien traf in Rom die Kunde von der Niederlage des Varus in den Wäldern Germaniens ein. P. Quintilius Varus war als Kommandeur der Rheinarmee darangegangen, Germanien als römische Provinz einzurichten. Als Statthaltersitz war der Hauptort der Ubier am Rhein (Köln) vorgesehen, wo in Analogie zu Lugdunum (oben S. 172) ein Altar der Roma und des Augustus (Ara Ubiorum) entstand. Die germanischen Stämme mußten Befehle entgegennehmen, römischem Recht sich fügen und Abgaben entrichten. Dagegen begehrten sie auf. Der Cheruskerfürst Arminius, der bei der Niederschlagung des pannonischen Aufstands an der Spitze eines cheruskischen Aufgebots die Römer unterstützt hatte, stellte sich nun gegen sie und wurde zum Motor einer Bewegung, welche die römische Herrschaft abzuschütteln suchte. Als römischer Offizier ritterlichen Standes war es ihm möglich, Varus im Jahre 9 zu einem Marsch durch den Teutoburger Wald (*saltus Teutoburgiensis*) in das Gebiet angeblich aufständischer Stämme zu veranlassen. Auf diesem Marsch wurde das römische Heer, bestehend aus 3 Legionen und 9 Auxiliareinheiten von den im Hinterhalt liegenden Germanen, die Arminius dorthin beordert hatte und deren Führung er nun übernahm, drei oder vier Tage lang angegriffen und völlig ver-

Die Entstehung des Augusteischen Prinzipats 181

nichtet. Varus und mehrere Offiziere gaben sich in hoffnungsloser Lage selbst den Tod.

Die Schlacht im Teutoburger Wald – den genauen Ort sucht man jetzt nördlich des Wiehengebirges – bereitete den römischen Plänen zur Provinzialisierung Germaniens gleich bei ihrem Aufkommen ein Desaster, das von ihrer Weiterverfolgung abschrecken mußte. Arminius erlangte dadurch den Ruhm des „Befreiers Germaniens" (Tac. ann. 2, 88, 2). Mit Ulrich von Huttens Arminius-Dialog (1529) begann dann seine Metamorphose zum deutschen Nationalhelden, die schließlich (1875) im Hermannsdenkmal bei Detmold ihren monumentalen Ausdruck fand.

Die furchtbare Niederlage in Germanien ließ Rom erzittern. Die Erinnerung an den Alpenübergang der Kimbern (oben S. 101) wurde wach, und wie schon beim pannonischen Aufstand (oben S. 180) sah man die Hauptstadt selbst bedroht. Augustus ließ Wachtposten über das Stadtgebiet verteilen und entfernte seine germanische Leibwache aus Rom. Selbst gallische Kaufleute, die man für Germanen halten konnte, mußten die Stadt verlassen, um jeglichen Anlaß zur Panik auszuschalten. Doch hielten sich die Folgen der Schlacht im Teutoburger Wald in Grenzen. Vor allem kam es nicht zum befürchteten Zusammengehen Marbods mit Arminius, und ein Übergreifen der germanischen Insurrektion auf Gallien wurde durch den Legaten L. Nonius Asprenas verhindert. Nichtsdestoweniger war Germanien zunächst verloren, und der Untergang von drei Legionen mit ihren Feldzeichen traf Augustus schwer („Varus, gib mir meine Legionen wieder", Suet Aug. 23, 2).

Der inzwischen 72 Jahre alte Herr des römischen Staates hatte in den letzten Jahren viel Ungemach erlitten. Die charakterliche Entwicklung, die Agrippa Postumus nahm, enttäuschte ihn so sehr, daß er den Adoptivsohn im Jahre 7 ins Exil auf die Insel Planasia schickte und diesen Entschluß als unabänderlich durch den Senat bestätigen ließ. Seine Enkelin Iulia erregte wie früher ihre Mutter Anstoß wegen ihres Lebenswandels. Als sie sich im Jahre 8 an einem Komplott gegen ihn, das von ihrem Gatten L. Aemilius Paullus ausging, beteiligte, verbannte Augustus sie auf die Insel Trimerus. Im Zusammenhang mit der Iulia-Affäre ließ Augustus auch den Dichter P. Ovidius Naso seinen Zorn spüren. Das Liebesbrevier (›Ars amatoria‹) Ovids war dem Princeps ein Dorn im Auge. Ohne Rücksicht auf die Berühmtheit des Dichters, der gerade seine ›Metamorphoses‹ beendet hatte, wies er ihm Tomi am Schwarzen Meer als Aufenthaltsort an. Für Unruhe sorgten in diesen Jahren auch Schmähschriften (*famosi libelli*) gegen

182 Die Entstehung des Augusteischen Prinzipats

Augustus. Im Jahre 6 führte der Senat eine Untersuchung gegen die Urheber durch, und im Jahre 8 wurde in einem aufsehenerregenden Prozeß vor dem Senat der bekannte Redner Cassius Severus wegen eben dieses Delikts nach der *lex Iulia maiestatis* verurteilt; ihm wurde die Insel Creta als Zwangsdomizil zugewiesen, seine Schriften fielen der öffentlichen Verbrennung anheim. Als eine Frucht dieser gereizten Atmosphäre muß die *lex Papia Poppaea* des Jahres 9 angesehen werden, welche die *lex Iulia de maritandis ordinibus* (oben S. 169) rigoros ergänzte, u. a. durch verstärkten Anspruch des Staates auf die Erbschaften kinderlos Verstorbener.

Die *clades Variana* (9) fügte den Schwierigkeiten, mit denen Augustus seit dem Jahre 6 geradezu überhäuft wurde – auch Hungersnöte gab es in Rom und Italien –, neue hinzu. Die Jugend widersetzte sich der Aushebung zum Kriegsdienst, so daß Augustus zu einem Auslosungsverfahren Zuflucht nehmen und dessen Durchsetzung mit abschreckenden Strafen erzwingen mußte. Wie schon im Jahre 6 wurden auch jetzt wieder den reicheren Bürgern Sklaven abverlangt, die als Freigelassene in besonderen Formationen Wachdienste am Rhein übernehmen sollten. Es war ein Zeichen der Not, daß Augustus dem Iupiter Optimus Maximus „große Spiele" gelobte, wenn der Zustand des Staates sich bessere (Suet. Aug. 23, 2). Hoffnungsträger in dieser Situation war Tiberius. Er wechselte vom pannonisch-dalmatischen auf den germanischen Kriegsschauplatz und brachte diesen in den Jahren 10–12 so weit unter römische Kontrolle, daß die Rheingrenze und damit Gallien als gesichert gelten konnte. Im Herbst des Jahres 12 übergab er das Kommando an seinen Adoptivsohn Germanicus.

Am 23. Oktober des Jahres 12 feierte Tiberius den ihm vor drei Jahren bewilligten Triumph über Pannonien und Dalmatien; er hatte ihn bei seiner Rückkehr aus dem Osten wegen der Katastrophe in Germanien aufgeschoben. Das Ereignis ließ Rom aufatmen und verlieh dem Prinzipat des Augustus neuen Glanz. Ihn spiegelt die Gemma Augustea (Wien) wider, welche den Sieg des Tiberius unter den Auspizien des als Jupiter dargestellten Augustus symbolisiert. Die genaue Bezeichnung des Triumphes: *ex Pannoniis Delmatisque* (Vell. 2, 123, 2) wies auf das territoriale Ergebnis des von Tiberius geführten Krieges hin: Pannonia bildete nun eine eigene Provinz, das übrige Illyrien hieß künftig Dalmatia. Beide Provinzen blieben in der Hand des Augustus, der mit ihrer Verwaltung Statthalter konsularen Ranges betraute.

Durch seine Kriegstaten in Ost und West war Tiberius zum „Schutzherrn des Römischen Reiches" (Vell. 2, 120, 1) aufgestiegen. Im Jahr

Die Entstehung des Augusteischen Prinzipats   183

13 erhielt er auch die entsprechende Machtstellung. Ihm wurde, als das *imperium proconsulare* des Augustus um 10 Jahre verlängert wurde, ein völlig gleiches Imperium übertragen. Dazu blieb er weiterhin im Besitz der *tribunicia potestas*. Mit Augustus zusammen führte er 13/14 einen Zensus durch. Dieser ergab einen Zuwachs von 704 000 Personen bürgerlichen Standes (4 937 000 gegenüber 4 233 000 im Jahre 8 v. Chr.), der wohl durch die inzwischen vervollkommneten Erhebungsmethoden erklärt werden muß.

Augustus zog sich mehr und mehr aus der Öffentlichkeit zurück, ohne allerdings die Regierungsgeschäfte zu vernachlässigen. Für diese erbat er sich im Jahre 13 vom Senat ein Gremium, das Beschlüsse fassen konnte wie das Plenum. Ihm gehörten 20 auf ein Jahr gewählte Senatoren, die amtierenden und die designierten Konsuln sowie als ständige Mitglieder Tiberius, Germanicus und der leibliche Sohn des Tiberius, Drusus, an. Augustus konnte zudem weitere ihm geeignet erscheinende Personen hinzuziehen, wenn der Sitzungsgegenstand es erforderte. Als altersbedingtes Provisorium deklariert, offenbarte jenes Gremium in Wahrheit das Wesen des Augusteischen Prinzipats als monarchischer Regierungsform.

In die gleiche Richtung wies das am 3. April des Jahres 13 errichtete Testament, insofern es das dynastische Denken des Augustus enthüllte: Selbstherrlich gab er den ihm vom Senat verliehenen Augustus-Namen an seine Erben, Tiberius und Livia, weiter. Ersteren, seinen Adoptivsohn, setzte er durch Zuwendung von zwei Dritteln des Vermögens auch finanziell in den Stand, die Nachfolge im Prinzipat anzutreten, letztere, seine Gattin und Mutter des Tiberius, die ein Drittel erhielt, adoptierte er testamentarisch und verstärkte dadurch den julischen Charakter des künftigen Prinzipats. Der Kontinuität des Prinzipats diente auch die Ernennung des Konsulars L. Calpurnius Piso zum Stadtpräfekten (*praefectus urbi*). Ihm wurden die inzwischen zu den 9 *cohortes praetoriae* hinzugekommenen 3 *cohortes urbanae* unterstellt. Die Soldaten der letzteren Einheiten hatten eine Dienstzeit von 20 Jahren und erhielten 375 Denare Jahressold. Der Sold der Prätorianer stieg auf 750 Denare. An ihrer Spitze stand jetzt als *praefectus praetorio* der Ritter Seius Strabo.

Im Jahre 14 unternahm Augustus eine Reise nach Kampanien. Im Golf von Puteoli hatte er das erhebende Erlebnis, daß Passagiere und Besatzung eines Schiffes aus Alexandria ihn überschwenglich als den Mann priesen, dem sie alles verdankten. Im weiteren Verlauf seiner Reise wurde Augustus krank und starb am 19. August in Nola. Seine Gattin Livia, die ihm zeit seines Lebens in allem zur Seite gestanden

184   Die Entstehung des Augusteischen Prinzipats

hatte, war auch in seiner Todesstunde bei ihm. Die Leiche des Augustus wurde von den Stadträten (*decuriones*) der an der Via Appia gelegenen Munizipien und Kolonien bis Bovillae (etwa 20 km vor Rom) getragen. Dann überführte der Ritterstand den Toten nach Rom in sein Haus auf dem Palatin.

Tiberius, der dem Leichenzug von Nola bis Rom vorangeschritten war, berief kraft seiner *tribunicia potestas* den Senat zur Beratung über die letzten Ehren für seinen Adoptivvater. In der Sitzung, die Anfang September stattfand, wurde den Senatoren das Lebenswerk des Augustus in dessen eigener Darstellung zu Gehör gebracht. Denn mit dem Testament gelangten die Dokumente zur Verlesung, die Augustus diesem beigegeben und den Vestalinnen anvertraut hatte. Darunter befand sich der große Tatenbericht, den er zur Einmeißelung in zwei eherne Säulen und zur Aufstellung vor seinem Mausoleum bestimmt hatte (bekannt durch eine Kopie in Ancyra/Ankara). Weiter gehörte zu den Dokumenten eine Übersicht über die militärische Stärke des Reiches und seine Ressourcen. Beide Schriftstücke waren in hohem Maße geeignet, den Senat dazu zu bewegen, den zuvor verlesenen Anordnungen des Augustus für sein Begräbnis zuzustimmen, ja sie so auszugestalten, wie es ihm, der „den Erdkreis der Herrschaft des römischen Volkes unterworfen" hatte (Überschrift des Monumentum Ancyranum), zukam.

So wurde denn das Begräbnis des Augustus als Triumphzug ausgerichtet. Er war ja einundzwanzigmal zum Imperator ausgerufen worden, seit er im Jahre 43 v. Chr. das Imperium übernommen hatte. Seine Stellung als Imperator par excellence kam auch in den Legaten zum Ausdruck, die sein Testament für die Soldaten enthielt: die Prätorianer sollten 1000 Sesterzen je Mann, die Soldaten der drei städtischen Kohorten 500, die Legionäre 300 Sesterzen bekommen. In seinem Tatenbericht hatte der Verstorbene sich gerühmt, die Grenzen des Römischen Reiches erweitert, vor allem aber Ägypten der Herrschaft des römischen Volkes hinzugefügt zu haben. Dementsprechend war er auf seinem Forum in der Triumphalquadriga dargestellt (oben S. 176) – als Triumphator schlechthin.

Die Begräbniszeremonien begannen auf dem Forum mit den Leichenreden, die Tiberius und sein Sohn Drusus angesichts der Totenbahre des Augustus hielten. Während der Leichnam im Sarg ruhte, war ein mit dem Triumphalgewand geschmückter Scheinleib aus Wachs für alle sichtbar. Dem Leichenzug, der sich durch die Porta triumphalis zum Ustrinum in der Nähe des Mausoleums auf dem Marsfeld bewegte, wurde die Statue der Victoria aus der Curia Iulia

Die Entstehung des Augusteischen Prinzipats   185

(oben S. 164) vorangetragen. Im Zug waren symbolische Darstellungen aller von Augustus unterworfenen Völker vertreten, und alle großen Römer, deren Statuen in den Portiken des Mars Ultor-Tempels aufgestellt waren, gaben – entsprechend nachgebildet – dem Toten das Geleit. Senatoren, Ritter, Prätorianer und „sozusagen alle Einwohner Roms" (Cass. Dio 56, 42, 1) waren in der Prozession dabei. Die Zeremonie schloß mit einer *decursio* der Ritter und Prätorianer um den Scheiterhaufen, den Zenturionen dann anzündeten. Die Asche wurde im Mausoleum beigesetzt. Dieses lag inmitten herrlicher Parkanlagen, die Augustus schon nach Fertigstellung des Baus der Bevölkerung Roms zur Verfügung gestellt hatte. Damit auch die Ärmeren seiner gedächten, hatte er in seinem Testament 43 500 000 Sesterzen zur Verteilung an sie als Legat ausgesetzt.

Wie sein Adoptivvater Caesar wurde auch Augustus unter die Götter erhoben. Der Senat vollzog am 17. September 14 den Divinisierungsakt. Livia erhielt die Stelle der Priesterin des einzurichtenden Kultes. Als Platz für den Tempel des Divus Augustus wurde der Aufgang zum Palatin hinter der Basilica Iulia, die an die Stelle der Basilica Sempronia (oben S. 75) getreten war, gewählt. Die Konsekration des Augustus konnte auf breite und freudige Zustimmung rechnen. Denn jedem standen die Leistungen des Princeps vor Augen: Rom erstrahlte als Marmorstadt, der Staat hatte den besten Zustand erreicht, und das Reich erfreute sich der Segnungen des Friedens.

ANHANG

ZEITTAFEL*

v. Chr.

ca. 13. Jh. Erste Siedlung an der Tiberfurt (Velabrum).

ca. 10. Jh. Siedlung im Bereich des Forum Romanum.

ca. 9. Jh. Siedlungen auf dem Palatin und Quirinal.

ca. 8. Jh. Siedlung auf dem Esquilin.

seit ca. 1000 'Indogermanisierung' Italiens. Latiner in Latium.

753 Mythisches Gründungsjahr Roms (Varro). Nach Fabius Pictor: 748.

ca. 600 Vereinigung der Siedlungen auf den *montes* (Palatin u. a.) und *colles* (Quirinal u. a.).

618–510 Etruskische Könige in Rom (nach späterer Berechnung). Rituelle Stadtabgrenzung (Pomerium). Bau der Regia und der Curia auf dem Forum. Comitium als Versammlungsplatz. Erste Tempelbauten. Formierung der Gesellschaftsordnung (Tribus, Kurien, Geschlechter). Heeresorganisation (Phalanx). Senat. Ausdehnung des Territoriums bis zum 5. Meilenstein links des Tibers.

508 Einweihung des Jupitertempels auf dem Kapitol (Polybius).

ca. 500 Begründung des Staates der Patrizier mit einem *praetor maximus* (später zwei *praetores*) an der Spitze.

496 Schlacht am See Regillus gegen die Latiner mit anschließendem Bündnis (493): *foedus Cassianum.*

494 Auszug der Plebs *(secessio plebis).* Organisation als 'Stand' mit 2 Vorstehern *(tribuni plebis).* Beginn des 'Ständekampfes'.

486 Bündnis mit den Hernikern. Kämpfe mit Sabinern, Aequern und Volskern im Umkreis Roms.

477 Untergang des Geschlechts der Fabier an der Cremera im Kampf gegen die Etruskerstadt Veji.

471 Verdoppelung der *tribuni plebis* von 2 auf 4, dann (456) Erhöhung auf 10. Beginn der Agitation zur Aufzeichnung des Rechts (462).

ca. 450 Einsetzung von Dezemvirn anstelle von *praetores* (und *tribuni plebis).* Zwölftafelgesetz. *Legisactio* als Prozeßform.

449 Wiederherstellung der 'alten' Verfassung mit 2 *consules* als Oberbeamten *(leges Valeriae Horatiae).* Diktatur als Notstandskommando.

---

* Zu den 'genauen' Daten der römischen Frühzeit vgl. die Bemerkungen auf den Seiten 15 und 35f.

190	Zeittafel

445	Aufhebung des Eheverbots zwischen Patriziern und Plebejern *(lex Canuleia)*.
443	Neues patrizisches Amt: die Zensur.
seit 426	Konsulartribunat mit 4 bzw. 6 Stelleninhabern verdrängt das Konsulat als Oberamt.
ca. 400	Vergrößerung des römischen Territoriums bis zum 10. Meilenstein. 4 städtische, 17 ländliche Tribus mit 152000 römischen Bürgern (393).
396	Eroberung von Veji.
387	Gallier (Kelten) zerstören Rom. Wiederaufbau ('Servianische' Mauer).
367	Reform des Staates: Zulassung der Plebejer zum Konsulat. Schaffung der patrizischen Prätur. Höchstgrenze für Okkupation von Staatsland. Schuldenerlaß *(leges Liciniae Sextiae)*.
ca. 350	Organisation der Heeres- und Volksversammlung *(comitia centuriata)* in 5 Klassen. Beginn der Anlage römischer Kolonien am Tyrrhenischen Meer (Ostia).
348	Vertrag mit Karthago.
338	Neuordnung der Verhältnisse in Latium nach kriegerischer Auseinandersetzung (340–338). Rom das Haupt Latiums. Gemeinsamer Stammvater: Aeneas. Fortsetzung der Gründung latinischer Kolonien (334 Cales).
337	Die Plebejer dringen in das letzte ihnen noch verschlossene Staatsamt (Prätur) ein. Patrizisch-plebejische Nobilität.
326–304	Samnitenkrieg. Heeresreform: Drei-Treffen-Ordnung. Manipel als taktische Einheit.
312	Bau der ersten Fernstraße durch den Zensor Ap. Claudius: Via Appia.
300	Zulassung der Plebejer zu den Priesterkollegien *(lex Ogulnia)*. Schutz der Bürger gegen magistratische Willkür durch *provocatio ad populum (lex Valeria)*.
295	Schlacht von Sentinum (Umbrien). Sieg über Samniten, Etrusker, Umbrer und Gallier. Ausdehnung der römischen Herrschaft nach Norden und Nordosten.
287	*Lex Hortensia:* Beschlüsse der Plebs *(plebiscita)* gelten als Gesetze *(leges)*. Die Volkstribunen erhalten Zutritt zum Senat. Ende des 'Ständekampfes'.
282–272	Krieg gegen Tarent und Pyrrhus von Epirus.
270	Rhegium erobert. Vordringen nach Südosten (Brundisium 266 römisch). Rom das Haupt des italischen Bundes mit insgesamt 558000 Wehrfähigen (225).
269	Prägung von Silber-Didrachmen in Rom als Ergänzung zu den seit ca. 300 umlaufenden pfundschweren Kupferassen *(aes grave)*.
264–241	1. Punischer Krieg zu Lande (Afrika, Sizilien) und zur See (Ent-

Zeittafel

scheidungsschlacht bei den Aegatischen Inseln 241). Gewinn Siziliens.

242 Schaffung einer zweiten Prätorenstelle für den Rechtsverkehr zwischen Römern und Fremden *(praetor peregrinus)*. Entstehung des Formularprozesses.

241 Letzte Tribusgründungen (2) führen zur Gesamtzahl von 35 Tribus. Reform der *comitia centuriata* durch Verquickung von Zenturien- und Tribusordnung (Terminus ante quem: 215).

237 Erneute Konfrontation mit Karthago. Gewinn Sardiniens und Korsikas.

229 1. Illyrischer Krieg. Beseitigung der Piraterie in der Adria. Erfolge der römischen Diplomatie in Griechenland.

227 Sizilien und Sardinien/Korsika als Provinzen unter zwei neuen Prätoren eingerichtet.

226 Vertrag mit Hasdrubal, dem karthagischen Befehlshaber in Spanien. Festlegung des Ebro als Grenze des karthagischen Vordringens nach Norden.

225–222 Großer Keltenkrieg. Aufgebot: 148000 Römer und Bundesgenossen. Sieg bei Telamon in Etrurien (225). Eroberung der Gallia Cisalpina.

219 2. Illyrischer Krieg. Römische Herrschaft jenseits der Adria.

218 Verbot von Handelsgeschäften für Senatoren *(lex Claudia)*. Aufstieg des Ritterstandes.

218–201 2. Punischer Krieg. Alpenübergang Hannibals. Schwere römische Niederlagen am Trasimenischen See in Etrurien (217) und bei Cannae in Apulien (216). Bündnis Hannibals mit Philipp V. von Makedonien (215). Sechs Kriegsschauplätze: Italien, Gallia Cisalpina, Spanien, Sizilien, Sardinien, Illyrien. Bündnis Roms mit den Ätolern (212). Sieg über Hasdrubal, Hannibals Bruder, am Metaurus in Umbrien (207). Scipio gewinnt Spanien durch die Schlacht von Ilipa (206). Frieden mit Philipp V. (205). Römisches Heer unter Scipio setzt nach Afrika über (204). Bedrohung Karthagos führt zur Rückberufung Hannibals aus Italien (203). Scipio siegt über Hannibal in der Schlacht von Zama (202). Frieden von 201 bringt Karthago in Abhängigkeit von Rom. Hohe Kriegsentschädigung (10000 Talente). Geiselstellung.

215 Gesetz gegen den Luxus der Frauen *(lex Oppia)*.

ca. 214 Der Denar als neue Silbermünze. Verhältnis zu dem inzwischen auf ⅙ Pfund reduzierten As: 1:10.

204 Zensuszahl macht Kriegsverluste deutlich: 214000 gegenüber 273000 im Jahre 225.

ca. 200 Q. Fabius Pictor schreibt die erste römische Geschichte (in griechischer Sprache), Cn. Naevius das erste historische Epos (›Bellum Poenicum‹).

200–197	Krieg gegen Philipp V. von Makedonien. Verbündete Roms: Pergamum, Rhodus, Ätoler, Achäer. T. Quinctius Flamininus schlägt Philipp V. bei Cynoscephalae in Thessalien (197).
198	Spanien in zwei Provinzen organisiert. Zwei neue Prätorenstellen.
196	Freierklärung Griechenlands (von makedonischer Herrschaft) durch Flamininus.
195	Frauendemonstration in Rom erzwingt Aufhebung des Luxusgesetzes von 215 *(lex Oppia)*.
194	Dreitägiger Triumph des Flamininus über Makedonien mit riesigen Mengen von Kunstgegenständen. Beginn des römischen Kunstraubs.
192–188	Krieg gegen das Seleukidenreich (Antiochus III.) und die Ätoler. 190 Sieg über Antiochus bei Magnesia am Hermus (Lydien). Beginn der römischen Herrschaft über die Oecumene. 189 Ende des Krieges mit den Ätolern (Einnahme von Ambracia). 188 Frieden von Apamea mit Antiochus III.: Abtretung des seleukidischen Besitzes diesseits des Taurus (Nutznießer Pergamum und Rhodus). Kriegsentschädigung von 15000 Talenten.
187	Prachtvoller Triumph des Cn. Manlius Vulso über die Galater Kleinasiens. Einströmen ungeheurer Reichtümer nach Rom. Geldschwemme (186).
186	Der Kult des Bacchus mit seinen Feiern (Bacchanalien) bedroht Zucht und Sitte in Rom und Italien. Scharfe Repressalien.
185	Bandenwesen der Hirtensklaven in Apulien als Indikator für die Umstrukturierung der Landwirtschaft. Strafaktion großen Umfangs.
184	Zensur des M. Porcius Cato. Vorgehen gegen den Sittenverfall.
180	Festsetzung von Altersvoraussetzungen für die einzelnen Staatsämter *(lex Villia annalis)*.
179	Bereitstellung der gesamten Staatseinnahmen für Bauvorhaben (16).
172	Täuschungsdiplomatie gegenüber Perseus von Makedonien offenbart den Eigennutz als Grundsatz der römischen Außenpolitik.
171	Aushebung macht Professionalisierung des Heeres deutlich (der Zenturio Sp. Ligustinus vor der Volksversammlung). Soldatensold zu dieser Zeit: alle 3 Tage ein Denar (120 im Jahr).
171–168	Krieg gegen Perseus, den Sohn Philipps V. von Makedonien. L. Aemilius Paullus siegt über die makedonische Phalanx bei Pydna (168). 'Säuberungsaktion' in Griechenland und Strafgericht in Epirus (167).
167	Dreitägiger Triumph des Aemilius Paullus über Perseus. Unermeßliche Kunstschätze kommen nach Rom, die Bibliothek des

Zeittafel

Perseus ins Haus des Aemilius Paullus. Freundschaft des Achäers Polybius mit Scipio Aemilianus, dem Sohn des Aemilius Paullus; Plan und Ausführung eines großen Geschichtswerks. Steuerfreiheit der römischen Bürger wegen gefüllter Staatskasse.

164   Anstieg der Zahl wehrfähiger römischer Bürger auf 337000.

155   Griechische Philosophen als Gesandte in Rom. Beschleunigung ihrer Abreise durch Cato wegen Gefährdung der römischen Jugend.

154   Aufstand der Keltiberer. Beginn 20jähriger schwerer Kämpfe in Spanien. Späterer Hauptgegner die Lusitaner unter Viriatus (147–139). Ende des Krieges durch den Fall Numantias (133).

150   Karthago setzt sich gegen den Numiderkönig Massinissa zur Wehr und bricht damit den Frieden von 201. Catos letzte politische Handlung: er schürt die „Furcht vor Karthago". 149 gestorben. Nachwirkung durch sein Geschichtswerk ›Origines‹.

149–146   3. Punischer Krieg. Belagerung und Eroberung Karthagos durch Scipio Aemilianus (146). Provinz Africa.

149   Ständiger Gerichtshof für Wiedererstattungsklagen aus den Provinzen *(quaestio repetundarum)*.

148   Niederschlagung der Erhebung des Pseudophilippus (Andriscus) in Makedonien. Provinz Macedonia.

146   Krieg gegen den Achäischen Bund in Griechenland. Zerstörung von Korinth. Achaea Teil der Provinz Macedonia.

ca. 140   Der Sesterz als neue Rechnungseinheit neben dem Denar (= 4 Sesterze). Verhältnis As zum Denar jetzt: 16:1.

139   Einführung der schriftlichen Abstimmung in der Volksversammlung *(lex Gabinia tabellaria)*.

134   Aushebungsschwierigkeiten in Italien und Getreidemangel in Rom als Folge des Sklavenaufstands in Sizilien (seit 136).

133–129   Das Königreich Pergamum fällt durch Erbschaft an Rom. Verteidigung des Erbes gegen Aristonicus, den Halbbruder des Erblassers, Attalus' III. Provinz Asia (129).

133   Volkstribunat des Ti. Gracchus. Gesetzgeberische Initiative zur Durchbringung des Agrargesetzes gegen den Senat. Zugriff auf das widerrechtlich okkupierte Staatsland. Inanspruchnahme der pergamenischen Erbschaft für die Agrarreform. Absetzung des Kollegen M. Octavius. Formierung seiner Gegner als Optimaten. Versuch der Wiederwahl für 132. Ermordung.

132   Ende des 1. sizilischen Sklavenkrieges. 70000 Sklaven daran beteiligt. Neuordnung der Provinz Sicilia *(lex Rupilia)*.

125   Weiterer Anstieg der wehrfähigen römischen Bürger: 394000.

123   Volkstribunat des C. Gracchus. Beteilung des Ritterstandes an der Staatsverwaltung: als Richter in den Geschworenengerichten und als Steuerpächter in der Provinz Asia. Verbilligtes

	Getreide für die Plebs. Wiederwahl für 122. Ablehnung seines Gesetzes zur Ausdehnung des römischen Bürgerrechts. Keine Wiederwahl für 121. Gewaltsame Auseinandersetzung mit dem Konsul L. Opimius *(Senatus consultum ultimum)*. Nach seinem Tod (121) Vorgehen gegen 3000 Anhänger.
121	Sieg über die Allobroger und Arverner. Provinz Gallia Narbonensis (Provence).
111–105	Krieg gegen König Jugurtha von Numidien kompromittiert die Nobilität und verhilft dem *homo novus* C. Marius zum Konsulat (107).
105	Schwere Niederlage gegen die Kimbern bei Arausio (Orange). Verlust von 80000 Mann.
104–100	Marius fortlaufend Konsul. Heeresreform: Rekrutierung der Legionen aus *proletarii*. Einheitliche Bewaffnung. Kohorte als taktische Einheit. Veteranenversorgung.
102/101	Sieg über Teutonen und Ambronen bei Aquae Sextiae (102), über Kimbern bei Vercellae (101). Marius als Neugründer Roms gefeiert.
101	Ende des 2. sizilischen Sklavenkrieges (seit 104). Schlag gegen die kilikischen Seeräuber. Provinz Cilicia.
100	Zusammenwirken des Marius mit dem Volkstribunen L. Appuleius Saturninus zur Versorgung seiner Veteranen. Einsatz von Banden führt zum *Senatus consultum ultimum*. Ermordung des Saturninus. Scheitern des Marius als Politiker. Ende der durch ihn repräsentierten popularen Phase der römischen Politik.
91	Der Volkstribun M. Livius Drusus versucht, durch Reformgesetze den Gegensatz von Optimaten und Popularen zu überbrücken. Widerstand gegen den Plan der Ausdehnung des römischen Bürgerrechts auf die Bundesgenossen. Ermordung.
91–89	Bundesgenossenkrieg. Hauptbeteiligte: Marser und Samniten. Aufgebot von 100000 Mann gegen Rom. Eigene Hauptstadt Italia (Corfinium). Senat. Münzen. Höhepunkt der militärischen Auseinandersetzung: Schlacht um Asculum (89). Politische Reaktion Roms (90/89): Ausdehnung des Bürgergebietes auf ganz Italien bis an den Padus (Po). Zahl der waffenfähigen Bürger: 910000 (70). Die Transpadana erhält latinisches Recht (89).
88	König Mithridates von Pontus bemächtigt sich der Provinz Asia. Läßt alle dort tätigen Römer und Italiker (80000) ermorden. Streit in Rom um den Oberbefehl im Mithridatischen Krieg zwischen dem Konsul L. Cornelius Sulla und dem Kimbernsieger Marius. Sulla, im Straßenkampf aus Rom vertrieben, führt von Kampanien (Nola) aus vier Legionen gegen die Hauptstadt. Marius zum Staatsfeind erklärt.
87–84	Sulla im Osten. Siege über die nach Griechenland vorgedrun-

Zeittafel   195

genen Streitkräfte des Mithridates. Dabei Eroberung Athens
(86). Frieden von Dardanus (85): Mithridates gibt alle Eroberungen in Kleinasien auf und zahlt 2000 Talente Kriegsentschädigung. Neuordnung der Provinz Asia. Strafsumme von 20 000
Talenten wegen Kollaboration mit Mithridates.

84   L. Cornelius Cinna zum vierten Mal hintereinander Konsul.
Gegner Sullas, den er zum Staatsfeind erklären läßt (87). Re-
habilitation des Marius, der sein 7. Konsulat erlangt (86). Populare Maßnahmen: Schuldenerlaß, Stabilisierung der Währung,
Verteilung der Neubürger auf alle Tribus.

83/82   Bürgerkrieg in Italien nach Rückkehr Sullas. Ausmaß: 40 000
Sullaner gegen 100 000 Mann 'regulärer' Truppen. Levée en
masse der Etrusker und Samniten. Fatales Zeichen: Brand des
Jupitertempels auf dem Kapitol (83). Entscheidungsschlacht
gegen die Samniten an der Porta Collina Roms (82).

82–79   Sulla Diktator zur Neuordnung des Staates. Grausamer Beginn:
Proskriptionen. Ansiedlung von 120 000 Veteranen in Italien.
Entmachtung des Volkstribunats. Verstärkung des Senats auf
600 Mitglieder. Überantwortung der Richterstellen an Senatoren. System von Geschworenengerichten *(quaestiones perpetuae)*. Vermehrung der Prätorenstellen auf 8. Provinizialverwal-
tung durch Promagistrate. Vergrößerung der vier hohen Priesterkollegien.

78   Tod Sullas. Gigantische Leichenfeier.

77–72   Cn. Pompeius bekämpft als Prokonsul in Spanien den Popularen Q. Sertorius, der Lusitaner und Keltiberer gegen Rom aufgewiegelt hatte. Siegesdenkmal auf der Höhe der Pyrenäen.

75   Zollgesetz der Provinz Asia.

74–67   L. Licinius Lucullus im Osten. Kampf gegen Mithridates in Armenien. Versuch einer steuerlichen Entschuldung der Provinz
Asia. Widerstand der *publicani*. Abberufung des Lucullus (67).

73–71   Sklavenkrieg gegen Spartacus in Italien. Gewaltiges Ausmaß:
120 000 Sklaven. Der Prokonsul M. Licinius Crassus besiegt
sie. 95 000 Tote. Kreuzigung von 6000 Sklaven entlang der Via
Appia.

70   Pompeius und Crassus Konsuln. Populare Gesetze: Wiederherstellung des Volkstribunats, Aufteilung der Richterstellen auf
Senatoren, Ritter und Ärartribunen. Repetundenprozeß gegen
den Statthalter von Sizilien C. Verres.

67   Großes Kommando des Pompeius für den Seeräuberkrieg *(lex
Gabinia)*. Säuberung des westlichen und östlichen Mittelmeeres
in 40 bzw. 49 Tagen. Unterwerfung Kretas (Q. Caecilius Metellus). Provinz Creta/Cyrene.

66   Ausdehung der Befehlsgewalt des Pompeius auf den Krieg
gegen die Könige Mithridates von Pontus und Tigranes von

	Armenien *(lex Manilia)*. Nach Siegen über beide Könige Neuordnung des Ostens (64/63). Zwei neue Provinzen: Bithynia/Pontus, Syria. Zahlreiche Klientelstaaten (Kappadokien, Armenien, Judäa). Mehreinnahmen Roms jährlich 35 Millionen Denare.
63	Der Konsul M. Tullius Cicero unterdrückt den Umsturzversuch des L. Sergius Catilina. *Senatus consultum ultimum*. Tod Catilinas in der Schlacht von Pistoriae in Etrurien (62).
61	Zweitägiger Triumph des Pompeius. Vollendung der Welteroberung. Pompeius-Theater auf dem Marsfeld.
60	Schwierigkeiten des Pompeius bei der Anerkennung seiner Verfügungen im Osten und der Landversorgung seiner Veteranen. Zusammenschluß mit Caesar und Crassus zum sog. 1. Triumvirat.
59	C. Iulius Caesar Konsul. Gesetze zugunsten der Anliegen des Pompeius und des Crassus. Ansiedlung von 20000 Familien auf dem *ager Campanus*. Repetundengesetz. Erhält Gallia Cisalpina und Illyricum als Provinzen auf 5 Jahre *(lex Vatinia)*, dazu Gallia Narbonensis auf 1 Jahr.
58	Volkstribunat des P. Clodius. Verbannung Ciceros. Kostenloses Getreide für 320000 Plebejer verschlingt ein Fünftel der Staatseinnahmen. *Collegia* als Klientel des Clodius.
58/57	Caesar siegt über die Helvetier, die Sueben Ariovists und die Belger. Gallien bis zur Atlantikküste 'befriedet'.
57	Rückberufung Ciceros. Prokonsularisches Imperium des Pompeius zur Sicherung der Getreideversorgung *(cura annonae)*.
55	Zweites Konsulat von Pompeius und Crassus. Verlängerung von Caesars Kommando um 5 Jahre. Pompeius erhält die beiden spanischen Provinzen, Crassus Syrien, jeweils für 5 Jahre.
53	Schwere Niederlage des Crassus gegen die Parther bei Carrhae (Mesopotamien).
52	Schwere Unruhen in Rom nach der Ermordung des Clodius. Pompeius *consul sine collega*. Gesetzgeberische Tätigkeit. Annäherung an die Optimaten.
52–50	Aufstand des Arverners Vercingetorix in Gallien. Niederlage Caesars bei Gergovia, Sieg bei Alesia. Einrichtung der Provinz Gallia Transalpina durch Caesar. Tribut: 10 Millionen Denare. „Verdoppelung" des Soldatensoldes von 120 auf 225 Denare. ›Commentarii de bello Gallico‹.
51	Ciceros Werk ›De re publica‹.
49	Beginn des Bürgerkrieges nach Abberufung Caesars von seinem Kommando (1. Januar) und *Senatus consultum ultimum* (7. Januar). Marschbefehl Caesars an die XIII. Legion von Ravenna nach Ariminum (10. Januar). Überschreiten des Rubicon. Vordringen bis Brundisium. Pompeius setzt nach Dyrrhachium

Zeittafel

über (17. März). Oberbefehl über das in Makedonien sich sammelnde Heer. Caesar bemächtigt sich in Rom des Staatsschatzes. Feldzug gegen die Pompejaner in Spanien.

48 Caesars 2. Konsulat. Überfahrt nach Griechenland. Niederlage bei Dyrrhachium. Sieg bei Pharsalus in Thessalien. Caesar in Ägypten (Alexandrinischer Krieg).

47 Caesar Diktator. Feldzug gegen Pharnaces (Sohn des Mithridates). Sieg bei Zela in Pontus.

46 Caesars 3. Konsulat. Krieg gegen König Juba von Numidien und die Pompejaner in Africa. Schlacht von Thapsus. Freitod des jüngeren Cato in Utica. Provinz Africa Nova. 4 Triumphe Caesars (Gallien, Ägypten, Pontus, Africa). 5000 Denare für jeden Soldaten. Forum Iulium und Tempel der Venus Genetrix. Cleopatra, Königin von Ägypten, als Caesars Geliebte in Rom.

46–44 Cicero artikuliert Erwartungen an Caesars Reformpolitik (Rede ›Pro Marcello‹). Maßnahmen Caesars: Senat auf 900 Mitglieder erhöht. Vermehrung der Magistrate (Prätoren, Ädilen, Quästoren). Munizipalisierung Italiens. Kolonien in den Provinzen. Verminderung der *plebs frumentaria* auf 150000. Kalenderreform. Ciceros philosophische Schriften. Varros ›Antiquitates‹.

45 Caesars 4. Konsulat. Diktator auf 10 Jahre (seit 46). Feldzug gegen die letzten Pompejaner in Spanien. Schlacht von Munda. Triumph. Testament.

44 Caesars 5. Konsulat. Diktator auf Lebenszeit. Zeigt sich in der Tracht der römischen Könige. Angebot des Diadems am Lupercalienfest. Vorbereitungen für den Partherkrieg. Verschwörung der 'Republikaner' (Brutus, Cassius). Ermordung an den Iden des März (15. 3.). Unruhen beim Leichenbegängnis. Der Konsul M. Antonius bringt den Nachlaß Caesars an sich. Streit mit dem Erben und Adoptivsohn Caesars, C. Octavius (Octavian). Heerwerbung des Caesarerben aus Privatmitteln.

43 Octavian erhält ein prorätorisches Imperium zum Kampf gegen Antonius in der Cisalpina. Mutinensischer Krieg. ›Philippicae‹ Ciceros. Octavian erzwingt seine Wahl zum Konsul, ächtet die Caesar-Mörder, schließt mit Antonius und Lepidus das Triumvirat zur Erneuerung des Staates *(lex Titia)*. Proskriptionen (unter den 2000 Rittern und 300 Senatoren auch Cicero).

42 Caesar Staatsgott (Divus). Aufmarsch zum Kampf gegen die Caesar-Mörder in Makedonien. Hohe Kriegskosten auf beiden Seiten. Doppelschlacht bei Philippi gegen Cassius und Brutus. Tod beider.

41/40 Antonius im Osten. Erste Verbindung mit Cleopatra. Octavian in Italien: Ansiedlung der Veteranen aus 28 Legionen. Streit mit dem Konsul L. Antonius, Bruder des Triumvirn. Perusinischer Krieg.

Zeittafel

Vertragsabschluß zwischen den Triumvirn Antonius und Octavian in Brundisium (40) über die territoriale Abgrenzung ihrer Aufgabenbereiche in Ost und West. Lepidus mit Africa abgefunden. Antonius heiratet Octavia, die Schwester Octavians. Dieser nennt sich jetzt Imperator Caesar Divi Filius. Vergils 4. Ekloge.

39 Vertrag von Misenum: Octavian überträgt das Kommando über Sizilien, Sardinien und Korsika an Sex. Pompeius, der sich in den Besitz dieser Provinzen gesetzt hatte. Sex. Pompeius garantiert Getreidelieferungen für Rom und stoppt die Aufnahme flüchtiger Sklaven aus Italien.

38 Verlängerung des Triumvirats um 5 Jahre durch Vertrag von Tarent zwischen Antonius und Octavian.

37–34 Antonius im Osten. Endgültige Verbindung mit Cleopatra (3 Kinder). Schenkung römischer Besitzungen an die Königin von Ägypten (37). Schwere Verluste beim Partherfeldzug (36). 'Triumph' nach dem Armenienfeldzug in Alexandria (34).

36 Kampf Octavians gegen Sex. Pompeius, als „Sklavenkrieg" deklariert. Seesiege des M. Agrippa bei Mylae und Naulochus (Nordostecke Siziliens). Lepidus beansprucht Sizilien als Provinz. Octavian zwingt ihn zum Ausscheiden aus dem Triumvirat. Octavians Streitmacht jetzt 45 Legionen und 600 Kriegsschiffe. Rückgabe von 30000 Sklaven aus den Streitkräften des Sex. Pompeius an ihre Besitzer.

35–33 Illyrischer Feldzug Octavians. Disziplinierung des Heeres.

34 Tod des Historikers Sallust. Deutung der späten Republik durch ›Catilina‹, ›Iugurtha‹, ›Historiae‹.

33/32 Propagandistischer Angriff Octavians auf Antonius. Spaltung des Senats: Die Konsuln des Jahres 32 und 300 Senatoren begeben sich zu Antonius. Scheidebrief des Antonius an Octavia. Testament des Antonius bei den Vestalinnen von Octavian erbrochen und die Bestimmungen über Zuwendungen an die Kinder der Cleopatra und seine letzte Ruhestätte in Alexandria im Senat verlesen. Dem Antonius wird jegliche Amtsgewalt aberkannt, Cleopatra der Krieg erklärt. Eid Italiens und der Westprovinzen für Octavian, der Ostprovinzen für Antonius.

31 Seeschlacht von Actium (am Eingang des Golfs von Ambracia). Agrippa siegt über die Flotte des Antonius und der Cleopatra. Flucht beider nach Ägypten. Das Landheer kapituliert.

30 Einnahme von Alexandria (1. 8.). Tod des Antonius und der Cleopatra. Provinz Aegyptus (unter einem Präfekten aus dem Ritterstand). Beginn der Reduktion des Heeres auf 25 Legionen. 120000 Veteranen in Italien und 10 Provinzen angesiedelt.

29 Inbesitznahme des Ostens. Tempel für Roma und Octavian in Pergamum und Nicomedia auf Beschluß der Landtage von Asia und Bithynia. Glanzvolle Rückkehr Octavians nach Rom. Drei-

Zeittafel

facher Triumph (Dalmatia, Actium, Aegyptus). Ausschüttung des Ptolemäerschatzes.

28 Zensus: 4063000 römische Bürger. Senat auf 800 Mitglieder reduziert. Aufhebung verfassungswidriger Verfügungen der Triumviratszeit.

27 Rückgabe des Staates an Senat und Volk. Übernahme von Gallia, Hispania, Aegyptus, Syria als *provinciae Caesaris* auf 10 Jahre *(imperium proconsulare)*. 9 *cohortes praetoriae*, germanische Leibwache. Ehrungen: Beiname Augustus, Eichenkranz und Lorbeerbäumchen für sein Haus, Schild mit Kardinaltugenden *(virtus, clementia, iustitia, pietas)* in der Kurie. Gewaltiger Prestigegewinn *(auctoritas)*.

25 Provinz Galatia. Ende des Kantabrischen Krieges in Nordwestspanien.

23 Augustus legt das seit 31 ununterbrochen bekleidete Konsulat nieder. Er erhält die *tribunicia potestas* auf Lebenszeit und das *imperium proconsulare maius* (Weisungsbefugnis für die Statthalter der senatorischen Provinzen). Vergil zur Dichterlesung bei Augustus (6. Buch der ›Aeneis‹). Horaz übersendet Augustus 3 Odenbücher.

22 Hungersnot in Rom. Augustus übernimmt die *cura annonae*. Ablehnung der ihm von Senat und Volk angebotenen Diktatur.

20–18 Agrippa mit *imperium proconsulare* (seit 23) in Gallien und Spanien.

19 Augustus kehrt aus dem Osten zurück, wo er (20) von den Parthern die Auslieferung der von Crassus bei Carrhae (53) verlorenen Feldzeichen erreicht hatte. Ehrung durch Partherbogen auf dem Forum. Neues Münzsystem schafft Stabilität der Währung. Augustus erhält das *imperium consulare* auf Lebenszeit.

18 Verlängerung des *imperium proconsulare* (von 27) für Augustus auf 5 Jahre. Agrippa 'Mitregent' (*imperium proconsulare* und *tribunicia potestas*). Verringerung der Senatorenzahl auf 600. Gesetzgebung des Augustus *(novae leges)*.

17 *Ludi saeculares* als Beginn eines neuen Zeitalters. Adoption der Söhne des Agrippa und seiner Frau Iulia (Tochter des Augustus), Gaius und Lucius. Caesar-Name für sie.

16–13 Augustus in Gallien und Spanien. Neuordnung der Provinzen (Belgica, Lugdunensis, Aquitania bzw. Tarraconensis, Baetica, Lusitania). Verlegung der Legionen in Gallien an den Rhein (nach Niederlage des Statthalters Lollius gegen die Sugambrer im Jahre 16).

15 Annexion des Alpenraumes (Alpes Maritimae, Cottiae, Poeninae, Provinz Raetia) durch die Stiefsöhne des Augustus, Tiberius und Drusus. Via Iulia Augusta von Genua an die Rhone. Tropaeum Augusti in La Turbie bei Monaco.

14	Neuregelung des Veteranenabschieds: Geld statt Land. Militärdienst auf 16 Jahre für die Legionäre, 12 Jahre für die Prätorianer festgelegt. Sold: 225 bzw. 375 Denare pro Jahr.
13	Verlängerung des *imperium proconsulare* um 5 Jahre für Augustus und Agrippa (für diesen auch Verlängerung der *tribunicia potestas*).
12	Tod des Agrippa. Augustus wird *pontifex maximus*. Einweihung des Altars der Roma und des Augustus in Lugdunum durch Drusus. Provinziallandtag nach östlichem Muster.
12–9	Feldzüge des Tiberius in Illyricum, des Drusus in Germanien. Vordringen des letzteren bis zur Elbe. Tod durch Sturz vom Pferd (9).
11	Augustus übernimmt die *cura aquarum*. Einweihung des Marcellus-Theaters.
9	Einweihung der Ara Pacis Augustae und einer riesigen Sonnenuhr auf dem Marsfeld. Der Gnomon, ein Obelisk, erinnert an die Eroberung Ägyptens (Inschrift).
8	Verlängerung des *imperium proconsulare* für Augustus um 10 Jahre. Zensus: 4233000 römische Bürger. Kalenderkorrektur. Monat Sextilis jetzt „Augustus". Regioneneinteilung Roms. Organisation des Larenkults; Einbeziehung des Genius Augusti. Kult des Augustus in Italien und den Westprovinzen von Kollegien der Augustales und Seviri Augustales gepflegt.
7	Triumph des Tiberius über Germanien für Erfolge des Jahres 8 (mit *imperium proconsulare*).
6	Tiberius erhält die *tribunicia potestas* auf 5 Jahre (Mitregentschaft), zieht sich aber schon bald von den Staatsgeschäften zurück und begibt sich nach Rhodus.
4	Enge Zusammenarbeit des Augustus mit einem Senatsausschuß und Magistraten. Senatsbeschluß über ein vereinfachtes Verfahren für Repetundenprozesse (in Cyrene als eines der fünf Edikte des Augustus gefunden).
2	Augustus erhält von Senat, Ritterstand und Volk den Titel *pater patriae*. Einweihung des Forum Augustum mit dem Mars Ultor-Tempel. Skandal um Iulia, die Tochter des Augustus (Lebenswandel, Umsturzpläne). Reduktion der Empfänger kostenlosen Getreides auf 200000.
1	Augustus fördert den Aufstieg seines Adoptivsohnes Gaius Caesar durch Erteilung eines großen diplomatischen Auftrags: Verhandlung mit dem Partherkönig. *Imperium proconsulare*. Durchsetzung der römischen Ansprüche auf die Besetzung des Thrones von Armenien (1 n. Chr.).
n. Chr.	
3	Verlängerung des *imperium proconsulare* für Augustus um 10 Jahre.

Zeittafel

4	Tod des Gaius Caesar. Sein Bruder Lucius schon 2 n. Chr. gestorben. Adoption des Tiberius. Dieser adoptiert den Sohn seines Bruders Drusus, Germanicus. Tiberius erhält *tribunicia potestas* auf 10 Jahre und *imperium proconsulare* für Krieg in Germanien. Mitregentschaft.
4–6	Feldzüge des Tiberius in Germanien. Plan eines Zangenangriffs gegen das Markomannenreich Marbods in Böhmen durch Aufstand in Pannonien vereitelt.
5	Neues Wahlverfahren für Konsuln und Prätoren.
6	Absetzung des Ethnarchen Herodes Archelaos von Iudaea, Samaria und Idumaea, des Sohnes Herodes' des Großen (gest. 4. v. Chr.). Provinz Iudaea. *Aerarium militare* für Veteranenversorgung (Zuflüsse aus Erbschaftssteuer). Verlängerung der Dienstzeit für Soldaten: Legionäre 20 Jahre, Prätorianer 16 Jahre. 7 *cohortes vigilum* (aus Freigelassenen) für Feuerlöschwesen.
6–9	Pannonischer Aufstand (200000 gegen 10 Legionen und 70 Auxiliarkohorten). Sieg des Tiberius. Provinz Pannonia. Illyricum jetzt Provinz Dalmatia.
7/8	Der von Augustus 4 v. Chr. zusammen mit Tiberius adoptierte Agrippa Postumus wird wegen seines Lebenswandels verbannt (7), ebenso die jüngere Iulia nach Teilnahme an einem Komplott gegen Augustus (8). Das gleiche Schicksal erleidet der Dichter der ›Metamorphoses‹ und der ›Ars amatoria‹, Ovid.
9	Schwere Niederlage des P. Quintilius Varus im Teutoburger Wald durch den Cherusker Arminius. Untergang von 3 Legionen und 9 Auxiliarkohorten. Ende der Pläne zur Provinzialisierung Germaniens. Panik in Rom. Ergänzung des augusteischen Ehegesetzes (18 v. Chr.) durch *lex Papia Poppaea.*
10–12	Tiberius stabilisiert die Lage in Germanien. Sicherung der Rheingrenze.
12	Triumph des Tiberius über Pannonien und Dalmatien (im Jahre 9 n. Chr. beschlossen).
13	Das *imperium proconsulare* des Augustus wird um 10 Jahre verlängert. Tiberius erhält ein völlig gleiches *imperium proconsulare*. Erneuerung seiner *trib. pot.* Konstituierung eines neuen Senatsausschusses (vgl. 4 v. Chr.) mit weitreichender Kompetenz. Ernennung eines senatorischen Stadtpräfekten. Testamentserrichtung des Augustus; Tiberius Haupterbe.
13/14	Zensus: 4937000 römische Bürger.
14	Augustus stirbt in Nola/Kampanien. Feierliche Überführung der Leiche nach Rom. Testamentsverlesung im Senat. Tatenbericht zur Aufstellung vor dem schon früh (28 v. Chr.) errichteten Mausoleum auf dem Marsfeld. Großartiges Begräbnis. Erklärung zum Staatsgott (Divus).

AUFLÖSUNG DER ABGEKÜRZTEN QUELLENZITATE

App.	Appianus
bell. civ.	Bella civilia
Iber.	Iberica
Lib.	Libyca
Mithr.	Mithridatica
Auct. de vir. ill.	Auctor de viris illustribus (in den Ausgaben des Aurelius Victor)
Augustin.	Augustinus
de civ. dei	De civitate dei
Caes.	Caesar
bell. civ.	Bellum civile
bell. Gall.	Bellum Gallicum
Cass. Dio	Cassius Dio: Historia Romana
Chron. Min.	Chronica Minora (in den ›Monumenta Germaniae Historica‹)
Cic.	Cicero
ad Att.	Ad Atticum
ad fam.	Ad familiares
de dom.	De domo sua
de imp. Cn. Pomp.	De imperio Gnaei Pompeii
de leg.	De legibus
de leg. agrar.	De lege agraria
de off.	De officiis
de orat.	De oratore
de re publ.	De re publica
in Cat.	In Catilinam
in Verr.	In Verrem
Phil.	Philippicae
p. red. ad Quir.	Post reditum ad Quirites
p. red. in sen.	Post reditum in senatu
pro Arch.	Pro Archia poeta
pro Balb.	Pro Balbo
pro Cluent.	Pro Cluentio
pro Marc.	Pro Marcello
pro Rab. perd.	Pro Rabirio perduellionis reo
pro rege Deiot.	Pro rege Deiotaro
pro Sest.	Pro Sestio
Corp. Inscr. Lat.	Corpus Inscriptionum Latinarum

Dio Chrysost. or.	Dio Chrysostomus: Orationes
Diod.	Diodorus: Bibliotheca historica
Dion. Hal.	Dionysius Halicarnasseus: Antiquitates Romanae
Fast. Ant. mai.	Fasti Antiates maiores
Fast. fratr. Arv.	Fasti fratrum Arvalium
Flor.	Florus: Epitome de Tito Livio
Frontin. de aq.	Frontinus: De aquis
Gell.	Gellius: Noctes Atticae
Inscr. It.	Inscriptiones Italiae
Liv.	Livius: Ab urbe condita
per.	Periochae (der verlorenen Bücher)
praef.	Praefatio (zum Gesamtwerk)
Lucan.	Lucanus: Pharsalia
Mon. Anc.	Monumentum Ancyranum
Oros.	Orosius: Historia adversum paganos
Plaut.	Plautus
Cas.	Casina
Plin.	Plinius
nat. hist.	Naturalis historia
Plut.	Plutarchus
Aem.	Aemilius Paullus
Brut.	Brutus
Caes.	Caesar
Cato mai.	Cato maior
C. Gracch.	Gaius Gracchus
Ti. Gracch.	Tiberius Gracchus
Mar.	Marius
Num.	Numa
Pomp.	Pompeius
Rom.	Romulus
Sert.	Sertorius
Sull.	Sulla
Polyb.	Polybius: Historiae
Sall.	Sallustius
Cat.	Catilina
Iug.	Iugurtha
or Macr.	Oratio Macri (ex historiis)

Auflösung der abgekürzten Quellenzitate

Sen.	Seneca
ad Helv.	Ad Helviam
ep.	Epistulae ad Lucilium
Serv.	Servius
ad Aen.	Ad Aeneidem
Strab.	Strabo: Geographica
Suet.	Suetonius
Aug.	Augustus
Caes.	Caesar
Tac.	Tacitus
ann.	Annales
dial.	Dialogus de oratoribus
hist.	Historiae
Thuc.	Thucydides: Historiae
Val. Max.	Valerius Maximus: Facta et dicta memorabilia
Varro	Varro
de ling. Lat.	De lingua Latina
de re rust.	De re rustica
Vell.	Velleius Paterculus: Historia Romana
Verg.	Vergilius
Aen.	Aeneis

*

* *

Bei der Umrechnung antiker Gewichte in Kilogramm bzw. Tonnen (t) wurden für das römische Pfund *(libra)* 327,45 g, für das attisch-euböische Talent *(talentum)* 26,196 kg zugrunde gelegt.

BEMERKUNGEN ZUR QUELLENLAGE

Das vorstehende Abkürzungsverzeichnis vermittelt einen Eindruck von der Vielzahl der Quellen, die für eine Darstellung der römischen Geschichte in dem für diesen Band gegebenen zeitlichen Rahmen herangezogen werden kann. Dabei handelt es sich bei den im Text zitierten Stellen nur um signifikante Aussagen! Wie umfangreich eine Zusammenstellung aller für einen bestimmten Zeitraum zur Verfügung stehenden Quellen sein kann, zeigen die ›Sources for Roman History 133–70 B.C.‹ von A. H. J. GREENIDGE/A. M. CLAY (Oxford ²1960): 312 Seiten. Freilich fließen für diese Zeit die Quellen auch sehr reichlich. Im folgenden soll nun das Material, auf dem unser Wissen von der Königszeit, der Republik und dem Augusteischen Prinzipat beruht, in seinen Grundzügen, d. h. in den großen Überlieferungssträngen kurz vorgestellt werden.

Für die Rekonstruktion der **Frühzeit Roms** liegen zwei heterogene Quellenkomplexe vor: die Ergebnisse der Ausgrabungen im Stadtgebiet Roms und die literarische Formung des Geschichtsbildes der Römer selber. Das archäologische Material ist ausgebreitet bei E. GJERSTAD, Early Rome I–III (Lund 1953–1960) und hat eine gründliche Überprüfung durch H. RIEMANN erfahren (instruktiv besonders die Studie zu Band III: Göttingische Gelehrte Anzeigen 222, 1970, 25–66; 223, 1971, 33–86). Die Rezension ist für die Benutzung des Gjerstadschen Werkes wichtig, weil sie vor allem die Chronologie wesentlich korrigiert (eingängige Zusammenfassung: 223, 1971, 83–85). Es ist natürlich ein lückenhaftes Bild, welches sich aus den archäologischen Forschungen ergibt, dazu ein solches, das ganz anders beschaffen ist als das aus der literarischen Überlieferung bekannte festgefügte Gebäude. Dieses läßt sich hauptsächlich in den 5 ersten Büchern des Livius (›Ab urbe condita‹) und den 10 ersten des Dionysius von Halicarnassus (›Antiquitates Romanae‹) bestaunen. Aber das Material, aus dem es errichtet wurde, ist zweifelhafter Herkunft. Es stammt vor allem nicht aus so früher Zeit, wie es den Anschein erweckt. Das gilt auch für die Anfänge der Konsulliste und des Verzeichnisses der Triumphe, die als Steindenkmäler aus der Zeit des Augustus auf uns gekommen sind (Fasti Capitolini). Da auch Livius und Dionysius dieser Zeit angehören, ergibt sich der eigenartige Befund, daß der

208   Bemerkungen zur Quellenlage

Grundbestand an Quellen für die Frühzeit Roms erst viele Jahrhunderte später die Gestalt angenommen hat, in der sie uns vorliegt. Eine
Ausnahme bildet die Überlieferung des Zwölftafelgesetzes. Sie hat
nicht nur den wesentlichen Inhalt der Tafeln, sondern vielfach auch
den Wortlaut der Sätze aufbewahrt.

Mit dem 6. Buch des Livius ändert sich, wie er selbst sagt (6, 1, 1–3),
die Quellenlage: Nach der **Gallierkatastrophe** wird die Überlieferung
besser. Sie läßt sich bei Livius bis zum Jahre 293 verfolgen (Schluß
der ersten Dekade); das Geschichtswerk des Dionysius reicht zwar
bis zum Jahre 265, ist aber (von Buch 11 an) nur unvollständig erhalten. Es folgt ein historiographischer Wendepunkt: Der Grieche
Polybius tritt mit seinen ›Historien‹ auf den Plan, die den Ge-
schichtsverlauf von 264 bis 144 pragmatisch, d. h. auf die Ergründung
des „Handelns" von Staatswesen und Individuen ausgerichtet, dar-
stellen. Kritische Benutzung zeitgenössischen Materials, Kenntnis
der Schauplätze des Geschehens und politisch-militärische Erfahrung
verleihen dem Werk, das leider nur bis zum Jahre 216 vollständig erhalten ist, seinen hohen Wert. Von Polybius wiederum zehrt Livius,
dessen Bücher 21–45 den Zeitraum von 219–167 umfassen (11–20 sind
verloren). Aber auch da, wo Livius nicht von Polybius abhängt, beruht seine Geschichtserzählung auf wertvollem Quellenmaterial. Aus
solchem schöpft auch der zu Anfang des 2. Jahrhunderts n. Chr. schrei-
bende Plutarch von Chaeronea für seine Biographien berühmter
Römer (im Vergleich mit ebenso berühmten Griechen). Fabius Maximus, Claudius Marcellus, der ältere Cato, Flamininus und Aemilius
Paullus haben durch ihn ihre Würdigung erfahren. Wertvolle Nachrichten verdanken wir sodann der ›Naturgeschichte‹ des Plinius
(gest. 79 n. Chr.). Sie gewähren u. a. Einblicke in die Entstehung des
römischen Kunstschaffens (T. HÖLSCHER, Die Anfänge der römischen
Repräsentationskunst, Mitteilungen des Deutschen Archäolog. Inst.,
Röm. Abt. 85, 1978, 315–357) und vermitteln Aufschlüsse über die
Entwicklung des römischen Münzwesens (R. THOMSEN, Early Roman
Coinage I, Kopenhagen 1957, Nachdr. 1974). Schließlich geben auch
epigraphische Zeugnisse in zunehmendem Maße Kunde von Ereig-
nissen der damaligen Zeit, und zwar nicht nur in Latein (R. WACHTER,
Altlateinische Inschriften, Frankfurt a. M./Bern 1987), sondern auch
in Griechisch (R. K. SHERK, Rome and the Greek East to the death of
Augustus, Cambridge 1984 [engl. Übers.]).

Polybius fand einen Fortsetzer in Posidonius von Apamea (Syrien), der seine ›Historien‹ mit der **Zerstörung Karthagos** begann.
Durch ihn erhielt dieses Ereignis den Charakter eines Marksteins im

Bemerkungen zur Quellenlage

Ablauf der römischen Geschichte, für uns faßbar vor allem bei Sallust (s. u.). Von den ›Historien‹ des Posidonius, die bis in die sullanische Zeit reichten, sind nur Fragmente erhalten (J. MALITZ, Die Historien des Poseidonios, München 1983). Die Werke des S a l l u s t (›Catilina‹, ›Iugurtha‹, ›Historiae‹) dagegen, der, wie gesagt, von Posidonius die epochale Bedeutung des Jahres 146 übernommen und zum Ausgangspunkt seiner politischen Analysen gemacht hat, liegen zum größten Teil vollständig vor. Sie bilden das Zentrum der Überlieferung über die späte römische Republik und lassen an Deutlichkeit der Stellungnahmen zum Niedergang des Staates nichts zu wünschen übrig. Eine Gesamtdarstellung der späten Republik (von 133 bis 35 v. Chr.) hat der Alexandriner A p p i a n im 2. Jahrhundert n. Chr. unter dem Titel ›Bürgerkriege‹ im Rahmen eines Werkes über die römische Welteroberung verfaßt. Und die Zeit von 68 bis 31 v. Chr. ist in der ›Römischen Geschichte‹ des C a s s i u s D i o a u s N i c a e a (Bithynien), die zu Anfang des 3. Jahrhunderts n. Chr. geschrieben wurde, zusammenhängend erhalten (Buch 36–50). Sowohl Appian als auch Cassius Dio hatten trotz ihres weiten zeitlichen Abstands zur späten Republik gutes Material zur Verfügung und haben es umsichtig tradiert. Wie schon für die mittlere Periode der Republik, so bilden auch für deren Spätphase die Biographien P l u t a r c h s – es sind nicht weniger als zwölf – eine kostbare Bereicherung des Quellenmaterials. In ihnen werden die handelnden Persönlichkeiten in ihre Zeit hineingestellt und aus ihr heraus beurteilt – von den Gracchen bis auf C a e s a r. Von letzterem besitzen wir dessen eigene Feldzugsberichte über den Gallischen Krieg und den Bürgerkrieg (bis zum Tode des Pompeius). Sie vermitteln den Hauch der Unmittelbarkeit. Das gleiche gilt für C i c e r o s Reden und Briefe, die den Leser auch heute noch die zeitliche Distanz mühelos überbrücken lassen. Sein Werk über den Staat ist Ciceros eigentliches Vermächtnis an die Nachwelt. Für die Münzen dieser Zeit steht das Werk von M. H. CRAWFORD, Roman Republican Coinage I/II (Cambridge 1974) zur Verfügung. Die Inschriften der Republik findet man vorzüglich zubereitet bei A. DEGRASSI, Inscriptiones Latinae liberae rei publicae I² (Florenz 1965, Nachdr. 1972), II (ebd. 1963, Nachdr. 1972). Zu den griechischen Inschriften (s. o.: SHERK) ist ein spektakulärer Neufund getreten: H. ENGELMANN/ D. KNIBBE, Das Zollgesetz der Provinz Asia (Bonn 1989). Über die aussagekräftigen Monumente in Rom unterrichtet T. FRANK, Roman Buildings of the Republic (Rom 1924).

Das **Ende der Bürgerkriege** bezeichnet historiographisch eine Zäsur, insofern die Übernahme der Macht durch einen einzelnen die

210 Bemerkungen zur Quellenlage

Voraussetzungen für eine wahrheitsgemäße Geschichtsschreibung veränderte (Tac. hist. 1, 1, 1). Augustus übernahm es selbst, seine Taten der Nachwelt zu überliefern. Sein Bericht, zur Aufstellung vor seinem Mausoleum bestimmt, ist durch eine Kopie aus Ankara bekannt (Monumentum Ancyranum). Als „Königin der Inschriften" überragt sie alle anderen Quellen dieser Zeit. Die vollständigste historiographische Darstellung der Herrschaft des Augustus stammt von Cassius Dio in den Büchern 51 bis 56 (31 v. Chr. bis 14 n. Chr.). Zweihundert Jahre Distanz und der politische Sachverstand eines zweimaligen Konsuln verleihen ihr eine besondere Bedeutung. Zeitgenössische Ergänzungen dieses umfassenden Bildes verdanken wir der im Jahre 30 n. Chr. veröffentlichten ›Historia Romana‹ des Velleius Paterculus. Die Biographie des Sueton (2. Jh. n. Chr.) über Augustus baut auf der Caesars auf; sie bereichert unser Wissen u. a. um private Züge des ersten Princeps. Wesentliche Aufschlüsse über die von Augustus verfolgten politisch-militärischen Ziele geben die Münzen. Sie lassen sich am besten im Ausstellungskatalog ›Kaiser Augustus und die verlorene Republik‹ (Berlin 1988) studieren: W. TRILLMICH, Münzpropaganda, S. 474–528. Der erwähnte Katalog vermittelt insgesamt eine Vorstellung von der Bedeutung der Quellengattung „Kunst" für die augusteische Zeit. Die zahlreichen, z. T. hochbedeutsamen Inschriften findet man bei V. EHRENBERG/A. H. M. JONES, Documents illustrating the Reigns of Augustus and Tiberius (Oxford ²1955, Nachdr. 1970). Das gesamte literarische und epigraphische Quellenmaterial der augusteischen Zeit bieten in englischer Übersetzung dar: K. CHISHOLM/J. FERGUSON, Rome: The Augustan Age. A Source Book (Oxford 1981).

* *

*

Alle vorstehend genannten großen Werke der historiographischen Überlieferung liegen in neueren deutschen **Übersetzungen** vor, ausgenommen Dionysius von Halicarnassus (engl. E. CARY, 7 Bände, London 1937–1950). In der Reihenfolge der Erwähnung sind dies:

Livius, Buch 1–3; 4–6 (H. J. HILLEN), Buch 21–23; 24–26 (J. FEIX), Buch 31–34; 35–38; 39–41; 42–44 (H. J. HILLEN), München/Zürich, verschiedene Auflagen 1983–1991.

Zwölftafelgesetz (R. DÜLL), München/Zürich ⁶1989.

Polybios (H. DREXLER), 2 Bände, Zürich/Stuttgart 1961–1963.

Plutarch (K. ZIEGLER), 6 Bände, Zürich/Stuttgart 1954–1965.

Sallust (W. EISENHUT/J. LINDAUER), München/Zürich 1985.

Bemerkungen zur Quellenlage

Appian (O. Veh), 2 Bände, Stuttgart 1987–1989.

Cassius Dio (O. Veh), 5 Bände, Zürich/München 1985–1987.

Caesar (O. Schönberger), 2 Bände, München/Zürich 1990.

Cicero, Reden (M. Fuhrmann), 7 Bände, Zürich/Stuttgart 1970–1982. Briefe (H. Kasten), 3 Bände, München/Zürich, verschiedene Auflagen, 1976–1990. Staat (K. Büchner), München/Zürich [4]1987.

Monumentum Ancyranum (Augustus, Meine Taten: E. Weber), München/Zürich [5]1989.

Velleius Paterculus (M. Giebel), Stuttgart 1989.

Sueton (M. Heinemann), Stuttgart [7]1986.

Ausführliche **Quellenkunde**: K. Christ, Römische Geschichte. Einführung, Quellenkunde, Bibliographie (Darmstadt [4]1990).

LITERATURHINWEISE

Die nachfolgenden Literaturhinweise sollen die Möglichkeit zur selbständigen Beschäftigung mit den in den einzelnen Kapiteln behandelten Fakten, Personen und Problemen ermöglichen. Wie die Darstellung versucht auch die Literaturauswahl den Grundzugcharakter hervortreten zu lassen. Wer die größeren Zusammenhänge, die ausführliche Auseinandersetzung mit Quellen und Literatur sucht, wird zu den mehrbändigen Werken über die römische Geschichte greifen, von denen zwei den neuesten Stand repräsentieren: Storia di Roma I, Turin: Einaudi 1988 ff. – The Cambridge Ancient History, Second Edition, VII 2, Cambridge 1989 ff. Als Kartenwerk steht insbesondere der ›Große Historische Weltatlas‹ aus dem Bayerischen Schulbuch-Verlag: I. Vorgeschichte und Altertum (mit Erläuterungsband), München ⁵1972, zur Verfügung.

Einleitung: Der mythische Beginn der römischen Geschichte

Strasburger, H.: Zur Sage von der Gründung Roms (Heidelberg 1968).

Classen, C.J.: Zur Herkunft der Sage von Romulus und Remus, Historia 12, 1963, 447–457.

Schefold, K.: Die römische Wölfin und der Ursprung der Romsagen, in: Provincialia. Festschrift für R. Laur-Belart (Basel 1968) 428–439.

Bellen, H.: La monarchia nella coscienza storica dello stato repubblicano, Athenaeum 79, 1991, 5–15.

Schauenburg, K.: Äneas und Rom, Gymnasium 67, 1960, 176–191.

Sommella, P.: Das Heroon des Aeneas und die Topographie des antiken Lavinium, Gymnasium 81, 1974, 273–297.

Binder, G.: Aeneas und Augustus (Meisenheim am Glan 1971).

Wlosok, A.: Die Göttin Venus in Vergils Aeneis (Heidelberg 1967).

Luce, T.J.: Livy, Augustus and the Forum Augustum, in: K. A. RAAFLAUB/ M. TOHER: Between Republic and Empire (Berkeley/Los Angeles/Oxford 1990) 123–138.

214   Literaturhinweise

1. Rom, die Stadt am Tiber – das Werk der Könige

(um 600 v. Chr.)

Meyer, J. Ch.: Pre-Republican Rome. An Analysis of the Cultural and Chronological Relations 1000–500 B. C. (Odense 1983).

Krahe, H.: Die Indogermanisierung Griechenlands und Italiens (Heidelberg 1949).

Pallottino, M.: Italien vor der Römerzeit (München 1987).

Ampollo, C.: Die endgültige Stadtwerdung Roms im 7. und 6. Jh. v. Chr., in: D. PAPENFUSS/V. M. STROCKA (Hrsg.): Palast und Hütte – Bauen und Wohnen im Altertum (Mainz 1982) 319–324.

Weeber, K. W.: Geschichte der Etrusker (Stuttgart 1979).

Gli Etruschi e Roma. Atti dell'incontro di studio in onore di M. Pallottino (Rom 1981).

La grande Roma dei Tarquini. Catalogo della mostra (Rom 1990).

Ganz, T. N.: The Tarquins Dynasty, Historia 24, 1975, 539–554.

Thomsen, R.: King Servius Tullius (Kopenhagen 1980).

Palmer, R. E. A.: The Archaic Community of the Romans (Oxford 1970).

Snodgrass, A. M.: The Hoplite Reform and History, Journal of Hellenic Studies 85, 1965, 110–122.

Alföldi, A.: Das frühe Rom und die Latiner (Darmstadt 1977).

2. Die Republik – der Staat der Patrizier

(um 500 v. Chr.)

Werner, R.: Der Beginn der römischen Republik. Historisch-chronologische Untersuchungen über die Anfangszeit der libera res publica (München 1963).

Broughton, T. R. S.: The Magistrates of the Roman Republic, 3 Bände (New York 1951–1986, I/II Nachdr. 1968).

Szemler, G. J.: The Priests of the Roman Republic (Brüssel 1972).

Michels, A. K.: The Calendar of the Roman Republic (Princeton 1967).

Wesenberg, G.: Praetor Maximus, Zeitschrift der Savigny-Stiftung für Rechtsgeschichte, Romanistische Abt. 65, 1947, 319–326.

Ferenczy, E.: From the Patrician State to the Patricio-Plebeian State (Amsterdam/Budapest 1976).

Warren, L. B.: Roman Triumphs and Etruscan Kings, Journal of Roman Studies 60, 1970, 49–66.

Richard, J.-C.: Les origines de la plèbe romaine. Essai sur la formation du dualisme patricio-plébéien (Rom/Paris 1978).

Altheim, F.: Lex Sacrata. Die Anfänge der plebejischen Organisation (Amsterdam 1940).

Raaflaub, K. (Hrsg.): Social Struggles in Archaic Rome. New Perspectives on the Conflict of Orders (Berkeley/Los Angeles 1986).

Mommsen, Th.: Die Erzählung von Cn. Marcius Coriolanus, in: DERS.: Römische Forschungen II (Berlin 1879) 113–152.

Werner, R.: Die Auseinandersetzung der frührömischen Republik mit ihren Nachbarn in quellenkritischer Sicht, Gymnasium 75, 1968, 45–73.

Petzold, K.-E.: Die beiden ersten römisch-karthagischen Verträge und das foedus Cassianum, in: H. TEMPORINI (Hrsg.): Aufstieg und Niedergang der römischen Welt I 1 (Berlin/New York 1972).

Albert, S.: Bellum Iustum (Kallmünz 1980).

Rawson, E. (Hrsg.): The Family in Ancient Rome (London 1986).

Geldner, H.: Lucretia und Verginia (Mainz 1977).

3. Das Dezemvirat –
der Kampf der Plebejer um die Teilhabe am Staat

(um 450 v. Chr.)

Wieacker, F.: Die XII Tafeln in ihrem Jahrhundert, in: Les origines de la république romaine (Entretiens sur l'Antiquité Classique 13), Genf 1967, 291–362.

Bleicken, J.: Lex Publica. Gesetz und Recht in der römischen Republik (Berlin 1975).

Gabba, E.: Maximus comitiatus, Athenaeum 75, 1987, 203–205.

Behrends, O.: Der Zwölftafelprozeß (Göttingen 1974).

Schmidlin, B.: Zur Bedeutung der legis actio – Gesetzesklage oder Spruchklage?, Tijdschrift voor Rechtsgeschiedenis 38, 1970, 367–387.

Boddington, A.: The Original Nature of the Consular Tribunate, Historia 8, 1959, 356–364.

Astin, A. E.: The Censorship of the Roman Republic, Historia 31, 1982, 174–187.

Richard J.-C.: Les Fabii à la Crémère: Grandeur et décadence de l'organisation gentilice, in: Crise et transformation des sociétés archaiques de l'Italie antique au Ve siècle av. J.-C. (Rom 1990) 245–262.

Hubaux, J.: Rome et Véies (Paris 1958).

216   Literaturhinweise

4. Gallier in Rom

(387 v. Chr.)

I Galli e l'Italia. Catalogo della mostra (Rom 1978).

Schachermeyr, F.: Die Gallische Katastrophe, Klio 23, 1930, 277–305.

Wolski, J.: La prise de Rome par les Celtes et la formation de l'annalistique romaine, Historia 5, 1956, 24–52.

Crake, J. E. A.: Die Annalen des Pontifex Maximus, in: V. Pöschl (Hrsg.): Römische Geschichtsschreibung (Darmstadt 1969) 256–271.

Burck, E.: Die Gestalt des Camillus, in: ders. (Hrsg.): Wege zu Livius (Darmstadt ³1987) 310–328.

5. Die Entstehung des patrizisch-plebejischen Staates und seine Leistung: Unterwerfung und Romanisierung Italiens

(387–264 v. Chr.)

Roma Medio Repubblicana. Cataloga della mostra (Rom 1973).

Fritz, K. von: The Reorganisation of the Roman Government in 366 b. c. and the so-called Licinio-Sextian Laws, Historia 1, 1950, 3–44.

Hölkeskamp, K.-J.: Die Entstehung der Nobilität (Stuttgart 1987).

Kienast, D.: Die politische Emanzipation der Plebs und die Entwicklung des Heerwesens im frühen Rom, Bonner Jahrbücher 175, 1975, 83–112.

Bleicken, J.: Das römische Volkstribunat. Versuch einer Analyse seiner politischen Funktion in republikanischer Zeit, Chiron 11, 1981, 87–108.

Rilinger, R.: Der Einfluß des Wahlleiters bei den römischen Konsulwahlen von 366 bis 50 v. Chr. (München 1976).

Kunkel, W.: Untersuchungen zur Entwicklung des römischen Kriminalverfahrens in vorsullanischer Zeit (München 1962).

Kloft, H.: Prorogation und außerordentliche Imperien 326–81 v. Chr. (Meisenheim am Glan 1977).

Harris, W. V. (Hrsg.): The Imperialisme of Mid-Republican Rome (Rom 1984).

Salmon, E. T.: The Making of Roman Italy (London 1982).

Salmon, E. T.: Roman Colonization under the Republic (London 1969).

Klingner, F.: Italien. Name, Begriff und Idee im Altertum, in: ders.: Römische Geisteswelt (München ⁵1965) 11–33.

Radke, G.: Die Erschließung Italiens durch die römischen Straßen, Gymnasium 71, 1964, 204–235.

Galsterer, H.: Herrschaft und Verwaltung im republikanischen Italien (München 1976).

Taylor, L. R.: The Voting Districts of the Roman Republic (Rom 1960).

Taylor, L. R.: Roman Voting Assemblies (Ann Arbor 1966).

Oppermann, H. (Hrsg.): Römische Wertbegriffe (Darmstadt ³1983).

Lévêque, P.: Pyrrhos (Paris 1957).

Burnett, A.: The First Roman Silver Coins, Numismatica e Antichità Classiche 7, 1978, 121–142.

Groß, K.: Die Unterpfänder der römischen Herrschaft (Berlin 1935).

6. Der Kampf mit Karthago um die Vorherrschaft im Westen

(264–201 v. Chr.)

Huss, W.: Geschichte der Karthager (München 1986).

Hampl, F.: Das Problem des Aufstiegs Roms zur Weltmacht, in: DERS., Geschichte als kritische Wissenschaft III (Darmstadt 1979) 48–119.

Badian, E.: Foreign Clientelae (264–70 B. C), Oxford ²1967.

Heuss, A.: Der Erste Punische Krieg und das Problem des römischen Imperialismus, Historische Zeitschrift 169, 1959, 457–513.

Thiel, J. H.: A History of Roman Sea-Power before the Second Punic War (Amsterdam 1954).

Kierdorf, W.: Laudatio Funebris (Meisenheim am Glan 1980).

Kaser, M.: Ius honorarium und ius civile, Zeitschrift der Savigny-Stiftung für Rechtsgeschichte, Romanistische Abt. 101, 1984, 15–23 (Die Fremdengerichtsbarkeit).

Hackl, U.: Das Ende der römischen Tribusgründungen, Chiron 2, 1972, 135–170.

Kienast, D.: Entstehung und Aufbau des römischen Reiches, Zeitschrift der Savigny-Stiftung für Rechtsgeschichte, Romanistische Abt. 85, 1968, 330–368.

Dahlheim, W.: Gewalt und Herrschaft. Das provinziale Herrschaftssystem der römischen Republik (Berlin/New York 1977).

Peyre, Ch.: La Cisalpine Gauloise du IIIᵉ au Iᵉʳ siècle avant J.-C. (Paris 1979).

Brunt, P. A.: Italian Manpower 225 B. C.–14 A. D. (Oxford 1971).

Bellen, H.: Metus Gallicus – Metus Punicus. Zum Furchtmotiv in der römischen Republik (Mainz/Stuttgart 1985).

Petzold, K.-E.: Rom und Illyrien, Historia 20, 1971, 199–223.

Lazenby, J. F.: Hannibal's War. A Military History of the Second Punic War (Warminster 1978).

Marchetti, P.: Histoire économique et monétaire de la deuxième guerre punique (Brüssel 1978).

Scullard, H. H.: Scipio Africanus: Soldier and Politician (Bristol 1970).

Christ, K. (Hrsg.): Hannibal (Darmstadt 1974).

218   Literaturhinweise

7. Die Eroberung und Neuordnung des hellenistischen Ostens

(200–133 v. Chr.)

Heuss, A.: Die römische Ostpolitik und die Begründung der römischen Weltherrschaft, Neue Jahrbücher für Antike und deutsche Bildung 1, 1938, 337–
352.

Vogt, J.: Orbis Romanus. Ein Beitrag zum Sprachgebrauch und zur Vorstel-
lungswelt des römischen Imperialismus, in: DERS.: Orbis. Ausgewählte
Schriften zur Geschichte des Altertums (Freiburg i. Br./Basel/Wien 1960)
151–171.

Raditsa, L.: Bella Macedonica, in: H. TEMPORINI (Hrsg.): Aufstieg und Niedergang der römischen Welt I 1 (Berlin/New York 1972) 564–589.

Walbank, F. W.: Philip V of Macedon (Cambridge 1940, Nachdr. 1967).

Badian, E.: Titus Quinctius Flamininus (Cincinnati 1970).

Schmitt, H. H.: Rom und Rhodos (München 1957).

Hansen, E. V.: The Attalids of Pergamon (Ithaca, N. Y. ²1971).

Badian, E.: Rom und Antiochos der Große, Welt als Geschichte 20, 1960, 203–
225.

Pailler, J.-M.: Bacchanalia (Rom 1988).

Kienast, D.: Cato der Censor (Heidelberg 1954, Nachdr. Darmstadt 1979).

Gast, K.: Die zensorischen Bauberichte bei Livius und die römischen Bau-
inschriften (Göttingen 1965).

Astin, A. E.: The lex annalis before Sulla (Brüssel 1958).

Werner, R.: Quellenkritische Bemerkungen zu den Ursachen des Perseus-
krieges, Grazer Beiträge 6, 1977, 149–216.

Briscoe, J.: Q. Marcius Philippus and nova sapientia, Journal of Roman Studies 54, 1964, 66–77.

Reiter, W.: Aemilius Paullus, Conqueror of Greece (London/New York/Sidney
1988).

Deininger, J.: Der politische Widerstand gegen Rom in Griechenland 217–86
v. Chr. (Berlin 1971).

Hoffmann, W.: Die römische Politik des 2. Jahrhunderts und das Ende Karthagos, Historia 9, 1960, 309–344.

Simon, H.: Roms Kriege in Spanien 154–133 v. Chr. (Frankfurt a. M. 1962).

Schulten, A.: Viriatus, Neue Jahrbücher für das Klassische Altertum 39, 1917,
209–237.

Astin, A. E.: Scipio Aemilianus (Oxford 1967).

Schleussner, B.: Die Legaten der römischen Republik. Decem legati und ständige Hilfsgesandte (München 1978).

Eder, W.: Das vorsullanische Repetundenverfahren (München 1969).

8. Die Rückwirkungen des Aufstiegs zur Weltmacht auf die gesellschaftlichen Grundlagen des Staates

Pape, M.: Griechische Kunstwerke aus Kriegsbeute und ihre öffentliche Aufstellung in Rom (Hamburg 1975).

Knoche, U.: Der Beginn des römischen Sittenverfalls, in: DERS.: Vom Selbstverständnis der Römer (Gymnasium, Beiheft 2), Heidelberg 1962, 99–123.

Schuller, W.: Frauen in der römischen Geschichte (Konstanz 1987).

Baltrusch, E.: Regimen morum. Die Reglementierung des Privatlebens der Senatoren und Ritter in der römischen Republik und der frühen Kaiserzeit (München 1988).

Harder, R.: Die Einbürgerung der Philosophie in Rom, in: DERS.: Kleine Schriften (München 1960) 330–353.

Strasburger, H.: Der 'Scipionenkreis', Hermes 94, 1966, 60–72.

Bonner, St. F.: Education in Ancient Rome (London 1977).

Timpe, D.: Fabius Pictor und die Anfänge der römischen Historiographie, in: H. TEMPORINI (Hrsg.): Aufstieg und Niedergang der römischen Welt I 2 (Berlin/New York 1972) 928–969.

Kierdorf, W.: Catos 'Origines' und die Anfänge der römischen Geschichtsschreibung, Chiron 10, 1980, 205–224.

Frézouls, E.: La construction du theatrum lapideum et son contexte politique (Leiden 1983).

Nicolet, Cl.: L'ordre equestre à l'époque républicaine, 2 Bände (Paris 1966–1974).

Shatzman, I.: Senatorial Wealth and Roman Politics (Brüssel 1975).

Volkmann, H.: Die Massenversklavungen der Einwohner eroberter Städte in der hellenistisch-römischen Zeit (2., durchgesehene und erweiterte Auflage von G. HORSMANN, Stuttgart 1990).

Treggiari, S.: Roman Freedmen during the Late Republic (Oxford 1969).

Watson, G. R.: The Roman Soldier (Ithaca, N. Y. 1969).

Toynbee, A. J.: Hannibal's Legacy, 2 Bände (Oxford 1965).

9. Krise und Reform des Staates: Von den Gracchen zu Sulla

(133–79 v. Chr.)

Meier, Chr.: Res publica amissa (Frankfurt a. M. [2]1980).

Badian, E.: Römischer Imperialismus in der Späten Republik (Stuttgart 1980).

Stockton, D.: The Gracchi (Oxford 1979).

Behrends, O.: Tiberius Gracchus und die Juristen seiner Zeit, in: K. LUIG/ D. LIEBS (Hrsg.): Das Profil des Juristen in der europäischen Tradition (Ebelsbach 1980) 25–121.

220 Literaturhinweise

Kreck, B.: Untersuchungen zur politischen und sozialen Rolle der Frau in der späten römischen Republik (Marburg an der Lahn 1975).

Thommen, L.: Das Volkstribunat der späten römischen Republik (Stuttgart 1989).

Ungern-Sternberg, J. von: Untersuchungen zum spätrepublikanischen Notstandsrecht. Senatus consultum ultimum und hostis-Erklärung (München 1970).

Badian, E.: Roman Politics and the Italians (133–91 B. C.), Dialoghi di Archeologia 4/5, 1970/71, 373–412.

Fritz, K. von: Sallust und das Verhalten der römischen Nobilität zur Zeit der Kriege gegen Jugurtha (112–105 v. Chr.), in: V. Pöschl (Hrsg.): Sallust (Darmstadt 1970) 155–205.

Martin, J.: Die Popularen in der Geschichte der späten Republik (Freiburg i. Br. 1965).

Burckhardt, L. A.: Politische Strategien der Optimaten in der späten römischen Republik (Stuttgart 1988).

Vogt, J.: Zur Struktur der antiken Sklavenkriege, in: DERS.: Sklaverei und Humanität (Historia Einzelschriften 8), Wiesbaden ²1972, 20–60.

Welwei, K.-W.: Das Sklavenproblem als politischer Faktor in der Krise der römischen Republik, in: H. Mommsen/W. Schulze (Hrsg.): Vom Elend der Handarbeit (Stuttgart 1981) 50–69.

Ooteghem, J. van: Caius Marius (Brüssel 1964).

Koestermann, E.: Der Zug der Cimbern, Gymnasium 76, 1969, 310–329.

Erdmann, E. H.: Die Rolle des Heeres von Marius bis Caesar (Neustadt an der Aisch 1972).

Gabba, E.: Esercito e società nella tarda repubblica romana (Florenz 1973).

Sherwin-White, A. N.: The Roman Citizenship (Oxford ²1973).

Bulst, Ch. M.: Cinnanum tempus, Historia 13, 1964, 307–337.

Schneider, H. (Hrsg.): Zur Sozial- und Wirtschaftsgeschichte der späten römischen Republik (Darmstadt 1976).

Hinard, F.: Les proscriptions de la Rome (Rom 1985).

Hantos, Th.: Res publica constituta. Die Verfassung des Dictators Sulla (Stuttgart 1988).

Chantraine, H.: Münzbild und Familiengeschichte in der römischen Republik. Gymnasium 90, 1983, 530–545.

10. Der Untergang des republikanischen Staates

(78–44 v. Chr.)

Gelzer, M.: Pompeius (Nachdr. der 2. Aufl. 1959 mit Ergänzungen aus dem Nachlaß), Stuttgart 1984.

Wickert, L.: Sertorius, in: Rastloses Schaffen. Festschrift für Friedrich Lammert (Stuttgart 1954) 97–106.

Guarino, A.: Spartakus. Analyse eines Mythos (München 1980).

Olshausen, E.: Mithridates VI. und Rom, in: H. TEMPORINI (Hrsg.): Aufstieg und Niedergang der römischen Welt I 1 (Berlin/New York 1972) 806–815.

Torelli, M. R.: La De imperio Cn. Pompei: una politica per l'economia dell'impero, Athenaeum 70, 1982, 3–49.

Kraft, K.: Taten des Pompeius auf den Münzen, in: DERS.: Kleine Schriften II (Darmstadt 1978) 273–290.

Bellen, H.: Das Weltreich Alexanders des Großen als Tropaion im Triumphzug des Cn. Pompeius Magnus (61 v. Chr.), in: W. WILL/J. HEINRICHS (Hrsg.): Zu Alexander d. Gr. Festschrift G. Wirth II (Amsterdam 1988) 865–878.

Hoffmann, W.: Catilina und die römische Revolution, Gymnasium 66, 1959, 459–477.

Fehrle, R.: Cato Uticensis (Darmstadt 1983).

Gelzer, M.: Cicero (Wiesbaden 1969).

Strasburger, H.: Concordia ordinum. Eine Untersuchung zur Politik Ciceros (Frankfurt a. M. 1931, Nachdr. Amsterdam 1956).

Gelzer, M.: Caesar (Wiesbaden ⁶1960).

Benner, H.: Die Politik des P. Clodius Pulcher (Wiesbaden 1987).

Timpe, D.: Die Bedeutung der Schlacht von Carrhae, Museum Helveticum 19, 1962, 104–129.

Timpe, D.: Caesars gallischer Krieg und das Problem des römischen Imperialismus, Historia 14, 1965, 189–214.

Christ, K.: Caesar und Ariovist, Chiron 4, 1974, 251–292.

Ottmer, H.-M.: Die Rubikon-Legende. Untersuchungen zu Caesars und Pompeius' Strategie vor und nach Ausbruch des Bürgerkriegs (Boppard a. Rh. 1979).

Raaflaub, K.: Dignitatis contentio. Studien zur Motivation und politischen Taktik im Bürgerkrieg zwischen Caesar und Pompeius (München 1974).

Jehne, M.: Der Staat des Dictators Caesar (Köln 1986).

Kraft, K.: Der goldene Kranz Caesars (Darmstadt ²1969).

Vittinghoff, F.: Römische Kolonisation und Bürgerrechtspolitik unter Caesar und Augustus (Mainz/Wiesbaden 1951).

Gesche, H.: Die Vergottung Caesars (Kallmünz 1968).

Weinstock, St.: Divus Iulius (Oxford 1971).

11. Das Triumvirat zur Erneuerung des Staates und der Kampf zwischen Antonius und Octavian

(43–30 v. Chr.)

Schmitthenner, W.: Oktavian und das Testament Cäsars (München ²1973).

Alföldi, A.: Oktavians Aufstieg zur Macht (Bonn 1976).

Bellen, H.: Cicero und der Aufstieg Oktavians, Gymnasium 92, 1985, 161–189.

222   Literaturhinweise

Botermann, H.: Die Soldaten und die römische Politik in der Zeit von Caesars
   Tod bis zur Begründung des Zweiten Triumvirats (München 1968).
Bleicken, J.: Zwischen Republik und Prinzipat. Zum Charakter des zweiten
   Triumvirats (Göttingen 1990).
Fadinger, V.: Die Begründung des Prinzipats (Berlin 1969).
Bengtson, H.: Zu den Proskriptionen der Triumvirn (München 1972).
Gabba, E.: The Perusine War and Triumviral Italy, Harvard Studies in Clas-
   sical Philology 75, 1971, 139–160.
Buchheim, H.: Die Orientpolitik des Triumvirn M. Antonius (Heidelberg
   1960).
Volkmann, H.: Kleopatra. Politik und Propaganda (München 1953).
Schor, B.: Beiträge zur Geschichte des Sex. Pompeius (Stuttgart 1978).
Herrmann, P.: Der römische Kaisereid (Göttingen 1968).
Schumacher, L.: Die imperatorischen Akklamationen der Triumvirn und die
   auspicia des Augustus, Historia 34, 1985, 191–222.

12. Die Entstehung des Augusteischen Prinzipats

(30 v. Chr.–14 n. Chr.)

Syme, R.: The Roman Revolution (Oxford [2]1952). Deutsch: Die römische
   Revolution (München/Zürich 1991).
Raaflaub, K. A./M. Toher, Between Republic and Empire. Interpretations of
   Augustus and his Principate (Berkeley/Los Angeles/Oxford 1990).
Stahlmann, I.: Von der Ideengeschichte zur Ideologiekritik. Lothar Wickerts
   Beitrag zum Verständnis des Augusteischen Principats (Mainz/Stuttgart
   1991).
Kunkel, W.: Über das Wesen des augusteischen Prinzipats, in: DERS.: Kleine
   Schriften (Weimar 1974) 383–404.
Kienast, D.: Augustus. Prinzeps und Monarch (Darmstadt [2]1992).
Hoben, W.: Caesar-Nachfolge und Caesar-Abkehr in den Res gestae divi
   Augusti, Gymnasium 85, 1978, 1–19.
Bellen, H.: AEGVPTO CAPTA. Die Bedeutung der Eroberung Ägyptens
   für die Prinzipatsideologie, in: R. ALBERT (Hrsg.): Politische Ideen auf
   Münzen. Festschrift zum 16. Deutschen Numismatikertag Mainz 1991
   (Speyer 1991) 33–59.
Schmitthenner, W.: Augustus' spanischer Feldzug und der Kampf um den Prin-
   zipat, Historia 11, 1962, 29–85.
Sattler, P.: Augustus und der Senat (Göttingen 1960).
Alföldy, G.: Die Ablehnung der Diktatur durch Augustus, Gymnasium 79,
   1972, 1–12.
Roddaz, J.-M.: Marcus Agrippa (Rom 1984).
Timpe, D.: Zur augusteischen Partherpolitik zwischen 30 und 20 v. Chr., Würz-
   burger Jahrbücher, Neue Folge 1, 1975, 155–169.

Die Entstehung des Augusteischen Prinzipats

Kraft, K.: Zur Datierung der römischen Münzmeisterprägung unter Augustus, in: DERS.: Kleine Schriften II (Darmstadt 1978) 42–56.

Bellen, H.: Novus status – novae leges. Kaiser Augustus als Gesetzgeber, in: G. BINDER (Hrsg.): Saeculum Augustum I (Darmstadt 1987) 308–348.

Raaflaub, K.: Die Militärreformen des Augustus und die politische Problematik des frühen Prinzipats, in: G. BINDER (Hrsg.): Saeculum Augustum I (Darmstadt 1987) 246–307.

Instinsky, H. U.: Augustus und die Adoption des Tiberius, Hermes 94, 1966, 324–343.

Lehmann, G. A.: Zum Zeitalter der römischen Okkupation Germaniens, Boreas 12, 1989, 207–230.

Losemann, V.: Arminius und Augustus, in: K. CHRIST/E. GABBA (Hrsg.): Caesar und Augustus (Biblioteca di Athenaeum 12), Como 1989, 129–163.

Deininger, J.: Die Provinziallandtage der römischen Kaiserzeit (München 1965).

Yavetz, Z.: Plebs and Princeps (London 1969).

Habicht, Ch.: Die augusteische Zeit, in: Le culte des souverains dans l'empire romain (Entretiens sur l'Antiquité Classique 19), Genf 1973, 39–99.

Zanker, P.: Forum Augustum (Tübingen 1967).

Zanker, P.: Augustus und die Macht der Bilder (München ²1990).

REGISTER

Die nachfolgenden Register wollen auf ihre Weise Grundzüge der römischen Geschichte hervortreten lassen:

– Die zahlreichen Personennamen weisen darauf hin, daß der römische Staat „durch das Wirken vieler" (Cato bei Cic. de re publ. 2,2) seine jeweilige Form angenommen hat.

– Das Sachregister enthält u. a. die wichtigsten der „ungemein vielen Gesetze" (Suet. Caes. 44,2), die sich im Laufe der Jahrhunderte als Indikatoren der staatlichen Entwicklung ansammelten.

– Anhand des Ortsregisters läßt sich leicht eine Vorstellung vom Imperium Romanum als Weltreich und vom Glanz Roms als Welthauptstadt gewinnen.

Personen

Acca Larentia 1
M'. Acilius Glabrio (cos. 191) 70
M'. Acilius Glabrio (cos. 67) 122
Sex. Aelius Catus 178
Aelius Gallus 164
M. Aemilius Lepidus (cos. 187) 74
M. Aemilius Lepidus (cos. 78) 117.
  118
M. Aemilius Lepidus (Triumvir)
  142. 152 f. 155. 157. 173
L. Aemilius Papus 60
L. Aemilius Paullus (cos. 216) 62
L. Aemilius Paullus (Sieger von
  Pydna) 77. 85
L. Aemilius Paullus (verh. m. Iulia,
  Enkelin des Augustus) 181
M. Aemilius Scaurus 123
Aeneas 1–4. 43
Agathocles 53
Agrippa s. Vipsanius
Agrippa Postumus 177. 181
Alexander d. Gr. 122–124
Alexander Helius 158
Amulius 1

Amyntas von Galatien 165. 168
Anchises 4
Ancus Marcius 2
Andriscus (Pseudophilippus) 78
L. Anicius Gallus 77. 78
T. Annius Milo 130. 134
Antiochus I. von Commagene 156
Antiochus III. von Syrien 68–70
Antiochus IV. von Syrien 80. 86 f.
Antipater von Tarsus 85
M. Antistius Labeo 178
C. Antonius 126
L. Antonius 155
M. Antonius (praet. 102) 102
M. Antonius (Triumvir) 137. 140.
  147. 149–161
Iullus Antonius 177
Apollo 31. 170
L. Appuleius Saturninus 102–104. 108
M'. Aquilius (Vater) 95. 96
M'. Aquilius (Sohn) 102
Archelaus von Kappadokien 167 f.
Aretas III. (Nabatäerkönig) 123
Ariovist 131

Aristonicus (Eumenes III.) 80. 95
Arminius 180f.
C. Asinius Pollio 152. 156
Attalus I. von Pergamum 66. 68
Attalus II. von Pergamum 80
Attalus III. von Pergamum 80. 95
C. Attilius Regulus 55
Auctor ad Herennium 134
Augustus (bis 27 s. Octavian) 3f.
163–185. 210; s. auch Divus Augustus
L. Aurelius Cotta 120

Bacchus 75
Blossius von Cumae 85
Bocchus von Mauretanien 100. 108
Brutus s. Iunius und Servilius

L. Caecilius Metellus 55f.
Q. Caecilius Metellus Creticus 122
Q. Caecilius Metellus Macedonicus 78. 86. 95
Q. Caecilius Metellus Nepos 103
Q. Caecilius Metellus Numidicus 100
Q. Caecilius Metellus Pius 112. 118. 119
Q. Caecilius Metellus Pius Scipio 135. 140f. 142
M. Caelius Rufus 139
Caesar s. Iulius
Caesar, Gaius 169. 175. 177
Caesar, Lucius 169. 175. 177
Caesarion 159. 161
M. Calpurnius Bibulus 127f. 129. 140
Cn. Calpurnius Piso 165
L. Calpurnius Piso (Historiker) 82. 98
L. Calpurnius Piso (Stadtpräfekt) 183
L. Calvisius Sabinus 175
L. Caninius Gallus 175
C. Canuleius 28
Sp. Carvilius Maximus 49
Sp. Cassius 18

C. Cassius Longinus (cos. 73) 120
C. Cassius Longinus (Caesarmörder) 147. 152. 153f.
Q. Cassius Longinus 137
Cassius Severus 182
Catilina s. Sergius
Cato s. Porcius
Catull s. Valerius
Ceres 10. 19. 94
Cicero s. Tullius
Cineas 50
Cinna s. Cornelius
Appius Claudius (Attus Clausus) 17
Q. Claudius 61
Ap. Claudius Caecus 47. 49. 50. 51. 52
C. Claudius Marcellus 137
M. Claudius Marcellus (Eroberer von Syrakus) 60. 63. 83. 86
M. Claudius Marcellus (cos. 51) 144
M. Claudius Marcellus (Schwiegersohn des Augustus) 165. 167
Ap. Claudius Pulcher 92
C. Claudius Pulcher 73
P. Claudius Pulcher 56
Cleopatra VII. von Ägypten 141. 147. 158–161
Cleopatra Selene 158
P. Clodius Pulcher 127–130. 133f. 135. 145
Cornelia (Mutter der Gracchen) 91. 93. 99
Cornelia (Gattin des Pompeius) 135
Cornelii 116
L. Cornelius Balbus 146. 150
Cn. Cornelius Cinna 178
L. Cornelius Cinna 109–111. 112. 125
A. Cornelius Cossus 29
P. Cornelius Dolabella 139
C. Cornelius Gallus 165
Cn. Cornelius Lentulus 120
L. Cornelius Lentulus 178
L. Cornelius Lentulus Crus 137
P. Cornelius Lentulus Sura 125f.
Cn. Cornelius Scipio 63. 65

Personen

P. Cornelius Scipio 63. 65
P. Cornelius Scipio Africanus 65–67.
  70. 72. 76. 91
P. Cornelius Scipio Africanus Aemi-
  lianus 78. 79 f. 81. 83. 84. 91.
  96
P. Cornelius Scipio Asiagenus 112
L. Cornelius Scipio Asiaticus 70
L. Cornelius Scipio Barbatus 48
P. Cornelius Scipio Nasica Corculum
  86
P. Cornelius Scipio Nasica Serapio
  93 f.
L. Cornelius Sisenna 116
Faustus Cornelius Sulla 116
L. Cornelius Sulla 106. 108–116. 117.
  120. 122. 125. 139. 142. 143. 147
Crassus s. Licinius
Crixus 119
M'. Curius Dentatus 49. 50. 52

L. Decidius Saxa 167
P. Decius Mus (Vater) 41
P. Decius Mus (Sohn) 48
Demetrius von Pharus 59. 61
Diana 10
T. Didius 103
Diocles von Peparethos 2
Diophanes von Mytilene 91
Dioskuren (Castor, Pollux) 18
Dis Pater 56
Divus Augustus 185
Divus Iulius 148. 155 f. 158. 162
Cn. Domitius Ahenobarbus (Vater)
  99
Cn. Domitius Ahenobarbus (Sohn)
  115
L. Domitius Ahenobarbus 128. 132.
  138. 141
Cn. Domitius Calvinus 140
Drusus (Stiefsohn des Augustus)
  163. 170. 172 f. 175. 177
Drusus (Sohn des Tiberius) 183.
  184
C. Duilius 54

Cn. Egnatius 78
Gellius Egnatius (Samnite) 48
Epicur 135
Q. Ennius 85. 86. 91
Eumenes II. von Pergamum 72. 76.
  80
Eunus (Antiochus) 94

Fabier 21 f.
Q. Fabius Maximus 143
Q. Fabius Maximus Allobrogicus 99
Q. Fabius Maximus Rullianus 45. 48
Q. Fabius Maximus Verrucosus 63.
  66
Q. Fabius Pictor 1 f. 3. 85
C. Fabricius Luscinus 49
C. Fannius 98
Fannius Caepio 165
Faunus 10
Faustulus 1
C. Flaminius 60 f. 62
Cn. Flavius 48
C. Flavius Fimbria 110
Fortuna 10
Q. Fufius Calenus 140
C. Fufius Geminus 175
Fulvia (Gattin des Antonius) 155
L. Fulvius Curvus 39
M. Fulvius Flaccus 96. 98
M. Fulvius Nobilior 71. 86
M. Furius Camillus 31. 34. 102

A. Gabinius (trib. pleb. 139) 82
A. Gabinius (trib. pleb. 67) 121
L. Gellius Publicola 120
Statius Gellius (Samnite) 45
Gentius (Illyrerkönig) 77
Germanicus (Sohn des Drusus) 177.
  182. 183
Gracchus s. Sempronius

Hamilkar Barkas 55. 61
Hampsicora (Sarde) 63
Hannibal 61–64. 66 f. 70. 72
Hasdrubal (Schwager Hannibals) 61

Hasdrubal (Bruder Hannibals) 63f. 73
Hercules 52
Appius Herdonius (Sabiner) 21
Hermodorus (Architekt) 86
Herodes (d. Gr.) 179
Herodes Archelaus 179
Hieron I. von Syrakus 22
Hieron II. von Syrakus 54. 63. 72
Hieronymus von Syrakus 63
A. Hirtius 152
M. Horatius 25
Q. Horatius Flaccus 166. 170
Q. Hortensius 121
C. Hostilius Mancinus 81
Hyrcanus (Hoherpriester) 123

Iuba von Numidien 142f.
Iugurtha von Numidien 100. 108
Iulia (Tante Caesars) 3
Iulia (Tochter Caesars) 128. 135
Iulia (Tochter des Augustus) 163. 165. 167. 172. 175. 176. 178
Iulia (Enkelin des Augustus) 181
Julier 3. 148. 162. 173
C. Iulius Caesar 3. 33. 125–148. 149f. 152. 155f. 174. 176. 185; s. auch Divus Iulius
L. Iulius Caesar Strabo 106
Iulus (Ascanius) 1
L. Iunius Brutus 2. 3. 147
M. Iunius Brutus 117
D. Iunius Brutus Albinus 151f.
C. Iunius Bubulcus 46
M. Iunius Pera 63
L. Iunius Pullus 56
Iuno 10
Iuno Regina 31
Iupiter Aetnaeus 94
Iupiter Feretrius 29
Iupiter Indiges 43
Iupiter Latiaris 43
Iupiter Optimus Maximus 4. 10. 20. 62. 65. 159. 182

T. Labienus 136. 140. 143
C. Laelius 91
Lares 174
L. Licinius Crassus 104
M. Licinius Crassus 112. 119f. 126f. 128f. 132f. 167
P. Licinius Crassus 95
L. Licinius Lucullus 110. 122
C. Licinius Stolo 35
Sp. Ligustinus 89
Livia (Gattin des Augustus) 162. 183f. 185
T. Livius 176. 207f.
L. Livius Andronicus 85f.
M. Livius Drusus (Vater) 98. 104
M. Livius Drusus (Sohn) 104f. 114
M. Lollius 170
M. Lollius Palicanus 120
C. Lucilius 85
Lucretia 11
T. Lucretius Carus 135
C. Lutatius Catulus 55
Q. Lutatius Catulus (Vater) 101. 111. 116
Q. Lutatius Catulus (Sohn) 117

T. Maccius Plautus 86
Maecenas 166
Magna Mater (Kybele) 66
Cn. Mallius Maximus 99
Mamertiner 51. 53f.
M. Mamurra 146
C. Manilius 122
T. Manlius Torquatus (Erringer des Torques) 40
T. Manlius Torquatus (cos. 235) 64
Cn. Manlius Vulso 71f.
L. Manlius Vulso 55
Marbod 179f. 181
Cn. Marcius Coriolanus 20
L. Marcius Philippus 105
Q. Marcius Philippus 76
Q. Marcius Tremulus 46f.
C. Marius (Vater) 3. 100–103. 106. 108f. 111

Personen

C. Marius (Sohn) 112
M. Marius Gratidianus 111
Mars 1. 3. 10. 13
Mars Ultor 154
Massinissa (Numiderkönig) 67. 79.
  100
Mastarna 8
Mater Matuta 9f.
C. Matius 149
C. Memmius 128
Menenius Agrippa 19
Vettius Messius (Volsker) 29
Micipsa (Numiderkönig) 100
Minerva 10
Mithridates (König von Pontus)
  108. 109f. 118. 120f. 122f.
P. Mucius Scaevola 33. 85. 91. 94
Q. Mucius Scaevola (cos. 117) 109
Q. Mucius Scaevola (cos. 95) 104
L. Mummius 79. 84

Cn. Naevius 85. 86
Neue Isis (Cleopatra) 159
Neuer Dionysus (Antonius) 159
L. Nonius Asprenas 181
C. Norbanus 112
Numa Pompilius 2
Numitor 1

Octavia (Gattin des Antonius) 155.
  156. 158. 159
Octavian (C. Octavius, der spätere
  Augustus) 148. 150–161. 162f.
Cn. Octavius (praet. 168) 77f.
Cn. Octavius (cos. 87) 111
M. Octavius 92
L. Opimius 97f.
C. Oppius 146. 150
Orodes (Partherkönig) 133. 156
P. Ovidius Naso 181

Panaetius 84
C. Papirius Carbo 106. 107
Cn. Papirius Carbo 112
L. Papirius Cursor 52

C. Papius Mutilus (Samnite) 105
L. Passienus Rufus 175
Q. Pedius 143. 150. 152
Penaten 1. 2. 43
M. Perperna (cos. 130) 95
M. Perperna (Mörder des Serto-
  rius) 118
Perseus von Makedonien 76–78
P. Petronius 164. 167
Pharnaces (Sohn des Mithridates)
  142
Philipp V. von Makedonien 63f. 66.
  68f. 70. 72. 76. 78
Phraates III. (Partherkönig) 123
Phraates IV. (Partherkönig) 167
L. Pinarius 150
M. Plautius Silvanus 106. 108
Plautus s. Maccius
Polybius 83. 208
Cn. Pompeius Magnus 112. 117–124.
  126f. 129f. 132–135. 136–138.
  139–141. 144. 146
Cn. Pompeius Strabo 106f. 112
Cn. Pompeius (Sohn des Magnus)
  143
Sex. Pompeius (Sohn des Magnus)
  155–157
C. Popilius Laenas 80. 87
Q. Poppaedius Silo (Marser) 105
M. Porcius Cato (Censorius) 73. 75.
  79. 84. 85
M. Porcius Cato (Uticensis) 125f.
  127f. 129. 132f. 137. 138. 142.
  147
Arruns Porsenna (Etrusker) 15. 18
Lars Porsenna (Etruskerkönig) 15
A. Postumius 18
A. Postumius Tubertus 29
M. Primus 165
Proserpina 56
Prusias I. von Bithynien 66. 72
Prusias II. von Bithynien 87
Ptolemaeus IV. von Ägypten 68
Ptolemaeus XIII. von Ägypten 141
Ptolemaeus XIV. von Ägypten 141

Ptolemaeus Philadelphus 158
Pyrrhus von Epirus 50. 53

P. Quinctilius Varus 180f.
L. Quinctius Cincinnatus 23
T. Quinctius Flamininus 68f. 78. 84

Rea Silvia 1
Remus 1f. 52
Romulus 1f. 3. 52. 102
P. Rupilius 94f.
P. Rutilius Rufus 104

C. Sallustius Crispus 153. 209
Salvius (Tryphon) 102
Saturnus 10
Scipio s. Cornelius
Scribonia (Gattin Octavians) 163
C. Scribonius Curio 137. 138. 142
Seius Strabo 183
A. Sempronius Asellio 108
Sempronius Asellio (Historiker) 99.
    116
C. Sempronius Gracchus 92. 96–98.
    103. 104. 114. 120
Ti. Sempronius Gracchus (Vater)
    73. 91
Ti. Sempronius Gracchus (Sohn)
    91–94. 95. 96. 97
P. Sempronius Sophus 51
C. Sentius Saturninus (Vater) 180
C. Sentius Saturninus (Sohn) 178
L. Sergius Catilina 124f.
Q. Sertorius 112. 117f. 121
C. Servilius Ahala 29
Q. Servilius Caepio 99f. 104
Q. Servilius Caepio Brutus 147. 152.
    153. 154
C. Servilius Glaucia 103. 104
P. Servilius Isauricus 138f.
Servius Tullius 2. 8. 9. 12. 13. 33. 38
L. Sextius Lateranus 35. 37
Sol 174
Sosigenes (Astronom) 146
Spartacus 119. 121

T. Statilius Taurus 157
Sulla s. Cornelius
P. Sulpicius Quirinius 179

Tanaquil (Gattin des Servius Tul-
    lius) 9
Cn. Tarquinius Romanus 9
L. Tarquinius Priscus 2. 8. 9
L. Tarquinius Superbus 2. 3. 8. 10.
    15. 17f.
Tellus 10
C. Terentius Varro 62
M. Terentius Varro (cos. 73) 120
M. Terentius Varro (Antiquar) 3.
    146f.
A. Terentius Varro Murena 165
Teuta (Illyrerkönigin) 59
Theophanes von Mytilene 124
Tiberius (Stiefsohn des Augustus)
    163. 167. 170. 172f. 175. 176. 177f.
    179f. 182–184
Tigranes I. von Armenien 122f.
Tigranes II. von Armenien 167
M. Titius 159
P. Titius 153
Titus Tatius 1. 3
Lars Tolumnius (König von Veji) 29
C. Trebatius Testa 178
C. Trebonius 132
M. Tullius Cicero 120. 122. 125f.
    127f. 130. 132. 135. 139. 143. 146.
    149f. 151. 153. 209
Tullus Hostilius 2

C. Valerius Catullus 146
L. Valerius Flaccus (cos. 86) 110. 111
L. Valerius Flaccus (interrex 82)
    112f.
M. Valerius Laevinus 64
M'. Valerius Maximus 54
L. Valerius Messalla 178
M. Valerius Messalla Corvinus 176
L. Valerius Potitus 25
Q. Varius Hybrida 106. 108
P. Vatinius 128

P. Ventidius Bassus 156
Venus 3. 4. 110
Vercingetorix (Gallier) 135f.
P. Vergilius Maro 3f. 156. 166
C. Verres 120
Vertumnus 9
Vesta 10

Veturia (Mutter des Coriolanus) 20
C. Vibius Pansa 151
M. Vipsanius Agrippa 157. 160. 163.
165. 167. 169. 170. 171f. 173. 178
Virdumarus (Gallier) 60
Viriatus (Lusitaner) 81
Volumnia (Gattin des Coriolanus) 20

Sachen

Adoptionen
Agrippa Postumus 177
C. und L. Caesar 169
Germanicus 177
Octavian 148. 152
Tiberius 177. 178
Ädilen 22. 36. 46. 144. 174
Aerarium 23. 65. 66. 71f. 81. 124.
139. 179
Aerarium militare 179
Ärartribunen 120
Ager publicus 36. 37. 88. 91. 95. 113
Agrarfrage 74. 89f. 91f. 95f. 103.
126. 127. 171
Alphabet 8
Altar der Roma und des Augustus
164
Altersvoraussetzungen (für Magi-
straturen) 76
Amnestie 144. 149
Annales maximi 33
Apenninkultur 5
Auctoritas des Augustus 164
Augustales 175
Augustus-Name 163. 183
Aurum Tolosanum 100
Auspicia 16

Bacchanalien 75
Bandenwesen in Rom 103. 109.
129f. 133f.
Bautätigkeit in Rom 8–10. 19. 29. 31.
33. 34. 46. 49. 51. 52. 60. 75. 82. 83.
97. 102. 124. 136. 163. 170. 173f. 176

Bauvorschriften 179
Bella iusta 20
Bergwerke
Makedonien 77. 78
Spanien 73. 81. 88
Beute 20. 49. 50. 60. 65. 67. 71f. 78.
79. 84. 87. 100. 101. 110. 124. 136.
142. 161f. 176
Bürgerrecht s. Civitas Romana
Bundesgenossenkrieg 105–107. 112
Bundesgenossensystem 42. 45. 49.
51. 57. 72. 90. 95. 96. 104. 105

Civitas Romana 39. 42. 76. 96. 104f.
106. 107
Civitas sine suffragio 40. 42. 45. 46
Classis, infra classem 12. 18f. 22. 27.
28. 30. 37
Clementia Caesaris 138. 144
Clupeus virtutis des Augustus 164
Cohortes
– praetoriae 164. 171. 179. 183. 185
– urbanae 183
– vigilum 179
Collegia 129. 145
Comitia
– centuriata 13. 26. 27. 36. 65.
178
– curiata 11
– tributa 22. 27. 47. 61. 115
Comitiatus maximus 26
Concilia plebis 47. 61
Concordia ordinum 126
Consensus universorum 160

Corona
- civica 144. 164
- obsidionalis 144
- rostrata 160
Cura
- annonae 130. 167. 173
- aquarum 173
- legum et morum 169. 173
- rei publicae 163. 169
Curiae 11 f.

Dankfeste 130. 133. 136. 143
Deditio 54
Destinatio 178
Devotio 41. 48
Diadem 147
Dignitas 111. 137. 141
Diktator, Diktatur 23. 39. 46. 113.
    116. 133. 139. 142. 143. 147. 149.
    167
Diplomatie 59. 72. 76 f. 167. 177
Ducenarii 169

Ebrovertrag 61
Edikte des Augustus von Cyrene 175
Ehe- und Kinderlosigkeit 169
Ehebruch 169. 176
Eheverbot 27. 28
Eid (für Octavian und Antonius) 160
Elefanten 50. 55. 56. 71. 143
Erbschaften
    bithynische 121
    cyrenäische 122
    pergamenische 80. 83. 93
Erbschaftssteuer 179
Erziehung 85
Evocatio 31

Familia 11
Fasces s. Lictores
Fasti Capitolini 168
Feldzeichen (verlorene) 167. 168.
    176
Fides 51. 54
Flotte 54 f. 56. 65. 66. 157 f. 160

Foedus Cassianum 18. 39
Formula togatorum 51
Formularprozeß 57
Freiheit (libertas) 3. 82. 109. 118.
    137. 141. 143. 147. 148
Freiheitserklärung 69. 70
Freilassung, Freigelassene 21. 47.
    79. 116. 176. 178. 179. 180. 182
Freilassungssteuer 47

Gebet der Zensoren 83
Geldschwemme 72. 144. 162
Geldwesen (Entwicklung)
    Aes (rude, signatum, grave) 23.
        52
    As 52. 56. 64 f. 82. 107. 168
    Didrachme, Quadrigatus 52. 56
    Victoriatus 65
    Denarius 65. 82. 111. 168
    Sestertius (Dupondius) 82. 111.
        168
    Aureus 168
Geldwirtschaft 23. 51 f.
Gens 11. 16. 17. 21. 30
Geschichtsschreibung 1 f. 20. 32 f.
    44. 83. 85. 98 f. 116. 124. 137. 141.
    153. 207–210
Getreideempfänger (Zahl) 129. 145.
    176
Getreideversorgung 65. 73. 94. 130.
    156. 167
Getreidezuteilung 97. 117. 120. 129 f.
    166
Gladiatorenspiele 57
Götterverehrung 9 f. 17. 31. 43. 49.
    56. 62. 65 f. 170
Götterzeichen (prodigia) 1. 17. 60.
    62. 94. 127. 129

Handel 40. 53. 59. 61. 65. 88. 135.
    164
Heerwesen 12 f. 18 f. 30. 37 f. 44.
    66. 81. 89. 100 f. 109. 163. 170. 171.
    179
Homines novi 60. 62. 100. 122

Sachen

Hostiserklärung 109. 110. 111. 125.
    152. 155
Hungersnöte 19. 24. 29. 94. 130.
    156. 167. 182

Imperator-Titel 143. 158. 184
Imperium 16. 36. 58
− consulare 168. 169
− extraordinarium 63. 65. 117. 119.
    121 f. 128. 129. 132. 151. 154
− proconsulare 163. 166. 167. 169.
    171. 174. 175. 177. 178. 183
Isthmische Spiele 59. 69

Kalender 10. 16. 32 f. 48. 62. 99.
    144 f. 174
Karthagerverträge 40. 50. 53. 61;
    s. auch Ebrovertrag
Klientelstaaten 109. 123. 167 f.
Klienten, Klientel 11. 21. 22. 27. 30.
    58. 60. 61. 72. 112. 127
Königstracht 8. 147
Königtum 2 f. 8. 15. 53. 147
Kohorte 101
Kolonien
    griechische 6. 53
    latinische 29. 30. 42. 43. 45. 48.
        49. 51. 57. 62. 74
    römische 42. 51. 57. 74. 99. 107.
        113. 127. 144 f. 170. 171
Kommendationsrecht 144
Komödie 86
Konsulartribunat 28. 36
Konsuln, Konsulat 3. 27. 28. 36. 41.
    46. 60. 87. 111. 112. 124. 143. 152.
    166 f. 168. 178. 184
Kooptation in Priesterkollegien 115
Kreditkrise 122. 139
Kriegsentschädigungen 55. 56. 67.
    69. 71. 110. 123
Kunst (griechische) 83 f.
Kunstraub 69. 78. 79. 84. 120

Lateinische Sprache 8
Latinerfest 18. 43

Latinisches Recht 107. 145
Lectio senatus 46. 114. 120. 129. 163.
    169
Lectisternium 31
Legati Augusti pro praetore 165
Legio linteata 48
Legion 44. 101
Legis actiones 26. 48
Leibwache
    Ti. Gracchus 93
    Augustus 164. 181
Leichenbegängnisse 3. 27. 57. 116.
    149. 171. 173. 184 f.
Lex/Leges
− Acilia 96
− Aelia Sentia 178
− Appuleiae 103 f.
− Aquilia 48
− Aurelia 120
− Caecilia Didia 103. 105
− Calpurnia 82. 114
− Canuleia 28
− Claudia 61. 87. 88
− Clodiae 128 f. 130
− Corneliae 114–116
− Domitia 115
− Fannia 84
− Flavia 126
− Fufia Caninia 175
− Gabinia tabellaria 82
− Gabinia de piratis 121
− Genucia 37
− Hortensia 47. 60 f.
− Iulia (Strabonis) 106
− Iuliae (Caesaris) 127 f. 139. 144
− Iuliae (Augusti) 169. 179
− Licinia Mucia 104
− Liciniae Sextiae 36
− Liviae 104 f.
− Manilia 122
− Ogulnia 46
− Oppia 84
− Ovinia 46
− Papia Poppaea 182
− Pedia 152

Lex/Leges (Forts.)
- Plautia 108. 114
- Plautia Papiria 106
- Poetelia Papiria 37
- Pompeia (Strabonis) 107
- Pompeiae (Magni) 134
- Pompeia Licinia 120
- Porcia 76
- Roscia 139
- Saenia 163
- Semproniae 92. 96–98. 104. 114
- Servilia iudiciaria 104
- Servilia repetundarum 104
- Sulpiciae 108f.
- Terentia Cassia 120
- Titia 153
- Valeria 48
- Valeria Cornelia 178
- Valeriae Horatiae 25
- Vatinia 128
- Villia 76
Lex curiata de imperio 11
Lex sacrata 19
Lex satura 103. 129
Libertas s. Freiheit
Lictores 8. 11. 22
Ludi
- Apollinares 86
- Ceriales 86
- Florales 86
- Megalenses 66. 86
- plebei 86
- Romani 36
- saeculares 56. 170
- Tarentini 56
- Victoriae Caesaris 150
Luxus 27. 75. 84. 144

Magister equitum 16. 23
Magister populi 16. 18. 23
Maiestas (populi Romani) 71. 85.
    104. 106. 108. 114
Maiores 56f. 146. 147
Manipel 44. 66
Manus 11

Marktpreise 73. 121. 136
Massenversklavung 78. 79
Mater familias 11
Menschenopfer 60. 62. 99
Metus Gallicus 33. 39
Metus Punicus 79
Mieten 139. 145
Mondfinsternis 77
Mos maiorum 83. 84. 91. 122. 169
Municipia, Munizipalisierung 42.
    107. 114. 144. 184

Neugründer Roms 34. 102. 116. 144.
    176
Nexum 21
Nobilität (einschl. Tugenden und La-
    ster) 46. 47. 51. 56f. 58. 62. 76. 84.
    86f. 98. 100. 106. 107

Obnuntiation 127. 129
Optimaten 93. 97f. 108. 111. 113.
    117. 121. 122. 125. 126. 127. 128.
    130. 134. 140f. 143. 144

Parens patriae 147. 149
Pater familias 11
Pater patriae 176
Patres 12. 16
Patrizier 13. 16. 17. 19. 20. 24. 25. 27.
    28. 29. 35. 36. 37. 46. 47. 124. 127.
    144. 163
Patronus 27
Patrum auctoritas 46
Phalanx
    makedonische 77
    römische 12f. 18. 44
Philosophie 84f. 135. 146
Plebiscita 47
Plebs, Plebejer 19. 20. 22. 25. 27. 28.
    29. 30. 31. 32. 35. 36. 37. 38. 46. 47.
    127
Plebs urbana 58. 90. 97. 111. 117. 145.
    149. 150. 166f.
Pomerium 9. 13. 116. 128. 144. 166
Pontifex maximus 16f. 143. 146. 173

Popularen 93. 96. 97. 103. 104. 111.
112. 113. 118. 120. 121. 125. 126.
127
Praefectus
– Aegypti 165
– Iudaeae 179
– praetorio 183
– urbi 183
– vigilum 179
Praetexta 86
Praetor maximus 15. 22 f.
Prätoren (neben Konsuln) 36. 46.
57. 58. 72. 114. 115. 144. 174. 178
Praetores (= Consules) 22. 23. 24.
25. 27
Priesterschaften
Augures 17. 46. 115
Duumviri (Xviri, XVviri) sacris
faciundis 17. 60. 115
epulones 115
Fetiales 17
Haruspices 10
Pontifices 16. 20. 23. 33. 46. 115
Salii 7
Vestales 17. 34. 159. 184
Princeps 164. 185
Princeps iuventutis 177
Profitgeschäfte (Ausschluß der Sena-
toren) 61. 87. 88
Proletarii 63. 90. 101. 145
Promulgationsfrist 104
Promagistrate 115. 134
Prorogation 63
Proskriptionen 113. 115. 153
Provinzen (Einrichtung) 58. 72. 78.
79 f. 99. 102. 122. 123. 129. 136.
142. 165. 170 f. 179. 182
Provinziallandtage 162. 172. 174
Provinzialverwaltung 115. 120. 163.
164. 168. 172. 175. 178. 182
Provinzstatute
Lex Aquilia 95
Lex Hieronica 72
Lex Rupilia 95
s. auch Zollgesetz für Asia

Provocatio ad populum 48. 76. 96.
98
Publicani 65. 88. 97. 104. 122. 126

Quaestiones 82. 96. 104. 114. 115.
144

Rache an Caesarmördern 152
Recht
Deliktsrecht 23. 26. 48
Erbrecht 26. 169
Fremdenrecht 57
Nachbarrecht 26
Strafrecht 115. 169
Verkehrsrecht 23
Vollstreckungsrecht 26
Zivilrecht 26. 85
s. auch Zwölftafelgesetz
Rechtsakte
Codicilli 178
Fideicommissum 178
Konsensualkontrakte 75
Mancipatio 23
Testamentum 26 f.
Regionen der Stadt Rom 9. 13. 174
Religion s. Götterverehrung
Repetunden 82. 96. 104. 114. 128
Retter-Ideologie 109. 113. 144. 162.
163. 174
Rex/Regina sacrorum 16
Richter 82. 96. 104. 108. 114. 120.
169. 178
Ritter, Ritterstand 88 f. 96 f. 104.
106. 108. 113. 114. 120. 146. 153.
185
Ruhmesdenken 46. 126. 133

Sacrosanctitas 93. 137. 166
Salinen an der Tibermündung 7
Satire 85
Schulden, Schuldknechtschaft 19.
26. 35. 37. 47. 107 f. 109
Schuldenerlaß 35. 36 f. 47. 111. 124.
158. 162
Secessiones plebis 19. 25. 47

Seeräuberei 59. 61. 102. 121f.
Sella curulis 8. 22
Senat, Senatoren 12. 46. 47. 50. 68.
  72. 76. 77. 86f. 88f. 91. 92f. 94. 96.
  97. 98. 104f. 106. 108. 109. 111. 112.
  113. 114. 117. 120. 125. 128. 130.
  133. 134. 137. 138. 139. 143. 144.
  148. 151f. 153. 159. 162. 167. 175.
  180. 183. 184. 185
Senatus consultum ultimum 98. 103.
  117. 125. 133f. 137
Senatsausschüsse 175. 183
Seuchen 21. 24. 29. 31. 32. 39. 49. 64.
  72. 167
Sibyllinische Bücher 17. 19. 31. 49.
  56. 60. 62. 94. 125f. 156
Sittengericht 75. 115. 120. 129. 135.
  163
Sittenverfall 75. 86
Sklaven, Sklaverei 21. 63. 79. 87. 88.
  90. 113. 153. 155f. 158. 179f. 182
Sklavenverschwörungen, -auf-
  stände 75. 94f. 102. 118f. 157
Söldneraufstand (karthagischer) 55.
  59
Soldatensold 30. 89. 136. 171. 183
Sonnenfinsternis 33
Spiele s. Ludi
Spolia opima 29. 60
Sprichwörter
  Ceterum censeo Carthaginem esse
    delendam 79
  Hannibal ad portas 64
  Iacta alea est 137f.
  Ire Sutrium 45
  Nondum omnium dierum solem
    occidisse 72
  Vae victis 34
  Vare, legiones redde 181
  Veni, vidi, vici 142
Staatsfeind s. Hostiserklärung
Staatsland s. Ager publicus
Staatswohl 75. 122. 126. 177
Ständekampf 19. 24. 28. 35f. 37.
  46f.

Tabella (für die Abstimmung) 82
Tatenberichte
  Augustus 184. 210
  Hannibal 64
Tempel der Roma 71
Tempel der Roma und des Augustus
  162. 172
Testamente
  Antonius 159
  Augustus 165. 183. 185
  Caesar 148. 149. 150. 152
Theater 86
Theaterplätze 97
Togata 86
Tragödie 86
Tresviri
– capitales 48
– monetales 52. 116
Tribuni militum 12f. 28. 36
Tribuni militum consulari potestate s.
  Konsulartribunat
Tribuni plebis (bis 287) 19. 22. 24. 25.
  27. 35. 37. 47; s. auch Volkstribunat
Tribunicia potestas 166. 169. 171.
  173. 175. 177. 183. 184
Tribus (Ramnes, Tities. Luceres) 11
Tribus rusticae 47. 57; s. auch Ager
  Romanus im Ortsregister
Tribus urbanae 13. 47. 57. 60. 90
Tribusordnung 57f. 60
Tributum 31. 65. 78. 153f.
Triumphe 20. 31. 50. 54. 56. 58. 59.
  60. 64. 67. 69. 71. 78. 80. 81. 95.
  100. 113. 117. 119. 124. 142. 156.
  159. 162. 175. 182
Triumvirat (1.) 126. 132
Triumvirat (2.) 152f. 157. 163
Tumultus 33. 60. 105

Unterpfänder der römischen Herrschaft 17. 52

Ver sacrum 62
Veteranenversorgung 74. 100. 102f.
  113. 126f. 154f. 163. 171

Völker, Länder, Orte

Verschwörungen gegen Augustus
165. 169. 177. 181
Villanova-Kultur 6
Volkstribunen, Volkstribunat (seit
287) 47. 60f. 82. 91–94. 96–98.
102f. 104f. 108. 114. 120. 127. 137.
174; s. auch Tribuni plebis
Volones 63
Voluntarii 89. 100

Währung s. Geldwesen
Wahlen 27. 36. 38. 47. 58. 65. 69. 82.
93. 97. 100. 101. 102. 111. 112. 115.
125. 126. 132. 133. 138f. 142. 152.
173. 178f.
Weltherrschaftsidee 70. 124
Widerstand gegen Rom (politisch)
76. 79. 83

Wirtschaft 87f. 90. 94
Wölfin
auf dem Comitium 2. 52
kapitolinische 2
auf Münzen 52

Zehnmännerkommission des Se-
nats 69. 71. 77. 79. 81. 94. 95
Zensoren, Zensur 27. 46. 47. 114.
129
Zensuszahlen 31. 46. 57. 67. 76. 90.
96. 107. 163. 174. 183
Zenturien 12f. 44
Zenturienordnung 37f. 57f.
60
Zinssätze 26. 37. 109. 139. 162
Zollgesetz für Asia 122. 209
Zwölftafelgesetz 25–28. 33. 208

Völker, Länder, Orte

Achaea (Prov.) 79. 103. 115. 145
Achäer, Achäischer Bund 59. 68. 78.
79
Actium 160. 162. 165
Adriatisches Meer (Adria) 6. 40. 49.
51. 59. 78. 111. 140. 154
Ägäisches Meer (Ägäis) 79
Aegatische Inseln 55. 56
Ägypten (Prov. Aegyptus) 68. 80.
141. 142. 159–161. 162. 164f. 173f.
184
Aequer 18. 20. 21. 23. 29. 30. 45. 49
Aethiopia (Sudan) 164
Ätoler, Ätolischer Bund 59. 64. 68.
69f. 71. 78
Aetna 94
Afrika (Prov. Africa) 53. 55. 62. 66.
67. 79f. 97. 109. 112. 115. 117. 142.
145. 153. 155. 157
Africa Nova (Prov.) 142
Ager Campanus 64. 74. 88. 127. 132
Ager Gallicus 49. 57. 60
Ager Lanuvinus 42

Ager Pomptinus 37. 39
Ager Praetuttianus 57
Ager Romanus (Tribus rusticae)
Pollia, Pupinia, Camilia, Lemo-
nia, Voltinia 13
Romilia, Claudia 29
Fabia, Horatia, Papiria, Aemilia,
Menenia, Voturia, Sergia, Cor-
nelia 30
Crustumina, Galeria 31
Stellatina, Tromentina, Sabatina,
Arnensis 35
Publilia, Pomptina 39. 43
Maecia, Scaptia 42
Oufentina, Falerna 46
Aniensis, Teretina 45f.
Quirina, Velina 57
Ager Sabinus 57
Ager Tusculanus 39
Ager Vaticanus 29
Ager Veientanus 31–33. 35
Agrigent 54. 94
Alba Fucens 45. 105. 106

Alba Longa 1
Albanerberg(e) 6. 18. 29. 30. 43. 49.
58
Albani (im Kaukasus) 123
Albis (Elbe) 173. 175. 179
Alesia 136
Aletrium 45
Alexandria 87. 141. 158f. 161. 162.
174. 183
Algidus-Paß 29
Allia 32. 62. 99
Allobroger 99. 125
Alpen 6. 32. 33. 60. 62. 64. 73. 101.
119. 170. 172. 173. 181
Alpes Cottiae 170
Alpes Maritimae 170
Alpes Poeninae 170
Alsium 57
Ambracia (Stadt, Golf) 71. 160
Ambronen 101
Amphipolis 77
Anagnia 45
Ancona 111. 138
Ancyra 71. 172
Anio 6. 29. 40. 45
Antium 13. 29. 41. 42
Anxur 30; s. auch Tarracina
Aous (Epirus) 69
Apamea (Phrygien) 71
Apennin 6. 43. 62. 119
Apollonia 59. 70. 78. 140. 150
Apsus (Illyrien) 140
Apuler, Apulien 44. 45. 48f. 50. 62.
74. 75. 88. 119. 138
Aquae Sextiae (Aix-en-Provence)
101. 170
Aquileia 74. 81f.
Aquilonia 48
Aquitania (Prov.) 170. 176
Ara Ubiorum 180; s. auch Köln
Arabia Eudaemon (Jemen) 164
Arausio (Orange) 99
Ardea 13. 29. 44
Arelate 145
Argos 69

Aricia 15. 18. 42
Ariminum 51. 60. 74. 137
Armenien 122. 123. 133. 158. 159.
162. 177
Arnus (Arno) 6
Arpinum 45
Arretium 49. 113. 138
Artaxata 123
Arverner 99. 135
Asculum 105f.
Asien (Prov. Asia) 68f. 70f. 72. 84.
95. 97. 108. 109f. 115. 122f. 126.
142. 150. 154. 157. 158. 162. 172.
174
Assyrer 70
Astures, Asturia 164. 171
Athen 25. 59. 84. 102. 110. 158
Atlantischer Ozean 131
Attica 102
Augusta Praetoria Salassorum
(Aosta) 170
Augusta Taurinorum (Turin) 170
Augusta Vindelicum (Augsburg) 170
Aurunker 41. 46
Ausculum 50

Baecula 65
Baetica (Prov.) 171
Baetis 65
Balkan 6
Bataver 164. 172
Belger 131
Belgica (Prov.) 170
Bellovaker 136
Beneventum 50. 51
Bibracte 131
Bithynien (Prov. Bithynia) 66. 95.
109. 121. 122f. 162. 172
Bituriger 135
Böotien 110
Bojer 39. 49. 60. 62. 73
Boiohaemum (Böhmen) 179
Bononia 74. 152
Bosporanum regnum 123
Bovianum 45

Bovillae 184
Britannien 133
Brundisium 51. 57. 59. 80. 111. 126.
   138. 140. 150. 151. 155. 160
Bruttier, Bruttium 49. 50. 64. 74. 75.
   119
Busta Gallorum 49

Caere 34. 40. 42
Cales 42. 44. 45
Calycadnus 71
Cannae 62. 66. 99
Cantabri 164. 167
Canusium 44
Capua 7. 42. 51. 63. 112. 118. 127. 138
Carnuntum 172. 180
Carnuten 135
Carrhae 134. 167
Carsioli 45
Carthago s. Karthago
Carthago Nova (Cartagena) 61. 65.
   81. 88
Castrum Novum 51
Caudium 44
Cenabum (Orléans) 135
Cenomanen 40. 73
Cevennen (Cebenna mons) 135
Chaeronea 110
Chalkis 69 f.
Chatten 173. 179
Cherusker 180
Ciminius (mons, saltus) 6. 45
Circei (Stadt, Vorgeb.) 6. 13. 29. 42.
   75. 157
Clastidium 60. 63
Clusium 15. 32. 113. 138
Colchi, Colchis 122
Comana 123
Copia 74; s. auch Thurii
Coracesium 121
Corcyra 59
Corduba 143
Corfinium 105. 138
Cosa 117
Cremera 22

Cremona 62. 73
Creta s. Kreta
Croton 6. 15. 64
Crustumerium 31
Cumae 6. 14. 15. 17. 22. 42
Cynoscephalae 69
Cyprus (Prov.) 129. 158. 168
Cyrene (Prov.) 122. 159. 175
Cyrrhestica (Syrien) 156

Dalmater, Dalmatia (Prov.) 162.
   172. 180. 182
Danuvius (Donau) 172. 180
Dardanus 109 f. 120
Delphi (Stadt, Orakel) 31. 63. 66. 77.
   85. 110
Delus 80. 87
Demetrias 69 f.
Donau s. Danuvius
Dravus (Drau) 172
Drepanum 55
Durius (Duero) 81
Dyrrhachium 59. 78. 128. 138. 140

Ebro 61. 63
Ecnomus 55
Elbe s. Albis
Elsaß 131
Ephesus 25. 71. 154. 159
Epidamnus s. Dyrrhachium
Epidaurus 49
Epirus 59. 69. 78. 140. 160
Eryx 55
Etrurien 7. 34. 44. 48. 49. 60. 75. 90.
   113. 117. 124. 125. 151. 155
Etrusker 6 f. 8 f. 11 f. 14. 22. 39. 40.
   45. 48. 49. 112
Euphrat 123. 156. 168. 177
Europa 70 f.

Faesulae 113
Falisker 6. 56
Faventia 112
Ferentium 45
Fidenae 29. 31

Firmum 51
Formiae 42. 51
Forum Gallorum 74. 151
Fregellae 43f. 45. 96
Fregenae 57
Frentaner 45
Friesen 173
Fuciner See 105
Fundi 42

Galater, Galatien (Prov. Galatia)
  71f. 123. 165. 168
Gallaecia 171
Gallia Cisalpina (Prov.) 33. 60. 63.
  73f. 106. 107. 115. 117. 119. 128.
  131. 136. 137. 144. 151. 153. 155
Gallia Narbonensis (Prov.) 99. 115.
  128. 130f. 135. 145. 152. 153. 155.
  163. 164. 168. 178
Gallia Transalpina (Prov. Tres Galliae) 136. 151. 152. 153. 155. 170.
  172
Gallien 99. 101. 130. 131f. 133. 135f.
  138. 142. 145. 155. 167. 170. 171f.
  181. 182
Gallier (Kelten) 32–34. 35. 39f.
  48f. 54. 60f. 63f. 64. 73. 86. 131.
  181
Garganus (mons) 119
Garunna (Garonne) 130
Genetiva Iulia (Urso) 145
Genfer See (lacus Lemannus) 130
Genua 81. 99. 170
Gergovia 135
Germanen, Germanien 131. 133.
  167. 170. 175. 177. 179. 180f.
  182
Gindarus (Syrien) 156
Griechen
  in Kleinasien 70f.
  im Mutterland 59. 69f. 84f.
  in Sizilien 22. 50. 83
  in Unteritalien 6. 50. 52
Griechenland 25. 32. 68f. 76. 77–79.
  82f. 108. 110; s. auch Achaea

Hadria 51
Hadrumetum 142
Häduer 131. 136
Haruden 131
Heirkte 55
Hellespont 70. 154
Helvetier 130f.
Henna 94
Heraclea am Siris 50
Heracleum in Pieria 77
Herniker 21. 38f. 45
Himeras 53
Hispania Citerior (Prov.) 72f. 81.
  115. 117f. 132f. 137. 139. 152f. 171
Hispania Ulterior (Prov.) 72f. 81.
  115. 118. 126. 132f. 137. 139. 152f.
  171

Iberi (im Kaukasus) 123
Idumaea 179
Ilipa 65
Illyrer, Illyrien (Prov. Illyricum) 59.
  61. 63f. 66. 77f. 128. 137. 150. 155.
  160. 162. 171. 172. 180. 182
Indischer Ozean 123
Indogermanen 6
Insubrer 40. 60. 62. 73
Interamna 44. 45. 57
Jonisches Meer 140. 160
Isaurier, Isaurien 123. 165
Issa 59
Italien (Italia) 6. 41. 43. 48. 50f. 53.
  54. 57. 59. 62. 63. 64. 66. 74. 75. 80.
  81. 83. 87. 89. 95. 97f. 99. 101. 107.
  108. 109. 112. 114. 118. 119. 124.
  126. 128. 136. 137. 139. 140. 144f.
  153. 154f. 156. 163. 170. 175. 178.
  182
Italiker 97. 105–107. 108
Juden, Judäa 123. 179
Iulia Concordia (Karthago) 145
Iulia Felix (Sinope) 145
Iulia Paterna Arelate 145
Iulia Paterna Narbo Martius 145
Iunonia (Karthago) 97

Völker, Länder, Orte

Kalabrien 51
Kampanien 7. 22. 41. 42. 44f. 63. 76.
  105. 116. 127. 142. 151. 171. 183
Kappadokien 95. 109. 123. 167f.
Karien 71. 80
Karthager, Karthago 40. 50. 53–57.
  59. 61–63. 66f. 68. 79. 85. 97. 142.
  145
Kaspisches Meer 123
Kelten s. Gallier
Keltiberer 81. 118
Kilikien (Prov. Cilicia) 102. 115.
  121f. 123. 129. 133. 156. 165. 168
Kimbern 99. 101f. 103. 116. 181
Köln 180; s. auch Ara Ubiorum
Korinth 59. 69. 79. 145; s. auch Laus
  Iulia
Korsen, Korsika (Prov. Corsica) 53.
  56. 58. 72. 115. 153
Kreta (Prov. Creta) 121f. 182
Kykladen 61

Labici 30
Lacinium (Vorgeb., Junotempel)
  50. 64
Lanuvium 42
Latiner, Latium 1. 6. 7. 13. 14. 15.
  17f. 21. 29. 30. 38f. 41–43. 44. 74.
  90. 98
Laurion 102
Laus Iulia Corinthiensis 145
Lautulae 44
Lavinium 1f. 13. 41. 43
Ligurer, Ligurien 54. 73f. 101
Lilybaeum 55. 66
Limyra 177
Lingonen
  in Gallien 135. 136
  in der Padana 40
Liparische Inseln 53. 54. 55
Liris 43f. 46
Lissus 59. 61
Locri 49. 64
Luca 74. 132
Luceria 44

Lugdunensis (Prov.) 170
Lugdunum (Lyon) 145. 172. 180
Lukaner, Lukanien 48–50. 63.
  119
Lusitaner, Lusitania (Prov.) 81. 118.
  171
Lycus (Fluß in Pontus)
  123
Lydien 70. 95
Lykaonien 95
Lykien 71. 80. 177

Maeotis 123
Magna Graecia 6. 15. 50
Magnesia (am Hermus) 70
Makedonen, Makedonien (Prov.
  Macedonia) 50. 61. 66. 69. 70.
  77f. 80. 103. 115. 140. 150f. 154
Mamertiner 51. 53f.
Mandubier 136
Mantua 156
Markomannen 179
Marrukiner 45
Marser 45. 105f. 112
Massalioten, Massalia (Massilia) 31.
  62. 100. 138. 139. 177
Mastia 53
Mauretanien 100
Meder 70
Media Atropatene (Aserbeidschan)
  158
Meroe 164f.
Mesopotamien 133
Messana 53f. 72. 158
Messapier 6. 51
Metapont 6
Metaurus 64
Milet 71
Minturnae 51. 95
Misenum 156. 157. 163
Mogontiacum (Mainz) 170. 173
Molosser 50
Munda 143. 155
Mutina 74. 119. 151f.
Mylae 54. 157

242 Register

Nabatäer 123
Narbo Martius 99. 145
Narnia 48
Naulochus 157. 160
Naupactus 70
Neapel 7. 43f.; s. auch Parthenope
Nemausus (Nîmes) 177
Nervier 131
Netum 72
Nicomedia 162
Nicopolis 161
Nil 141
Nola 45. 105. 106. 109. 183f.
Norba 75
Nordsee 173
Noricum 99. 101. 172
Nuceria 45
Numantia 81
Numidien 67. 100. 142
Nymphaeum 140

Orchomenus 110
Osker 43
Ostia 42

Padus (Po), Padana 33. 40. 60. 73.
    101. 103. 107. 139. 144
Paeligner 45. 105
Paestum 51; s. auch Posidonia
Palaeste (Epirus) 140
Palästina 123
Pamphylien 123
Pandataria 176
Pannonier, Pannonien (Prov. Pan-
    nonia) 171f. 180. 182
Panormus 55. 56. 72
Parma 74
Parthenope 7; s. auch Neapel
Parther 133. 167f. 177
Pelusium 141
Pergamum 66. 68. 70. 71. 80. 95. 162
Perser 70
Perusia 155
Pessinus 66
Picenum 51. 105f. 112

Pisae 62. 99. 132. 177
Pistoriae 125
Pharsalus 140. 142. 144. 148
Pharus 61
Philippi 154. 155. 176
Phoenice 59. 66
Phöniker, Phönikien 53. 123. 158
Phrygien 71. 72. 95
Placentia 62. 73f.
Planasia 181
Pompeiopolis 122; s. auch Soli
Pontus (Prov.) 95. 122. 123. 142. 145
Posidonia 51; s. auch Paestum
Praeneste 7. 39. 42. 75. 112. 113
Primaporta 168
Puteoli 74. 116. 183
Pydna 77. 80
Pyrenäen 62. 64. 118

Raetien (Prov. Raetia) 170. 172
Raphia 123
Raurica (Augst) 145
Ravenna 132. 135. 137. 163
Reate 57
Regillus (See) 18
Rhegium 6. 49. 51
Rhein 131. 133. 170. 175. 180. 182
Rhodier, Rhodus 68. 70. 71. 80. 154.
    175. 177. 182
Rhone 62. 99. 101. 170
Rom (Stadt) 1. 7. 8. 15. 18. 19f. 21. 32f.
    34. 35. 38. 40. 44. 50. 52. 56. 60. 62.
    63. 64. 67. 69. 71. 72. 76. 77. 78. 79.
    83. 84. 86. 90. 94f. 95. 98. 99. 103.
    105. 108f. 110. 112f. 114. 116. 118.
    120. 125f. 127. 132f. 135. 136f. 138.
    139. 142f. 149. 150. 152f. 156. 158f.
    162f. 165. 167. 170. 171. 173f. 177.
    179. 180f. 182. 184. 185
Agger 9
Aquädukte
    Anio Vetus 52
    Aqua Appia 52
    Aqua Marcia 82
    Aqua Virgo 171

Völker, Länder, Orte

Ara
- Fortunae Reducis 168
- Maxima 52
- Pacis Augustae 171. 174
Basilica
- Aemilia 75
- Iulia 185
- Porcia 75
- Sempronia 75. 185
Bogen
- des Augustus 168
- des Fabius 99
- des Ianus 56. 164
- des Scipio 67
Busta Gallica 32
Campus
- Agrippae
- Martius s. Marsfeld
Circus
- Flaminius 60. 86. 99. 173
- Maximus 9. 36. 173
Cloacae 9
Comitium 2. 8. 11. 41. 52
Curia
- Hostilia 8. 9. 134
- Iulia 164. 184
- des Pompeius 134. 148
Domus
- Augusti 163. 184
- Liviae 5
Ficus Ruminalis 2. 52
Forum
- Augustum 3. 5. 176
- Boarium 5. 7. 9. 32. 60. 62. 99
- Romanum 5. 9. 18. 23. 41. 52.
    57. 108. 113. 134. 144. 149.
    153. 156. 158. 168. 173. 184
- Esquilinum 109
- Iulium 136. 143. 176
Horrea Sempronia 97
Lapis Niger 8
Lupercal 2
Marsfeld 13. 29. 49. 60. 102. 116.
    124. 134. 149. 171. 173. 184
Mauer („Servianische") 9. 33

Mausoleum des Augustus 162.
    171. 173. 177. 184
Montes, Colles
Aventin 9. 19. 22. 24. 25. 31. 98
Esquilin 5. 9. 33. 51
Kapitol 5. 9. 20. 21. 43. 49. 52.
    60. 65. 94. 103. 108. 109. 113.
    116. 147
Palatin 2. 5. 7. 9. 66. 163. 170.
    184
Quirinal 5. 7. 9. 33. 46. 75
Viminal 7
Obelisken 173 f.
Pantheon 171
Pons Sublicius 5
Porta
- Capena 34. 83. 168
- Collina 112
- Trigemina 32. 52
- triumphalis 184
Porticus
- Metelli 99
- Vipsania 171
Regia 5. 8. 9. 16. 17. 18
Rostra (alt) 41. 113. 144. 153
Rostra (neu) 162
Sonnenuhr 174
Straßen
    Clivus Capitolinus 67
    Via Lata 171
    Via sacra 99
Tempel
    Aesculapius 49
    Apollo 170
    Apollo medicus 29
    Bellona 49
    Ceres 19. 22
    Concordia 98
    Diana 10
    Dioskuren (Castor, Pollux) 18.
        47
    Divus Augustus 185
    Divus Iulius 156. 162. 168
    Fides 94
    Fortuna 9 f.

Rom (Stadt) (Forts.)
    Fortuna huiusce diei 102
    Honos und Virtus 83. 168
    Iuno Moneta 52
    Iuno Regina 31
    Iupiter Optimus Maximus 1f.
       10. 15. 20. 22. 34. 39. 52. 65.
       112. 116. 126
    Iupiter Stator 86
    Magna Mater 5. 66
    Mars 34
    Mars Ultor 3. 154. 176. 185
    Mater Matuta 9f.
    Minerva 124
    Salus 46. 75
    Saturn 23
    Tellus 51
    Venus Genetrix 142f. 147
    Vesta 17. 34
    Theater
    – des Marcellus 173
    – des Pompeius 124. 134
    Thermae Agrippae 171
    Tiberfurt 5. 7
    Tiberhafen 7. 8
    Tiberinsel 49
    Ustrinum 184
    Vallis Murcia 9
    Velabrum 5
    Vicus Tuscus
Rotes Meer 123
Rubicon 137. 143
Rutener 135

Sabiner 6. 7. 17. 18. 20. 49
Sabis (Sambre) 131
Sacriportus 112
Sagunt 61f.
Salassi 170
Sallentier 51
Samariter, Samaria 179
Samniten, Samnium 39. 41. 43f. 45.
    46. 48f. 50. 51. 52. 74. 105f. 112
Samosata 156
Samothrace 77

Sarden, Sardinien (Prov. Sardinia)
    53. 55f. 58. 61. 63f. 72f. 115. 117.
    153. 156
Sardes (Lydien) 70f.
Saticula 44. 45
Säulen des Herkules (Straße von Gi-
    braltar) 53. 121
Savus (Save) 172
Schönes Vorgebirge (Kap Farina)
    53
Scodra 77. 155
Scolacium 97
Sena Gallica 40. 49. 64
Senonen
    an der Adria 49
    in Gallien 135
Sentinum 48. 49
Sequaner 131
Setia 42. 75
Sidikiner 41
Sila (mons) 119
Sinope 145
Sinuessa 51. 95
Sizilien (Prov. Sicilia) 53f. 55. 58.
    60. 61. 63. 66. 72f. 83. 87. 94f. 102.
    112. 115. 117. 119. 120. 138. 142.
    153. 155. 156. 157
Smyrna 71
Soli 71; s. auch Pompeiopolis
Sora 45
Spanier, Spanien 53. 54. 61f. 63. 64.
    65. 66. 67. 72f. 81f. 99. 101. 117f.
    132f. 138. 143. 145. 146. 147. 155.
    163f. 167. 171. 177; s. auch Hispa-
    nia
Sparta 69. 79
Spoletium 57
Stratonicea am Caicus 95
Sueben 131
Suessa Aurunca 44f. 112
Sugambrer 170. 172
Sutrium 45
Sybaris 6. 15
Syene (Assuan) 164
Syrakus 54. 58. 63. 72

Völker, Länder, Orte

Syria Coele 158
Syrien (Prov. Syria) 68. 80. 123. 132 f.
140. 152. 156. 159. 163. 165. 167

Tarent 6. 50. 51. 64. 97. 157. 158
Tarquinii 40
Tarracina 13. 29. 30. 42. 44. 51. 157;
s. auch Anxur
Tarraco 164
Tarraconensis (Prov.) 171
Tarsus 154. 158
Taurini 170
Tauromenium 72. 156
Taurus 71. 156
Teanum 44
Telamon 60
Tenkterer 133
Teutoburger Wald 180 f.
Teutonen 101
Thapsus 142. 143
Thermopylen 70
Thessaler, Thessalien 50. 69. 70. 77.
140
Thessalonice 78 f. 128. 139
Thrakien 69
Thurii 49 f. 74; s. auch Copia
Thyatira (Lydien) 95
Tiber 1. 5. 6. 26. 29. 30. 32
Tibur 39. 42
Ticinum (Pavia) 173
Ticinus 62
Tolosa 100
Tomi (am Schwarzen Meer) 181
Toryne (Epirus) 160
Trasimenischer See 62
Trebia 62
Trebula Sufenas 45 f.
Trerus 46
Treverer 135
Trifernus 45
Trimerus 181
Triocala 102
Troja 1. 30
Tropaeum Augusti 170
Tunes 66

Tusculum 18. 21. 39. 42
Tyrrhenisches Meer 6. 13. 22. 42. 56.
99

Ubier 180
Umbrer, Umbrien 6. 18. 48. 49
Urso 145; s. auch Genetiva Iulia
Usipeter 133
Utica 66. 142

Vada Sabatia 99
Vadimonischer See 45. 49
Veji 7. 10. 22. 29. 30 f. 32. 34. 40
Velitrae 42
Veneter 6
Venusia 48. 51
Vercellae 101 f.
Verulae 45
Vesontio (Besançon) 131
Vesuv 41
Vetera Castra (Xanten) 170
Via
– Aemilia 74. 112. 151
– Aemilia Scauri 99
– Appia 51. 119. 134. 184
– Aurelia 99
– Cassia 138
– Domitia 99
– Egnatia 78. 154
– Flaminia 60. 74. 168. 171
– Iulia Augusta 170
– Labicana 30
– Latina 18
– Postumia 81
– Salaria 7. 29. 32
Vibo Valentia 74
Vienna 179
Visurgis (Weser) 173
Volaterrae 113
Volsinii 49
Volsker 18. 20. 21. 29. 30. 39. 43
Vulci 9. 49

Zama 66 f.
Zela 142